新编公共管理学系列教材

# Social Assistance and
# Social Welfare (2nd Edition)

# 社会救助与社会福利
（第二版）

张奇林 ◎主　编

图书在版编目(CIP)数据

社会救助与社会福利 / 张奇林主编. -- 2 版. -- 北京：北京大学出版社，2025.1. -- (新编公共管理学系列教材). -- ISBN 978-7-301-35785-9

Ⅰ.C913.7

中国国家版本馆CIP数据核字第20243VA807号

| | |
|---|---|
| 书　　　名 | 社会救助与社会福利(第二版) |
| | SHEHUI JIUZHU YU SHEHUI FULI(DI-ER BAN) |
| 著作责任者 | 张奇林　主编 |
| 责 任 编 辑 | 韩月明 |
| 标 准 书 号 | ISBN 978-7-301-35785-9 |
| 出 版 发 行 | 北京大学出版社 |
| 地　　　址 | 北京市海淀区成府路205号　100871 |
| 网　　　址 | http://www.pup.cn |
| 新 浪 微 博 | @北京大学出版社　　@未名社科-北大图书 |
| 微信公众号 | 北京大学出版社　　北大出版社社科图书 |
| 电 子 邮 箱 | 编辑部 ss@pup.cn　　总编室 zpup@pup.cn |
| 电　　　话 | 邮购部 010-62752015　　发行部 010-62750672 |
| | 编辑部 010-62753121 |
| 印 刷 者 | 北京溢漾印刷有限公司 |
| 经 销 者 | 新华书店 |
| | 730毫米×980毫米　16开本　26.25印张　465千字 |
| | 2012年9月第1版 |
| | 2025年1月第2版　2025年1月第1次印刷 |
| 定　　　价 | 79.00元 |

未经许可，不得以任何方式复制或抄袭本书之部分或全部内容。
**版权所有，侵权必究**
举报电话：010-62752024　电子邮箱：fd@pup.cn
图书如有印装质量问题，请与出版部联系，电话：010-62756370

# 本 书 资 源

## 读者资源

本书附有思考题参考答案,获取方法:

第一步,关注"博雅学与练"微信公众号。

第二步,扫描右侧二维码标签,获取上述资源。

一书一码,相关资源仅供一人使用。

读者在使用过程中如遇到技术问题,可发邮件至 ss@pup.cn。

## 教辅资源

本书配有教学课件,获取方法:

第一步,扫描右侧二维码,或直接微信搜索公众号"北大出版社社科图书",进行关注。

第二步,点击菜单栏"教辅资源"—"在线申请",填写相关信息后点击提交。

# 第二版前言

《社会救助与社会福利》第一版于2012年出版，迄今已有十余年。在过去这十余年里，我国的改革开放和现代化建设事业取得了巨大成就，脱贫攻坚取得了历史性胜利，新时代社会主要矛盾已经转化为人民日益增长的美好生活需要和不平衡不充分的发展之间的矛盾。为顺应时代要求，满足不断增长的社会福利需求，我国的社会救助和社会福利政策进行了较大改变和调整，社会救助和社会福利的研究重点和研究范式也有明显变化。在此背景下，此次修订既有可能，也有必要，因此，《社会救助与社会福利（第二版）》应势而出。

本次修订对教材内容进行了全面审视，修订的重点在于：第一，在有关社会救助与社会福利的理念与原理的阐述上，更新并充实内容，充分体现党的十八大以来提出的"健康中国""积极应对人口老龄化"等国家战略和《中华人民共和国国民经济和社会发展第十四个五年规划和2035年远景目标纲要》精神，凸显"以人民为中心"的价值理念和共同富裕的理想追求，同时注重吸收社会救助与社会福利理论研究的最新成果和最新进展。第二，在社会救助和社会福利的实务方面，更新并补充内容，强化数据分析部分，全面总结脱贫攻坚的成就和经验，突出新时代我国在社会救助和社会福利领域的政策创新和最新实践成果，彰显社会救助和社会福利领域的中国见解、中国方案。第三，对教材中的案例、数据等素材，以及各章节的学习要点、重点名词、思考题、延展阅读文献，以及书末的参考文献等，进行整体性的调整、补充和更新，既关注思想性、科学性、时代性和适用性，又注重激发读者的学习潜力、思考力和创造力。

本版结构安排和修订内容具体如下：

将全书的内容分为上、下两编，分别为"社会救助"（第一章至第七章）和"社会福利"（第八章至第十八章），这样使得全书的内容编排更清晰，逻辑更紧凑。

第一章"社会救助概述",对社会救助的概念进行重新梳理,更新文献资料,重新拟定相关标题。

第二章"贫困与社会救助",重新梳理和整合有关贫困的理论,增加相对贫困的理论呈现,增加贫困与社会救助关系的论述,扩充社会救助的思想基础,调整相关标题的设置和表述,核定引用问题,优化文字表述。

第三章"社会救助实务",反映社会救助实务的最新发展态势,更新政策、案例、数据等。

第四章"我国社会救助(济)制度的历史沿革",将前版中第四章的部分内容扩充以后单独成章。

第五章"我国的社会救助制度及其改革",将前版中第五章、第六章、第七章的相关内容进行整合,单独成章,并优化关于价值理念和政策框架的阐述。

第六章"国外社会救助的实践与启示",将前版中第四章的部分内容扩充以后单独成章。

第七章"慈善事业",在前版第八章的基础上修订完成,增加共同富裕和第三次分配的相关理论和最新研究成果。

第八章"社会福利概述",增加社会福利的思想基础、社会福利模式与文化等内容。

第九章"社会福利制度的运行机制",将前版第九章第三节的内容扩充以后单独成章。

第十章"社会福利制度的发展与改革",将前版第九章第四节的内容扩充以后单独成章。

第十一章至第十三章分别为"老年人福利""我国的妇女福利和儿童福利"和"残疾人福利"。

第十四章"教育福利",在前版第十二章的基础上修订完成,修改内容主要包括:从教育公平与社会分层的角度切入,新增了对福利体制与教育福利之间关系的讨论,在全球化视野下讨论教育福利的功能定位;对典型国家教育福利制度的统计数据进行更新,有助于读者把握典型国家教育福利的最新发展情况。

第十五章"我国的健康福利",在前版第十一章的基础上修订完成,修改内容主要包括:将前版中"医疗卫生福利"概念替换为更能体现时代趋势的健康福利,并遵循"健康中国"战略目标的基本框架对健康福利的具体内容进行介绍,更新了原有"医疗卫生福利"的内涵和外延;新增了对健康福利发展意义的阐述,更加系统地介绍了健康福利各项内容的历史轨迹和未来发展方向。

第十六章"住房福利",在前版第十章的基础上修订完成,修改内容主要包括:对国内外住房福利制度的相关统计数据进行更新;增加了对共有产权住房这一住房福利改革尝试的介绍。

第十七章和第十八章分别为"社区福利"和"我国的职业福利"相关内容。

编 者

2024 年 12 月

# 目 录

## 上编　社会救助

**第一章　社会救助概述** / 3
　　第一节　什么是社会救助 / 3
　　第二节　社会救助的属性与特点 / 10

**第二章　贫困与社会救助** / 21
　　第一节　贫困的内涵与相关理论 / 21
　　第二节　贫困的影响与社会救助的功能 / 32
　　第三节　社会救助的思想基础 / 34

**第三章　社会救助实务** / 46
　　第一节　社会救助立法 / 46
　　第二节　社会救助的机构 / 49
　　第三节　社会救助的种类与体系 / 51
　　第四节　社会救助的行政与财政 / 55
　　第五节　社会救助政策的分析框架 / 60

**第四章　我国社会救助（济）制度的历史沿革** / 67
　　第一节　新中国成立前的社会救济 / 67
　　第二节　新中国社会救助制度的沿革 / 79

## 第五章　我国的社会救助制度及其改革　/ 87
第一节　最低生活保障　/ 87
第二节　特困人员供养　/ 102
第三节　专项社会救助　/ 104
第四节　急难社会救助　/ 123

## 第六章　国外社会救助的实践与启示　/ 133
第一节　美国的社会救助体系　/ 133
第二节　新加坡的住房救助政策　/ 138
第三节　孟加拉国的生产社会救助政策　/ 140
第四节　国外社会救助实践对我国的启示　/ 143

## 第七章　慈善事业　/ 147
第一节　慈善事业的理论解析　/ 147
第二节　我国慈善事业的历史与现状　/ 152
第三节　慈善事业的可持续发展　/ 160

# 下编　社会福利

## 第八章　社会福利概述　/ 173
第一节　福利与社会福利　/ 173
第二节　社会福利和社会保障的关系　/ 177
第三节　社会福利的特征和类别　/ 179
第四节　社会福利的思想基础　/ 181
第五节　社会福利模式与文化　/ 190

## 第九章　社会福利制度的运行机制　/ 197
第一节　社会福利需求　/ 197
第二节　社会福利供给　/ 199
第三节　社会福利基金管理　/ 203
第四节　社会福利水平　/ 210

# 第十章　社会福利制度的发展与改革　/ 214

第一节　理解社会福利制度演进的三条线索　/ 214

第二节　西方发达国家社会福利制度的发展与改革　/ 221

第三节　我国社会福利制度的发展与改革　/ 225

# 第十一章　老年人福利　/ 235

第一节　老年人福利概述　/ 235

第二节　我国老年人福利的内容　/ 242

第三节　外国的老年人福利　/ 247

第四节　我国老年人福利的改革　/ 251

# 第十二章　我国的妇女福利和儿童福利　/ 257

第一节　妇女福利　/ 257

第二节　儿童福利　/ 269

# 第十三章　残疾人福利　/ 282

第一节　残疾人福利概述　/ 282

第二节　我国残疾人福利的内容　/ 284

第三节　外国的残疾人福利　/ 291

第四节　我国残疾人社会福利事业的改革　/ 296

# 第十四章　教育福利　/ 303

第一节　教育福利概述　/ 303

第二节　国外教育福利的发展　/ 305

第三节　我国的教育福利　/ 315

# 第十五章　我国的健康福利　/ 323

第一节　健康福利概述　/ 323

第二节　我国健康福利的发展历程与主要内容　/ 325

第三节　我国健康福利体系的成就和不足　/ 334

**第十六章　住房福利** / 341
　　第一节　住房福利概述 / 341
　　第二节　我国的住房福利制度 / 342
　　第三节　住房福利制度的国际经验 / 350
　　第四节　我国住房福利制度改革 / 354

**第十七章　社区福利** / 360
　　第一节　社区和社区福利概述 / 360
　　第二节　外国的社区福利 / 365
　　第三节　我国社区福利的改革 / 374

**第十八章　我国的职业福利** / 380
　　第一节　职业福利概述 / 380
　　第二节　我国职业福利的内容 / 387
　　第三节　我国职业福利的改革——以企业年金为例 / 391

**参考文献** / 399

**后　记** / 407

上　编

# 社 会 救 助

# 第一章　社会救助概述

【本章学习要点】
1. 掌握社会救助的定义和特点。
2. 了解社会救助与社会救济的异同、社会救助与公共救助的异同。
3. 理解社会救助与社会保险的关系、社会救助与社会福利的关系。

## 第一节　什么是社会救助

### 一、社会救助的定义

社会救助的英文是"Social Assistance",其德文是"Sozialhilfe",也有"社会援助"或"社会帮助"等意。关于社会救助的定义,有多种说法,下面我们介绍几种有代表性的定义。

在国外,被誉为"福利国家蓝图"的《贝弗里奇报告》[①]将传统上"贫民救济"的概念改称为"社会救助",其基本含义是,对于因无收入而不能参加社会保险的社会群体,国家应制定公共救助法,来保障他们的基本生活——使其生活水平达到国民最低水平。

《德国社会法典》第九条规定,社会救助是指"不能以自己的能力为其提供生活费用或者在特殊生活状况下不能自助,也不能从其他方面获得足够救济的人,获得与他的特殊需要相适应的人身和经济帮助的资格,以使他有能力自助,能够

---

① 该报告名为《社会保险及相关服务》(Social Insurance and Allied Services),因由经济学家威廉·贝弗里奇(William H. Beveridge,1879—1963)主持撰写,所以习惯上将其称作《贝弗里奇报告》。《贝弗里奇报告》提出了普遍性的国民社会保障制度的设想,勾画了战后英国福利国家发展的蓝图。

参与社会生活,使其合乎人道的生活得到保障"①。

美国1999年出版的《社会工作词典》认为,"济贫"是一个具有特定意义的历史术语,特指由政府或私营慈善机构向贫困人士提供现金、实物或服务。社会救助是一种由政府一般税收提供资金,并通过对申请者的需求和家计进行审核的社会保障形式。在大多数国家,这是一种补缺型的福利供给。在那些没有采用社会保险供款系统的国家,社会救助则是他们的主要福利计划。②

英国学者弗里德利希·奥古斯特·冯·哈耶克(Friedrich August von Hayek)认为,社会救助是保证"每个人都能得到维持其生存的最少量的物质条件",也就是"维护其健康和工作能力的最少量的食物、住所和衣服"。③

美国学者乔瓦尼·科尼亚(Giovanni Cornia)和桑德尔·西波斯(Sándor Sipos)根据联合国和联合国儿童基金会的惯例,对与社会福利收入维持计划有关的术语进行了界定,其中包括社会救助计划(social assistance programs)。他们认为,社会救助计划是政府资助的"根据家计调查结果向合乎一定条件的穷人提供经常的或偶尔的收入资助的公共转移支付(public transfers)计划"④。

亚洲开发银行的一项研究指出,社会救助计划的目的是援助最弱势的个人、家庭和社区,并使他们达到生存水平和改善生活标准。社会救助通常被定义为由政府(中央或地方)提供资金、以家计或收入调查为基础的现金或实物援助。社会救助也包括全民的福利计划——那些由政府税收提供资金,但不进行家计调查的计划,如家庭津贴。社会救助还可能包括各式各样的补贴,如住房、能源、食品、教育和健康。此外,社会救助也适用于由私营部门如慈善团体、宗教机构和非政府组织等提供的其他形式的服务和救济。⑤

基于国内社会救助现实情况,我国学者也对社会救助进行了概念界定。

江亮演认为,"社会救助,简单讲,就是对需要救助者由国家或社会大众给予

---

① 转引自史探径:《社会保障法研究》,法律出版社2000年版,第328页。
② Robert L. Barker, *The Social Work Dictionary*. NASW Press, 1999, p. 408.
③ 〔英〕弗里德里希·奥古斯特·冯·哈耶克:《通往奴役之路》,王明毅、冯兴元等译,中国社会科学出版社1997年版,第117页。
④ Giovanni Andrea Cornia and Sándor Sipos, *Children and the Transition to the Market Economy: Safety Nets and Social Policies in Central and Eastern Europe*, Avebury Academic Publishing Group, Gower Publishing Company, 1991, p. 5.
⑤ Fiona Howell, "Chapter 7: Social Assistance: Theoretical Background," inferred from Isabel Ortiz, ed., *Social Protection in Asia and the Pacific*. Asian Development Bank, 2001, p. 257. Available at SSRN: https://ssrn.com/abstract=991887.

救助,也就是以社会力量共同救助无生产能力的人士或扶助、援助那些虽有生产能力但因某种遭遇而一时陷入困境的不幸者。换言之,社会救助乃是因个人或一群人遭遇不幸事件,而需要国家或社会加以救济和扶助、援助的一种措施和制度,如遭遇天灾地变——水灾、旱灾、火灾、风灾、雹灾、虫灾、震灾等,人祸——战争、匪劫、诈骗、失业等,以及人生过程中所必经之生、老、病、死等事件;自己无法解救,需要他人来救助解决的,便谓之'社会救助'"[1]。

郑功成认为,可以从其内涵和外延两个方面来理解社会救助。社会救助的内涵是指,"国家与社会面向由贫困人口与不幸者组成的社会脆弱群体提供款物接济和扶助的一种生活保障政策,它通常被视为政府的当然责任或义务,采取的也是非供款制与无偿救助的方式,目标是帮助社会脆弱群体摆脱生存危机,以维护社会秩序的稳定"。社会救助的外延"则包括灾害救济、贫困救济和其他针对社会脆弱群体的扶助措施"[2]。

陈良瑾等认为,社会救助是指"国家与社会向贫困人口与不幸者提供款物救济和扶助的一种生活保障政策。它通常被视为政府的当然责任或义务,目的是帮助社会困弱群体摆脱生存危机,进而维护社会秩序的稳定"[3]。

除此之外,为了更好地促进社会救助法治化和规范化发展,《中华人民共和国社会救助法(草案征求意见稿)》(2020年9月7日发布)提出,"为了保障公民的基本生活,使公民共享改革发展成果,促进社会公平正义,维护社会和谐稳定","国家建立和完善社会救助制度,保障公民在依靠自身努力难以维持基本生活的情况下,依法从国家和社会获得物质帮助和服务"。同时,该文件明确了社会救助的对象,包括以下9类:最低生活保障家庭;特困人员;低收入家庭;支出型贫困家庭;受灾人员;生活无着的流浪乞讨人员;临时遇困家庭或者人员;需要急救,但身份不明或者无力支付费用的人员;省、自治区、直辖市人民政府确定的其他特殊困难家庭或者人员。[4]

从前述国内外的相关定义不难看出,学界和相关法规对"社会救助"这一概念的认识和界定分歧并不大。虽然表述不尽相同,但基本内涵却相差无几。总体来讲,社会救助的定义应包含以下几个要素:

---

[1] 江亮演:《社会救助的理论与实务》,桂冠图书股份有限公司1990年版,第1—3页。
[2] 郑功成:《社会保障学:理念、制度、实践与思辨》,商务印书馆2020年版,第13—14页。
[3] 陈良瑾主编:《社会救助与社会福利》,中国劳动社会保障出版社2009年版,第58页。
[4] 《民政部 财政部关于〈中华人民共和国社会救助法(草案征求意见稿)〉公开征求意见的通知》,2020年9月8日,http://www.gov.cn/xinwen/2020-09/08/content_5541376.htm,2021年2月1日访问。

(1) 社会救助的财源是公共资源。这包含了两层含义。第一,这里所说的公共资源是指社会救助由国家和社会出资,从此角度讲,社会救助的责任主体是国家和社会。从支出责任看,各国家中央与地方政府间社会救助支出责任也存在差异,在很多国家中央政府承担主要的社会救助支出责任,同时地方政府也须分担部分支出责任。① 第二,公共资源是相对于私人资源而言的,也就是说,社会救助无须救助对象自掏腰包(事实上,救助对象也没有这个能力),从此角度讲,社会救助完全是一种福利制度,体现的是社会的福利性与公共性。

(2) 必须有贫困的事实才能给予救助。也就是说,贫困的发生是进行社会救助的前提。同时,社会救助的目的是消除贫困,避免贫困可能带来的不利影响。因此,贫困和社会救助之间有某种因果关系。贫困救助是社会救助的主要内容,相关问题我们将在后面的章节中予以介绍。

(3) 与传统的救贫不同,社会救助是保障公民生存权的体现。生存权是现代社会中公民最基本的人权,对生存权的保障是社会救助制度赖以存在的人道基础和政治基础。当然,保障公民的生存权并不是社会救助的全部内容。现代的社会救助理念和制度中还包含了若干发展的内容,也就是如何恢复或培养救助对象的自立能力和意识,以避免救助对象对社会救助的依赖。关于社会救助与社会救济的区别,我们将在后面的内容中予以简单介绍。

(4) 社会救助是国家义不容辞的责任。传统意义上的社会救助产生于施助者的施舍、怜悯、同情或恩赐,施助者的动机主要发端于其内心对同类的情感,或在于积德行善。可以施助而作壁上观的充其量被视为"失德"。而现代社会救助则是社会成员的一种基本人权,是国家和社会对于需要帮助者的一种责任和义务,如果政府等公共机构没能及时、有效地实施社会救助,将被视为"失职""缺位",严重的要受到法律的制裁,而不仅仅是道义上的谴责。② 国家有责任把救助的行政机关制度化、组织化和规范化。例如,在我国,党的二十大提出的"健全分层分类的社会救助体系"③,为新时代社会救助事业高质量发展指明了前进方向,提供了根本遵循。

基于以上几个要素,我们将社会救助界定如下:社会救助是一种福利制度,

---

① 杨红燕:《中央与地方政府间社会救助支出责任划分——理论基础、国际经验与改革思路》,《中国软科学》2011年第1期,第28页。
② 吴鹏森、戴卫东主编:《社会救助新编》,复旦大学出版社2015年版,第10页。
③ 《高举中国特色社会主义伟大旗帜 为全面建设社会主义现代化国家而团结奋斗——在中国共产党第二十次全国代表大会上的报告》,2022年10月25日,http://www.gov.cn/xinwen/2022-10/25/content_5721685.htm,2023年2月25日访问。

在这种制度下,当公民因各种情况而陷入生存困境时,由国家和社会予以援助,以保障公民的基本生活,并使其有能力自助、参与社会生活。这里所讲的各种情况,既包括自然灾害(包括恶劣的自然环境)、突发事件(如战争、交通事故、突发公共卫生事件等)、生理缺陷(如残障)、生老病死等难以抗拒的客观因素,同时也包括个人能力、个体行为等主观因素,如个人的禀性、心理素质、教育背景、社会调适能力等。

## 二、社会救助与社会救济

一般认为,社会保障制度的发展经历了四个阶段:一是社会保障的形成阶段,主要以社会救济为主;二是工业革命以后的社会保险阶段;三是第二次世界大战以后,随着福利国家的出现,现代社会保障制度进入了更高层次的社会福利阶段;四是社会保障制度的改革阶段。在以上阶段中,社会救济是最古老的社会保障形式,因此社会救济对社会保障的理念和实践的影响是根深蒂固的。尽管社会救助被认为是社会救济在现代社会中的新发展,但其内容和形式相对于传统的社会救济而言并没有实质性的改变,因此在现实生活和实际工作中,社会救济的概念仍被广泛使用,而且在很多时候社会救助和社会救济的概念是可以互换的。另外,在某些场合,为了避免概念上的生疏和歧义,也需要沿用传统的社会救济。但是,应该强调的是,社会救助与社会救济之间确实有差异,而且这种差异是不应该被忽视的。辨析这两个概念之间的异同,对于指导和完善我们的实际工作有重要的积极意义。

如前所述,社会救助是社会救济的一种发展,这种发展主要体现在:一方面,传统的社会救济是一种个人的、主观的、任意的、慈善的、施舍的济贫救急措施,而且不把要求救济当作被救助对象应有的生存权利;而社会救助是一种制度化的福利措施,这种措施是国家的责任,要求救助则是人民的权利,此种权利是国家承认的,也是国家有义务保障的。不过在实施救助之前,必须先进行家计调查(means-test),即调查申请救助者本人或其家庭收入及生活状况,以作为实施救助的依据。调查内容一般包括收入、财产、劳动力、生计等。另一方面,现代的社会救助理念和制度中除了承袭传统的社会救济中济贫救急的内容外,还包含了若干发展性的内容。也就是说,社会救助更注重恢复或培养救助对象的自立能力和意识,以避免救助对象对社会救助制度的依赖。从此意义上讲,社会救助是一种积极性的救困助危措施,而社会救济是一种消极性的救贫济困措施。[①]

---

[①] 江亮演:《社会救助的理论与实务》,第1—3页。

从我国的社会救助实践来看,社会救助不仅包括我国社会保障体系中的社会救济和社会互助两个方面的内容,而且还应包括其他有效的救助措施。2014年国务院颁布的《社会救助暂行办法》,确立了以最低生活保障、特困人员供养、受灾人员救助、医疗救助、教育救助、住房救助、就业救助、临时救助等8项救助制度为主体,以社会力量参与为补充的制度框架,基本覆盖各类困难群体。2020年《关于改革完善社会救助制度的意见》进一步明确了以基本生活救助、专项社会救助、急难社会救助为主体,以社会力量参与为补充,建立健全分层分类的救助制度体系。

社会救助与社会救济的区别见表1-1。

表1-1 社会救助与社会救济的区别

| | 社会救助 | 社会救济 |
| --- | --- | --- |
| 动机 | 救困助危 | 行善施舍 |
| 观念 | 社会团结 | 同情 |
| 目的 | 消弭贫穷 | 积德行善、救苦救难 |
| 性质 | 积极 | 消极 |
| 财源 | 公共资源(中央与地方财政以及社会团体) | 政府或民间(社会团体或个人) |
| 时间性 | 长期持续 | 临时、短暂 |
| 办理单位 | 以政府为主 | 政府与民间(社会团体或个人) |
| 解决方式 | 普遍地和根本地解决贫困生计问题 | 应付一时生活之需 |
| 工作人员 | 专业社会工作人员 | 非专业人员 |
| 施救对象 | 本人及其家属 | 生活困难者 |
| 给付 | 现金、实物、人力、技术、服务、培训 | 以现金和实物为主 |
| 手续 | 本人申请,并有合作之义务 | 无须申请,无须尽义务 |
| 人权的考量 | 权利、人格尊严、非公开 | 非权利、非人格尊严、公开 |
| 被救愿望的满足 | 须符合救助对象的愿望 | 无须符合救济对象的愿望 |
| 施救对象的反应 | 不倚赖 | 倚赖 |

资料来源:江亮演:《社会救助的理论与实务》,第4页。

## 三、社会救助与公共救助

公共救助的概念较多地见诸国外文献中。1930年,英国对沿用近百年的"新济贫法"进行修订,把原来的济贫制度系统化为新的"公共救助"制度,建立了公共救助服务体系,由地方政府负责。同时还强化了对一些特殊群体的帮助,以防止他们沦为贫困人口。① 1935年，美国《社会保障法》第一次提出要建立包含公共救助计划在内的全国性社会福利体系。为有孩子的单身母亲提供服务的"抚养未成年子女补助"（Aid to Dependent Children，ADC）为公共救助计划项目之一。1961年，将"抚养未成年子女补助"改为"抚养未成年子女家庭补助"（Aid to Families with Dependent Children，AFDC），体现了重视维持家庭单元。1996年，通过的《个人责任和工作机会协调法案》（Personal Responsibility and Work Opportunity Reconciliation Act）结束了美国人以往的福利政策，开启了公共救助的新时代。②

一般认为公共救助和社会救助两者无太大区别，甚至可以等同起来，但作深入分析的话，会发现它们之间有一些不同之处。我们可以从以下几个方面加以说明：

（1）范围不同。公共救助的范围仅限于由政府办理的救助事务。以美国的公共救助体系为例。对有子女困难家庭的资助，主要体现为政府以现金资助单亲有子女家庭和父母失业或丧失劳动能力的家庭；食品券补助，主要体现为政府发行专供购买食品的有价证券，以解决贫困阶层的基本生活问题。社会救助的范围除了由政府办理的公共救助之外，还包括民间救助或救济。因此，社会救助的范围比公共救助的范围大。

（2）主办单位不同。公共救助仅由政府主办，而社会救助的主办单位除政府外，还包括民间团体等。以新加坡为例。1991年新加坡政府为完善社会救助体系提出"多方救助"（many helping hands）策略，针对困弱群体形成了一个以社区为基础，由政府、家庭、慈善组织、非政府组织、志愿者组织等多个部门和组织构成的救助网络。③ 通过让社会各界各部门形成互帮互助关系，培养对国家和社会的共同责任感。

（3）经费来源不同。公共救助的经费以政府拨款为主，而社会救助的经费除包括政府所编的预算及拨款外，还包括社会团体或个人提供的钱物。

（4）救助对象（受领资格）不同。公共救助的受领资格纯粹以生活贫困为基准，因此受领资格之决定须经过调查手续。社会救助对象是指基于自然与人为

---

① 陈良瑾主编：《社会救助与社会福利》，第4页。
② 李春成：《价值观念与社会福利政策选择——以美国公共救助政策改革为例》，《复旦学报（社会科学版）》2004年第6期，第113—121页。
③ Isabel Sim, ed., *The Social Service Sector in Singapore*, Center for Social Development of National University of Singapore, 2015, https://fass.nus.edu.sg/swk/wp-content/uploads/sites/30/2020/10/CSDA-An-Exploratory-Study-on-the-Financial-Characteristics-of-IPCs-in-the-Social-Service-Sector.pdf.

原因不能劳动或失去劳动收益之人,以及那些能够劳动而收益不足以维生之人。

（5）救助重点的不同。公共救助的重点在院所收容教养、老弱残障及荣誉国民安置、医疗救助、灾害救济、冬令救济（家庭补助）等方面。社会救助的重点在生活扶助、医疗辅助、急难救助、灾害救助、院所收容、职业辅导、教育扶助、住宅服务、冬令救济方面。①

综上所述,社会救助与公共救助的区别体现在,前者的范围更大,救助的内容和重点更多,资格认定更宽松。可以这样说,社会救助与公共救助的关系实际上是大概念与小概念的关系,社会救助的主体内容是公共救助。

## 第二节 社会救助的属性与特点

### 一、社会救助在社会保障体系中的地位

社会救助是现代社会保障体系中最基本的项目,同时也是整个社会保障制度的基础。这种基础性体现在如下两个方面。第一,从起源上看,社会救济是最古老的社会保障形式,是现代社会保障制度的源头。社会救济的历史,也可以说是社会保障的历史可追溯至远古时期的原始的互助形态、传统社会中盛行的慈善救济和国家建立的各种救灾备荒制度。在世界各国的社会保障体系中居主导地位的是社会保险制度,尽管其萌芽形式和初级形式多以社会救济的形式出现。② 第二,从功能上看,在现代社会,社会救助是解决贫困问题的最普遍和最有效的方法。尽管社会救助在现代社会保障体系中的主体地位已被取代,但是社会救助作为整个社会保障体系的"最后一道防线",仍发挥着至关重要的作用。并不是所有人都能获得社会保险的给付、享受相应的福利服务,当那些基于各种原因没有或不能参加社会保险以及无法享受相应的社会福利的人遭遇生存困境时,他们的生活问题只能由社会救助解决。因此,社会救助既是整个社会保障体系的"最后一道防线",同时也因其面向生活在最基层的社会成员而被视为整个社会保障制度的"第一道防线"③。社会救助的作用和地位由此可见一斑。多吉才让指出,"社会保障体系中可以暂时没有社会福利,甚至也可以暂时没有社会保险,但不能没有社会救助"④。因此,建立健全社会保障体系,必须完善社会救

---

① 江亮演:《社会救助的理论与实务》,第6—7页。
② 邓大松:《社会保险比较论》,中国金融出版社1992年版,第213页。
③ 郑功成:《社会保障学:理念、制度、实践与思辨》,第16页。
④ 多吉才让:《中国最低生活保障制度研究与实践》,人民出版社2001年版,第2页。

助制度。

社会救助、社会保险和社会福利是现代社会保障体系中的三个重要组成部分。它们之间既有联系，又有区别。解析社会救助、社会保险和社会福利的关系，有助于我们加深认识社会救助的内涵与外延、作用与功能，进而总结出社会救助的价值基础与本质特征。

### 二、社会救助与社会保险

作为社会保障体系的两个子系统，社会救助与社会保险之间具有密切的关系。社会救助在社会保障体系中处于最基础的层次，起"兜底"作用，而社会保险是社会保障体系的中坚力量。社会救助与社会保险一样，具有比较强的法制性和政策性。例如，社会救助从救助的范围、对象、内容到救助的形式和标准，均受各国政府制定的法律和政策调控[1]，社会保险亦是如此。但是，社会救助与社会保险是两种性质不同的社会保障措施。它们之间的差别主要在于以下几个方面：

第一，社会救助与社会保险产生的历史条件不同，它们的作用和地位随着社会的变迁而变化。社会救济（助）是最早的社会保障形式，它的历史可以追溯至原始社会形态中的社会互助。同时，社会救济（助）也是传统社会中主要的社会保障制度。社会保险则产生于商品经济高度发展、资本主义从自由竞争向垄断过渡的19世纪后期，是工业化社会的产物，距今不过百余年的历史。但是，社会保险一经产生，迅速风靡全球，逐渐取代了社会救济（助）的主导地位，成为最主要的社会保障制度。社会救济（助）与社会保险的角色与地位的转换并不是偶然的事情。从对历史的分析中我们发现，任何社会保障制度的产生基本上都是出于防范风险的需要，同时也反映了不同的制度对风险的不同防范能力。传统社会过渡到工业化社会以后，社会风险的性质、类别和强度都发生了变化，需要由新的既能防范工业化带来的系统风险，又能适应工业化社会的组织形式的社会保障制度，来取代传统社会中居于主导地位的社会救济（助）制度，社会保险就在这种背景下应运而生。下面将要论及的社会救助与社会保险在性质、运行、管理等方面的差别实际上都是由社会变迁这一历史背景决定的。

第二，社会救助与社会保险体现的权利与义务关系不同。社会救助是一种

---

[1] 随着我国社会救助事业的发展，社会救助法治化的进程在加快。目前，《中华人民共和国社会救助法（草案征求意见稿）》已经到了公开征求意见的阶段。参见马工程教材《社会保障概论》编写组：《社会保障概论》，高等教育出版社2019年版，第27页。

纯粹的福利措施,不讲求权利与义务的对等。社会救助强调的是社会成员享受社会救助的权利,以及国家与社会向陷入生存困境的社会成员提供社会救助的不容推卸的责任和义务。就救助对象和救助主体而言,权利和义务都是单向的,这就是所谓的权利与义务的不对等。这种权利与义务的不对等主要体现在,社会成员在接受社会救助前不需要尽缴费义务,也就是说,社会救助对象只有受惠的权利,没有缴费的义务,他们所享受的权利与其义务之间没有直接联系。[①] 而社会保险的一个基本原则就是强调权利与义务的对等,即参加社会保险的劳动者必须先尽缴纳保险费的义务,然后才能享有获得社会保险待遇的权利,权利与义务的关系较密切。权利与义务关系的不同是社会救助与社会保险本质上的区别。

第三,由第二点所决定,社会救助与社会保险的社会影响、社会地位是不一样的。在西方社会,特别是在强调个人责任、权利与义务关系的国家,社会救助作为一种福利项目或权利资格(entitlement)项目,常为主流社会所诟病,享受社会救助有时会被认为是一种耻辱。这也从一个侧面说明了,为何在进入工业化社会以后,在市场经济高度发达的国家,社会救助在社会保障中的主导地位会被社会保险所取代。

第四,社会救助与社会保险的保障对象不同。社会救助的保障对象主要是由于各种因素陷入生存困境的社会成员,其中既包括无力谋生的老、弱、病、残者,也包括虽有谋生能力,但无固定职业和正常收入的人,以及因某种际遇而收入暂时中断或收入减少,不足以维持正常生存状态的人。社会保险的保障对象主要是依法规定的有固定职业与正常收入的劳动者,社会保险对造成丧失工作能力或失去劳动条件与机会等的风险事故承担给付保障责任。[②] 也就是说,社会保险以劳动者为中心,而社会救助主要惠及贫困人群。

第五,社会救助与社会保险的项目内容不同。社会救助与社会成员的基本生活需要密切相关,所以其项目内容仅限于衣食住行等最基本的生活援助。随着社会的发展,基本生活需要发生变化,如接受教育、保持基本的健康状况、享有基本法律权利等也成为基本生活需要的内容。社会保险从商业性保险发展而来,主要包含养老、残障、遗属、医疗(生育)、失业、工伤等保险内容。

第六,社会救助与社会保险的资金来源不同。社会救助资金主要来自政府拨款和社会捐助。社会保险资金则依靠个人、企事业单位和政府三方面筹集。

---

① 当然,救助对象在管理方面有配合之义务。
② 邓大松:《社会保险比较论》,第223页。

以中国城市居民最低生活保障制度为例,其资金由地方人民政府列入财政预算,纳入社会救济专项资金支出项目,专项管理,专款专用。

第七,社会救助与社会保险的给付水平不同。出于公正的考虑,社会救助的给付水平应低于社会保险。具体来说,社会救助的给付以维持被救助者的最低生活条件为基准;而社会保险的给付标准一般由保障对象原有的生活水平、纳税或缴费义务和国家的财政实力决定,旨在保障被保险人的基本生活需要。因此,社会救助与社会保险是两个层次不同的社会保障计划。

第八,社会救助与社会保险的资格认定和操作程序不同。就社会救助而言,须当事人首先提出申请,经有关方面调查、审核和确认后,才能获得救助。社会保险则不同,大部分保险事故(如年老、残障、死亡、疾病、生育、失业等)发生后,社会保险经办单位依法按预先约定的条件和标准,自动履行保障给付义务。

第九,社会救助与社会保险的社会功能不同。社会救助只有在贫困事实被认定后才能实施,是一种缓解贫困的战略。而社会保险是为避免社会成员收入中断或收入减少以致陷入生活困境而设计的一种收入维持计划,是一种预防贫困的战略。

## 三、社会救助与社会福利

作为现代社会保障体系三大支柱之一的社会福利,是指国家和社会为改善社会成员的生活状况、提升其生活质量而采取的各种具有经济福利性的制度和措施。社会救助与社会福利既有区别又有联系,区别主要在于以下几个方面:

第一,从发展阶段来看,社会救助是社会保障发展的初级阶段,社会福利是社会保障发展的高级阶段。

第二,从功能和地位来看,社会救助保障社会成员最基本的生活,是社会保障体系的"最后一道防线"。随着社会保障制度的发展,社会救助的重要性会被逐步削弱。社会福利旨在改善社会成员的生活状况,提升其生活质量。随着社会经济的发展和福利需求的增加,社会福利会越来越重要。

第三,从保障对象来看,尽管社会救助强调只要符合社会救助的条件,救助对象均可通过正常的途径获得国家和社会的援助,但实际享受社会救助的只有那些陷入困境而无力自救的人,由此可见社会救助具有选择性和较强的瞄准机制。而社会福利是面向全民,即一个国家法律和政策范围内的所有国民均可享受平等的社会福利待遇。

第四,从保障水平和效用评价来看,社会救助提供的是最低生活标准的保障,具有最低保障性,其作用类似"雪中送炭";而社会福利的保障水平要明显高于社会救助,其作用类似"锦上添花"。

第五,从保障形式来看,社会救助主要满足救助对象最基本的生活需要;社会福利则针对人们不同的福利需求,提供形式多样的福利产品,包括现金、实物、政策扶持和服务保障等,且主要是福利设施和福利服务。

第六,从资金来源来看,社会救助以公共财政为主,辅以社会捐赠;社会福利除此两项外,还有部分收入来自收费。

尽管社会救助与社会福利有以上区别,但在理论上,特别是在实际工作中,两者又有一定的联系,主要在于以下几个方面:

第一,主办的主体基本相同,即政府和社会。在社会救助与社会福利中,政府处于主导地位,承担着制定政策、统筹规划、宏观调控等多项重任。

第二,在保障对象方面,两者有一定的交叉,主要是老年人、残疾人、妇女儿童等困弱群体。

第三,在项目内容方面,两者项目内容均十分丰富。如社会救助包含最低生活保障、特困人员供养、受灾人员救助、医疗救助、教育救助、住房救助、就业救助、临时救助等项目,社会福利包含老年人福利、残疾人福利、妇女儿童福利和职业福利等项目。

第四,在保障水平方面,尽管社会福利的整体保障水平要高于社会救助,但针对某些特殊人群提供的社会福利却几乎等同于社会救助。如我国民政部门提供的针对老年人、残疾人、孤儿、优抚对象的收入和服务保障,其保障标准主要是基本生活需求。

第五,两者都带有福利性,体现的权利与义务关系不同于社会保险。因此,国外习惯将社会救助归于福利计划或福利政策,我国也在一段时间内将福利和救济归管于一个部门,其统计数据也统称福利救济费。

## 四、社会救助与社会工作

社会工作是指社会工作者运用专业方法帮助社会中处于不利地位的个人、群体和社区解决困难,以预防问题发生,恢复改善和发展其功能,使之适应正常社会生活的服务活动。简单地讲,社会工作就是一种助人自助活动。可见,社会救助和社会工作都是对社会中处于困难境地的人提供帮助,但两者又有不同,主要体现在：第一，社会救助基本上是由国家法律规范的援救措施与制度，而社会工作主要是提供具体、直接的社会援助；第二，社会救助的内容主要是收入或物质的帮助，而社会工作不仅提供物质的帮助，而且提供精神上、服务上的帮助；第三，社会救助的主要目的是保障困难者的基本生活，而社会工作除了救助内容之外，还有发展受助者能力的任务；第四，社会救助的对象仅限于个人及家庭，而社会工作的对象包括个人、家庭和社区；第五，社会救助的基本责任主体是国家与社会，而社会工作的责任主体是社会工作者与受助者双方，涉及他们之间的合作。从社会工作参与社会救助的国际经验来看，社会工作参与社会救助理论上至少有三种模式，即整合模式（integrated delivery of services）、分离模式（separation of delivery of services）和混合模式（mixed delivery of services）。[1] 社会工作在社会救助中发挥着越来越重要的作用，这里有必要对社会工作的内容加以说明。

19世纪末20世纪初，西方社会工作开始进入专业化、制度化发展阶段，至今已有一百多年的历史。在西方国家现代社会福利制度的建立与发展进程中，社会工作作为现代社会福利体系中的一项基本制度被确立下来。国家通过制定相关法案或政策，对社会福利事业进行管理，包括对社会工作的指导与管理。[2] 除此之外，社会工作者与社会救助政策的规划和执行都有着密切关联。例如，提供直接服务的社会工作者在政策规划和执行过程中扮演重要角色；同时，社会工作者还形塑了社会工作在服务传递层次上的本质内涵。[3] 可以说那些熟知并分析政策的社会工作者会比忽视这项工作的社会工作者更有效地服务案主。

我国社会工作的发展历经波折。1997年之前，社会工作作为一个概念、一种理念、一项制度在中国全面恢复并逐渐传播，社会工作的制度框架开始形成。但是这一阶段毕竟只是恢复阶段，或者说是社会工作的初创阶段，社会工作和社会救助缺乏有效的衔接，社会工作的专业化和职业化水平还比较低，特别是社会工作的理念还处于文化调适期。中国社会工作教育不论是在20世纪20年代的创立期还是在80年代的恢复和重建期都以移植西方社会工作专业为主。这种移植是在民间社会工作基本阙如、官方承担行政化的社会工作职能的背景下进行

---

[1] Davis McEntire and Joanne Haworth, "The Two Functions of Public Welfare: Income Maintenance and Social Services," *Social Work*, Vol. 12, No. 1, 1967, pp. 22-31.
[2] 李迎生：《西方社会工作发展历程及其对我国的启示》，《学习与实践》2008年第7期，第120—127页。
[3] 〔美〕尼尔·吉尔伯特、保罗·特雷尔：《社会福利政策引论》，沈黎译，华东理工大学出版社2013年版，第26页。

的。这与西方社会工作专业的发展道路截然不同。西方专业化的社会工作是在自由主义福利观的背景下,在民间慈善事业充分发展的基础上逐渐形成和发展的。20世纪80年代,社会工作进入我国大学本科的专业目录,得到高等教育体系的认可。但是直到20世纪末期,官方和民间对专业社会工作的认同程度都是相当有限的。[①] 2003年以来,民政部、原劳动和社会保障部、原人事部等部门采取一系列措施,通过制度建设推进社会工作特别是社会救助工作和专业社会工作的融合。2004年6月,劳动和社会保障部公布《社会工作者国家职业标准》,正式把社会工作者纳入国家职业体系。2014年公布的《社会救助暂行办法》规定,县级以上地方人民政府应当发挥社会工作服务机构和社会工作者作用,为社会救助对象提供社会融入、能力提升、心理疏导等专业服务。2015年,民政部和财政部联合下发《关于加快推进社会救助领域社会工作发展的意见》,在《社会救助暂行办法》基础之上增添了为社会救助对象提供资源链接服务和宣传倡导服务,并提出建立健全社会工作服务需求发展机制、社会工作服务承接机制,以及社会工作服务转介机制。[②] 2020年公布的《关于改革完善社会救助制度的意见》强调了促进社会工作介入社会救助工作的要求,社会工作介入社会救助,重在发挥专业优势,向贫困群众提供专业化的服务。[③]

### 五、社会救助的性质与特点

#### (一)权利义务单向性

与其他社会保障子系统相比,社会救助子系统体现的是权利义务单向性特征,国家和社会对特定对象实施社会救助、帮助他们摆脱困境是无条件的,即社会成员只要符合条件就有权利申请得到救助。对受益者而言,其享受的是单纯的权利;而提供社会救助则成了政府与社会的职责和法定义务,当特定对象需要社会救助而提供方不能提供或提供救助不足时,社会就可能出现严重的问题,这便可以视为政府与社会失职或未尽到应尽的义务。而在社会救助的管理方面,受助者有配合的义务。例如,1998年,我国香港社会福利署改革香港综合社会保

---

① 徐道稳、邹文开:《社会工作与社会救助》,载中国社会工作协会主编:《中国社会工作发展报告(1988—2008)》,社会科学文献出版社2009年版,第19页。
② 马凤芝:《社会工作参与社会救助的模式建构》,《国家行政学院学报》2017年第4期,第104—109页。
③ 关信平:《充分发挥社会工作在帮扶困难群众中的专业优势——〈关于改革完善社会救助制度的意见〉》,《中国社会工作》2020年第25期,第8—9页。

障援助项目(以下简称"综援"),提出了以"自力更生"为核心观念的改进措施,强调受助人需要参与每周一次或两次的无薪社区工作,以协助失业受助人增强自尊、自信,培养工作习惯,为就业做准备;同时,要求参加者继续寻找工作和接受工作面试,以作为继续领取综援金的条件。

### (二)全民性与选择性

社会救助强调公平,它公平对待全体社会成员,不像其他社会保障项目有特定的年龄、职业或性别等身份限制,也不存在事先参加、履行义务的问题,只有客观的救助条件与标准。理论上看,任何人只要符合申请社会救助的条件,即可通过正常的途径获得国家或社会的援助。因此,社会救助具有全民性特征。但事实上,并非所有社会成员都能享受到社会救助,社会救助制度有严格的资格审查程序,以确定最终的救助对象。根据需求来界定资格条件,可以确保经费用于最需要帮助的人。因此,社会救助是一项选择性强、目标明确的社会制度。以我国香港特别行政区的"综援"为例,它包含标准金、个案补助金和特殊津贴三项,其中申请捐助金者必须经过资格审查,资格条件包含居港规定、经济状况调查(见表1-2)和身体健全成人的附加准则。

表1-2 "综援"申请人家庭资产限额

| 单身人士个案 | |
| --- | --- |
| 类别 | 资产限额(港币) |
| 健全成人 | 35 500 |
| 儿童、长者、残疾或经医生证明为健康欠佳人士 | 53 000 |

| 家庭个案:家庭成员中有健全成人的个案 | | | |
| --- | --- | --- | --- |
| 健全成人/儿童的成员 | | 年老、残疾或经医生证明为健康欠佳的成员 | |
| 该类成员的人数 | 资产限额(港币) | 该类成员的人数 | 资产限额(港币) |
| 1 | 23 500 | 1 | 53 000 |
| 2 | 47 000 | 2 | 79 500 |
| 3 | 70 500 | 3 | 106 000 |
| 4人或以上 | 94 000 | 4 | 125 000 |
| | | 5 | 159 000 |
| | | 6 | 185 500 |

(续表)

| 家庭个案:家庭成员中无健全成人的个案 | |
|---|---|
| 成员人数 | 资产限额(港币) |
| 2 | 79 500 |
| 3 | 106 000 |
| 4 | 132 500 |
| 5 | 159 000 |
| 6 | 185 000 |

注:由 2024 年 2 月 1 日起生效的限额。

数据来源:香港社会福利署官方网站,2024 年 1 月 25 日,https://www.swd.gov.hk/sc/index/site_pubsvc/page_socsecu/sub_socialsecurity/#CSSAal,2024 年 2 月 1 日访问。

(三) 最低保障性

从现代社会保障体系来看,社会保险、社会福利与社会救助、社会优抚制度解决的不仅是社会成员的生存问题,而且也包括了社会成员的生活质量问题;只有社会救助子系统面对的是陷入生存困境并最为迫切地需要国家或社会援助的社会成员,其救助(待遇)水平通常是整个社会保障体系中最低的,仅仅以维持社会成员的最低生活需要为标准。在美国公共救助实践中,大多数州给予最低标准的理由是救助收入不应高于那些最贫困的劳动者的收入。基于这一特征使,社会救助成为整个社会保障制度或社会稳定系统的"最后一道防线",被称为最低保障制度。

(四) 按需分配

社会救助是有别于按劳分配与按资分配的市场收入分配形式。一方面,只有生活陷入困境或遇到特殊困难的社会成员才需要社会救助,只有符合相关政策要求条件的成员才能获得社会救助;另一方面,国家或社会提供的社会救助包括现金救助、实物救助、服务救助等,一般根据不同社会救助对象的需要来提供,如实物救助就有食物救济、衣被救济等形态。因此,社会救助具有在确定的标准范围内向救助对象按需分配的特征,从而是对按劳分配与按资分配形式的重要补充。

## （五）补救性与发展性

社会救助的补救性体现在两个方面：一是事后救济，也就是通过各种形式的援助，帮助受助者渡过难关；二是在整个社会保障体系中起"兜底"作用，也就是说在其他渠道如家庭、市场以及政府的其他制度安排无法起作用时，最后由社会救助发挥作用。社会救助的发展性则强调，社会救助不应停留在事后救济的水平上，而应向前延伸，着眼于培养受助者自力更生的能力，以避免其对社会救助的依赖。如果说补救性是社会救助的传统属性，那么发展性则是当代社会政策的发展趋势，也是社会救助实践的一大特点。例如，我国香港社会福利署委托非政府组织协助运营机构推行就业支持服务。该计划主要内容是通过相关机构提供以家庭为基础的综合就业支持服务，协助年龄在15—64岁、身体健全的申领"综援"的失业人士，最年幼子女年龄在12—14岁的申领"综援"的单亲家长和儿童照顾者克服就业障碍、增强就业能力，使他们能找到有薪工作，继而达致自力更生。[①] 再如，在新加坡就业收入补助（Workfare Income Supplement）项目中，政府对低收入就业人群进行补贴，以增强他们就业的动力，创造条件让个体能自食其力。[②]

## 本章小结

社会救助是一种福利制度，在这种制度下，当公民因各种情况而陷入生存困境时，由国家和社会予以援助，以保障公民的基本生活，并使其有能力自助、参与社会生活。这里讲的导致社会成员陷入生活困境的各种情况，既包括自然灾害（包括恶劣的自然环境）、突发事件（如战争、交通事故、突发公共卫生事件等）、生理缺陷（如残障）、生老病死等难以抗拒的客观因素，也包括个人能力、个体行为等主观因素，如个人的禀性、心理素质、教育背景、社会调适能力等。

社会救助是现代社会保障体系中最基本的项目，同时也是整个社会保障制度的基础，而社会救助、社会保险和社会福利是现代社会保障体系的三个重要组成部分。它们之间既有联系，又有区别。解析社会救助与社会保险、社会福利的

---

[①] 《"自力更生"支援计划》，2023年4月20日，https://www.swd.gov.hk/sc/index/site_pubsvc/page_socsecu/sub_comprehens/，2023年4月25日访问。

[②] 占少华：《福利转型：新加坡社会救助政策的新变化及其启示》，《社会政策研究》2017年第2期，第58—59页。

关系,有助于我们加深认识社会救助的内涵与外延、作用与功能,进而总结出社会救助的价值基础与本质特征——权利义务单向性、全民性与选择性、最低保障性、按需分配、补救性与发展性。

## ◆ 重点名词

社会救助　家计调查　社会福利　社会工作

## ◆ 思考题

1. 社会救助的定义是什么?
2. 社会救助与社会救济的区别和联系有哪些?
3. 简述社会救助在社会保障体系中的地位。
4. 如何区分社会救助与社会保险?
5. 如何区分社会救助与社会福利?

## ◆ 延展阅读

〔英〕贝弗里奇:《贝弗里奇报告——社会保险和相关服务》,社会保障研究所译,中国劳动与社会保障出版社2004年版。

关信平:《中国共产党百年社会政策的实践与经验》,《中国社会科学》2022年第2期,第103—122页。

郑功成:《社会保障学:理念、制度、实践与思辨》,商务印书馆2020年版。

中共民政部党组:《加快推进社会救助事业高质量发展》,《求是》2022年第8期,第18—22页。

# 第二章　贫困与社会救助

【本章学习要点】
1. 掌握贫困的定义与类型、贫困的影响。
2. 熟悉社会救助的功能。
3. 了解贫困的相关理论、社会救助的思想基础。

贫困与社会救助的关系非常密切,也非常重要。其一,贫困事实是社会救助的前提,缓解和消弭贫困是社会救助的主要目的。从实际工作的角度出发,社会救助对象的识别、社会救助的实施和对社会救助效果的评估都有赖于对贫困的认识。其二,对贫困的不同看法对应不同的社会救助政策。因此,社会救助的发展与贫困理论的发展息息相关。

## 第一节　贫困的内涵与相关理论

### 一、贫困的定义与类型

(一) 贫困的一般定义

贫困的定义是对贫困事实的描述和判断。贫困是一个动态和发展的过程,贫困的定义和内涵也在变化和发展之中。[①] 在不同的语境下,贫困的定义也不一样。我们从绝对贫困和相对贫困、狭义贫困和广义贫困等角度对贫困加以界定,以全面把握贫困的内涵。

---

① 王生铁:《中国政府消除贫困行动》,湖北科学技术出版社1996年版,第141—144页。

1. 绝对贫困

绝对贫困也叫生存贫困,是指收入难以维持最低限度生活水准的状况。这一概念最早由英国的西伯姆·朗特里(Seebohm Rowntree)和查尔斯·布思(Charles Booth)提出,他们认为一定数量的货物和服务对个人和家庭的生存和福利来说是必需的,缺乏获得这些货物和服务的经济资源或经济能力的个人和家庭的生活状况即贫困。关于绝对贫困最具代表性的定义是1901年朗特里在《贫困:城市生活研究》中提出的,即"一种最低需要的缺乏,无法达到生活所需的最低需求水平"[①]。可见,绝对贫困是一个人类社会学的概念,其基础是"绝对性",体现在三个方面:

(1)贫困线是刚性的,低于此线即不能维持生存,更谈不上生活的享受和能力的发展。

(2)绝对贫困有客观的标准,只与维持基本生存的物质需要量相匹配,而与社会经济发展水平和收入水平无关。

(3)绝对贫困在其计算和所指的生活模式上都有最严格意义上的规定,可以列出一个人的生活必需品"清单"。这里的人是"自然人",而不是"社会人"。

2. 相对贫困

相对贫困是指当个体或家庭的收入比社会平均收入水平低到一定程度时所维持的那种生活状况,是根据社会成员间收入的差距来定义的贫困,是一个通过收入的比较而得出的概念。相对贫困的基础是"相对性",体现在四个方面:

(1)贫困是相对的,是相对于处于相同社会经济环境中的其他社会成员而言的。

(2)贫困是动态的,贫困的标准随着经济的发展、收入水平的变化以及社会环境的变化而不断变化。

(3)贫困的不平等,它描述的是社会成员间的收入差距和分配的不平等。

(4)贫困的主观性,它依赖一定的价值判断。因此,贫困标准具有明显的主观偏好。例如,有的国家以最低收入的一定比例作为贫困标准,有的国家以全国人均纯收入的一定比例作为贫困标准,有的国家则以中等收入水平的一定比例作为贫困标准。

在学术研究和实际工作中,我们还会根据物质层面和精神层面以及两者的关系来界定贫困,于是便有了狭义贫困和广义贫困的概念。

---

[①] B. Seebohm Rowntree, *Poverty: A Study of Town Life*, Macmillan, 1901.

### 3. 狭义贫困

狭义贫困是指因物质生活的需求得不到满足而形成的贫困,反映维持生活与生产的最低标准。这种贫困的概念只包括物质生活的贫困,而不包括精神生活的贫困。它有三个基本特征:

(1) 贫困是直观的,可以用一定的实物量作为判断标准,主要反映生活水平而不是生活质量;

(2) 贫困是绝对与相对的复合概念,既表现为经济需求量的绝对数量,又表现为这种需求量与社会其他成员的比较及其增长变化情况;

(3) 贫困可以用一系列经济指标来衡量,不涉及非经济因素。

### 4. 广义贫困

广义贫困除了包括经济意义上的狭义贫困之外,还包括社会、环境、精神文化等方面的贫困,即贫困者享受不到作为一个正常的"社会人"所应该享受的物质生活和精神生活。他们不仅处于收入分配的最低层,而且社会地位低,无权、无力控制自己所处的生活环境,受到社会的歧视和不尊重;他们不仅在经济收入方面被"社会剥夺",而且在就业、教育、健康、生育、精神等方面的权利也被"社会剥夺"。它有四个基本特征:

(1) 贫困是物质贫困和精神贫困的综合表现,物质贫困的衡量相对容易,但精神贫困则难以用具体指标来衡量;

(2) 贫困是一个动态的概念、相对的概念:一方面,物质贫困和精神贫困都是与社会中大多数人的生活状况相比较而言的;另一方面,贫困的标准随着整个社会生活水平的变化而变化;

(3) 贫困是继发性的,随着物质贫困问题的逐渐改善,精神贫困问题会逐渐显现,消除精神贫困比消除物质贫困的难度更大;

(4) 贫困特别是精神贫困具有较大的隐蔽性,不易被大多数人发现。

同狭义贫困相比,广义贫困更强调精神层面的贫困。这种精神上的贫困比物质生活上的贫困更让人感到痛苦和难以忍受,而且容易被忽视,治理起来难度更大。

### (二) 贫困的基本类型

一般而言,贫困的基本类型包括个人贫困、普遍性贫困和结构性贫困。

### 1. 个人贫困

个人贫困是指由于个人和家庭的原因,如疾病、伤残、丧偶、年老、教育、家庭成员过多以及其他各种原因,导致某些个人或家庭持续性地处于某种贫困状态。个人贫困的特点是强调贫困的原因和结果的微观性和个体性。但当某些变故导致的贫困比较普遍时,个人贫困也可能成为一种社会问题。在现代福利理念中,尽管个人贫困主要是由于个人或家庭原因造成的,但政府有责任为这些贫困的个人和家庭提供帮助,特别是当个人贫困成为一种社会问题时。

2. 普遍性贫困

普遍性贫困是指在一个国家或地区社会经济不发达的情况下,全体或大多数社会成员普遍地处于贫困状态之中。普遍性贫困的特点是,强调贫困原因的宏观性和贫困结果的普遍性。在致贫原因中,既有宏观经济不发达的原因,也与收入分配政策有关。由于经济总量和社会财富不充裕,收入分配较为平均,导致人均收入很低,社会成员大都处于较为贫困的状态中。

3. 结构性贫困

结构性贫困是指在较高的经济发展水平和人均收入的条件下,由于制度的不平等使一部分社会成员的收入和实际生活水平明显低于社会平均水平,从而陷入贫困。结构性贫困的特点是,强调贫困原因的宏观性和贫困结果的局部性。这里讲的宏观性原因主要是指经济制度、社会结构和收入分配的不平等。如果说普遍性贫困主要是由于经济供给总量不足引起的,那么结构性贫困就主要是由于在经济总量增长的条件下,经济制度和社会结构中的不平等特征导致一部分社会成员难以分享经济增长的成果。

在一个国家或地区的范围内,结构性贫困又可分为阶层性贫困和区域性贫困两种类型。阶层性贫困是指在一个国家或区域内存在着明显的社会阶层分化,其中某些阶层处于贫困状态。或者说,贫困的主要原因是由于人们的社会地位所引起。而区域性贫困则是指在经济总体发展的条件下,由于地区发展不平衡,某些区域经济社会发展的相对落后所导致的贫困。[①]

## 二、贫困的产生与相关理论

贫困问题自古有之,但直到近代才开始有人对贫困产生的原因进行研究。近代学者从自由市场、人口和阶级矛盾等角度解释了贫困产生的原因。近代以来,学者又补充了文化、社会结构等研究视角。

---

① 关信平:《中国城市贫困问题研究》,湖南人民出版社1999年版,第121—123页。

## （一）近代经济学对贫困产生的解释

**1. 古典政治经济学对贫困产生的解释**

古典政治经济学在贫困问题上的基本观点是：在自由市场经济的条件下，贫困是个人的选择行为和市场调节的结果。根据亚当·斯密的劳动价值理论，工人赖以维持生活的工资有两种价格：一是"自然价格"，即工人维持自己及其家属生存所必需的生活资料的价值；二是"市场价格"，也就是工人所获得的实际工资。后者围绕前者波动。当劳动力供大于求时，劳动的市场价格降到自然价格之下，部分工人因此陷入贫困。反过来，贫困会使劳动力者的供养能力降低，从而抑制人口的增加，这样会减少劳动力的供给，使劳动力的市场价格回升。因此，贫困是自由市场经济条件下劳动力供需关系波动的结果；只有通过市场的调节作用来抑制劳动人口的增长，才可以解决贫困问题。[①]

**2. 马尔萨斯人口学对贫困产生的解释**

马尔萨斯人口学对贫困的解释基本上是在古典政治经济学的框架中进行的，但它更强调人口增长因素对贫困的作用。马尔萨斯的人口理论从土地肥力递减规律出发，认为食物的增长落后于人口的增长，因为前者按算术级数增长，后者按几何级数增长。据此，马尔萨斯提出了三个命题：一是"人口没有生活资料便无法增加"；二是"只要有生活资料，人口便会增加"；三是"占优势的人口增殖力若不产生贫困与罪恶便不会受到抑制"。[②]

**3. 马克思主义对贫困产生的解释**

马克思、恩格斯完全不同意古典经济学家和人口学家关于资本主义社会无产阶级贫困化的解释。他们认为，工人阶级的贫困既不是由于社会中财富不足或工人们懒惰、无能，也不是因为工人阶级的人口太多而导致劳动力供大于求，而主要应该归因于生产资料的不平等占有。在资本主义生产方式和生产关系下，没有掌握生产资料的工人在生产过程中处于被剥削的地位，而占有生产资料的资产阶级榨取了无产阶级所创造的剩余价值，从而造成了无产阶级贫困化。具体来说，由于工人阶级没有掌握生产资料，他们只有通过被雇用而获得工资，而工资的数量是由资本家决定和控制的，资本家总是以最低的价格去雇用工人，

---

① 关信平：《中国城市贫困问题研究》，第39—43页。
② 〔英〕马尔萨斯：《人口原理》，朱泱、胡企林、朱和中译，商务印书馆2009年版，第15页。

因此尽管工人的劳动创造出了大量的财富,但工人本身却无法同等地分享财富。即使在资本增长、分工扩大和技术提高的情况下,其所带来的财富增加也更多地以利润的形式被资本家拿走,工人的工资不仅不会大幅度地提高,而且工人会面临更多的失业风险。因此,马克思说:"资本增长得愈迅速,工人阶级的就业手段即生活资料就相对地缩减得愈厉害。"[1]

在这种情况下,"一方面是不可计量的财富和购买者无法对付的产品过剩,另一方面是社会上绝大多数人口无产阶级化,变成雇佣工人,因而无力获得这些过剩的产品。社会分裂为人数不多的过分富有的阶级和人数众多的无产的雇佣工人阶级,这就使得这个社会被自己的富有所窒息,而同时它的极大多数成员却几乎得不到或完全得不到保障去免除极度的贫困"[2]。因此,要解决资本主义社会中的贫困问题,只有彻底改变资本主义制度。尽管马克思、恩格斯的理论是依据19世纪的社会经济状况提出来的,与当代资本主义世界的社会发展状况已有很大差异,但马克思主义理论有强大的生命力。它为后来的关于贫困的"社会根源"理论奠定了理论基础,而且引导了后来的建立社会主义制度以消除贫困的社会革命。

### (二) 现代西方贫困理论

**1. 贫困的代际传递理论**

根据实地观察和经验研究,贫困在代与代之间有一种很难中断的延续性。生长在贫民窟的孩子中很少有人能走出贫困的生活。那么,什么样的原因和机制维系了贫困的代际传递?

(1) 贫困文化论。

贫困文化论的代表人物是美国学者奥斯卡·刘易斯(Oscar Lewis)。该理论认为,贫困不仅是一种经济现象,也是一种文化现象,是一种自我维持的文化体系。贫困者由于长期生活于贫困之中,从而形成了特殊的生活方式、行为规范和价值观念,这就是所谓的有别于社会主流文化的"亚文化"。而一旦此种"亚文化"形成,它便会对周围的人(特别是后代)产生影响,并代代相传。于是贫困者就在一种与主流社会完全分离的文化中生存和繁衍,贫困也就得以在亚文化的

---

[1] 《马克思恩格斯选集》第1卷,人民出版社1972年版,第380页。
[2] 《恩格斯写的〈〈雇佣劳动与资本〉——引者注〉1891年单行本导言》,载《马克思恩格斯选集》第1卷,人民出版社1972年版,第348页。

保护下维持和延续。贫困文化论对相关的学术研究产生了深刻影响,提供了新的贫困研究视角,开辟了新的贫困研究领域,注重从观念和生活方式的角度分析导致和延续贫困的社会文化根源。

但是,贫困文化论也有其缺陷,并遭到了其他学者的批评。首先,尽管贫困者在行为上与其他社会成员有一定的差异,但这并不一定意味着他们在价值观上与其他社会成员有差异,不能过分夸大贫困者与主流社会文化之间的差异。其次,文化因素不是贫困的原因,而是贫困者对其社会地位的反应。最后,经验的研究并不都支持贫困文化论。研究表明,贫困者本身并不是一个同质性很强的群体,其中许多人也在不断地寻找工作,在努力摆脱贫困。事实上,只有少数贫困者后来仍然停留在贫困之中。

(2)文化剥夺论。

这种理论接受了贫困文化的概念和研究路径,并和贫困文化论一样,认为家庭是贫困传递的工具。但两者的分歧也是很明显的。一是对贫困文化的性质的认识。贫困文化论认为,贫困文化是贫困者在主流社会之外建立的一个完全分离的亚文化,并由此走上了一条不可避免的导致贫困和接受贫困的道路;而文化剥夺论认为,贫困文化只是主流文化的一部分,贫困者在动机、技术以及行为上与其他社会成员的差异只是程度上的而不是种类上的,贫困者之所以贫困是因为他们从小就没被纳入社会主流文化,从而失去了获得成功的工具和动力。二是对贫困文化形成方式的看法。贫困文化论认为,贫困文化是贫困者自觉形成的,是接受和适应贫困的方法。文化剥夺论则把贫困文化的形成看作一个不断被剥夺的演化过程。先是不良的家庭背景导致儿童在身体、情绪、教育上的欠缺,长大以后,较少的社会经历又使他们无法得到必要的培训、教育和参与的机会,形成了一个"剥夺的循环",下一代的"欠缺",往往是上一代被剥夺的结果,这导致贫困的代际传递。[①]

2. 贫困的结构论

贫困文化论通过使用贫困文化的概念、对贫困文化形成机理和传递机制的揭示,加深了人们对贫困的理解,使社会从对贫困者的指责转到了关注贫困者身处的世界,特别是文化剥夺论和贫困处境论更是使贫困研究走向了社会结构理

---

[①] 参见周彬彬:《向贫困挑战:国外缓解贫困的理论与实践》,人民出版社1991年版,第81—90页;关信平:《中国城市贫困问题研究》,第57页。

论。社会结构论者并不否认个人的重要作用,但他们强调,人的行为发生在一定的社会关系中,个人的选择是不自由的,受到他们自身无法左右的社会因素的影响和控制。①

### 三、相对贫困的测量

按照贫困的程度,可以把贫困分为绝对贫困和相对贫困。2020年,我国在现行标准下全面消除了绝对贫困,反贫困工作转向相对贫困治理的新阶段。本部分将通过对国际上相对贫困的测量方法和实践进行梳理和总结,分析相对贫困的测量方法的特点、注意事项和适用范围。② 和绝对贫困不同,相对贫困更强调社会发展的不平等,是人们与他人财富比较而产生的贫困,更多表现为社会排斥以及因缺乏资源而无法参与一些社会活动,其参照的标准不再是基本需求而是其他群体,从而相对贫困的测量比绝对贫困更具有挑战性。经济合作与发展组织(OECD,简称经合组织)成员国一般都采取相对贫困的测量方法来确定贫困人口和监测减贫成效。无论是绝对贫困还是相对贫困,都是以收入为主要测定依据,关注的是贫困人口的收入能力和水平。但贫困的外延是非常复杂多样的,而不仅表现为收入的不足。阿马蒂亚·森(Amartya Sen)于1999年提出能力贫困的概念,联合国开发计划署在能力贫困的基础上提出了人类贫困的概念,将医疗卫生和教育纳入贫困的范畴。2000年,联合国系统在人类贫困的基础上提出了"联合国千年发展目标"(MDGs),将人均纯收入、教育、卫生等方面的指标作为监测全球减贫进展和发展的重要内容,多维相对贫困的概念开始流行。

(一) 以收入为基础的相对贫困的测量

以收入为基础对相对贫困进行的测量主要有以下几种方法和标准。

1. 世界银行高标准贫困线和社会贫困线

2018年,世界银行发布了报告《贫困与共享繁荣:2018》,针对中低收入和中高收入国家制定了两条高贫困线(High Poverty Line,HPL),并引入了社会贫困线(Social Poverty Line,SPL)的概念。高贫困线的确定方法与国际绝对贫困标

---

① 周彬彬:《向贫困挑战:国外缓解贫困的理论与实践》,第87—91页。
② 参见唐丽霞、张一珂、陈枫:《贫困问题的国际测量方法及对中国的启示》,《国外社会科学》2020年第6期,第66—79页。

准相似,也是通过评估各国社会经济发展水平来进行测算,但是考察的国家不再是低收入国家,而是经济发展程度更高国家中的中低收入国家或地区和中高收入国家或地区。世界银行收集了这两类国家的国家贫困线,测算出中位线分别是每人每天收入3.2美元和5.5美元,从而将这两条贫困线定为高贫困线。对于同一类型的国家采取同一条贫困线,有助于监测全球贫困人口的数量变化,但是无法反映出每个国家的不同特点和需求。因此,世界银行又根据每个国家的典型消费或收入水平,引入了一条社会贫困线。确切地说,社会贫困线是确定各个国家贫困线的一种计算方法,社会贫困线是绝对贫困线(固定值)和相对幸福程度(每个国家的幸福程度取决于该国的消费中位数)的组合,其值随着人均消费中位数的增加而提高。社会贫困线很好地反映了不同经济发展程度国家贫困线的动态变化。世界银行测算的不同类型国家的社会贫困线和其高贫困线基本一致,这也就说明,采用高贫困线能够反映真实的贫困状况。

### 2. 经合组织和欧盟的相对贫困的测量

经合组织将人均可支配收入作为基准来测定相对贫困标准,并推荐了两个比值——50%和60%。[①] 因此,计算人均可支配收入成为测算相对贫困的关键。按照经合组织的相关报告,家庭可支配收入是指家庭总收入扣除利息、股息、纳税和社会捐赠后的收入,家庭总收入包括工资、薪金、个体经营收入、非法人企业收入、社会福利性收入等,也包括家庭接受实物、免费或者降价的医疗或教育服务等折算收入。计算出家庭可支配收入后,再根据家庭人口数和人口结构来计算人均可支配收入。需要注意的是,在经合组织的相对贫困标准测算中,人均可支配收入的计算方法并不是家庭可支配总收入按家庭人口数的简单平均。家庭成员的总需求并不是简单的倍数增长,一些需求是固定或没有显著弹性的,如住房、电力等,家庭需求的增加是由家庭规模以及成员的年龄结构决定的。因此,经合组织对不同的家庭结构采用了权重等值量表来计算人均可支配收入。

欧盟国家采用了经合组织的相对贫困的测算方法,但为更好体现与绝对贫困之间的差异,欧盟使用贫困发生风险率来描述相对贫困状况,将人均可支配收

---

① OECD Income Distribution Database, "Terms of Reference OECD Project on the Distribution of Household Incomes 2017/18 Collection," http://www.oecd.org/els/soc/IDD-ToR.pdf.

入中位数的60%作为"门槛"(threshold)。虽然欧盟在相对贫困的测算方法上没有更多创新,但是其将人群进行分类测算的做法值得关注。根据欧盟统计资料,欧盟分别测算了家庭层面和个人层面的贫困发生风险率。在家庭层面,将家庭分为独居家庭,两个成年人且其中至少一人65岁以上家庭,两个成年人家庭,一对夫妇、一个孩子家庭,一对夫妇、两个及以上孩子家庭,这样统计出来的贫困风险监测状况可以为制定针对不同类型家庭的扶持措施提供依据。统计数据显示:单亲家庭、多子女家庭以及独居家庭的贫困发生风险最高。这就意味着需要制定针对这些家庭的社会扶持政策,以有效地缓解贫困状况。

3. 以最低生活保障线为基础进行测量的方法

以最低生活保障线为基础确定的相对贫困标准,也被称为"低线相对贫困",参照群体是绝对贫困人口。一些社会成员的经济收入比绝对贫困线稍高,但其现有的收入水平不足以支撑"正常"或"体面"的社会生活,由此仍处于贫困境地。低线相对贫困就是在绝对贫困线的基础上,综合考虑边缘社会群体的其他社会支出而制定的一条与绝对贫困线有关联但超出绝对贫困线的新贫困线,可将那些无法体面参与社会生活的成员纳入相对贫困的范围。[①] 一些学者认为,以绝对贫困线的一定倍数划定相对贫困线,或根据"人的基本需要"来动态调整贫困线,既有历史基础又符合我国当前的财政现实。[②] 英国政府也曾采纳将社会救助标准的1.4倍作为英国"低收入家庭"的认定标准。[③] 在美国的食品券项目中,联邦贫困线的1.3倍是另一条重要的贫困线,毛收入低于该线的家庭可获得食品券援助。此外,家庭收入低于联邦贫困线1.3倍家庭中的儿童可以享受免费早餐和午餐,家庭收入低于联邦贫困线1.3—1.85倍家庭中的儿童可享受低价伙食。[④]

4. 人口比例法

人口比例法是将全体居民的收入进行排序,然后将收入排在最后的10%或者5%的人口界定为贫困人口,正处于10%或者5%位置上的个人收入就是相对

---

[①] 李棉管、岳经纶:《相对贫困与治理的长效机制:从理论到政策》,《社会学研究》2020年第6期,第67—90页。

[②] 汪三贵、曾小溪:《后2020贫困问题初探》,《河海大学学报(哲学社会科学版)》2018第2期,第7—13页。

[③] Robert Walker, *The Shame of Poverty*, Oxford University Press, 2014.

[④] 姚建平、朱卫东:《美国儿童福利制度简析》,《青少年犯罪问题》2005年第5期,第57—61页。

贫困标准。此法更关注个体收入在收入分配中的位置。无论社会经济发展程度如何，总有人的收入水平是排在最后的，这也就意味着如果使用相对位置法，就无法衡量相对贫困人口在时间维度上的变化，无法评判政策扶持的效果。因此，相对位置法的最重要的意义是让决策者更多关心如何缩小社会各阶层之间的差距，减少社会不平等的程度，适用于经济收入比较高、人口规模比较小的国家。新加坡采用了这种方法，用收入排在最后的10%的收入作为相对贫困标准；美国确定的贫困人口比例在10%—15%；英国将收入最低的18%住户确定为贫困人口。这些做法都属于相对贫困的研究范畴。[①]

（二）多维相对贫困的测量

虽然收入是测量相对贫困最为敏感的指标，但在很多国家尤其是经济比较发达的国家和地区，只关注收入指标进行收入调查是非常困难的，也易忽视致贫原因的复杂性。因此，一些国家或地区也开始采用多维相对贫困测量方法。多维相对贫困是将人的需求指标化，然后通过指标的获得或剥夺情况来判断人是否处于贫困状态，常使用计数法进行计算。在贫困多维测定指标和方法探索中，牛津大学贫困与人类发展研究中心的研究最具有代表性，阿尔基尔（Alkire）和福斯特（Foster）两位研究人员开发的 A-F 方法最为典型，并得到很多学者的实证应用。[②] A-F 方法根据联合国千年发展目标确定了3个维度、10个指标，以衡量多维贫困。3个维度包括教育、健康、生活水平，每个维度权重一样，每个维度下的每个指标的权重也一样，具体情况见表2-1。

表2-1 多维相对贫困计数法的指标、赋值及权重

| 维度 | 指标 | 贫困临界值 | 关联MDG | 相关权重 |
| --- | --- | --- | --- | --- |
| 教育 1/3 | 受教育年限 | 10岁及以上人口未完成5年教育 | MDG2 | 1/6 |
| | 入学儿童 | 适龄儿童未入学 | MDG2 | 1/6 |
| 健康 1/3 | 儿童死亡率 | 家中有儿童死亡 | MDG4 | 1/6 |
| | 营养 | 有70岁以下成年人或儿童营养不良的情况 | MDG1 | 1/6 |

---

[①] Ng Irene, "Social Welfare in Singapore: Rediscovering Poverty, Reshaping Policy," *Asia Pacific Journal of Social Work and Development*, Vol. 23, No. 3, 2013, pp. 35-47.

[②] 转引自唐丽霞、张一珂、陈枫：《贫困问题的国际测量方法及对中国的启示》，《国外社会科学》2020年第6期，第66—79页。

(续表)

| 维度 | 指标 | 贫困临界值 | 关联MDG | 相关权重 |
|---|---|---|---|---|
| 生活水平 1/3 | 用电 | 家中不通电 | MDG7 | 1/18 |
| | 卫生厕所 | 厕所设施没有得到改善,或需要与其他用户共用 | MDG7 | 1/18 |
| | 安全饮用水 | 家中不能获得安全饮用水,或来回至少步行30分钟以上才能获得安全饮用水 | MDG7 | 1/18 |
| | 屋内地面 | 屋内地面肮脏、沙土、粪便等情况 | MDG7 | 1/18 |
| | 做饭用燃料 | 家中使用粪便、木材、木炭等不洁燃料 | MDG7 | 1/18 |
| | 耐用消费品 | 家中没有收音机、电视、电话、自行车、摩托车、电冰箱中的任何一种,且没有小汽车或卡车 | MDG7 | 1/18 |

资料来源:Sabina Alkire and Maria Emma Santos, "Acute Multidimensional Poverty: A New Index for Developing Countries," Oxford Poverty & Human Development Initiative (OPHI) Working Paper No. 38, United Nations Development Programme Human Development Report Office Background Paper, No. 2010/11。

## 第二节 贫困的影响与社会救助的功能

### 一、贫困的影响

贫困对个人及其家庭乃至社会均有深远影响,且可能在代际传递,是社会发展历程中的共性问题。要了解社会救助的必要性及其重要性,首先要了解贫困的影响。

#### (一)贫困对个人和家庭的影响

贫困导致穷人及其家庭生活水平低下,进而制约其摆脱贫困。贫困对个人和家庭最直接的影响就是在基本必需品的获得方面。生活水平的低下和生活形态的差异是贫困最直接的表现。在现代社会,基本必需品的范围比较宽泛,除了衣食住行等生活必需品外,还包括医疗、教育等基本的人力资本投资。但是在大多数国家,这些商品和服务的获得是以人的购买力为基础的。也就是说,在贫困泥潭中挣扎的人为了生存只有减少人力资本投资的支出,以换取生活必需品。人口素质(包括健康素质、文化素质、技能素质)的下降不仅减少了贫困者摆脱贫困的机遇,而且会使贫困恶性循环,并在代际传递。

对于贫困者来说,贫困不仅意味着生活困难和缺乏服务,而且意味社会和政治地位的不足。经济上的贫困和经济地位的不足,导致贫困者社会和政治地位的不足,社会和政治地位的低下反过来又会影响和制约经济条件的改善,如此循环,使得贫困长期存在。贫困首先表现为物质(包括商品和服务)的匮乏,进而影响生活方式、行为方式和思维方式。

(二)贫困对社会的影响

贫困问题可能会造成社会矛盾和社会冲突,是社会的不安定因素。贫富差距特别是发达社会中的贫困会给贫困群体以强烈的心理落差。在经济快速发展过程中,由于社会政策和经济发展不协调或不同步,不仅贫困问题没有得到有效治理和解决,而且社会的不公平还加剧了贫困程度。研究表明,在许多发达国家,越是在贫困的区域犯罪率越高;在一些发展中国家,随着城市贫困者的增多,暴力犯罪也越来越多。[①]

贫困问题可能会破坏社会整合和社会团结。社会转型期也是矛盾的多发期,矛盾多发的重要原因在于社会分层,即社会成员因资源占有不同而产生的层化现象。如果个人或群体在社会结构中的相对位置难以改变,社会流动性低,尤其是贫困人群的生活得不到保障,没有向上流动的机会,那么社会分层的现象将会日益严重,不同利益群体的矛盾与冲突也会加剧,不利于社会的整合和团结。

贫困问题如果长期存在,会影响经济的可持续发展。应该看到,如果经济运行过程中出现了严重的两极分化,会产生长期难以解决的贫困问题,它反过来会影响和制约经济的发展。因为贫困的存在会破坏经济发展所需要的稳定的社会环境,严重限制人口素质的提高和人力资源的开发利用,制约社会消费能力的提升。

## 二、社会救助的功能

为尽量缓解贫困问题的消极影响,社会救助应运而生,并在各地政府的实践中被证实是维持贫困国民基本生活、稳定社会秩序的有效手段。具体来说,社会救助具有以下功能。

---

[①] 关信平:《中国城市贫困问题研究》,第22页。

## （一）直接功能

第一，社会救助通过济贫和救急直接达到保护国民基本生活的目的。这是传统社会救济最基本的作用。所谓济贫，就是对那些无力自谋生活的人予以适当救助，使其维持基本的生活水准。

第二，促进社会团结、安定社会秩序。社会救助是对公民的基本人权——生存权最直接、最有效的保障，能够有效缓解由贫困和其他社会问题引发的社会矛盾，维护社会稳定，为经济社会的发展保驾护航。

## （二）间接功能

首先，社会救助作为一种转移支付手段，能有效调节社会的收入分配，缩小贫富差距。其次，社会救助有助于提高国民素质，营造稳定的社会环境，为经济发展创造条件。再次，社会救助对于提高社会的购买能力，启动内需具有积极作用。最后，社会救助对于促进社会道德风尚建设有重要意义：一是有利于形成互帮互助的社会风气，提高社会公德水平；二是有利于形成良好的社会秩序，消除社会不稳定因素；三是有利于增强社会凝聚力，缓解社会分化现象带来的消极影响；四是有利于培养和发扬人道主义精神，带动社会互济精神；五是有利于调动社会主体的积极性。

# 第三节 社会救助的思想基础

## 一、中国古代的救助思想

无论任何社会，也无论任何时期，对于困弱人群实施必要的社会救助都是不可或缺的。从历史上看，中国是世界上较早以国家行政权力介入社会救助的国家，有着悠久的社会救助传统以及丰富的社会救助思想和实践。中国的社会救助以历史悠久的传统文化为基石，深深扎根于稳固的封建小农经济中，以一种独特的方式展现在世人面前。深入探究中国古代社会救助的思想与实践，对于社会主义保障制度的建设与完善具有重要的历史借鉴意义。[①]

---

[①] 韩跃民、赵鸣：《中国古代社会救助思想与实践初探》，《理论导刊》2011年第12期，第109—111页。

富国养民是中国传统社会救助思想体系的核心理念。毋庸置疑,中国传统的社会救助思想产生于封建的小农经济关系,具有自身无法克服的历史局限性,但是其中某些救助观念在今天看来仍然是先进的、有价值的,比如扶困济贫、慈幼爱老、救孤助残等。将这些具体的救助观念进行抽象概括上升到理念层面,就是"富国养民"。古语"民惟邦本,本固邦宁",体现的就是民富则国强、民贫则国弱的道理。为此,中国历朝历代大凡圣贤明君都把"惟德善政、政在养民"作为自己的执政主张。在我国古代社会,特别是在春秋战国时期,这一思想十分活跃,如管子的"凡治国之道,必先富民"[①];荀子的"庶民安政";郏子的"命在养民";孔子的"养民也惠"等。在漫长的中国封建时代,由孔子开创、经由孟子等大儒继承和发展了的"养民富民"的理念,成为影响中国传统社会救助行动走向的核心价值取向。其中,孟子的养民富民的思想是具有范式意义的生动例证。孟子认为,养民、惠民则善从,戾民、暴民则反逆。因此,必须适时采取养民富民的措施,才能实现国泰民安。

## 二、西方早期的社会救助思想

西方的社会救助思想的萌芽与其宗教信仰等文化背景密不可分,从早期的慈善或恩赐思想到人权思想、家长主义论,源远流长,影响深远。了解西方的社会救助思想有利于更深刻地了解现代社会救助制度的思想基础,并有利于对现代社会保障制度的安排与完善有更全面的理解。

(一)慈善或恩赐思想

与社会救助有关的思想最初表现为慈善或者恩赐思想,彼时人们从慈善或恩赐角度来研究和解决贫困问题或者生存问题。基于这种思想,政府和社会建立了各种各样的孤儿院、济贫院,并给贫困人员发放救济金等。其中,一些宗教教义成为社会救助思想的来源之一,尤其是基督教中的一些思想。许多宗教机构根据宗教教义来开展各种慈善事业,这些慈善行为具有社会救助措施的一些特征。但由于这种思想具有局限性,基于这种思想的一些保障措施和对策也具有不彻底性、不完善性和不可持续性。

---

[①] (清)戴望:《管子校正》,上海书店1986年版,第261页。

## （二）人权思想

与社会救助有关的思想其次表现为人权思想。人权思想应该说是比慈善或恩赐思想更进步，或者更高层次的与社会救助有关的思想。随着经济社会的发展，人们有了进一步的自身权利保护意识。一些进步人士和开明人士开始认识到，每个人都有享受一定生活水平的权利，国家和社会有保护个人生存和发展的责任。因此，随着这种认识的产生，社会救助思想也在发生变化，即从一种慈善或恩赐思想转变为一种人权思想。具有这种人权内涵的社会救助思想一直延续到现在，并成为当代社会救助理论的一个基石。

## （三）家长主义论

家长主义论又被称为父爱主义论，它是指国家和社会要基于善意温情的动机，增加公民的福利或保护公民免受伤害，就像父母对待孩子一样。因此，国家和社会有责任在部分社会成员处于困境时给予救助，帮助他们渡过难关。这是因为任何人并不总是充分理性的，人们的行为往往存在一定的短视性，从而在将来很有可能陷入困境。一方面，人们由于短视，不能对将来进行很好的预见；或者即使预测了，也不愿意以牺牲当前的消费为代价事先为以后做出适当的安排。另一方面，由于复杂性和不可预测性，人们即使想预测自己的未来并做出适当的安排，也往往无法掌握充分的信息，难以进行精确估计。不管是由于个人的主观情况还是客观情况而陷入困境，国家和社会从温情的角度都应该对这些人实行社会救助。

# 三、福利经济学的社会救助思想

## （一）旧福利经济学的社会救助思想

英国经济学家阿瑟·塞西尔·庇古（Arthur Cecil Pigou）以边际效用价值论为基础，确立了社会福利最大化的标准。庇古认为，实际收入的边际效用是递减的，收入大则边际效用小，收入小则边际效用大；对于同样1英镑，富人与穷人的评价各不相同，穷人1英镑的效用比富人1英镑的效用大，所以当1英镑被从富人转给穷人时，社会福利就增加了，这是因为穷人的利得大于富人的损失。庇古从收入的边际效用递减原理得出了国民收入平均分配的结论。

庇古进一步认为，每个人获得的效用总计构成了全社会效用的总和，而效用总和也就是全社会的经济福利。根据边际效用递减法则,要增进社会福利,就必须实现收入均等化。也就是说,如果政府把富人的一部分货币转移给穷人,将会增加一个国家的经济福利。市场机制对收入均等化无能为力,因此国家应通过征收累进税的方法把富人的一部分收入用以开展社会救助事业,让低收入者享用,以缩小贫困差距,增大社会福利。当所有人的收入实现均等从而使货币的边际效用相等时,社会福利就会达到最大化。

庇古把国民收入量的增加和均等化分配看作福利经济学研究的主题,并且将国民收入的大小和国民收入在社会成员中的分配情况视为衡量社会福利的两个标准。他认为,凡是能增加国民收入总量而不减少穷人的绝对份额,或者增加穷人的绝对份额而不影响国民收入的总量,都意味着社会福利的增加。他围绕国民收入极大化和收入均等化这两个福利经济学的重要命题,在西方经济学说中进行了一项开创性的工作,即首次将社会福利问题与国家干预收入分配问题结合起来作为一个重要的专门领域加以研究。

庇古以边际效用价值论为基础,主张通过国家干预来达到收入分配的均等化,这一思想可以成为国家实行社会救助的思想基础之一。任何一个社会都会存在贫富不均,都会有一定数量的贫困人口,因而通过社会救助手段来缩小贫富差距,解决贫困人口的基本生活问题,可以增进整个社会的福利。

(二)新福利经济学的社会救助思想

20世纪30年代末,尼古拉斯·卡尔多(Nikolas Cardol)和约翰·希克斯(John Hicks)提出并论证了"假想的补偿原理"。补偿原理的实质涉及帕累托最优,即如果一些社会成员经济状况的改善不会同时造成其他社会成员经济状况的恶化,或者能补偿其他社会成员经济状况的恶化,社会福利就会增加。根据这一原理,政府的某些措施或立法会使一些人得益、使另一些人受损,如果利益总额超过损失总额,那么政府应使用适当政策向得益者征收特定税收以补偿受损者,这样对任何人都没有不利且对一些人有利,从而增加了社会福利。

### 四、凯恩斯的社会救助思想

凯恩斯经济学理论产生于20世纪30年代西方国家经济大萧条时期,当时新古典经济学中萨伊定律(Say's Law)的"供给自动创造需求"思想对经济危机失去了解释力。这时,国家垄断资本主义急需发展,反对自由放任的经济,主张实行国家干预。基于这样的历史背景,约翰·凯恩斯(John Keynes)于1936年出版

《就业、利息和货币通论》一书,他以解决就业问题为中心,认为社会的就业量取决于有效需求。[①] 凯恩斯主张通过政府干预扩大有效需求来解决市场失灵条件下的失业问题。一方面,通过财政政策促进就业水平提高,减轻经济波动,防止通货膨胀,实现经济稳定增长,且政府购买、投资、转移支付、税收等影响政府支出和收入水平的决策,可以通过乘数原理实现收入的成倍增加;另一方面,利用货币政策增加货币供给量以降低利率,刺激投资从而增加收入。国家干预政策的作用体现在扩大内需和就业以提高人们的福利。在凯恩斯的国家干预思想中,社会福利占有重要的地位,国家可以通过税收、转移支付对公民福利进行干预。在国家财政方面增加对公共事业的投入,如卫生、教育、交通等事业,可以刺激消费、提高就业率、促进经济增长。凯恩斯的社会救助思想具体体现以下几个方面:

第一,就业是影响家庭和社会稳定的主要问题。就业问题直接影响到家庭生活的质量和整个社会的秩序。随着世界工业化和社会现代化水平的不断发展,就业问题成为各个国家最关心的问题。商业发达和经济繁荣为就业者提供了稳定的收入,有助于改善其家庭成员的生活水平。相反,经济萧条势必导致企业大量裁员,产生庞大的失业人群。大量失业人员会严重威胁正常的社会生活秩序,因而就业问题也就成了影响社会稳定、社会团结与社会整合的主要社会经济因素,就业问题的性质由社会经济问题转变为国家干预的主要方面。

第二,凯恩斯的就业理论促进了国家福利责任的实现。就业、工资和整个宏观经济调控等都是国家福利体系的重要组成部分,而就业处于最重要地位。国家福利职责中最重要的是实现充分就业,这不仅是维持收入的政策手段,而且对人需要的满足具有重要意义。就业的意义不同于单纯的贫困救助或者失业保险给付,而是通过帮助就业者获得收入,在使人生存下去的需要得到满足的同时,还适当地满足了人的实现和发展自己能力的需要以及社会交往的需要,以达到一种社会性的良好福利状态。

第三,财政政策和货币政策与国家社会福利的关系。社会福利有利于调节、缓和社会矛盾。国家福利可以促进个人基本需要的适度满足和维持社会稳定,因而国家须制定应对社会矛盾与满足个人基本需要的政策,承担社会福利责任。社会福利的主要决定因素是社会经济的发展,凯恩斯主张政府在经济政策上应通过制定财政政策和货币政策,实施国家对经济生活的调节和干预,以保证足够

---

① 胡希宁:《当代西方经济学流派》,中共中央党校出版社2004年版,第24—26页。

的有效需求,促进就业水平提高,减轻经济波动,防止通货膨胀,从而实现经济的稳定增长。

第四,消费函数理论与国家福利责任的关系。凯恩斯的消费函数是指消费和收入的关系,即随着收入的增加,消费也会增加,但是消费的增加不及收入。[1] 由凯恩斯的消费曲线可见,穷人的边际消费倾向高于富人的边际消费倾向。所以,国家应通过税收政策对高收入者征收个人所得税并转移到低收入者身上,或者通过提高低收入者的收入和社会福利水平,使得占社会大多数的有较高消费倾向的低收入者有实现消费的可能,扩大社会总需求,进而提高就业率。

### 五、《贝弗里奇报告》的社会救助思想

威廉·贝弗里奇(William Beveridge)是英国著名经济学家、福利国家的理论建构者之一,他毕生致力于英国社会保障制度的建立和发展。20世纪40年代初,贝弗里奇担任有关社会保险与相关服务部际协调委员会主席,组织对英国现行的社会保险制度与相关服务进行调查,并于1942年发表了《社会保险与相关服务》,即著名的《贝弗里奇报告》,这成为影响英国乃至世界社会保障发展的重要文献。[2]

《贝弗里奇报告》着重阐述了社会保障的三种途径,即为保障基本需要而实施的社会保险,为保障特殊需要而实施的国民救济,为满足基本需要以外的需要而实施的自愿保险。社会保险是指对被保险人提供的基于强制性缴费的现金津贴,它是三种社会保障途径中最重要的一种,应尽可能实现其综合性和普遍性,但它还需要国民救济与自愿保险作为补充。国民救济是指为特殊需要提供的保障,实行免费原则,它是社会保障制度必不可少的组成部分。自愿保险是社会保险制度与国民救济制度的补充,由国家组织的社会保险与国民救济旨在保障基本的生存收入,个人间的实际收入及需要存在很大的差异,提供较高水平的生活保障应该是个人自愿保险的目标。国家在大力发展社会保险时也应鼓励自愿保险的发展。

《贝弗里奇报告》指出,英国社会保险制度的发展应该遵循六个基本原则。第一,社会保险制度同一津贴标准原则。不管被保险人的收入存在多大差异,在领取社会保险津贴时应采用同一标准。第二,社会保险制度同一缴费标准原则。

---

[1] 高鸿业:《西方经济学:微观部分》,中国人民大学出版社2007年版,第448页。
[2] 丁建定:《贝弗里奇报告及其评价》,《社会保障研究》2007年第1期,第180—188页。

所有被保险人要获得同样标准的社会保险津贴,必须按照同样的标准缴纳社会保险费。第三,社会保险制度统一管理原则。必须统一社会保险管理责任,每个被保险人只需要每周缴纳一项综合性社会保险费,所有社会保险费应该集中为一项社会保险基金,所有社会保险津贴将从该项社会保险基金中支付。第四,社会保险津贴发放时间与数量应该合理的原则。同一标准的社会保险津贴在数量上必须保证被保险人在正常情况下的基本生活,在时间上,只要被保险人的这种需求继续存在,就应该向其发放社会保险津贴。第五,社会保险制度综合性原则。社会保险制度应该是一种综合性制度,它应该与国民救济制度、自愿保险制度结合起来,构建一种综合有效的社会保障制度。第六,社会保险制度分类原则。社会保险制度必须根据不同收入与需求调整社会保险费用与津贴,并在每一社会保险阶层中,根据大多数人的需求来确定社会保险的有关标准。

### 六、新剑桥学派的社会救助思想

新剑桥学派(Neo-Cambridge School)是在与新古典综合派的激烈斗争中逐步形成的。该学派力图在理论上与新古典学派彻底决裂,在李嘉图、马克思、凯恩斯的理论之间架起一座沟通的桥梁,把凯恩斯革命进行到底。其主要代表人物有琼·罗宾逊(Joan Robinson)、尼古拉斯·卡尔多、皮罗·斯拉伐(Piero Sraffa)、卢杰·帕西内蒂(Luigi Pasinetti)等。由于他们都在英国剑桥大学任教,因此以新剑桥学派命名。

(一)主要思想

新剑桥学派学者认为,改善资本主义社会收入分配结构和实行收入均等化是经济政策的首要和绝对的目标,其他目标均处于从属地位。要实现收入均等化,主要依靠社会政策,而且有必要依靠社会中的政治力量。他们坚决主张以政府干预来改善收入分配失调的弊端,既反对新型自由经济论者那种听任市场机制充分发挥作用的观点,也反对新古典综合派学者关于调节总需求和实行工资、物价管制的收入政策。他们确信,必须采取以收入再分配为中心目标的社会政策,才能改变现有的分配格局,促进经济稳定增长。

(二)政策主张

第一,实行高额的遗产税和赠与税,以消除私人财产的大量集中现象,抑制社会食利阶层收入的增加。同时,政府要将以这一方式得到的资金用于社会公共目标和改善低收入贫困阶层的状况。

第二,通过政府的财政拨款对失业者进行培训,提高他们的文化程度和技术水平,以使他们有更多的就业机会,从事收入较高的技术性工作,从而改善收入不均等的状况。同时,国家可以通过预算给低收入家庭一定的生活补贴,以增加他们的收入。

### 七、弗里德曼的负所得税理论

米尔顿·弗里德曼(Milton Friedman)是1976年诺贝尔经济学奖得主,他在经济领域的理论和主张是世界各国学者研究的焦点。弗里德曼强调自由市场的作用,坚持个人的自由选择,认为只有通过限制政府的职能和权力,建立社会化的社会保障制度才能应对西方国家出现的福利危机。弗里德曼也认同相对贫困的概念,它基于将贫困者的生活水平与其他社会成员的最低生活水平的对比,是指比其他社会成员的生活水平更低的状况。[1] 弗里德曼将其关于解决贫困问题的方法与其关于社会保险制度建构的理念相结合,形成了他的一个重要的社会福利制度建议——负所得税。

弗里德曼认为,福利国家实行的社会保险制度一方面造成了人们的依赖性,另一方面促生了巨额的公共支出和庞大的官僚机构。这样的社会保险严重妨碍了资本主义国家的经济和社会运行。针对社会保险改革,弗里德曼提出了一个改革的纲领:"第一,改革现有的社会保险制度,用一个单一的、内容广泛的现金收入补贴计划(负所得税)取代目前杂七杂八的单项计划;第二,在履行现有义务的同时,逐步取消社会保险,要求人们自己为退休后的生活做出安排。"[2] 负所得税和正所得税一样都规定了一个税基作为税收减免的起点,在规定了负所得税税率以后,在这个税收季度内,纳税单位的应收所得税公式为:负所得税=(税前收入-税收减免)×负所得税税率。结合个人所得税,当收入高于免税额时,这个家庭就要缴纳个人所得税,税额由收入的多少确定;当收入低于免税额时,就可以得到补贴,金额由未用的免税额确定。关于负所得税税率和个人所得税税率的确定,弗里德曼认为可能会一致,但也可能有差别,50%的负所得税税率在他看来应该是最高的税率了。

---

[1] 孙光德、董克用主编:《社会保障概论》,中国人民大学出版社2000年版,第328页。
[2] 〔美〕米尔顿·弗里德曼、罗斯·弗里德曼:《自由选择:个人声明》,胡骑、席学媛、安强译,商务印书馆1982年版,第122页。

为了配合负所得税计划的实施,弗里德曼认为要进一步消除社会保险,包括:立即废除工资税;按现行法律规定的数额,继续支付给现在享受社会保险的人其应得的钱;给予每个已经挣得保险的工人享受退休、残疾或遗属福利津贴的权利;给每个尚未挣得保险的工人一笔钱,数目等于他或他的雇主为他已交的税款的累计价值;停发累计保险津贴,让个人按自己的愿望为退休后安排养老。①这样一个过渡性的纲领不会为政府增加实际债务,而且由于无须再向未来的福利津贴接受许诺而减少了政府的债务。但是,负所得税取代现行的这种社会保险,将会面临各种各样的挑战,既有技术方面的,也有政治方面的:负所得税无法针对每个贫困家庭的特殊需要进行调查,缺乏发放失业救济金前应进行的生活状况调查;不合适的税率会影响人们工作的积极性;会导致政治上的不负责,而通过立法过度追求较高的免税额度。但是,在弗里德曼看来,与社会保险相比,其优势远远大于劣势。正如弗里德曼援引美国经济学家和政策分析师马丁·安德森(Martin Anderson)的一句话,"我们不可能同时创造出进行彻底的福利改革所必需的全部政治条件"②,他认为即使负所得税改革面临重重困难,人们也有必要为之继续努力下去。

## 八、马克思主义的社会救助思想

### (一) 贫困化思想

马克思主义者认为,在资本主义社会中无产者的贫困问题相当严重,并有越来越严重的趋势。马克思认为:"劳动者越是生产更多的财富,他的生产在威力和范围上越是增长,则他反而越来越贫困。"③马克思同时指出:"在一极是财富的积累,同时在另一极,即在把自己的产品作为资本来生产的阶级方面,是贫困、劳动折磨、受奴役、无知、粗野和道德坠落的积累。"④

恩格斯指出:"大城市里工人阶级的状况就表现为一个逐渐下降的阶梯:最好的情况是生活暂时还过得去……最坏的情况是极端的贫困,直到无家可归,到处都可以看到人的精神和……但是一般说来,是更多地接近于最坏的情况,而不

---

① 〔美〕米尔顿·弗里德曼、罗斯·弗里德曼:《自由选择:个人声明》,第126页。
② 〔美〕马丁·安德森:《福利:美国福利改革的政治经济学》,胡佛学会出版社1978年版,第142页。
③ 马克思:《经济学—哲学手稿》,人民出版社1963年版,第52页。
④ 《马克思恩格斯全集》第23卷,人民出版社1965年版,第708页。

是接近于最好的情况。"①他同时又认为:"到处都可以看到经常的或暂时的贫困,看到因生活条件或劳动本身的性质所引起的疾病以及道德的败坏。"②

列宁认为:"'贫困等等的程度不断增加'这句话……可以用来说明'社会贫困'的增长,说明无产阶级生活状况同资产阶级生活水平,同随着劳动生产率的大大增长而不断提高的社会消费水平之间愈来愈不相适应。"③

同时,马克思主义者指出了造成这种贫困状况的根源。马克思指出:"在社会的前进状态中劳动者的没落和贫困化是他的劳动和他生产的财富的产物。所以贫困是从现在的劳动本身的本质里发生的。"④他同时又认为:"一切生产剩余价值的方法同时就是资本积累的方法,而资本积累的每一次扩大又反过来成为发展这些方法的手段。由此可见,不管工人的报酬高低如何,工人的状况必然随着资本的积累而日趋恶化。"⑤

(二)济贫思想

马克思主义者对英国的社会救助政策尤其是对新旧济贫法进行了批判,认为这种济贫制度无助于提高和保障贫困人员的生活水平。

恩格斯批判了《济贫法》,并引用英国济贫法委员会报告的一些内容认为,"它阻碍工业发展,鼓励人轻率结婚,促使人口增长,抵消人口增长对工资的影响,这个制度是一种全国性的制度,它使勤劳而诚实的人不愿意工作,使懒惰、放荡和轻佻的人得到鼓励;它破坏家庭的联系,经常阻碍资本的发展,耗费现存的资本,并使纳税人破产;此外,它还给私生子发抚育费,这简直是在发私生子奖金。"⑥并且,恩格斯批判了"新济贫法"制度。他指出:"实质上把穷人当犯人,把习艺所当作惩治犯人的监狱,把住习艺所的人当作法律以外的人,当作人类以外的人,当作一切丑恶的化身。"⑦同时,恩格斯指出了造成这种状况的根源。他认为:"从这里只能得出这样的结论:当前的社会关系是糟透了的;而决不能得出像马尔萨斯派的委员们那样的结论:贫穷就是犯罪,应当用威胁的手段来对付它。"⑧

---

① 《马克思恩格斯全集》第2卷,人民出版社1957年版,第357页。
② 同上书,第499页。
③ 《列宁全集》第4卷,人民出版社1958年版,第205页。
④ 马克思:《经济学—哲学手稿》,第12页。
⑤ 《马克思恩格斯全集》第6卷,人民出版社1961年版,第646页。
⑥ 《马克思恩格斯全集》第2卷,第574—575页。
⑦ 同上书,第567—577页。
⑧ 同上书,第575页。

## 本章小结

贫困是一个动态和发展的过程,一般来说,可以从绝对贫困和相对贫困、狭义贫困和广义贫困等角度对贫困加以界定。贫困的基本类型包含个人贫困、普遍性贫困和结构性贫困。相对贫困可以收入为基础进行测量,测量方法和标准包括世界银行高标准贫困线和社会贫困线、经合组织和欧盟的收入比例法、以最低生活保障线为基础进行测量的方法,以及人口比例法;相对贫困也可采用多维贫困测量方法,其中以 A-F 方法最为典型。

关于贫困的理论有很多。近代经济学关于贫困的理论包括古典政治经济学对贫困产生的解释、马尔萨斯人口学对贫困产生的解释、马克思主义的贫困产生理论等,现代西方贫困理论包括贫困的代际传递理论、贫困的结构论等。

贫困的不良影响涉及个人、家庭、社会等多个层面,缓解贫困问题在任何国家和地区都是十分紧迫的。社会救助对于治理贫困和缓解贫困能起到以下的作用:通过济贫和救急直接达到保护国民基本生活的目的;促进社会团结、安定社会秩序;有效调节社会的收入分配,缩小贫富差距;提高国民素质,营造稳定的社会环境,为经济发展创造条件;提高社会的购买能力,拉动与扩大内需;促进社会道德风尚建设。

人类社会救助思想源远流长,如中国古代的社会救助思想、西方早期的社会救助思想、福利经济学的社会救助思想、凯恩斯的社会救助思想、《贝弗里奇报告》的社会救助思想、新剑桥学派的社会救助思想、弗里德曼的负所得税理论、马克思主义的社会救助思想,它们既是社会救助实践的宝贵积淀,又积极推动了社会救助实践的发展。

## 重点名词

绝对贫困　相对贫困　狭义贫困　广义贫困　个人贫困　普遍性贫困
结构性贫困　社会分层说　福利经济学的社会救助思想
马克思主义的社会救助思想

## 思考题

1. 什么是绝对贫困和相对贫困?

2. 贫困的类型有哪些?
3. 关于贫困的相关理论有哪些?请简要评价这些理论。
4. 社会救助有哪些功能?
5. 举例说明贫困对个人、家庭和社会的影响。
6. 简述社会救助的思想基础。

## ◆ 延展阅读

〔印〕阿比吉特·班纳吉、〔法〕埃斯特·迪弗:《贫穷的本质:我们为什么摆脱不了贫穷》,景芳译,中信出版社 2013 年版。

〔印〕阿玛蒂亚·森:《以自由看待发展》,任赜、于真译,中国人民大学出版社 2002 年版。

〔英〕贝弗里奇:《贝弗里奇报告——社会保险和相关服务》,社会保障研究所译,中国劳动社会保障出版社 2004 年版。

〔美〕托马斯·索维尔:《财富、贫穷与政治》,孙志杰译,浙江教育出版社 2021 年版。

# 第三章 社会救助实务

**【本章学习要点】**
1. 了解社会救助的立法、社会救助的机构。
2. 掌握社会救助的种类和体系、社会救助的行政和财政。
3. 掌握社会救助政策的分析框架。

## 第一节 社会救助立法

社会救助的法律体系具有独立性、规范性和多层次性。首先,社会救助法律体系是一个独立的法律部门。社会救助项目的设置以解决特定社会问题为前提,社会救助的实施过程的规范性要求决定了完善的社会救助法律制度是其健康发展的前提和保证。同时,社会救助对象的全民性、内容的丰富性及复杂性决定了社会救助不能被其他的法律部门所包含。因此,社会救助立法必须从本国(地区)社会救助需要出发,并逐步自成体系。其次,社会救助是一个规范性系统。社会救助立法应对国家、社会、家庭、个人等各方在社会救助活动中所担当的职责,社会救助的具体项目、实施范围和待遇标准等进行严格制度规划。所以,社会救助立法要运用规范性文字对社会救助活动进行严谨且具体的规定。最后,社会救助法律体系具有多层次性,它不是由一部法律或同一层次的法律构成,而是由一定数量的法律、法规、条例等构成的多层次系统。

### 一、宪法

许多国家的宪法都规定享受社会救助是公民的基本权利。例如,《中华人民共和国宪法》(以下简称《宪法》)第四十五条就明确规定:"中华人民共和国公民在年老、疾病或者丧失劳动能力的情况下,有从国家和社会获得物质帮助的权利。国家发展为公民享受这些权利所需要的社会保险、社会救济和医疗卫生事业。国家和社会保障残废军人的生活,抚恤烈士家属,优待军人家属。国家和社会帮助安排盲、聋、哑和其他有残疾的公民的劳动、生活和教育。"①《宪法》作为国家根本大法,明确社会救助的地位,有助于各级政府更好地实施社会救助,保障贫困人群的利益。因此,《宪法》是建立健全社会救助体系的法律基础。

## 二、社会救助立法

1601年英国颁布《济贫法》(也称《伊丽莎白济贫法》),被视为社会保障法律制度的发端,经过几百年的发展,西方的社会救助制度已形成较为完整的体系。以英国的社会救助立法为例,1601年《济贫法》以后,英国先后颁布了"新济贫法"(1834)、《家庭津贴法》(1945)、《国民保险法》(1946)和《国民救助法》(1948)等。再以德国的社会救助立法为例,德国于1961年颁布《联邦社会救助法》②,于2005年将《联邦社会救助法》并入德国《社会法典》。这些标志着现代社会救助作为公民的一种权利在西方国家不仅在价值理念层面存在,也得以具体贯彻社会救助制度。③

2020年,我国社会救助法进入草案征求意见阶段。④ 在此之前,我国出台了一系列专门的法律法规,用以指导和规范社会救助工作。早在1950年,当时的政务院(今为国务院)为减轻失业工人生活困难并帮助其逐渐就业转业,批准了《救济失业工人暂行办法》,这是新中国最早的关于社会救助内容的行政法规。党的十八大以来,有两个法规文件对社会救助发展产生重要影响。2014年发布的《社会救助暂行办法》成为我国社会救助立法工作的起点,优化了社会救助制度体系,建立了临时救助制度,并推动建立了分层分类社会救助体系,使社会救助制度更加完善。⑤ 2020年中共中央办公厅和国务院办公厅联合印发《关于改革完善社会救助制度的意见》,这是新中国成立以来对社会救助制度顶层设计进

---

① 《中华人民共和国宪法》,2018年3月22日,http://www.npc.gov.cn/npc/c505/2018 03/e87e5cd7c1ce46ef866f4ec8e2d709ea.shtml,2020年3月1日访问。
② 与社会保险领域相比,社会救助制度是德国建立时间比较晚的一项社会保障制度。
③ 蒋悟真:《我国社会救助立法理念研究》,北京大学出版社2015年版,第11页。
④ 《民政部 财政部关于〈中华人民共和国社会救助法(草案征求意见稿)〉公开征求意见的通知》,2020年9月8日,http://www.gov.cn/xinwen/2020-09/08/content_5541376.htm,2020年11月1日访问。
⑤ 关信平:《中国共产党百年社会政策的实践与经验》,《中国社会科学》2022年第2期,第117页。

行的第一次系统谋划,明确了社会救助高质量发展的目标,对我国社会救助高质量发展具有重要的指导意义。① 从社会救助分项制度建设来看,在贫困救助方面,《城市居民最低生活保障条例》(1999)和《关于在全国建立农村最低生活保障制度的通知》(2007)标志着覆盖城乡居民的最低生活保障制度正式建立。在农村"五保"供养方面,1994年国务院出台了《农村五保供养工作条例》,这是我国农村社会救助领域的第一部行政法规。2016年2月,国务院印发《关于进一步健全特困人员救助供养制度的意见》,将农村"五保"供养制度和城市"三无"人员救助制度统一为特困人员救助供养制度。为规范特困人员认定工作,2016年10月,民政部印发《特困人员认定办法》。在临时救助方面,国务院于2003年颁布了《城市生活无着的流浪乞讨人员救助管理办法》,民政部随后发布了《城市生活无着的流浪乞讨人员救助管理办法实施细则》。2014年10月,国务院印发《关于全面建立临时救助制度的通知》,部署在全国范围内全面建立和实施临时救助制度,民政部、财政部随后联合印发《关于进一步加强和改进临时救助工作的意见》。另外,在专项救助方面,2003年国务院颁布了《法律援助条例》。从社会保障法律体系来看,《中华人民共和国社会保险法》(以下简称《社会保险法》)和《中华人民共和国慈善法》(以下简称《慈善法》)分别于2010年和2016年通过和实施,可见,《社会救助法》立法明显滞后于《社会保险法》和《慈善法》立法。

### 三、其他相关法律法规

社会救助立法注重生活保障,需要其他方面的法律法规来补充。在我国,主要有以下几个方面的法律法规来补充社会救助立法。一是针对特殊人群保护的立法,如《中华人民共和国残疾人保障法》《中华人民共和国未成年人保护法》《中华人民共和国妇女权益保障法》《中华人民共和国老年人权益保障法》等;二是防灾减灾方面的立法,如《中华人民共和国防震减灾法》《中华人民共和国防洪法》《中华人民共和国突发事件应对法》《中华人民共和国传染病防治法》《自然灾害救助条例》《国家自然灾害救助应急预案》,这些法律法规文件对防灾减灾工作起到了重要作用,同时对灾害救助也有相应的规定;三是社会公益事业方面的

---

① 林闽钢:《中国社会救助高质量发展研究》,《苏州大学学报(哲学社会科学版)》2021年第4期,第26页。

立法,如《中华人民共和国红十字会法》《中华人民共和国公益事业捐赠法》《基金会管理条例》《中华人民共和国慈善法》《志愿服务条例》等,这些法律法规文件对于引导、促进和规范社会公益事业的发展,吸引和吸收社会力量参与社会救助有重要意义。

## 第二节 社会救助的机构

在世界各国社会救助实践中,中央与地方政府间事权、支出以及相应的财权的分配机制呈现多样化特点。① 各国政府间社会救助职责与财权的分配主要有中央政府负责型、地方政府负责型和央地混合型模式。第一种中央政府负责型模式以英国、澳大利亚等国为代表,强调社会救助职能由中央承担。第二种地方政府负责型模式以奥地利、挪威、瑞典等国为代表,社会救助的管理是在地方层面上进行的。第三种央地混合型模式以德国、比利时、芬兰等国为代表,结合了中央集权与地方分权的优势。② 政府间社会救助责任的分配是不断变动的。许多国家都在集权和分权之间不断进行变革,力图找寻出二者之间的最佳平衡点。③ 从社会救助的管理机构来看,可以分为中央政府、地方政府、基层组织和自治团体三级。

### 一、中央政府

一般来讲,各国中央政府中都有专门管理社会救助事务的部门,如我国的民政部、美国的卫生与人力服务部、英国的卫生与社会保障部、日本的厚生劳动省等均为社会救助事务最高行政主管机构,负责社会救助立法、政策制定、计划安排等管理工作。

中央政府对于社会救助的发展主要有以下作用:(1)制定社会救助的相关规划、政策;(2)提供财力、物力等资源来支持社会救助的发展;(3)管理、监督、协调、指导地方政府的社会救助事业;(4)通过相关手段扩大社会救助事业的影响,

---

① Helen F. Ladd and Fred C. Doolittle, "Which Level of Government Should Assist the Poor?," *National Tax Journal*, Vol. 35, No. 3, 1982, pp. 323—336.
② 林闽钢:《新时期我国社会救助立法的主要问题研究》,《中国行政管理》2018 年第 6 期,第 46 页。
③ 杨红燕:《中央与地方政府间社会救助支出责任划分——理论基础、国际经验与改革思路》,《中国软科学》2011 年第 1 期,第 25—33 页。

如媒体宣传等。

我国的社会救助管理机构主要是民政部,关于社会救助、慈善事业等都有专司其职的主管机构。社会救助司的主要职责为拟订城乡居民最低生活保障、特困人员救助供养、临时救助等社会救助政策和标准,健全城乡社会救助体系,承办中央财政困难群众救助补助资金分配和监管工作,参与拟订医疗、住房、教育、就业、司法等救助相关办法。社会事务司承担着拟订残疾人权益保护、生活无着流浪乞讨人员救助管理政策,参与拟订残疾人集中就业扶持政策,指导婚姻登记机关和残疾人社会福利、殡葬服务、生活无着流浪乞讨人员救助管理机构相关工作,协调省际生活无着流浪乞讨人员救助事务,指导开展家庭暴力受害人临时庇护救助工作。[①] 除此之外,其他各类专项救助,包括教育救助、住房救助、法律援助等分别由教育部门、住建部门和司法部门负责。[②]

## 二、地方政府

一般来讲,各国地方政府都设有相应办事机构,依法承办上级交办的事务和监督下级机构实施社会救助。由于各国的政体不同,各级地方政府的权限和机构设置有很大差异。一般来说,地方政府对于社会救助的发展有以下作用:(1)根据中央政府的要求,制定本地方与社会救助有关的制度政策;(2)提供财力、物力等资源来支持社会救助的发展;(3)监督下级机构开展社会救助工作;(4)通过相关手段扩大社会救助事业的影响。在中国,地方政府主管社会救助行政事务的职能部门为民政局(厅)。民政局(厅)履行着"上为政府分忧,下为群众解愁"的重要职能,主管居民最低生活保障、民间组织管理、基层政权建设、社会福利和社会事务、区划地名等工作。以最低生活保障制度为例,2007年《国务院关于在全国建立农村最低生活保障制度的通知》规定,"建立农村最低生活保障制度,实行地方人民政府负责制,按属地进行管理"。2011年《关于进一步规范城乡居民最低生活保障标准制定和调整工作的指导意见》颁布,改变了省级以下各级政府的事权划分,强化了省级政府的事权职责。[③]《社会救助暂行办法》将

---

① 中华人民共和国民政部:"机构设置",2019年1月1日,https://www.mca.gov.cn/article/jg/jgsz/jgsj/201901/20190100014619.shtml,2020年1月3日访问。
② 张浩淼:《发展型社会救助研究:国际经验与中国道路》,商务印书馆2017年版,第296页。
③ 杨立雄:《谁应兜底:相对贫困视角下的央地社会救助责任分工研究》,《社会科学辑刊》2021年第2期,第66页。

社会救助管理权限下放至县级以上地方人民政府,赋予地方政府发挥自主性的空间。①

### 三、基层组织和自治团体

基层组织和自治团体负责推行社会救助事务,是具体执行的机构。一般来说,基层组织和自治团体对于社会救助的发展有以下作用:(1)根据中央政府和地方政府的要求,实施社会救助的具体政策,解决人民群众的切实需求;(2)向上级机构反馈社会救助具体实行过程中产生的经验和教训,反映群众的意见和建议。如我国的居(村)民委员会。社会救助与社区居民利益息息相关,是社区公共服务不可或缺的重要方面。居(村)民委员会应当协助基层政府或其派出机关开展与居民利益有关的公共事务、社区服务等工作。主要内容是协助做好救助对象发现报告工作、协助做好社会救助申请审核审批工作、协助做好社会救助动态管理工作、协助做好社会力量参与社会救助有关工作和协助做好社会救助政策宣传工作。

## 第三节　社会救助的种类与体系

### 一、社会救助的种类

一般来说,社会救助可以按照生活需要、救助时机、救助主体和安置区域等情形进行分类。

#### (一)按生活需要分类

按生活需要可将社会救助分为最低生活救助和特殊生活情况救助等。

最低生活救助,也称一般生活救助或基本生活救助,主要是向低收入群体提供衣、食、住、行等日常生活的必需品,或儿童发育成长所需的物品和服务,以及治疗疾病伤害及死亡丧葬所需的费用等。因此,最低生活救助的主要内容是贫困救助。如我国的最低生活保障制度就是一种保障"低保"对象最低生活水平的贫困救助制度。基于中国特殊的城乡二元结构,最低生活保障政策在城乡间存

---

① 方珂等:《从"自保式执行"到有效治理——地方自主性实践的制度路径转换》,《社会学研究》2023年第2期,第159页。

在差异,但是不容置疑的是,该制度对于保障城乡贫困居民的最低生活具有重要意义。截至2021年底,全国共有城市低保对象454.9万户、737.8万人;全国城市低保平均保障标准为每月每人711.4元,比上年增长5.0%,全年支出城市低保资金484.1亿元;全国共有农村低保对象1945.0万户、3474.5万人;全国农村低保平均保障标准为每年每人6362.2元,比上年增长6.7%,全年支出农村低保资金1349.0亿元。①

特殊生活情况救助主要是针对特殊人群(如老人、灾民、儿童、困难残疾人等)、特殊情况(如教育、劳动、失业、预防保健、疾病等)进行的救助。许多国家对老年人、儿童、残疾人等特殊群体都有较为明确的救助措施。如美国的"补充保障收入"(Supplemental Security Income,SSI),其主要救助对象是老年人、残疾人、收入和资产有限的盲人、残疾儿童等。随着该项制度的发展,无论是在资金支出规模还是受益人口数量方面,SSI逐步演变为美国的一项专门针对残疾人的救助计划。② 在我国,包括医疗救助、住房救助、教育救助、司法救助等在内的多种专项救助项目已逐步建立,各地正探索实施针对"低保"对象的分类救助计划。

(二)按救助时机分类

按救助时机可将社会救助分为急难救助、临时救助和平时救助等。

急难救助是指对遭受紧急灾难的社会成员进行社会救助,包括灾害救助、意外救助等。《关于改革完善社会救助制度的意见》明确指出,要强化急难社会救助功能,对遭遇突发性、紧迫性、灾难性困难,生活陷入困境,靠自身和家庭无力解决,其他社会救助制度暂时无法覆盖或救助之后生活仍有困难的家庭或个人,通过临时救助或生活无着流浪乞讨人员(简称"流浪乞讨人员")救助给予应急性、过渡性生活保障。每个人都有可能遭逢紧急的灾难,因此在社会救助的政策中设置急难救助的项目是十分必要的(见表3—1)。在我国,台湾地区实施的急难纾困制度(原马上关怀制度),主要针对家庭主要生计责任者因死亡、失踪、罹患重伤病、失业或因其他原因无法工作,导致家庭生活陷入困境的群体。

---

① 《2021年民政事业发展统计公报》,2022年8月1日,https://images3.mca.gov.cn/www2017/file/202208/2021mzsyfztjgb.pdf,2023年3月15日访问。

② 孙守纪、齐传钧:《美国补充收入保障计划及其启示》,《美国研究》2010年第4期,第109—124页。

表 3-1 《国家自然灾害救助应急预案》响应指标体系

| 响应等级 | 灾种 | 因灾死亡(人) | 转移安置(万人) | 倒塌房屋(万间) | 其他情况 |
|---|---|---|---|---|---|
| 一级响应 | 各类自然灾害 | >200 | >100 | >20 | 发生事故灾难、公共卫生事件、社会安全事件等其他突发情况 |
| 二级响应 | 各类自然灾害 | 100—200 | 80—100 | 15—20 | |
| 三级响应 | 各类自然灾害 | 50—100 | 30—80 | 10—15 | |
| 四级响应 | 破坏性地震 | 20—50 | 10—30 | 1—10 | |
| | 其他自然灾害 | 30—50 | 10—30 | 1—10 | |

资料来源:2016 年版《国家自然灾害救助应急预案》。

临时救助制度是我国的一项传统的救助业务,主要是指对在日常生活中由各种特殊情况造成基本生活暂时出现困难的家庭,给予非定期、非定量生活救助的制度。长期以来,临时救助制度在保障城乡困难群众的基本生活,缓解他们的特殊困难方面发挥了重要作用。根据《国务院关于全面建立临时救助制度的通知》规定,对符合条件的救助对象,可采取发放临时救助金、发放实物和提供转介服务等方式予以救助。2021 年全年共实施临时救助 1198.6 万人次,其中救助非本地户籍对象 6.2 万人次。全年支出临时救助资金 138.4 亿元,平均救助水平 1154.9 元/人次。[1]

平时救助是指对在相对较长一段时间里陷入困境的社会成员进行的社会救助,包括低收入者的生活补助等。丹麦的继续救助制度就是一种平时救助,它以没有领取年金及社会保险的且需要永久性生计辅助的国民为对象,救助对象一旦通过资格审查,政府会支付特别的扶助费。[2]

### (三)按救助主体分类

按救助主体可分为公共救助或政府救助、民间救助等。

公共救助或政府救助是指由政府出资或由政府直接办理的救助事务的总称。公共救助的重点是院所收容教养、老弱残障及荣誉国民安置、医疗救助、灾害救济、冬令救济(家庭补助)等。救助对象的认定须经严格的调查程序。公共救助是一种制度化的救助措施,具有更强的规范性、科学性和政策性。

---

[1] 《2021 年民政事业发展统计公报》,2022 年 8 月 1 日,https://images3.mca.gov.cn/www2017/file/202208/2021mzsyfztjgb.pdf,2023 年 3 月 15 日访问。

[2] 江亮演:《社会救助的理论与实务》,桂冠图书股份有限公司 1990 年版,第 116—118 页。

民间救助是指由企业、社会团体、个人等出资或直接提供的救助。相比公共救助而言,民间救助更加灵活,涉及的领域和救助的人群更加广泛,但存在临时性、不稳定性、非专业化等不足。

(四)按安置区域分类

按安置区域可分为院内(机构内)救助和院外(机构外)救助。

院内(机构内)救助是指将救助对象收容在救助机构内,即对无法自力谋生的国民通过机构安置来达到照顾其生活的目的,使其物质及精神生活无缺。这些机构一般为育幼、安老、教养、疗养等有关院所。因此,院内(机构内)也称为院内服务或院内收容。如我国各地都建有儿童福利院,以对孤儿群体进行院内救助。由于院内集中供养的局限性,儿童福利院逐步探索社区寄养的新模式,向家庭寄养、助养、收养等多种养育方式拓展。

院外(机构外)救助是指通过个案工作的形式,对每个受助者情况具体问题具体分析,加以个别辅导,解决救助对象的实际困难,使其过上正常的生活。另外,可根据实际情况采取家庭辅助辅导的方式,来维持一家生活,即对无法自力谋生的人,不分男女老幼,将其留在家中进行救助,通过提供现金或物质补助使其过上正常的生活。该方式也被称为院外服务或院外收容。[①]

## 二、社会救助体系

社会救助是一个综合性的保障体系。当社会成员因各种情况而陷入生存危机或生活困境时,由国家和社会按照法定的程序和标准予以救助,以保障公民的基本生活。正如前文所述,社会成员陷入生存危机或生活困境的原因,既包括自然灾害(包括恶劣的自然环境)、突发事件(如战争、交通事故、公共卫生安全等)、生理缺陷(如残障)、生老病死等难以抗拒的客观因素,同时也包括个人能力、个体行为等主观因素,如个人禀性、心理素质、教育背景、社会调适能力等。因此,社会救助应涵盖各种救助方式和种类,是一个完整的、协调的、综合性的项目体系,以应对主客观原因带来的各种风险。

新时代,我国社会救助取得历史性成就,基本建成覆盖全面、分层分类、城乡统筹、综合高效的中国特色社会救助体系。这个体系以基本生活救助、专项社会救助、急难社会救助为主体,社会力量参与为补充。最低生活保障、特困人员供

---

① 江亮演:《社会救助的理论与实务》,第114—116页。

养这两项基本生活救助制度成熟定型,医疗救助、教育救助、住房救助、就业救助等专项社会救助制度可及时帮助困难群众解决相应问题,临时救助、流浪乞讨人员救助等急难社会救助可为临时遇困人员排忧解难,可以说,对群众在生活上遇到的困难都有相应的制度进行保障。① 下图为我国现行社会救助框架体系。

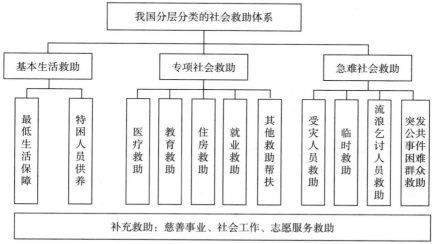

图3-1 我国现行社会救助框架体系

## 第四节 社会救助的行政与财政

### 一、社会救助的行政

（一）社会救助行政方式

社会救助行政一般采取两种形式：一是中央政府设立专门行政机构,在地方政府设立执行机构;二是中央政府设立专门行政机构,并由中央直接计划,在地方政府设立分支机构负责办理。②

（二）国外社会救助行政机构

美国的社会救助由联邦政府卫生与人力服务部、社会保障署公共救助局主

---

① 《民政部：基本建成中国特色社会救助体系 实现对低收入人口动态监测》,2022 年 9 月 8 日,https://baijiahao.baidu.com/s?id=1743375817579445224&wfr=spider&for=pc,2023 年 3 月 15 日访问。

② 江亮演：《社会安全制度》,五南图书出版公司 1986 年版,第 161 页。

管,负责制订统一的办理计划和救助规则,核定补助各州的经费;各州政府设立公共救助局或社会福利局,各县市设立公共救助科等机构,负责办理救助具体事务;同时还在各地设置区署(监导处),派专员负责督导各州县办理情况。英国的社会救助在中央由工作和养老金部(Department for Work and Pensions,DWP)主管,它负责管理和提供各种社会救助计划。其中包括失业救济、低收入援助、养老金、残疾人福利、儿童福利等。DWP还管理着国家保险计划,包括国民保险缴纳和养老金计划。在德国,按照其自治民主管理的传统,联邦劳动和社会事务部(Bundesministerium für Arbeit und Soziales,BMAS)负责制定和监督德国的社会救助政策。它与各个州和地方政府合作,确保经济上困难的人群可以获得适当的经济援助、住房援助、医疗保健和其他社会福利。具体来说,BMAS要保障整个社会体系的正常运转,帮助残疾人和困弱群体融入社会,为促进就业创造有利条件;在工作过程中,与其他部门相互协调、共同合作,保证社会救助事务相关部门通力合作;当处理涉及各联邦州和各乡镇的工作时,积极与相关地区协商,妥善处理,确保社会救助政策在地方上能够顺利贯彻和执行。而地方性的社会保障局负责为社会救济申请者提供各种资讯和服务,帮助他们早日脱离困境。在日本,由内阁府社会保障局(Cabinet Office,Social Security Agency)负责制定和监督社会救助政策,管理和协调日本的社会保障体系。日本厚生劳动省(Ministry of Health,Labour and Welfare,MHLW)负责管理社会救助、医疗保险、劳动力市场和劳动法规等事务。它负责制定和实施相关政策,并提供社会救助福利和服务。在都道府县政府,福利事务所是社会福利行政的执行机构。每个福利事务所都有专门的"个案工作员",他们负责调查收集资料,并决定是否对相关人员进行救助及救助的种类和力度,还负责对救助对象进行生活指导和自立援助。在各市村设有民生委员,负责各地区的以下事务:(1)进行相关调查来了解该地区人们的生活状况;(2)对需要救助者进行指导;(3)配合福利事务所及有关行政机构开展业务。

## 二、社会救助的财政

财政在世界各国的社会救助制度中都具有重要作用,各国依据本国经济政治社会等方面的特点,来确定各自的社会救助筹资和支出情况。

(一)社会救助筹资模式

各个国家的社会救助筹资模式不尽相同。一般来说,主要以政府责任为主,即政府出资,但是一些国家也通过其他渠道来筹集社会救助资金。因此,社会救助的筹资通常有两种方式:一是完全由政府出资;二是由政府与社会共同分担。

(二)各国的社会救助筹资模式

在一些比较强调政府责任的国家,主要由政府出资进行社会救助。如在丹麦,用于最低生活保障的资金来源于中央政府和地方政府;英国是典型的福利国家,政府承担了全部的社会救助经费。很多国家在社会救助的筹资上呈现了以地方为主的倾向,如加拿大政府从1996年开始大幅度削减中央对地方政府的补助。[1] 一些国家则偏重于由政府与社会共同分担社会救助经费,如在德国,政府和慈善组织负责救助资金的1/3,另外2/3的资金由具有法人地位的社会保险管理机构来承担。[2]

(三)各级政府的社会救助筹资责任

由于政体和行政机构的不同,各国各级政府的社会救助筹资责任各不相同,通常有三种方式,见表3-2。

表3-2 基本社会救助筹资比例    单位:%

| | 中央政府 | 地方政府 |
|---|---|---|
| 比利时 | 50 | 50 |
| 捷克 | 100 | 0 |
| 荷兰 | 90 | 10 |
| 挪威 | 0 | 100 |

资料来源:OECD, *The Battle against Exclusion: Social Assistance in Belgium, Czech Republic, the Netherlands and Norway*, Organization for Economic Cooperation and Development, 1998;转引自关信平、郑飞北、肖萌:《社会救助筹资及经费管理模式的国际比较》,《社会保障研究》(北京),2009年第1期,第98—110页。

1. 全部由国库支付

在全部由中央政府负担的情况下,中央政府经费负担的方式主要有两种:一

---

[1] 乐章编著:《社会救助学》,北京大学出版社2008年版,第266页。
[2] 钟仁耀:《社会救助与社会福利》,上海财经大学出版社2005年版,第93页。

是实报实销；二是通过预算拨付地方，由地方具体支付。①

2. 由地方政府编列预算，中央政府给予辅助

许多联邦制国家都采取由地方政府编列预算，中央政府给予辅助这种筹资责任模式。中央政府和地方政府共同分担救助经费，有利于缓解中央财政的压力，美国的主要公共救助计划可分为三类：(1)联邦政府资助和管理的计划；(2)联邦政府或联邦与州政府共同资助但由州政府管理的计划；(3)州或地方政府资助并管理的计划——法国、丹麦、西班牙、芬兰、卢森堡、比利时、加拿大、日本等也属于这一类型。在多数国家，中央和地方政府会根据不同的救助项目采取按比例分担支出的形式，如在日本，3/4 的社会救助支出由中央财政负担。② 但是这种模式的一个关键问题是如何设置合理的分担比例。

3. 全部由地方政府支付

一般来说，由地方政府负担社会救助的资金有利于地方政府对于社会救助的管理。以瑞士为例，社会救助项目根据地方的法规来实施，全国存在 3000 多个不同的社会救助项目，这些项目全部由地方财政负担支出。③ 但是这种模式面临一个问题，那就是地方政府财力和救助需求的不对等，一般来说，越是贫困的地方，需要救助的人越多，单靠地方政府的财政支持是远远不够的。

以美国为例，美国包含联邦、州、地方三级政府，其中联邦与州政府享有独立的权利。在美国，社会救助经费从一般税收中拨付；除一般救助经费由各州政府自行负担外，其余如救助老年人、盲人、残废者及失依者的特殊救助经费，由联邦政府依社会保障法所定比例辅助各州。具体来说，美国的社会救助项目根据不同的资助来源大致分为三类。一是联邦政府资助和管理的计划，如"补充保障收入"。二是由联邦与州政府共同资助的计划，如医疗援助计划（Medicaid），这个计划的救助对象是低收入家庭中的儿童、孕妇、老年人、残疾人以及抚养子女的父母等，是由联邦政府和各州共同资助的。三是州或地方政府资助并管理的计划，如医疗救助项目，其费用由联邦和州政府按比例共同负担，联邦政府一般承

---

① 关信平等：《社会救助筹资及经费管理模式的国际比较》，《社会保障研究》2009 年第 1 期，第 98—110 页。

② 杨红燕：《中央与地方政府间社会救助支出责任划分——理论基础、国际经验与改革思路》，《中国软科学》，第 25—33 页。

③ T. Eardley, ed., "Social Assistance in OECD Countries," *Department of Social Security Research Report*, No. 46, 1996, https://eprints.whiterose.ac.uk/73427/1/Document.pdf.

担全部支出的50%—80%,近年来平均为57%。① 总体而言,美国联邦政府采取制度化方式对各州医疗救助提供财政支持。转移支付资金的总量取决于各州前三年的人均收入,联邦政府根据各州的经济实力确定不同的分担比例:对经济落后的州,给予较大比例的资金支持;对经济较发达的州,给予相对较少的支持。

再以日本为例。日本是单一制国家,政府主要分为中央、地方两层,日本的财政层级与政府层级对应,每一级政府审查本级财政预决算,每一级财政都有各自的税收来源。在日本,社会救助由国家承担主要责任,所需资金主要由政府负担,其职责在各级政府之间分配。日本的社会救助制度采取中央与地方政府共同分担权责的形式。生活保护的最高负责机构是厚生劳动省社会援助局,各地社会福祉事务所负责具体事务的实施。详细来说,由厚生劳动省统一设定生活保护标准,并规定标准制定方法,包含年龄、家庭构成、居住地点等因素,每年进行调整,以保证与一般民众平均消费涨幅相适应;由市町村长负责生活保护的申请受理、保护种类的确定、扶助程度及方法的确定;由都道府县政府主要负责监督核查等工作,如处理对保护处分的不服申诉。2013年新修订的《生活保护法》给了地方政府调查的权限,各地方政府可对接受生活保护个人的健康、就业、家庭关系等情况开展调查。②

## (四)社会救助支出比较

社会救助支出比较的意义在于分析不同国家社会救助的规模和水平,但这种比较往往是十分困难的,因为无法获取很多国家精确的社会救助支出数据,而且不同国家的社会救助支出由于涵盖的项目规模和统计口径不一,可能会缺乏可比性和可操作性。一般而言,社会救助支出比较主要集中在两个方面:第一,社会救助支出占政府财政总支出的比例;第二,中央财政与地方财政的投入。从图3-2和图3-3中可以发现:第一,当社会救助支出占政府财政总支出比重较高时,中央承担的比例越低,中央政府偏向于让地方政府承担部分支出责任;第二,大部分国家选择由中央政府承担主要的社会救助支出责任。24个国家中有14个国家的中央政府承担了超过50%的社会救助支出责任;其中,12个国家的中央政府承担支出责任超过70%。

---

① 刘喜堂、张琳:《美国低收入人群的医疗保障》,《中国民政》2015年第3期,第39—41页。
② 吕学静:《日本社会救助制度的最新改革及对中国的启示》,《苏州大学学报(哲学社会科学版)》2016年第3期,第45—50页。

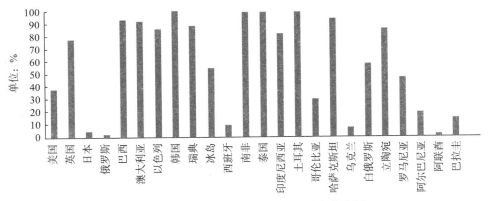

**图 3-2　部分国家中央政府社会救助支出比例**

资料来源：王敏、刘梦琪：《政府间社会救助事权和支出责任划分的国际比较与启示》，《山东财经大学学报》2019 年第 4 期，第 115 页。

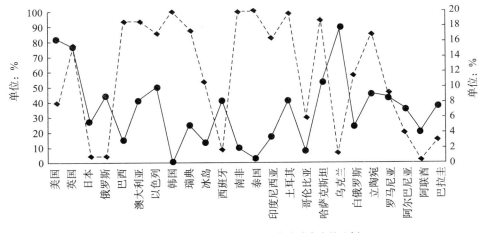

- - ◆ - - 中央社会救助支出占社会救助总支出的比例
——●—— 社会救助总支出占政府财政总支出的比例

**图 3-3　部分国家社会救助支出占比与中央承担社会救助支出占比的关系**

资料来源：王敏、刘梦琪：《政府间社会救助事权和支出责任划分的国际比较与启示》，《山东财经大学学报》2019 年第 4 期，第 116 页。

## 第五节　社会救助政策的分析框架

从前面的介绍可以看出，社会救助是一个比较庞杂的体系，从社会救助的机构和设施,到社会救助的方式和种类,再到社会救助的行政与财政,都有多种选择,由此导致了不同国家的社会救助模式和社会救助政策不尽相同。但是我们可从以下几个方面来把握和分析不同国家社会救助政策的特征:社会救助的目标体系、社会救助的分配基础、社会救助的项目类型、社会救助的提供策略和社会救助的筹资方式。① 一个国家可根据本国的社会经济发展水平、执政理念、福利文化②等具体情况,沿着以上五个维度进行选择,制定相应的社会救助政策。因此,所谓的社会救助政策就是不同选择在技术上的组合。

## 一、社会救助的目标体系

如前文所述,社会救助政策的制定面临多种选择,而不管做出何种选择,都必须遵循一定的逻辑,这种选择的逻辑是由一定的价值理念和现实可行性决定的,它们构成了社会救助的目标体系。目标体系是社会救助政策中最重要的内容,反映了国家和社会,特别是作为国家代理人的政府在社会救助事务中的责任,也反映了社会救助内在的价值理念,对社会救助政策的选择起引领作用。价值理念的形成既与一定时期的执政理念有关,也与主流的社会思潮、福利文化和对社会救助的认识有关。比如,2004—2005 年德国推动社会救助制度改革,形成了一种新型的、分层式的社会救助制度③,它将具有工作能力的工龄阶段的人群与其他群体相分离,将原有政策目标的"单元化"转为"多元化"。除了济贫理念由"救济"向"救助"的转变之外,社会救助由"工具理性"向"价值理性"的转变也是值得关注的一个问题。除了价值理念外,可行性也是决定社会救助目标体系的重要因素。可行性等方面经济、政治、社会、文化等方面,其中经济发展水平是最重要的影响因素,一个政府不可能承担起超出国家能力的责任,即使它有先进的理念和良好的愿望,这个目标也是不可行的,是对政府信用的不负责任。政治因素对社会救助政策的制定也有相当重要的影响,它在一定程度上决定了社会救助政策的走向和改革的可能性。

---

① 〔美〕尼尔·吉尔伯特、保罗·特雷尔:《社会福利政策导论》,黄晨熹、周烨、刘红译,华东理工大学出版社 2003 年版,第 83—86 页。

② 福利文化是指影响福利提供的有关人的责任和权利的价值观,以及通过这些概念找到实际表现的习俗。

③ 刘涛:《德国社会救助制度改革对我国低保制度的启示》,《社会保障研究》2011 年第 2 期,第 158—170 页。

## 二、社会救助的分配基础

社会救助的分配基础是指将社会救助分配给社会中特定的人口或群体时对不同原则之间的选择。这里有三对基本的原则或取向:一是普遍性与选择性,即社会救助是分配给尽可能多的人,还是仅限于少数特定对象。社会救助的特性决定了它不可能让所有人都得到救助,社会救助的普遍化即成了社会福利的追求,这也是为什么社会救助与社会福利有如此密切的联系。这一原则影响贫困标准或最低生活保障线的高低,影响救助对象认定和识别的宽严,进而影响社会救助计划的覆盖范围和大体程度。二是权利与自由裁量权,即社会救助是对人类尊严和个体生存权利的尊重与保障,还是随意的施舍与恩赐,它决定社会救助分配的规范性、科学性和制度化。三是需求导向与配给,即社会救助是以救助对象的生活需求为基础进行分配还是实行配给制进行平均分配,它决定社会救助分配的公平性、合理性与充裕性。

## 三、社会救助的项目类型

传统的选择是将社会救助项目分为现金计划和实物(包括物品和服务)计划两种形式。不过,随着社会救助的发展,权利、机会和优惠政策等救助形式不断出现,丰富了社会救助的项目类型。不同的项目类型提供了不同的消费者主权,对救助对象有不同的影响。下面我们援引国外教材中的一个案例来说明现金计划和实物计划对救助对象的不同影响。①

假定琼斯是一个社会救助对象,月收入为300美元,全部用于购买奶酪和所有"其他物品"。奶酪的市场价格为每磅2美元,所有"其他物品"的市场价格为每单位1美元。在图3-4中,琼斯消费的奶酪用横轴表示,消费的所有其他物品用纵轴表示。琼斯的预算约束线是 $AB$。商品组合 $E_1$ 是琼斯的效用最大化点,由260单位的其他物品和20磅的奶酪组成。

现假定政府每月向琼斯提供60磅奶酪,并规定不得在市场上出售。那么,政府的奶酪计划对琼斯的境况有怎样的影响?从图3-4上看,由于琼斯现在可比以前多消费60磅奶酪,她的新预算约束线从 $AB$ 向右位移60单位,得到 $AFD$。在预算约束线为 $AFD$ 的情况下,所能达到的最高无差异曲线是曲线 $U$。它与该预算约束线在"拐角"处($F$点)相切。此时,琼斯消费的奶酪为60磅,所有其他

---

① 〔美〕哈维·S.罗森:《财政学》,赵志耘译,中国人民大学出版社2003年版,第137—140页。

物品为300单位。与最初的消费组合相比，琼斯消费的奶酪和所有其他物品都增加了。由于政府免费向她提供奶酪，琼斯可以把她本来用于买奶酪的钱用于购买更多的其他物品。

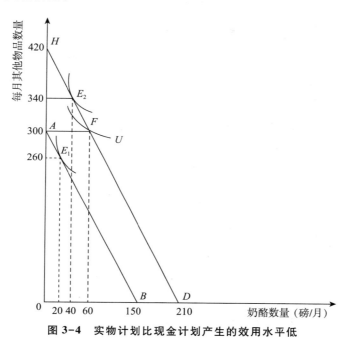

图 3-4　实物计划比现金计划产生的效用水平低

资料来源：〔美〕哈维·S. 罗森：《财政学》，赵志耘译，中国人民大学出版社2003年版，第138页。

现假定政府发给琼斯的不是60磅奶酪，而是与60磅奶酪市价相同的120美元（60磅×2美元/磅）。增加的这120美元收入，使其新预算线比原来的 AB 线在每个点上都高出了120个单位，即可得到图3-4中的预算线 HD。注意，现金计划允许琼斯沿线段 HF 进行消费，这在"奶酪计划"下是不可能的，因为政府不允许琼斯用给她的奶酪换取其他任何东西。

面对预算线 HD，琼斯的效用最大化点是 $E_2$，其商品组合是40磅奶酪和340单位的所有其他物品。比较 $E_2$ 点和 F 点可以发现：第一，琼斯在现金计划下消费的奶酪少一些，消费的其他物品多一些；第二，$E_2$ 点比 F 点所在的无差异曲线高，表明"现金计划"比"奶酪计划"使琼斯的境况变得更好。原因在于：如果由琼斯自己决定的话，她不愿意消费60磅的奶酪，而更愿意卖掉一部分奶酪来购买其他物品，但在"奶酪计划"下她没得选，只能消费所有60磅奶酪。

那么,是不是实物计划总不如等价的现金计划呢?答案是不一定。图 3-5 描绘了另一个救助对象史密斯的情况。他的收入与琼斯一样,因而面临相同的预算约束线("奶酪计划"实行前为 $AB$,实行后为 $AFD$)。但是,史密斯有着与琼斯不同的偏好,因而产生了一组不同的无差异曲线。实行奶酪补贴前,他的效用最大化点是 $E_4$,即消费 82 磅奶酪和 136 单位其他物品;补贴后,他消费 126 磅奶酪和 168 单位其他物品。由于奶酪补贴计划已使他在 $HD$ 线上找到了最偏好的点 $E_5$,所以,现金计划不会使史密斯的境况变得更好。原因在于史密斯愿意消费超过 60 磅的奶酪,"奶酪计划"的限制对他没有不利影响。

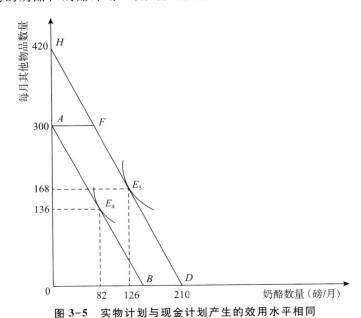

图 3-5 实物计划与现金计划产生的效用水平相同

资料来源:〔美〕哈维·S.罗森:《财政学》,赵志耘译,中国人民大学出版社 2003 年版,第 139 页。

由图 3-4 和图 3-5 的对比分析可以发现,现金计划和实物计划对偏好不同的救助对象有不同的影响。

## 四、社会救助的提供策略

社会救助的提供策略是指在地方社区系统中,社会救助的提供者和救助对象之间可供选择的组织安排。是集中提供还是分散提供?是由专业人士提供还是由当地居民等非专业人士提供?是由政府部门提供还是由营利组织或非营利组织提供？这些选择都会影响救助对象和他们所获得的救助类型。社会救助政策在这方面的设计内容包括救助系统的整体构成、相关部门之间的联系、设施的地点、员工的数量与素质、公共与私人的支持等。

**五、社会救助的筹资方式**

社会救助的筹资涉及资金来源及其从起始点到服务点和救助对象转移支付的方式问题。一些主要的筹资选择涉及资金的来源（是政府、私人还是混合来源）、所涉政府的级别和税的种类，以及管理筹资的制度安排（如拨款规则、目标的确定和时间的选择）等。

社会救助政策的以上五个维度是紧密联系，相互依存的。目标体系维度起引领和指导作用。后四个维度是实际操作领域，每个维度又要从三个角度来考察：一是各个维度内的选择范围；二是支持它们的社会价值；三是支持它们的理论和假设。社会救助政策就是在一定的目标和理念的指导下不同选择在技术上的组合。

## 本章小结

社会救助立法包括宪法、社会救助立法、其他相关法律法规。社会救助的机构大致分为中央政府、地方政府、基层组织和自治团体三级。社会救助的种类可以按照生活需要、救助时机、救助主体和安置区域等情形进行分类。其中，按照生活需要可分为最低生活救助和特殊生活情况救助；按救助时机分为急难救助、临时救助和平时救助；按救助主体可分为公共救助或政府救助、民间救助；按安置区域可分为院内（机构内）救助和院外（机构外）救助。

社会救助行政一般采取两种形式：一是中央政府设立专门行政机构，在地方政府设立执行机构；二是中央政府设立专门行政机构，并由中央直接计划，在地方政府设立分支机构负责办理。各个国家的社会救助筹资模式不尽相同，一般来说，主要以政府责任为主，即政府出资，但是一些国家也通过其他渠道来筹集社会救助资金。因此，社会救助的筹资通常有两种方式：一是完全由政府出资；二是由政府与社会共同分担。

社会救助是一个比较庞杂的体系，从社会救助的机构和设施，到社会救助的方式和种类，再到社会救助的行政与财政，都有多种选择，由此导致了不同国家的社会救助模式和社会救助政策不尽相同。但是我们可从以下几个方面来把握和分析不同国家社会救助政策的特征:社会救助的目标体系、社会救助的分配基础、社会救助的项目类型、社会救助的提供策略和社会救助的筹资方式。

## ◆ 重点名词

院内(机构内)救助　院外(机构外)救助　特殊生活情况救助　急难救助　临时救助　平时救助　公共救助或政府救助　民间救助

## ◆ 思考题

1. 社会救助的机构有哪些?
2. 社会救助依据不同的标准可以分为哪几类?
3. 简述中国社会救助政策的分析框架。

## ◆ 延展阅读

金双华、孟令雨:《社会救助全过程充分与公平——基于欧盟国家实践经验》,《经济社会体制比较》2023年第2期,第177—188页。

林闽钢:《中国社会救助高质量发展研究》,《苏州大学学报(哲学社会科学版)》2021年第4期,第25—31页。

刘喜堂:《以党的二十大精神为指引 加快健全分层分类社会救助体系》,《中国社会报》2022年12月12日,第1版。

杨立雄:《谁应兜底:相对贫困视角下的央地社会救助责任分工研究》,《社会科学辑刊》2021年第2期,第60—72页。

# 第四章 我国社会救助(济)制度的历史沿革

【本章学习要点】
1. 了解新中国成立前的社会救济。
2. 了解新中国社会救助制度的沿革。

## 第一节 新中国成立前的社会救济

### 一、社会救济的历史演变

新中国成立前,我国的社会救济有三个重要的发展时期:一是西周和春秋战国,这一时期不仅有丰富的救济思想,而且有较完备的救济制度,是我国社会救济制度的萌芽时期;二是宋朝,宋朝的养老慈幼事业高度发达;三是中国封建社会的最后一个王朝清朝,其救灾制度相当完备,奠定了我国现代救灾制度的基础。下面将对我国古代和近现代的社会救济分别进行介绍。

(一) 古代的社会救济

1. 西周至秦汉时期

早在西周时期我国就有了良好的社会救济制度。《周礼》详细记载了西周的社会救济制度。一是设立专门的官职,负责社会救济的管理和具体事务。如"大司徒"负责管理荒政和救济孤寡;"遗人"具体负责日常及灾荒时的救济;"司救"在天灾疫病时"以王命施惠";其他如"旅师""遂人""族师"等基层官吏,也都有查明老幼残疾情况,据以施惠、散利、均役的责任。① 二是建立十二项荒政制度,以"聚万民":"一曰散利,二曰薄征,三曰缓刑,四曰弛力,五曰舍禁,六曰去几,七曰眚礼,八曰杀哀,九曰蕃乐,十曰多昏,十有一曰索鬼神,十有二曰除盗贼。"② 三是设六政,救济万民,"以保息六养万民,一曰慈幼,二曰养老,三曰赈穷,四曰恤贫,五曰宽疾,六曰安富"③。

春秋战国时期,诸侯割据、战乱频仍,同时诸子百家思想争鸣,这是各诸侯国进行社会救济的历史背景和思想基础。这一时期的社会救济主要采取以下几种形式:一是薄敛轻赋,免除旧欠。如晋国为了称霸,通过发展救济事业来收买人心,稳定社会秩序,发展生产。《国语·晋语四》记载,晋文公"弃责薄敛","救乏振滞","轻关易道,通商应农",使得晋国"政民平皋,财用不匮";后来的晋悼公"无德以及远方,莫如惠恤其民,而善用之,乃大户、已责、逮鳏、救乏、赦罪、悉师、王卒尽行"④,终成霸业。二是稳定物价,制止囤积。值得一提的是计然的平粜法和管仲的平准法,他们依据农业丰歉循环的理论,主张由政府买卖粮食,来平抑粮价的周期性波动,以防止农民在荒年时破产流亡。此法为后来历朝历代所沿用。三是开仓济民,引导灾民生产自救。《左传·简公四年》记载,齐顷公"驰苑囿薄赋敛,振孤问疾",就是开放山地池园,以低税收租让给破产的农民,这可看成是生产自救的早期形式,同时"虚积聚以救民"。四是依据"周礼",建立多层次、多渠道的老人供养制度和退休制度。五是救济各类特殊人群。当时对各类特殊救济对象有了较明确的认识:"少而无父者谓之孤,老而无子者谓之独,老而无妻者谓之矜,老而无夫者谓之寡",这一类救济对象都属于"穷而无告者";还有一类救济对象,"口不能言谓之瘖,耳不闻声谓之聋,足不能行谓之跛躄,支节解绝谓之断,容貌短小谓之侏儒"⑤,就是今天所说的残疾人。对这两类救济对象给予不同的救济。对于前一类,以"常饩"救济,就是定时定量供给粮食,如果鳏夫、寡妇再婚,则给予田地和房屋,并免差役;对于后一类,以"百工各以其器食之"的方式救济,就是根据他们各自不同的生理特点,安排一些力所能及的活计给他们做,帮助他们自食其力。这些救济措施可视为我国"五保"供养制度和福利企业之滥觞。⑥

---

① 《周礼·地官司徒》。
② 同上。
③ 《周礼·地官司徒·大司徒之职》。
④ 《左传·成公二年》。
⑤ 《礼记·王制》。
⑥ 金双秋:《中国民政史(上)》,湖南大学出版社1989年版,第107—114页。

秦汉建立统一的国家政权以后,社会救济逐渐成为地方官员负责办理的重要事务之一。如汉宣帝地节三年(前67)诏,"两千石严教吏谨视遇,毋令失职";汉光武帝建武六年(30)诏,"刺史、太守详刑理冤,存恤鳏孤,勉思职焉"。以上诏令都强调,安抚鳏寡孤独等社会困弱人群是行政官员的本职,责无旁贷。① 两汉时期是中国封建社会发展的第一个高潮,中国古代社会救济事务的基本内容、方式方法在这个时期基本都已出现并为后世所沿用,如仓储赈灾、因灾蠲免、救济鳏寡孤独人员谷物等举措屡见不鲜。此外,这一时期还曾施行安置流民、贷种、拿粟拜爵以充赈用、蠲缓、给复、祛疫、除蝗、养恤等救济措施。②

2. 唐宋时期

唐宋时期是我国封建社会发展的鼎盛时期。这一时期,社会救济体制有新的特点,从初唐时期以寺院为中心的救济模式到宋朝末期以政府为主导的社会救济机制,封建制度下的社会救济模式基本定型,体现了唐宋时期政治、经济、社会、文化的发展特点。

唐宋时期社会救济的发展主要体现在四个方面。一是救济措施比较完备,在赈济、蠲免、借贷、养恤、调粟、仓储等方面都有详细具体的措施。③ 二是救济措施逐渐形成惯例,有的逐渐发展为制度。如唐初起,"水、旱、霜、蝗耗十之四者,免其租;桑、麻尽者,免其调;田耗十之六者,免租调;耗七者,课役皆免"④;宋太宗淳化二年(991),"诏荆湖、江、淮、二浙、四川、岭南管内州县诉水旱,夏以四月三十日,秋以八月三十日为限。自此遂为定制"⑤。三是仓储制度得到进一步完善。尽管历代均建有仓储制度,但以唐代的仓储制度最为典型和系统。有正仓、转运仓、太仓、军仓、常平仓、义仓、社仓、神仓以及诸卫、东宫、诸司之仓等,种类繁多,范围广泛。⑥ 四是官办救济达到顶峰,尤以宋代的养老慈幼事业最为突出。所谓"宋之为治,一本于仁厚,凡振贫恤患之意,视前代尤为切至"⑦。宋代养老慈幼的专门设施有居养安济院、慈幼院、慈幼庄、婴儿局、举子包、举子田等,规模之宏远,计划之周密,设施之详尽,在中国古代,自西汉以来,历代无一出其右者。

---

① 王子今等:《中国社会福利史》,中国社会出版社2002年版,第151页。
② 多吉才让:《中国最低生活保障制度研究与实践》,人民出版社2001年版,第16页。
③ 同上。
④ 《新唐书》卷51《志》第41页。
⑤ 《宋史·太宗本纪》。
⑥ 参见于佑虞:《中国仓储制度考》,正中书局1948年版;张弓:《唐代仓廪制度初探》,中华书局1986年版。
⑦ 《宋史·太宗本纪》。

3. 元明清时期

元明清时期是中国封建社会的后期,这一时期的社会救济制度在前代的基础上,越来越完善,主要体现在以下时期五个方面。

一是统治阶级更加重视救济事务。元明清时期是中国封建社会由强盛走向衰落的阶段,社会问题越来越多,矛盾越来越尖锐。统治阶级为了维护统治,更加重视救济事务。据《明政统宗》记载,明太祖登基伊始,于洪武元年(1368),"颁诏天下郡县置养济院,收容无告者",加强对社会困难人群的救济;乾隆多次强调"为督抚者第一应戒讳灾之念","赈恤一事,乃地方大吏第一要务"。

二是荒灾救济措施更加完备,不断规范化、制度化。元代有灾蠲之制,明代有蠲免条例,清代将救荒的措施和办法载入《大清会典》和《户部则例》,凡属救灾事务,皆有定例,监督查办,均据成法。

三是针对不同群体,实行有的放矢的救济制度。明朝针对鳏寡孤独这一特殊群体制定特殊的政策,"孤寡残疾者官养之,毋失所";"鳏寡孤独不能自存者,岁给米六石"。清朝的救济制度十分关照老年人。例如,对于老年罪犯:规定老幼病疾罪犯可以收赎,即犯流罪以下者可以用银折赎;如果军、流等罪犯年逾60岁不能自食其力,可以拨入养济院,给以孤贫口粮。[①]

四是随着人口的增长和救济事项的增多,社会救济支出也相应增加。中国人口自汉以后长期在5000万人左右,清乾隆年间首次突破一亿人大关,到清末超过四亿人。随着人口增多,元明时期社会救济支出日益增多,清代更为浩繁。清代救灾救济费无专门款项,亦无定额限制,有款皆可拨。[②]

五是民间力量参与救济事务。随着资本主义萌芽在我国江南地区的出现,地方富商和乡绅的慈善活动越来越活跃,成为我国封建社会晚期社会救济的一个亮点。

(二)近现代的社会救济

1840年鸦片战争之后,中国开始沦为半殖民地半封建社会。历经晚清和民国时期外国列强的侵略和蹂躏,灾害频发、战乱连年,以致生灵涂炭、民不聊生。各届中央政府为维护统治,疲于应付各种事变。即使有心顾及黎民,也因庞大的军费开支而显得力不从心。每年的救济费相对于流离失所的难民和生活无着的

---

① 王子今等:《中国社会福利史》,第229—232页。
② 多吉才让:《中国最低生活保障制度研究与实践》,第18—19页。

贫民而言，简直是杯水车薪。另外，政治腐败更是加深了人们的苦难。

1927—1949年是救济设施和机构最多、法律条文最繁、人民最穷困的时期。上至国民政府，下至县市政府，有关社会救济的命令、训令之多，用词之严肃动听，使人闻之无不点头称赞，唯照文执行者不多；成立的救济机关不少，唯办事者不力，是否开展活动也大多无据可稽。1928年以后，各级政府设立专门的民政机构，负责办理赈灾、济贫及慈善等社会救济事务。为了教养那些没有自救能力的老、幼、残废者，并为保护健康，救济贫民生计，国民政府内政部要求各省区在省会、特别市政府及县市政府所在地设立救济院，在各县、乡、区、屯、镇等人口较多的地方也得酌情设立。内政部颁布的《救济院规则》规定了救济院的机构设置，要求各救济院设有养老所、孤儿所、残废所、育婴所、施医所、贷款所等，并要求上述机构根据各地情况，分轻重缓急，依次办理，也可联合办理。然而，各地官员为了争功领赏，在救济机构数目和救济成绩方面弄虚作假，浮夸不实。①

国民政府还颁布了《游民习艺所章程》《非常时期救济难民办法大纲》等法规，以规范济贫行为。在具体的救济措施方面，国民政府设粥厂，建仓储，兴修水利工程，开展医疗救济、弃婴救助等活动。以广州市的医疗救济为例。广州市卫生局管理的市属医院制定了免费赠医施药的相应举措，针对广大穷苦病人实施医疗救济。其他类型的公立医院也进行医疗救济。例如1934年，中山大学第一医院就专设有赠医室一间，每日赠医一小时半，对来就诊者完全不收诊金，另设有免费病床位10张和免费留产房一间，凡是贫苦病人就医以及孕妇来院留医生产者，一切费用皆不征收。中山大学第二医院也制定了固定的赠医施药时间，除星期日及假日外，每日赠医施药时间为上午11时至12时，药费从廉征收，以救济贫苦无力医治的病人。②

这一时期，由于政府救济不力，大量的救济工作便只能由慈善组织来承担。据1930年国民政府内政部对江苏、浙江、湖北等18省的救济院和旧有慈善团体的调查统计，18省的救济机构总数为2087个，其中慈善团体1621个，约占全部救济机构总数的78%。慈善团体的救济项目也比较广泛，包括养老、恤孤、育婴、助残、施医、丧葬、贷款、济贫、救灾、习艺等十几大项。③ 主办社会慈善事业的人主要有两部分。一部分是外国传教士和外国绅商，他们主办的慈幼机构几乎遍

---

① 金双秋：《中国民政史（下）》，湖南大学出版社1989年版，第658—659页。
② 刘桂奇：《民国时期广州社会的医疗救济》，《中山大学学报（社会科学版）》2009年第4期，第87页。
③ 金双秋：《中国民政史（下）》，第659页。

及大半个中国,为数众多。① 另一部分多系政府要员的家属、下野政界官僚、军界将领或清朝的遗老遗少。影响较大的慈善救济机构有中国红十字会、中华慈幼协会、战时儿童保育协会、香山慈幼院、华洋义赈会等。

## 二、社会救济的主要内容

对于历史上的社会救济事务,论述起来难免挂一漏万。概括而言,大约可分为灾荒救济和贫困救济两种,且以灾荒救济为主要内容。

### (一) 灾荒救济

我国是一个灾害频发的国家。古代将很多不能解释的现象尤其是一些灾祸解释为上天的处罚,如《诗经·大雅·云汉》中有"何辜今之人? 天降丧乱,饥馑荐臻";《诗经·小雅·雨无正》中有"旻天疾威,弗虑弗图";《论语·颜渊》中有"死生有命,富贵在天";等等。这种观点非常不利于社会的稳定,所以历代统治者十分注重救灾,以维护社会安定和稳固。传统的救灾思想同样源远流长。这些救灾思想作为中国传统文化的一部分,显示了中华民族的智慧和民族凝聚力。

1. 先秦时期

先秦时期的救灾思想与灾荒救济主要包括灾前预防和灾后救助两个基本的环节,即《国语·周语下》曰:"备有未至而设之,有至而后救之。"

(1) 灾前预防。

先秦的思想家认为兴修水利是灾前预防的重要部分。相传,"当尧之时,天下犹未平,洪水横流,泛滥于天下","禹疏九河,瀹济漯而注诸海;决汝汉,排淮泗,而注之江,然后中国可得而食也"②。这是大禹治水的传说。治水,就是兴修水利,抵御水患,开发利用水利资源。大禹治水极为辛苦,三过家门而不入,终于制服洪水,平定九州。墨子称赞大禹治水三过家门而不入的行为,说道:"禹亲自操橐耜而九杂天下之川,腓无胈,胫无毛,沐甚雨,栉疾风,置万国。禹大圣也,而形劳天下如此。"③从以上传说来看,夏代已经有了原始的浇灌技术,这说明人们在防范水灾的同时,已经具有用水利帮助生产的意识。

---

① 顾长声:《传教士与近代中国》,上海人民出版社1991年版,第285页。
② 《孟子·滕文公上》。
③ 《墨子·后语上》。

《管子》中有"五害之属,水最为大","请除五害之说,以水为始"。① 管子认为五害之首为水灾,而想要消除五害,首先要从治水开始。"沟渎不遂於隘,鄣水不安其藏,国之贫也","沟渎遂於隘,鄣水安其藏,国之富也"。② 采取兴修水利的方式,防患于未然,才是消除灾害和兴农富国的根本大计。先秦时期的思想家认为需要设立专门的"水官"负责治水,如荀子提出"修堤梁,通沟浍,行水潦,安水藏,以时决塞,岁虽凶败水旱,使民有所耕艾,司空之事也"③。这里所提到的"司空"即水官的意思。

(2)灾后救助。

赈济主要是赈济物资,以赈粟为主。所谓散粟赈民是我国古代比较常见的灾后救助措施之一。《周礼》和《管子》中都提到了散粟赈民的主张,这一主张在春秋战国时期得到广泛实施。《晏子春秋》中曾记载,一次灾荒发生后,"坏宝(室)乡有数十,饥氓里有数家,百姓老弱,冻寒不得短褐,饥饿不得糟糠,敝撤无走,四顾无告"。晏婴"奉齐国之粟米财货,委之百姓"。他根据灾民不同的受灾程度制定了不同的救助标准:"家有布缕之本而绝食者,使有终月之委;绝本之家,使有期年之食;无委积之氓,与之薪橑,使足以毕霖雨。令柏巡氓,家室不能御者,予之金。"这次的灾后救助成果显著,共救助"贫氓万七千家,用粟九十七万钟,薪橑万三千乘;坏宝(室)二千七百家,用金三千"。

以工代赈是另一种常见的灾后救助形式,是指为灾民提供劳动的机会,让灾民通过自己的劳动获得报酬的有偿赈济方式。《管子·侈靡篇》提出:"如以予人食者,不如毋夺其事。"意思是说,与其给他们粮食,不如不让他们失业。

2. 秦汉时期

在古代,发展农业非常重要。人们将重视农业发展作为预防灾害的一种有效方式。汉初的几位统治者都下诏颁布一些优惠政策来激励百姓发展农业。如汉文帝二年(前178),诏曰:"农,天下之大本也,民所恃以生也,而民或不务本而事末,故生不遂。朕忧其然,故今兹亲率群臣农以劝之。其赐天下民今年田租之半。"④汉景帝也曾下诏发展农业:"农事伤,则饥之本也,女红害,则寒之原也。夫饥寒并至,而能亡为非者寡矣!朕亲耕,后亲桑,以奉宗庙粢盛祭服,为天下先。

---

① 《管子·度地》。
② 《管子·立政》。
③ 《荀子·王制》。
④ (汉)班固撰、(唐)颜师古注:《汉书》卷4,《文帝纪》,中华书局1962年版,第117—118页。

不受献,减太官,省徭役,欲天下务农桑,素有蓄积,以备灾害。"①

秦汉时期也非常重视赈济灾民。汉文帝后元元年(前163),蝗灾严重,汉文帝下诏发放粮食赈济灾民,解除蝗虫之灾。汉光武帝在灾荒之年诏令天下:"往岁水旱蝗虫为灾,谷价腾跃,人用困乏。朕惟百姓无以自赡,恻然愍之。其命国郡有谷者,给禀高年、鳏寡孤独及笃癃、无家属贫不能自存者,如《律》。二千石勉加循抚,无令失职。"②汉桓帝在位时,灾荒连年,遂下诏赈济灾民:"朕摄政失中,灾眚连仍,三光不明,阴阳错序。监寐寤叹,疢如疾首。今京师厮舍,死者相枕,郡县阡陌,处处有之,甚违周文掩骼之义。其有家属而贫无以葬者,给直,人三千,丧主布三匹;若无亲属,可于官墙地葬之,表识姓名,为设祠祭。又徒在作部,疾病致医药,死亡厚埋藏。民有不能自振及流移者,禀谷如科。州郡检察,务崇恩施,以康我民。"③

### 3. 魏晋南北朝时期

随着魏晋南北朝时期玄学的产生,许多玄学思想家运用天道自然观,重新认识灾荒,并批判汉儒阴阳五行天人感应的灾异学说。但是由于当时的生产力水平和科学技术水平比较低,人们难以很快认识和接受这些观念。而且在实际生活中,无论是官方的解释,还是民间的观念,天人感应、阴阳五行的灾异学说,仍然是一种起主导作用的灾害观。这种天人感应阴阳五行的灾异说,与天道自然观下比较科学的灾异说并存、对立的格局,导致了当时人们在防灾、救灾的思想与方法上,呈现出科学与迷信交织并用的状况。④

魏晋南北朝时期,对于灾后赈济有以下措施:一是实物赈济,由官府开仓放粮或提供紧急的物资赈济,以解灾民的燃眉之急,帮助灾民渡过暂时的难关。晋咸安二年(372),三吴大旱,人多饿死,诏所在振给。⑤宋文帝元嘉二十年(443),"诸州郡水旱伤稼,民大饥。遣使开仓赈恤,给赐粮种"⑥。延昌元年(512)六月,因发生严重春旱,"百姓饥馁",宣武帝"诏出太仓粟五十万石,以赈京师及州郡饥

---

① (汉)班固撰、(唐)颜师古注:《汉书》卷5,《景帝纪》,中华书局1962年版,第151页。
② (宋)范晔撰、(唐)李贤等注:《后汉书》卷1,《光武帝纪下》,中华书局1965年版,第47页。
③ (宋)范晔撰、(唐)李贤等注:《后汉书》卷7,《桓帝纪》,中华书局1965年版,第294—295页。
④ 王亚利:《魏晋南北朝时期的灾害思想初探》,《四川大学学报(哲学社会科学版)》2003年第1期,第121页。
⑤ 同上书,第117页。
⑥ 同上。

民"。① 二是放贷。通过放贷的形式,使灾民尽快恢复生产和重建家园。晋武帝时,齐王司马攸于自己的封国之内,"时有水旱,国内百姓则加赈贷,须丰年乃责,十减其二,国内赖之"。元嘉二十一年(444)正月,因上年诸州郡水旱伤稼,发生严重饥荒,宋文帝下诏:"去岁失收者,畴量申减。尤弊之处,遣使就郡县随宜赈恤。凡欲附农,而种粮匮乏者,并加给贷。"②

### 4. 唐宋时期

劝农积谷是这一时期关于救灾的积极性对策的首要主张。统治者认为"居安不忘于虑危,有备可期于无患",而使国家有备无患的首要之举便是"劝农重谷,以备饥荒"。③ 这一思想的主要体现即仓储制度日益完善和隋唐统治者对于仓储救灾作用的高度重视。④ 具体来说,这一时期的救灾主要呈现了以下特点:一是救济措施比较完备,对于不论是赈济、蠲缓⑤、放贷⑥、养恤⑦,还是安辑⑧、调粟⑨和仓储都有详细具体的措施;二是救济措施逐渐形成惯例,有的还逐渐发展为制度,以宋朝为例,封建统治者吸取唐末五代多因灾害而社会动荡的历史教训,把"荒年募兵"以给灾民基本的生活出路作为一项基本国策确立下来;三是仓储制度得到进一步完善。

### 5. 元明清时期

元明清时期,救灾思想持续发展,灾害救助制度也在此前的基础上越来越完善,主要体现在以下几个方面。

一是出现了杰出的救灾实践人才。以元代为例,郭守敬就是实践经验丰富的救灾人才。他在初次见到元世祖时,提出了六条兴修水利、救灾的意见。他在主管各地河渠整修和管理时,重视疏通旧渠、开辟新渠,或是重新修建许多水闸、水坝。这些举措对于重兴水利,抵御各种自然灾害都有重要的作用。二是统治

---

① 转引自王亚利:《魏晋南北朝时期的灾害思想初探》,《四川大学学报(哲学社会科学版)》2003年第1期,第117页。
② 同上。
③ 《唐大诏令集·安恤天下德音》。
④ 张涛、项永琴:《中国传统救灾思想的发展和特点》,《文史知识》2010年第12期,第21—28页。
⑤ 指减免税赋。
⑥ 指放贷粮食、贷银和放贷农作物种子等。
⑦ 指对濒临生命危机的灾民进行紧急的救助,以恢复其生产和生活的一项措施,包括施粥、发放寒衣、医药,提供栖身场所和赎子等。
⑧ 指遣返安置流离失所的灾民。
⑨ 主要有移民就粟、移粟就民和平粜三种方式。

者更加重视灾害救助。如明朝严惩不作为的官员。《大明律》规定,灾荒不奏杖八十;还因迟缓赈恤饥民而诛杀中央官员,这在中国历史上是第一次。到了清朝,统治者要求地方官吏定期奏报气候的变化情况,并形成了一套救灾操作程序:报灾、勘灾、审户、发赈。① 三是随着救灾思想的持续发展和救灾制度的完善,出现了很多关于救灾的典籍。以黄虞稷的《千顷堂书目》为例,其所著录的明代救灾典籍的数量就达22部。这一时期还出现了众多总结性的救灾著作,如《四库全书》中除了收录《荒政丛书》外,还有《捕蝗考》《救荒本草》等。

### (二) 贫困救济

灾荒救济和贫困救济不可截然分开,很多灾民亦是贫民。历代官府对贫民特别是鳏寡孤独废疾者进行了不同形式和不同程度的救济,概括起来有以下几个方面。

#### 1. 扶助抚恤鳏寡孤独废疾者

鳏寡孤独废疾者是社会中最需要帮助的群体之一,历朝历代皆有相应的救济措施。如前所述,早在春秋战国时期就对鳏寡孤独废疾者等救济对象有明确的界定。《管子》中有关于救济鳏寡孤独者详细的记载。"九惠之教"中的"恤孤""合独""养疾",都是对鳏寡孤独人员的救济。汉文帝十三年(前167),"赐天下孤寡布帛絮";武帝六年(前117),"遣博士六人分循行天下,存问孤寡废疾,无以自振业者贷与之";宣帝地节三年(前67),对"鳏寡孤独贫困之民",在"假公田,贷种食"的基础上,"加赐鳏寡孤独高年帛"②。魏晋南北朝时期,魏明帝曾诏告天下:"疾苦六极度,人神所矜,宜时访恤,以拯穷废。鳏寡困乏不能自存者,明加矜恤,令得存济。"③如此这般,不一而足。

#### 2. 优待老年人

尊老是中华民族的传统美德,它在很大程度上已超越了社会救济的范畴,而是伦理道德和社会风气的问题。封建礼制中对老年人的供养方式和供养标准有明确的规定。集中供养老人从舜禹时期就开始了。据《礼记·王制》记载,"有虞氏养国老于上庠,养庶老于下庠";其后,夏商周分别养"国老"(贵族)于东序、右

---

① 张涛、项永琴:《中国传统救灾思想的发展和特点》,《文史知识》2010年第12期,第21—28页。
② 《后汉书·光武帝纪》。
③ 《魏书》卷7(下)《帝纪》第7(下)。

学和东胶,养庶老(平民)于西序、左学和虞庠。春秋战国时期,将集中供养分为三个层次:50岁的由乡集中供养;60岁的由国的"小学"供养;70岁的由国的"大学"供养;对于80岁以上、生活自理困难而不能适应"小学""大学"集中供养的老人,让其返回家中分散供养,国家定时、定量供给粮食和物质。对待老人还有各种各样的礼遇和优待,如尧舜时期的"燕礼"、夏朝的"飨礼"、殷商的"食礼"、西周"脩而兼用之",免除老年人的兵役、力役,免除高龄老年人家属的差役。

### 3. 以借贷等方式救济流民和贫民

土地是农业社会基本的生产资料,失去土地意味着失去生计,沦为贫困。租给农民土地是古代救济流民和贫民的重要方式。《汉书》和《后汉书》中有许多关于汉代统治者利用公田"假与"救济的记载。如汉昭帝元凤三年(前78),"罢中牟苑,赋贫民"①。汉宣帝地节三年(前67),诏"池籞未御幸者,假与贫民"②。汉明帝永平九年(66),"诏郡国以公田赐贫人各有差",又十三年(70),汴渠成,诏曰"今五土之宜,反其正色,滨渠下田,赋与贫人,无令豪右得固其利"③。汉章帝元和三年(84),诏曰:"王者八政,以食为本……其令郡国募人无田欲徙它界就肥饶者,恣听之。到在所,赐给公田,为雇耕佣,赁种饷,贳与田器,勿收租五岁,除算三年,其后欲还本乡者,勿禁。"④

### 4. 兴建救济设施救助特困人员

按功能划分,救济设施主要有两种:一种是储存和发放救济物资的设施,如各种粮仓、粥厂、药局等;另一种是收养和安葬特困人员的场所。我国古代的仓储制度非常完善,前文已有论及。特困人员的收养场所相对较少,但也不乏亮点。宋代的养老慈幼设施比较完备,另有惠民药局提供义诊处方,设漏泽园埋葬贫病路倒无依者;元代设官医提举司和广济提举司负责医疗救济,前者是医师,后者管医疗救济,另在各地普设"医学"为医疗主管,惠民药局继续提供医疗救济;明清时期的恤贫设施有栖流所、习艺所、迁善公所、育婴堂、埋葬局、清节堂、施粥厂、义学、施医局、平粜局等。⑤

---

① 《汉书·昭帝纪》。
② 《汉书·宣帝纪》。
③ 《后汉书·明帝纪》。
④ 《后汉书·章帝纪》。
⑤ 多吉才让:《中国最低生活保障制度研究与实践》,第28页。

## 三、对新中国成立前社会救济的评价

### (一) 新中国成立前社会救济的发展规律与性质

新中国成立前社会救济的发展进程有一些共同特点:一是当时的各个时期都不同程度地开展了社会救济事务。中国是一个灾害多发的国家,而且新中国成立前抵御灾害的能力比较弱,一旦发生灾害,便会出现大量灾民。同时,社会的任何一个时期都有一定数量的贫困人口,而我国当时的社会性质加剧了贫困的发生和贫困程度。贫民和灾民的存在会威胁社会稳定,激化社会矛盾,所以统治阶级必须采取一些救济措施,保证需要救济的人群维持基本的生活。二是社会救济的发展与社会经济的发展、社会性质相适应。养老慈幼、抚恤贫民是仁政的重要内容,因此社会救济的开展与封建君王的开明程度密切相关。一般在政权初期或封建王朝的鼎盛时期,救济贫民的仁政要多一些,力度也更大,这既体现了政治的清明,也与当时的国力有关。在半殖民地半封建社会,社会救济也深深打上了社会性质的烙印。外国人在中国开展的社会救济工作中有相当一部分是披着慈善的外衣,从事侵略的勾当。而且政府无暇也无力顾及救济,大量的救济工作便只得由民间组织来承担。三是中国古代的社会救济只是治标之策,难以从根本上解决贫困问题。虽然历代封建王朝有一些积极的救济措施,如发展生产、轻徭薄赋、兴修水利、预防灾害、建立仓储制度等,但难以改变人民群众受剥削受压迫的阶级地位,无法从根本上消除老百姓的疾苦和致贫原因,而且社会救济的开展带有很大的随意性,大量的社会救济措施是临时的、应急的和善后的,治标不治本,有些治标之策只是装点门面,难以落实。四是中国古代社会救济活动的本质是为了缓和阶级矛盾,维护统治阶级的利益和社会的稳定,进而巩固统治阶级的统治。

### (二) 新中国成立前社会救济的作用与影响

新中国成立前,统治阶级通过或多或少的救济措施,在一定程度上保证需要救济的人群维持其基本生活。如通过一些灾害救济措施,灾民可以重新恢复生产,过上正常的生活;通过抚恤鳏寡孤独者等特殊人群,给老年人以物质帮助,对于孤儿给予收容,使百姓安居乐业。这对于缓和社会矛盾,稳定社会秩序有积极意义。

虽然中国古代几千年的社会救济的出发点是维护统治阶级的利益,但一些做法对今天的社会救助有一定的积极影响和启示作用。一是社会救济的制度建设。封建社会前期救济事务的管理还只是皇家事务管理的内容,未被纳入国家管理的事务。唐宋之后各个朝代使救济事务形成"定制",特别是在清代已有救济制度的雏形。中华民国成立之后,效仿西方国家制定了不少救灾救济方面的法律法规。例如,中华民国效仿英国的《济贫法》制定了《游民习艺所章程》,1943年所颁布的《社会救济法》是中国历史上第一次关于社会救济的全面的、专门的立法。这些法律法规的出台表明当时的政府希望依靠法制来规范社会救济工作,尽管实际效果并不好。二是社会救济行政机构专业化。近现代中国的社会救济行政主要经历了北洋政府和南京政府两个阶段,初步建立起了以总统制为核心的中央一级专职救济体制,明确了救济工作为一项重要的政府行为。这一时期社会救济管理体制实行中央、省(道)、县三级管理机制,但是由于战乱和其他原因,这些机构并没有发挥应有的作用。[①] 三是民间慈善活动兴起。很多民间团体加入社会救济的队伍,并发挥了举足轻重的作用。"有钱出钱,有力出力"是这一时期民间慈善活动的一个显著特征,媒体人、学生等有志之士纷纷响应号召参与慈善活动。

## 第二节 新中国社会救助制度的沿革

### 一、国民经济恢复和社会主义改造时期的社会救济(1949—1956)

中华人民共和国成立之初,国际国内形势严峻,国际社会对新生政权进行孤立、封锁和排斥,国内历经战争和灾荒,经济千疮百孔,社会上存在大量由失业人员、灾民和其他闲散人员组成的困弱群体。据统计,1949年各种潜在救助对象人数约占当时人口的16%以上,对社会秩序构成了极大挑战。[②] 在这种情况下,社会救助政策的关注点主要是战争创伤以及旧体制转向新体制带来的失业和贫困,政策问题的根源被认为是战争创伤和旧体制的遗留问题。比如,毛泽东指出,"帝国主义和国民党反动派的长期统治,造成了社会经济的不正常状态,造成了广大的失业群";刘少奇在《国家的工业化和人民生活水平的提高》一文中指出,劳动人民陷入贫困的基本原因之一是,"外国的帝国主义和中国的封建地主、

---

① 蔡勤禹:《民国社会救济行政体制的演变》,《青岛大学师范学院学报》2002年第3期,第33—37页。

② 于秀丽:《排斥与包容——转型期的城市贫困救助政策》,商务印书馆2009年版,第61页。

官僚买办阶级在中国的长期统治。他们无限制掠夺中国人民的财富,欺辱和压迫中国人民,并造成长期的战争和大量的土匪,阻碍中国工业的发展,压制和毁坏已经是很低的中国的生产力。这样,就不能不使中国的劳动人民更加陷于贫困和饥寒生活的深渊"。①

基于以上对社会问题的认识,当时社会救助政策的主要目标是通过各种应急性社会救助措施医治战争创伤和旧体制弊病,帮助和改造困弱群体,维护新生政权的稳定并努力恢复生产和国民经济。关于社会救助的政策工具,一方面,救助水平偏低,这既是因为当时国家财力十分有限,也是基于"救急不救穷"的理念,防止受助者养成依赖心理,主张依靠发展生产解决困弱群体问题②;另一方面,政策对象构成较为复杂,涉及各类困弱群体,政策实施措施灵活多样,即针对不同困弱群体采取不同的救助措施。

总的来看,尽管这一时期社会救助措施多种多样,但这些措施多是应急性、临时性、非制度化的。这体现在救助政策是以文件和行政指令的形式贯彻的,救助多以"指示""精神"为依据,多为临时性救助,救助办法、标准尚未制度化,对救助政策的资金来源也未予以明确。此外,救助对象被认为是暂时的,源于战争和旧制度的遗留问题,随着社会主义建设的开展,困弱群体的问题会得到解决。③

新中国成立初期大规模的紧急救济,不仅使数千万人有吃有住有衣穿,摆脱了死亡威胁,而且对于妥善解决旧社会的遗留问题、恢复发展国民经济、巩固新建立的人民政权起到了至关重要的作用。这一时期确立的社会救济方针、原则和方式,成为我国社会救助制度的雏形,也为今后我国社会救助事业的发展奠定了基础。

## 二、全面建设社会主义时期的社会救济(1957—1977)

1957年,随着"三大改造"任务的基本完成,我国进入全面建设社会主义时期。此时,国民经济全面恢复,公有制主导地位确立,人民的物质生活明显改善,城乡困难人员大量减少。社会救济的对象、内容和方式都发生了新的变化,救助模式由紧急性救济转向经常性救济,城乡救济也开始呈现二元经济结构特征。在农村,五保供养制度初步建立,集体经济组织开始承担社会救济责任。在城市,伴随着计划经济体制的实施,我国建立了一整套就业与社会保障一体化的单

---

① 高冬梅:《新中国成立初期中国共产党社会救助思想与实践研究》,人民出版社2009年版,第39页。
② 同上。
③ 于秀丽:《排斥与包容——转型期的城市贫困救助政策》,第64页。

位保障制度。社会救助在整个国家社会保障体系中的作用大大削弱,主要发挥"拾遗补阙"的作用。

从救助对象上看,主要可分为孤老病残人员救济和特殊人员救济两种;从救助形式上看,可分为定期定量救济和临时救济两种。孤老病残人员是指无固定收入、无生活来源、无劳动能力,基本生活发生困难,需要依靠国家和集体给予救济的居民,对他们的救助主要采取定期定量的经常性救济。此外,国家还对一些特殊救济对象采取规定标准的定期定量救助的政策。

### 三、改革开放前期的社会救济(1978—1991)

党的十一届三中全会以后,我国社会主义现代化建设事业进入新的历史时期,同其他民政工作一样,对困难群众的社会救济得到党和政府的高度重视。1978年5月,民政部正式恢复成立,在设置的7个司局级单位中,农村社会救济司主管农村社会救济工作,城市社会福利司主管城市社会救济工作。各级民政部门也迅速建立了社会救济专门工作机构,这为社会救济各项政策的制定和实施提供了组织保障。1983年4月召开的第八次全国民政会议明确,新时期我国社会救济工作的基本方针是"依靠群众,依靠集体,生产自救,互助互济,辅之以国家必要的救济和扶持"。农村贫困救济是这一时期社会救济工作的重点。

随着家庭联产承包责任制的推行,集体经济组织的统筹保障功能日益弱化,迫切需要政府改革救济方式。针对改革开放初期农村贫困面较大的情况,农村救济采取的主要措施包括:一是探索定期定量救济。救济对象主要是农村常年生活困难的特困户、孤老病残人员和"精减退职"的老职工,一般按照一定周期(按季或按月)给予固定数额的救济金或救济粮等实物,以保障其基本生活;对其他贫困人员,则通过灾民荒情救济的方式给予临时救济。二是继续完善农村五保供养救助。中央政府明确要从村提留和乡统筹("三提五统")经费中列支资金用于农村"五保"供养。三是通过开发式扶贫改善农村贫困状况。针对农村绝对贫困人口主要集中在"老、少、边、穷"地区的现状,国家开展了有计划、有组织、大规模的农村扶贫开发工作,实现了到20世纪末解决农村贫困人口温饱问题的战略目标。

城市社会救助工作也得到快速恢复和发展。1979年11月,民政部召开全国城市社会救济福利工作会议,明确城镇救济对象主要是"无依无靠、无生活来源的孤老残幼和无固定职业、无固定收入、生活有困难的居民。对中央明文规定给予救济的人员,按规定办理"。到20世纪80年代中期,全国特殊救济对象大约分为20多种。从救济标准看,从20世纪80年代初开始,各地民政部门在深入调查的基础上,根据当地经济发展和物价上涨情况分别调整了定期救济标准。从资金投入看,国家不断增加城市社会救济费的支出额度。

这一时期的社会救济工作虽然得到比较快的恢复和发展,但并未突破原有体制和框架,城乡社会救济分别按各自路径发展。救助经费的投入缺乏必要的保障机制;救助工作的随意性较大,救助对象认定、救助标准和救助程序有待进一步完善等。从总体上看,这一时期的社会救济制度具有过渡性特征,无论是制度设计、具体操作还是资金投入,都与困难群众的救助需求存在较大差距,城乡贫困问题依然十分突出。[①]

### 四、社会救助制度的改革与重构(1992年至今)

党的十四大之后,我国经济体制改革的目标是建立社会主义市场经济体制。在经济快速转型过程中,我国经济迅猛发展,民众的生活水平得到大幅提高,但同时,由于产业结构的巨变,众多国有企业改制停产,产生了大量的"下岗"失业工人。这些工人不仅失去了工作,而且大多丧失了与工作相关联的社会保障待遇,陷入生活困境,城市贫困问题已经到了不容忽视的程度。传统的定期定量救济在这种背景下显然不能满足困难群体的救助需求,无法应对新生城市贫困问题,社会救助迫切需要改革和变迁。这一时期,社会救助政策问题的主要关注点是因经济体制转型而"下岗"失业进而陷入贫困的群体,政策问题的根源是伴随经济社会全面转型而来的贫困与不平等问题。由此,政策的主要目标在于通过建立与发展以最低生活保障为核心的新型社会救助体系,为新贫困群体提供救助,配合经济体制改革并维护社会稳定。

正如1997年国务院颁布的《关于在全国建立城市居民最低生活保障制度的通知》中所述,"城市居民最低生活保障制度是改革和完善传统社会救济制度、建立健全社会保障体系的重大举措,有利于维护社会稳定和促进经济体制改革"。社会救助在这一时期的地位和作用逐步提升,不再处于边缘地位,成为我国社会保障体系中具有基础性地位的子系统。首先,社会救助水平较之前有所提升,但较之于经济的快速增长和城乡居民收入水平的持续提高,社会救助的相对水平

---

① 刘喜堂:《建国60年来我国社会救助发展历程与制度变迁》,《华中师范大学学报(人文社会科学版)》2010年第4期,第19—26页。

仍较低。部分城市"低保"对象的食品消费支出还存在问题,即当地政府提供的"低保"金即使全部用于购买食物,也达不到购买食物的最低支出,救助力度不足。① 其次,政策对象范围大为扩展,除了传统的"三无"人员,经过家计调查符合"低保"资格的贫困家庭均可获得"低保"待遇和其他相关专项救助待遇。最后,政策实施措施主要是以最低生活保障制度为核心,以教育、医疗、住房等专项救助为补充。1993 年,最低生活保障制度诞生于上海。该制度基于家计调查,凡符合政府划定的"低保"资格的贫困家庭均可获得相应待遇,这标志着社会救助政策进入了基础化范式阶段。民政部高度肯定上海市的经验,并积极推广。之后,许多城市开始了最低生活保障制度的试点。到 1999 年 9 月底,全国城镇地区均建立了"低保"制度。同时,国务院颁布《城市居民最低生活保障条例》,将城市"低保"制度纳入了法制化发展轨道。

另外,1996 年始,民政部逐步鼓励一些农村地区探索建立"低保"制度。2007 年 7 月,国务院颁布了《关于在全国建立农村最低生活保障制度的通知》,对农村"低保"的目标和总体要求、标准、对象范围、管理方式、资金保障等内容进行了详细规定。至此,农村"低保"制度进入全面实施的新阶段。到 2007 年 9 月底,全国所有农村地区已全部建立农村"低保"制度。此外,在 2003 年之后,伴随着"低保"制度的逐步发展完善,贫困群体在住房、医疗和教育等方面的困难突显。对此,民政部大力推动住房救助、医疗救助和教育救助等专项救助制度的建立和发展,构建以"低保"制度为核心的社会救助体系,以帮助贫困群体脱离多方面的生活困境。

总的来看,这一时期社会救助政策从无标准、随意性较大的救济发展为有标准、相对较规范的救助②,并形成了以"低保"制度为核心、以各类专项救助为补充的救助体系,社会救助走出了社会保障体系中的边缘地带,开始在保障困弱群体生活以及维护经济体制改革与社会稳定方面发挥重要作用。

2014 年,国务院颁布了《社会救助暂行办法》。这是中华人民共和国成立以来第一部统筹和规范各项社会救助制度的行政法规,从而构建了综合型的社会救助体系:不仅规定要对贫困者的基本生活给予保障,而且关注其社会融入、心

---

① 张浩淼:《发展型社会救助研究:国际经验与中国道路》,商务印书馆 2017 年版,第 142 页。
② 刘喜堂:《建国 60 年来我国社会救助发展历程与制度变迁》,《华中师范大学学报(人文社会科学版)》2010 年第 4 期,第 19—26 页。

理慰藉及脱贫能力提升等内容,赋予社会救助改善贫困群体生活质量的政策功能。① 它结束了社会救助领域立法的碎片化状态,具有重大现实意义和深远历史意义。2017年,习近平总书记在党的十九大报告中强调,"新时代我国社会主要矛盾是人民日益增长的美好生活需要和不平衡不充分的发展之间的矛盾,必须坚持以人民为中心的发展思想,不断促进人的全面发展、全体人民共同富裕",并提出了要"兜底线、织密网、建机制",完善社会救助制度,实现"弱有所扶"。这为社会救助政策指明了发展方向,即社会救助应该要覆盖所有困弱群体,而不仅仅是绝对贫困者。2019年4月,习近平总书记对民政工作作出重要指示,指出包括社会救助在内的民政工作是社会建设的兜底性、基础性工作,各级民政部门要更好履行基本民生保障、基层社会治理、基本社会服务等职责。

2020年底,我国脱贫攻坚战取得全面胜利,历史性解决绝对贫困问题。面对高质量发展的新要求,社会救助需要在完善体制和机制上寻求新突破。2020年中共中央和国务院印发《关于改革完善社会救助制度的意见》,提出要"用2年时间健全分层分类、城乡统筹的中国特色社会救助体系","到2035年,实现社会救助事业高质量发展,改革发展成果更多更公平惠及困难群众,民生兜底保障安全网密实牢靠"。该文件规划了我国社会救助制度改革的目标和方向,意味着我国社会救助事业处于历史发展新起点,开始进入高质量发展新阶段。

2022年召开的党的二十大为新时代社会救助事业高质量发展进一步指明了前进方向,提供了根本遵循,明确了新征程社会救助事业发展的总体布局、目标任务和发展路径。党的二十大报告提出的"健全分层分类的社会救助体系",对于制定分层分类救助帮扶政策、形成梯度救助格局、健全社会救助制度体系具有重大战略意义。

中国特色社会主义进入新时代,社会救助政策也进入民生化范式的新阶段。社会救助民生化范式具有重要的时代价值,它把民生兜底保障作为目标,不断提升困弱群体的生活质量,在政策问题和目标上进行了升华,这意味着社会救助从经济的、政治的工具性政策向社会治理手段转变,标志着社会救助从"问题导向"向"民生导向"转变,彰显了新时代以人民为中心的发展思想和共享发展的理念。②

---

① 王三秀、高翔:《从生存维持到生活质量:社会救助功能创新的实践审思》,《中州学刊》2016年第9期,第78—83页。
② 张浩淼:《中国社会救助70年(1949—2019):政策范式变迁与新趋势》,《社会保障评论》2019年第3期,第65—77页。

## 本章小结

历史上的社会救济事务可以分为灾荒救济和贫困救济两种。历代统治者十分注重救灾,灾荒救济是古代社会救济制度的主要内容。先秦时期的灾荒救济主要包括灾前预防和灾后救助两个环节;秦汉时期,发展农业是预防灾害的方式,同时重视赈济灾民;魏晋南北朝时期,在救灾思想上呈现出科学与迷信交织的特点,灾后赈济主要有实物赈济和放贷两种措施;唐宋时期,主张劝农积谷,仓储制度日益完善;元明清时期,统治者更加重视灾害救助,救灾思想持续发展和救灾制度越来越完善。历代的贫困救济措施概括起来可以分为四个方面:扶助抚恤鳏寡孤独废疾人员、优待老年人、以借贷等方式救济流民和贫民、兴建救济设施救助特困人员。

新中国成立前的社会救济的发展进程有一些共同特点:一是各个时期都不同程度地开展了社会救济事务;二是社会救济的发展与社会经济的发展和社会性质相适应;三是社会救济只是治标之策,难以从根本上解决贫困问题。新中国成立前的社会救济制度对于缓和社会矛盾,稳定社会秩序有积极意义,同时也对今天的社会救助有一定的积极影响和启示作用:一是社会救济的制度建设为现代社会救助制度奠定了基础;二是社会救济行政机构专业化,明确了救济工作为一项重要的政府行为;三是民间慈善活动兴起,民间力量开始参与社会救济事务。

新中国的社会救助制度是在继承和改造新中国成立前的社会救济的基础上建立和发展起来的。大致可分为四个时期:国民经济恢复和社会主义改造时期的社会救济、全面建设社会主义时期的社会救济、改革开放前期的社会救济和社会救助制度的改革与重构。2020年底,我国脱贫攻坚战取得全面胜利,历史性解决绝对贫困问题,我国社会救助事业处于历史发展新起点,开始进入高质量发展新阶段。

党的二十大要求"健全分层分类的社会救助体系",为新时代社会救助事业高质量发展进一步指明了前进方向,提供了根本遵循。

## 重点名词

灾荒救济　贫困救济　《社会救助暂行办法》

◆ 思考题

1. 简述新中国成立前社会救济的历史沿革。
2. 简述我国古代不同时期的灾荒救济思想。
3. 中国历史上的贫困救济有哪些内容?
4. 如何评价新中国成立前的社会救济对现今社会救助理念和制度产生的影响?
5. 简述新中国社会救助制度的发展进程。

◆ 延展阅读

刘喜堂:《建国 60 年来我国社会救助发展历程与制度变迁》,《华中师范大学学报(人文社会科学版)》2010 年第 4 期,第 19—26 页。

张浩淼:《中国社会救助 70 年(1949—2019):政策范式变迁与新趋势》,《社会保障评论》2019 年第 3 期,第 65—77 页。

# 第五章　我国的社会救助制度及其改革

【本章学习要点】
1. 掌握最低生活保障制度、特困人员供养制度、专项社会救助制度的基本内容。
2. 了解灾害救助、临时救助、流浪乞讨人员社会救助的特点。
3. 熟悉突发公共事件困难群众急难救助的主要内容。

经过长期的探索与改革,我国已形成较为完整的社会救助制度体系。根据党的二十大精神,社会救助作为保障基本民生、促进社会公平、维护社会稳定的兜底性、基础性制度安排,未来将朝着以基本生活救助、专项社会救助、急难社会救助为主体,以社会力量参与为补充,建立健全分层分类的救助制度体系方向发展。本章将重点介绍我国社会救助体系的重要组成部分,即最低生活保障制度、特困人员供养制度、各专项社会救助和急难社会救助制度等主要内容。

## 第一节　最低生活保障

最低生活保障制度在社会救助体系中处于核心地位。下面将对我国最低生活保障制度的提出及意义、最低生活保障线的确定,最低生活保障制度的建立和实施状况及其中存在的问题与政策建议等相关问题进行介绍。

### 一、最低生活保障制度的提出及其意义

最低生活保障制度是社会经济发展和社会救济制度改革的产物。社会救助

的目标是克服现实存在的贫困现象。① 市场风险的加大和"新贫困问题"的出现,使传统的社会救济制度捉襟见肘,无能为力。传统的社会救济制度已很难适应社会经济发展的需要。社会救济制度是一个国家社会保障体系的"最后一道防线",它以保障全体公民的基本生存条件为目标。党的十五大提出,要"实行保障城镇困难居民基本生活的政策"。这一政策在制度上的一个反映就是建立有中国特色的社会救济制度——最低生活保障制度。

第一,最低生活保障制度是对公民的基本人权——生存权——最直接、最有效的保障。我国宪法规定:"中华人民共和国公民在年老、疾病或者丧失劳动能力的情况下,有从国家和社会获得物质帮助的权利。国家发展为公民享受这些权利所需要的社会保险、社会救济和医疗卫生事业。"最低生活保障制度面向全体公民,保障其基本生存条件,因而它是国家履行职责、保障公民基本权利最直接的体现,也是最行之有效的制度安排。

第二,最低生活保障制度是经济社会转型的"减震器"。改革开放以来,我国经济社会发生了巨大变化,在这场深刻的经济变革和社会转型中,会出现破产、失业、贫富差距扩大、物价上涨等现象,由此产生的贫困问题和其他一些社会问题可能激化社会矛盾,影响社会稳定,不利于经济社会发展目标的最终实现。最低生活保障制度的建立能有效解决上述社会问题和缓解上述社会矛盾,为经济社会转型保驾护航。

第三,最低生活保障制度是保障城乡贫困居民基本生活最有效的手段。一方面,最低生活保障制度面向全体国民,凡是收入水平低于最低生活保障标准的城乡居民都有权获得最低生活保障制度的救济;另一方面,最低生活保障制度又有明确的目标性和指向性,它所"瞄准"的对象是城乡居民中的贫困人群。

第四,最低生活保障制度作为一种转移支付手段,能通过合理增加低收入群体收入,有效调节社会的收入分配,促进共同富裕。同时,它有利于改善和提升低收入群体的人力资本,提高劳动者素质,促进其就业和发展能力提升。

## 二、最低生活保障线的确定

### (一) 确定最低生活保障线的基本原则

最低生活保障线对于最低生活保障制度来说,至关重要。一方面,最低生活

---

① 多吉才让:《新时期社会保障体制改革的理论与实践》,中共中央党校出版社1995年版,第229页。

保障线要保证社会救济款真正用到需要救济的人身上,从而使政府职责得以更好履行,实现社会公平。另一方面,又须考虑到政府的承受能力,不至于使这项制度因政府财政无法承受而落空。可见,最低生活保障线是最低生活保障制度的核心问题,同时也是实施最低生活保障制度需要首先解决的问题。我们在制定最低生活保障线标准时,要力求科学、客观、规范、公平,不仅要避免错误做法和人为因素的干扰,要与一个国家或地区的社会经济发展水平相适应,真实反映救济对象的基本生活需要,要考虑政府提供保障的能力。同时,要激发更多的社区居民参与其中,以增加整个过程的民主性和透明度。标准确定以后,还要随着社会经济的发展适时进行调整,调整机制要做到及时、规范化、制度化。

(二) 贫困标准的基本要素分析

国外关于贫困标准的讨论十分苛刻和烦琐。测算贫困标准的方法也有很多,各有利弊,见仁见智。尽管如此,还是有一些共性和规律可以供把握和借鉴的。周彬彬在《向贫困挑战——国外缓解贫困的理论与实践》一书中对构成贫困标准的一般问题或基本要素做了详细介绍,这在国内同类研究中是比较全面和有代表性的,对中国最低生活保障制度的研究和实践有一定的借鉴意义。我们不妨作以下引述。[①]

1. 理论假设

测量贫困标准是福利测量的一种。在福利经济学中,经济福利的测量是从表示物品和服务的消费能力产生的福利效用函数开始的。它假设每个家庭或个人有相同的效用函数。如果这一假定不成立,那么对福利进行比较将是不可能的,同时也是毫无意义的。家庭消费函数给定以后,可以用成本函数对家庭福利水平进行比较。成本函数表示的是一个寻求效用最大化的家庭获得一定的福利水平所需付出的货币量。这样,我们可以通过可观察到的家庭消费水平的比较,来替代无法直接观察到的福利水准。可观察到的家庭消费,通常依据物品和服务支出来测量。

2. 测量方法

根据理论假定,可推出两种测量方法。一是直接测量物品和服务消费,也就是直接测量福利效用函数;二是用收入来替代,即测量成本函数。前者称为直接法,后者称为收入法。收入法是目前采用最多的方法。它可能不如直接法生动、

---

[①] 参见周彬彬:《向贫困挑战——国外缓解贫困的理论与实践》,人民出版社1991年版。

鲜明,也不如直接法准确、具体,但它具有简便、易行的优点。我们知道,在市场经济中,个人获得所需物品和服务的能力是由他们的购买力决定的,而测量个人购买力最好的单一指标就是收入。虽然收入不是决定购买力的唯一指标——购买力还可能受资产和信贷及非现金获得物品、服务的影响,但对于低收入者,它仍然是测量家庭生活水平最好的单一指标。因此,可以用收入来简化对贫困的测量,同时这一简化可扩大测量的使用范围。

3. 标准构成

贫困标准由两个基本要素构成,即最小需求和收入。最小需求反映的是社会公认的最低福利水平。收入是可使用资源。影响这两个基本要素的因素有三个,即测量单位、时间跨度和区域。如果使用收入法,还要增加一个价格因素。

4. 最小需求

确定贫困标准的逻辑起点是以人类对物品和服务的最小需求为开端的。但确定"最小需求"并不容易,特别是在人们关于"需要多少"和"需要什么"的意见各不相同的时候。一般来说,贫困标准应包括以下"最小需求":

(1)基本生理需求,如一定的热量摄入,维持人有效生产活动所必需的营养水平,抵御天气变化所必需的基本衣物及住所;

(2)基本服务需求,包括卫生用水、环境净化、疾病预防及成人教育;

(3)社会和环境的需求,如社会交际、尊严、社会地位等;

(4)就业需求。

从各国所采用的一般最低消费清单来看,单列食品的清单已经很少了,多数清单包括了衣食住行各个方面,并注意消费结构和消费偏好的影响,以适当调整消费水准。

5. 收入

收入是指在一个既定的区域和时间内,一个人或家庭可获得的资源总量。收入不仅包括现金收入,也包括储蓄、信贷、土地、住房等。收入体系的完善主要体现为对构成收入来源的全面理解和对不同类别收入进行统一计算的计算方法。

6. 测量单位

对是以个人还是以家庭作为测量福利的适当单位尚没有一致的意见。大体上说,使用的测量单位越大,低收入者人数就越少,反映的贫困程度就越轻。例如,政府分别以低于平均收入的家庭为单位和以家庭成员个人为单位得出的统计数字表明,以家庭为单位比以个人为单位的贫困程度相对低一些。

### 7. 时间跨度

要根据贫困的时间特征来确定时间跨度。因此,在时间长短的选择上没有正确答案,不同时间跨度的确定与不同问题有关。国外绝大多数社会保障制度以周为基础单位来评估和付款。由于农业活动受到季节性经济活动的规律性影响,同时自然灾害也可能造成绝产或减产,使一个种植季节甚至全年收入下降,因此在农村进行相关测量时应该选择长一些的时间跨度。

### 8. 区域

具有同等收入与同样支付能力的人在不同的国家、地区可以获得不同种类、数量、质量的物品与服务,也就是说,要获得同一种类、数量、质量的物品和服务在不同的地方,需要支付的货币量是不同的。这就需要根据不同地区的福利水平来调整消费支出标准。区域对贫困标准的最显著影响莫过于城市和乡村的划分了,任何国家都至少会在划分贫困标准时划分出城市和乡村两个标准。此外,由于自然、社会、民族等方面的差异,不同区域也会对"最小需求"产生影响。

### 9. 价格

当我们用货币收入测量贫困时,需要将货币收入与购买的物品与服务相关联,也就涉及物品与服务的价格问题。有些国家在计算贫困标准时,就是把家庭的福利水平建立在"假定的一篮子商品的市场价值"的基础上,先列出"最小需求"的消费清单,再按某一时期的价格转换为"一篮子商品"的货币量,然后将其与家庭拥有的支付能力进行比较。需要指出的是,对贫困标准的时序性调整,不仅是价格的调整,还需要每隔一段时间对"最小需求"清单进行重新审定,以适应社会消费水平的变化。

在对有关制定贫困标准的基本问题进行分别论述的基础上,我们可以把这些基本点串接起来,形成一个制定贫困标准的基本操作程序:确定测量方法—列出"最小需求"清单—选择测量单位—明确时间跨度—研究不同区域的消费类型—进行价值量转换—划出被测量者的收入范围—规定调整的时限、依据和内容。

### (三) 国际上测定绝对贫困标准的常用方法

所谓客观绝对贫困是指从事实上看,某些人的生活水平低于一个确定的最小值。其基本测定途径有两条,即确定贫困线和编制贫困指数。具体方法有以下七种。

1. 热量支出法

以每人每日所需摄入的热量为基准,按人均生活费用分组,算出各组的热量摄入量,再找出摄入热量最接近基准热量的组,该组的人均生活费用即贫困线。

2. 基本需求法

根据一个人食品、衣着等基本需求的最小值,比照市场价格,计算出购买这些必需品的最低费用,即贫困线。

3. 恩格尔系数法

恩格尔系数是家庭食品支出与总收入的比值,它随家庭收入的增加而下降,即恩格尔系数越大就越贫困。因此,既可以把恩格尔系数的某个值(国际上一般确定为60%)直接定为贫困线,也可以依据恩格尔系数间接地用收入金额来表示贫困线。后者的具体办法是:按营养学知识确定一个最低饮食标准及其相应的饮食费用,然后用它除以恩格尔系数的贫困值(如60%),得到的就是贫困线标准。

4. 超必需品剔除法

根据住户消费调查资料,从住户全部消费支出当中逐一剔除那些"超必需品",将剩余部分作为最低生活费用标准,即贫困线。

5. 比例测算法

此例测算法即总支出与总收入之比法。这种方法认为入不敷出的就是贫困者,因而把贫困定义为总支出与总收入之比大于1的收支情况。

6. 编制贫困指数法

以生活质量为度量标准,根据居民对自己生活状况的评价来确定最低生活费用标准即贫困线。具体方法是选取几个与收入高度相关的问题,对居民进行问卷调查,给每个询问项目打分,以确定最低生活费用标准。

7. 数学模型法

数学模型法中比较有影响的是经济计量分析模型和收入与营养摄入量分析模型。前一个模型是根据柯布-道格拉斯函数提出的数学模型建立了人均生活费收入与食品、衣着、高档耐用消费品、其他各种用品、燃料、服务费、福利费七大类支出。这个模型直接给区分了维持基本需求的支出和超过基本需求的支出两大部分,来确定最低生活费用标准即贫困线。后一个模型则基于这样的认识:人们的工作能力和状况同营养的摄入量和结构密切相关,又同收入有关,因此收入同营养的摄入数量和结构也有关;如果能恰当地确定营养必需量,就可以确定必需的最低收入,也就可以确定相应的贫困线。该模型着力于描述收入同营养摄入数量和结构之间的关系。

(四)中国测定贫困线(最低生活保障线)的几种方法

早在最低生活保障制度建立和实施之前,中国就开始了贫困线的测算工作,它是中国农村扶贫工作的一个组成部分。当时普遍采用的是农民人均年纯收入这项指标。理论界认为它简单适用、符合国情,直接体现出农民在生产劳动和经济开发中所得实惠的多少,在一定程度上反映了生产力水平。但是,人均年纯收入这项指标有很大的局限性,它不能从货币或市场活动以外如教育、健康、寿命、环境以及精神和心理等多方面全面地反映人们的真实生活水平。并且,随着通货膨胀、物价波动以及分配的不公平,单纯的收入指标测度贫困越来越暴露出缺陷和不足。于是,理论界开始提出构建贫困测量的指标体系和方法,并将贫困测度体系细化为可以操作的若干指标,然后对每一指标进行了具体的量化研究,给出了一个参考值。

国家统计局"中国城镇居民贫困问题研究"课题组根据中国城镇居民的实际生活特点,从消费角度来研究和确定贫困标准。他们采用的方法叫"综合测算法"。这种方法以基本需求法为基础,吸取恩格尔系数法、比例测算法和数学模型法的优点,改进和完善而成。他们从六个方面提出了测算依据。

第一是城市住户调查中5%的最低收入户的消费资料。第二是各项消费对于生活的重要程度。判断的依据主要是计算该项消费的收入弹性系数。第三是消费的社会效果。第四是消费的经济效益。第五是相关研究的标准。这些标准包括营养摄入量标准、纤维占有量标准和恩格尔系数标准等。第六是社会供给条件。这些供给条件包括:对城镇居民供应的粮食、食油等商品定量标准;国家资源所能承受的粮食、棉花等主要商品的供给总量、供给结构和增长速度;国家财政、地方财政和企业用于社会救济的财力变化状况。

综合测算法的特点是先确定5%最低收入户的实际消费状况,然后根据收入弹性系数、消费效果、消费效益和定量供应标准等指标逐项进行判断,剔除非生活必需消费项目,以此为基础,累加各项消费,计算出初步的贫困标准。再用分项消费除以总消费得出消费结构,然后借助营养标准、恩格尔系数标准、供给结构和社会承受能力,对初步的贫困标准和消费结构进行总体评估和修正。最后在合理消费结构的基础上确定适度的贫困标准。由于"综合测算法"同时运用了几种方法并互相补充修正,因此比单纯使用某一种方法更严密、更科学,逻辑性也更强。比如说,基本需求法是比较常用的贫困测度方法,但在确定"基本需求"的时候难度比较大、随意性强。综合测算法通过对其他几种方法进行修正,弥补了基本需求法的不足,更严密、更科学、更可信。但是,综合测算法也存在缺陷。其一,它有本末倒置之嫌。确定贫困标准是为了判断有多少人处于贫困状态,然后予以救济。但这种方法一开始就以5%最低收入户为假想的贫困户,其实已经暗示了最后的测度结果。其二,这种方法在剔除非生活必需消费项目时,比较烦琐、实用性差,最终的贫困线也往往偏高。

尽管如此,综合测算法仍不失为贫困测度的一种较为科学和可行的办法。后来许多地方在测算最低生活保障线时,都沿用了这种方法,或在此基础上做了修改。因为综合测算法囿于传统的绝对贫困概念,在生活必需消费项目的选择和调整方面,口径偏窄,与现代的城镇常规生活不相适应,所以许多地方根据当地的实际情况,对生活必需消费项目做了适当调整。

"菜篮子法"是城镇最低生活保障线制度建立过程中使用较多的一种贫困测度方法。这种方法实际上就是基本需求法。它先确定一组城镇居民必需的消费项目,然后按照下列公式计算:

$$PL = \sum X_i \cdot P_i + h$$

式中,$PL$ 为贫困线;$X_i$ 为生活必需品的项目;$P_i$ 为每项生活必需品的市场价格;$h$ 为生活消费中的无效支出,即不可避免的浪费。

"菜篮子法"直观明了,通俗易懂,而且不容易产生歧义和争论。但是,它也有不足之处。首先,由谁和通过什么方式来确定"菜篮子"的内容。传统的完全由专家来决定的方法是不可取的,必须选择一种由专家和群众共同做出决定的民主方法。其次,如果单纯使用"菜篮子法",针对"菜篮子"内容的调整,需要每年做大量特别的数据调查收集工作。最后,由于"菜篮子法"口径偏窄,余地小,因而很难与一般市民的生活挂钩,从而限制了受助对象的生活方式,使其难以分享经济发展的成果。为克服以上不足,完善"菜篮子法",有研究者将生活形态法(比较客观)、恩格尔系数法(便于操作)、国际贫困标准法(便于操作)与"菜篮子法"糅合在一起,提出了一种新的贫困测度方法——"综合法"。

综合法分三个步骤进行:

第一,用生活形态法来确定中国不同社会经济发展水平的地区的贫困家庭的生活形态,并以此为依据,找出符合这些生活形态的贫困群体。这一做法与前文介绍的综合测算法相比,大大提高了客观程度,避免了本末倒置的嫌疑。

第二,分析一般市民和贫困户的收入和消费,求出生活必需品的菜单,再用市场物价来较为客观地求得最低生活保障线(包括生存线、温饱线和脱贫线)。

第三,将贫困线与社会平均(中位)收入挂钩;同时求出当地贫困家庭的恩格尔系数,以便于今后对最低生活保障线进行调整。

综合法的最大特点是将贫困的客观存在与社会评价结合起来考虑,增加了贫困线确定过程中的客观性和民主性,从而提高了最低生活保障线的合理度。它的缺陷是应用专业性强,不易为一般群众所了解和接受。但瑕不掩瑜,综合法的提出为全国各地确定最低生活保障线提供了一条有益的思路。

## 三、最低生活保障制度的建立和实施状况

最低生活保障是党和政府为保障困难群众基本生活而做出的一项基础性制度,是社会救助体系中的核心制度安排,在维护社会和谐稳定、打赢脱贫攻坚战等方面都发挥了关键作用。截至2021年底,全国共有城乡"低保"对象4212.3万人,其中,城市"低保"对象737.8万人,农村"低保"对象3474.5万人;全国城市"低保"平均标准达到了每月711.4元/人,农村"低保"平均标准达到每年6362.2元/人,分别较上年同期增长5%、6.7%。[①]

(一)城市居民最低生活保障制度的建立和实施状况

1. 城市居民最低生活保障制度的建立与发展

1993年6月1日,上海市率先建立城市居民最低生活保障制度,拉开了城市社会救济制度改革的序幕。三十余年来,这项工作发展非常迅速,大致可以分为四个阶段。

(1)试点阶段(1993年6月—1995年4月)。在1994年第十次全国民政会议上,作为策划和管理全国城市居民最低生活保障制度的政府职能部门,民政部肯定了上海的经验,提出了"对城市社会救济对象逐步实行按当地最低生活保障线标准进行救济"的改革目标,并部署在东部沿海地区进行试点。到1995年上半年,已有上海、厦门、青岛、大连、福州、广州等六个城市相继建立了城市居民最低生活保障制度。

(2)推广阶段(1995年5月—1997年5月)。1995年5月,民政部分别在厦

---

[①] 《2021年民政事业发展统计公报》,2022年8月1日,https://images3.mca.gov.cn/www2017/file/202208/2021mzsyfztjgb.pdf,2023年3月15日访问。

门、青岛召开了全国城市居民最低生活保障线工作会议,号召将这项制度推向全国。到1996年底,建立这项制度的城市已经发展到116个。此后,该制度普及得很快,到1997年5月底全国已有206个城市建立了最低生活保障制度,约占全国建制市的1/3。

(3)完成阶段(1997年6月—1999年10月)。经过六年多的努力,全国668个城市和1638个县城全部建立了城市居民最低生活保障制度。同时,国务院颁布实施了《城市居民最低生活保障条例》。它标志着我国城市居民最低生活保障工作开始步入法制化管理轨道,是中国社会救济改革和立法的一座里程碑。

(4)提高和完善阶段(1999年11月至今)。在这一阶段,城市"低保"制度首先突破了"资金瓶颈"①,中央财政逐渐成为"低保"资金的主要来源,"低保"经费逐年增加,享受"低保"的人数也大幅度增长。至2003年,"低保"支出和"低保"对象基本趋于稳定。与此同时,各项配套措施和分类救助办法纷纷出台和实施,城市"低保"制度日益完善并走向成熟。

2. 城市居民最低生活保障制度的基本框架

按照1999年10月1日颁布施行的《城市居民最低生活保障条例》,中国城市居民最低生活保障制度的基本框架包括以下几个方面。

(1)原则与方针。城市居民最低生活保障制度遵循保障城市居民基本生活的原则,坚持国家保障与社会帮扶相结合、鼓励劳动自救的方针(第三条)。

(2)救助对象。其一是救助对象的申请程序与资格认定。城市居民申请享受最低生活保障待遇,可由户主向户籍所在地的街道办事处或者镇人民政府提出书面申请,并出具有关证明材料,填写《城市居民最低生活保障待遇审批表》。县级人民政府民政部门依据事先划定的当地最低生活保障线进行审查,并自接到申请人提出申请之日的30天内办完审批手续(第七条、第八条)。

其二是救助对象的权利与义务。持有非农村户口的城市居民,凡共同生活的家庭成员人均收入低于当地城市居民最低生活保障标准的,均有从当地人民政府获得基本生活物质帮助的权利(第二条)。

救助对象的身份和经济条件不同,享受的待遇也不一样。无生活来源、无劳动能力又无法定赡养人、扶养人或抚养人的城市居民,可按照当地最低生活保障标准全额享受;尚有一定收入的城市居民,可按家庭人均收入低于当地最低生活保障标准的差额享受(第八条)。

---

① 唐钧:《城乡低保制度:历史、现状与前瞻》,《红旗文稿》2005年第18期,第15页。

城市居民对县级人民政府民政部门作出的不批准享受最低生活保障待遇或减发、停发最低生活保障款物的决定或者给予的行政处罚不服的,可以依法申请行政复议;对复议的决定仍不服的可以依法提起行政诉讼(第十五条)。

救助对象应履行如下义务:第一,申请人在接受管理审批机关就其家庭经济状况和实际生活水平进行的调查时,应如实提供有关情况(第七条)。第二,享受最低生活保障待遇的城市居民家庭人均收入情况发生变化的,应当及时通过居民委员会告知管理审批机关,办理停发、减发或者增发最低生活保障的手续(第十条)。第三,在就业年龄内有劳动能力但尚未就业的城市居民,在享受最低生活保障待遇期间,应当参加其所在的居民委员会组织的公益性社区服务活动(第十条)。

(3)救助标准。城市居民最低生活保障标准,按照城市居民基本生活所需的衣、食、住费用并适当考虑水、电、煤(燃气)费用以及未成年人的义务教育费用确定(第六条)。

(4)经费来源。城市居民最低生活保障所需资金,由地方人民政府列入财政预算,纳入社会救济资金支出项目,专项管理,专款专用。国家鼓励社会组织和个人为城市居民最低生活保障提供捐赠资助;所提供的捐赠资助,全部纳入当地最低生活保障资金(第五条)。

(5)管理与监督。第一是管理机构。城市居民最低生活保障制度实行地方各级人民政府负责制。县级以上地方各级人民政府民政部门具体负责本行政区域内最低生活保障的管理工作;县级人民政府民政部门以及街道办事处和镇人民政府(统称管理审批机关)负责最低生活保障的具体管理审批工作;居民委员会根据管理审批机关的委托,承担最低生活保障的日常管理、服务工作;国务院民政部门负责全国城市居民最低生活保障的管理工作(第四条)。

第二是管理机制与审批程序。居民提出书面申请后,由其所在的街道办事处或镇人民政府初审,并将有关材料和初审意见报送县级人民政府民政部门审批;管理审批机关通过入户调查、邻里访问以及信函索证等方式对申请人的家庭经济状况和实际生活水平进行调查核实后,确定其最低生活保障待遇(第七条);以货币形式按月发放;必要时,也可以给付实物(第八条);管理审批机关对享受最低生活保障待遇的城市居民的家庭收入情况定期进行核查(第十条),实行动态管理。

第三是监督机制。管理审批机关逐月公布享受最低生活保障待遇的居民名单,接受群众监督。任何人对不符合法定条件而享受最低生活保障待遇的,都有权向管理审批机关提出意见;管理审批机关经核查,对情况属实的,应当予以纠正(第九条)。财政部门、审计部门依法监督城市居民最低生活保障资金的使用情况(第十二条)。

(6)政策配套。最低生活保障制度是整个社会保障体系的"最后一道防线"。如果其他社会保障政策落实不力,漏洞太多,将会增大最低生活保障制度的压力。同时,要在教育、住房、医疗、水电等方面实行相应的优惠政策,减少贫困户的部分开支。但即便如此,对于城市的贫困家庭,仅靠现金保障是不够的,需要用服务来补偿资金的不足,在社区服务和其他福利方面应首先考虑贫困家庭。此外,地方各级人民政府及其有关部门,对享受最低生活保障待遇的城市居民在就业、从事个体经营等方面应给予必要的扶持和照顾(第十一条)。

(二)农村居民最低生活保障制度的建立和实施情况

20世纪90年代中期,民政部在试点创立城市"低保"制度的同时,也开始探索建立农村居民最低生活保障制度。1996年,民政部《关于加快农村社会保障体系建设的意见》对农村最低生活保障制度提出一个明确的定位,即农村最低生活保障制度"是对家庭人均收入低于最低生活保障标准的农村贫困人口按最低生活保障标准进行差额补助的制度",它的建立"是农村社会救济制度的重大改革,是确保农村贫困人口基本生活的重要措施,也是完善农村社会保障制度的一项重要内容"。民政部要求各地"积极试点,稳步推进"。根据民政部的要求和部署,上海、北京、天津、广东、浙江等地先后建立起了农村"低保"制度。

为了进一步规范和指导各地建立农村最低生活保障制度,切实解决农村贫困人口的生活困难,2007年7月,国务院下发了《国务院关于在全国建立农村最低生活保障制度的通知》。该文件对建立农村最低生活保障制度的重要意义、目标和总体要求做了阐述,对建立农村最低生活保障制度的核心问题,包括农村"低保"标准和对象范围的确定、农村"低保"的管理、农村"低保"资金的落实等进行了明确规定。该文件提出:农村"低保"制度"实行地方人民政府负责制,按属地进行管理";农村"低保"标准"由县级以上地方人民政府按照能够维持当地农村居民全年基本生活所必需的吃饭、穿衣、用水、用电等费用确定,并报上一级地方人民政府备案后公布执行";农村"低保"标准"要随着当地生活必需品价格变化和人民生活水平提高适时进行调整";农村"低保"制度要将家庭年人均纯收入低于当地最低生活保障标准的农村居民全部纳入保障范围,"稳定、持久、有效地解决全国农村贫困人口的温饱问题";农村"低保"资金的筹集"以地方为主,地方各级人民政府要将农村最低生活保障资金列入财政预算,省级人民政府要加大投入","中央财政对财政困难地区给予适当补助"。根据该文件要求,2007年在全国范围内建立农村最低生活保障制度。

### (三)最低生活保障制度迈向高质量发展

党的十九大报告指出,要统筹城乡社会救助体系,完善最低生活保障制度。2020年4月,《中共中央办公厅、国务院办公厅印发〈关于改革完善社会救助制度的意见〉的通知》明确要求夯实基本生活救助制度,规范完善"低保"制度。民政部于2021年6月正式印发并实施《最低生活保障审核确认办法》。该办法充分聚焦特殊群体,全面把握社会发展趋势,围绕切实兜住、兜牢基本民生保障底线的目标要求,适度扩大"低保"的保障范围,并对最低生活保障审核确认流程进行了优化和完善。党的二十大报告强调,要健全分层分类的社会救助体系。

1. 加快城乡统筹进程

2021年2月26日,中共中央总书记习近平在主持中央政治局集体学习时强调,社会保障是保障和改善民生、维护社会公平、增进人民福祉的基本制度保障,是促进经济社会发展、实现广大人民群众共享改革发展成果的重要制度安排,是治国安邦的大问题。要加大再分配力度,强化互助共济功能,把更多人纳入社会保障体系,为广大人民群众提供更可靠、更充分的保障,不断满足人民群众多层次多样化需求,健全覆盖全民、统筹城乡、公平统一、可持续的多层次社会保障体系,进一步织密社会保障安全网,促进我国社会保障事业高质量发展、可持续发展。

在此背景下,"低保"制度城乡统筹推进加快。为适应户籍制度改革新要求,加快推进"低保"制度城乡统筹发展,《最低生活保障审核确认办法》删除了有关城市"低保"、农村"低保"的概念,统一规范为"最低生活保障"。民政部门将指导地方逐步减少"低保"工作的城乡差异,推动"低保"制度城乡统筹发展。

2. 适度拓展"低保"范围

根据地方实践探索和现实需要,《最低生活保障审核确认办法》明确规定,"低保"边缘家庭中的重病、重残人员可以单独提出"低保"申请。其中,"低保"边缘家庭一般是指不符合最低生活保障条件,家庭人均收入低于当地最低生活保障标准的1.5倍,且财产状况符合相关规定的家庭;重病人员是指患有当地有关部门认定的重特大疾病的人员;重残人员是指"低保"边缘家庭中持有中华人民共和国残疾人证的一级、二级重度残疾人员和三级智力残疾人员、三级精神残疾人员。

### 3. 简化优化审核确认流程

为落实"放管服"改革相关要求,《最低生活保障审核确认办法》简化优化了部分审核确认流程,以提升"低保"办理效率。《最低生活保障审核确认办法》对"低保"审核确认权限下放乡镇人民政府（街道办事处）、简化民主评议环节、规定了办理时限等作出了规定。如第二条明确规定,有条件的地方可按程序将最低生活保障审核确认权限下放至乡镇人民政府（街道办事处）,县级民政部门加强监督指导。

在"低保"制度规范化的进程中,民主评议作为必需环节,在了解"低保"申请对象家庭经济状况、科学认定"低保"对象等方面一直发挥着重要作用。近年来,随着社会救助家庭经济状况核对机制的健全完善,"低保"对象的认定手段已经取得了很大突破。为了进一步减轻基层工作负担,同时防止少数地区"以评代核""以评代认",《最低生活保障审核确认办法》不再将民主评议作为必需环节,仅提出对公示有异议的"低保"申请对象,可以开展民主评议。

为督促地方民政部门履职尽责,兼顾救助的效率与救助的公平精准性,切实保障"低保"对象的基本生活,《最低生活保障审核确认办法》对"低保"整体办理时限做出规定,要求"低保"审核确认工作应当自受理之日起30个工作日之内完成,特殊情况下,延长至45个工作日。同时,《最低生活保障审核确认办法》还对每个环节的发起或办理时限提出明确要求。如第十五条规定,乡镇（街道）应当自受理"低保"申请之日起3个工作日内,启动家庭经济状况调查工作;第十七条规定,县级人民政府民政部门应当在收到乡镇（街道）对家庭经济状况进行信息核对提请后3个工作日内,启动信息核对程序;第二十条规定"10个工作日内提出审核确认意见";第二十一条规定,对不符合条件的申请不予确认同意的,应当在作出决定3个工作日内,通过乡镇（街道）书面告知申请人并说明理由。在实际操作中,一些地方通过简化程序、应用信息化等手段,将整个审核确认流程压缩到了20个工作日左右。

### 4. 进一步强化监督检查

为更好维护"低保"对象的合法权益,督促"低保"基层经办人员依规履职尽责,提高"低保"制度的公信力。《最低生活保障审核确认办法》从加强监督、明确工作人员责任、信息公开、举报核查、权利救济等方面,对"低保"监督检查工作作出了明确规定。

## 四、最低生活保障制度的问题与政策建议

现阶段最低生活保障制度的问题既源于制度设计方面,也源于经济发展水平、认识水平、文化等的影响。为了完善覆盖城乡居民的最低生活保障制度,推动最低生活保障制度高质量发展,应加强以下几方面的工作。

第一,要以人为本,实现"应保尽保"。"低保"制度的优势在于它的"瞄准机制"。"错保""漏保"不仅会使"低保"制度的针对性大打折扣,还会影响"低保"制度的公正性。在"低保"对象的确认方面,城乡"低保"制度都是通过比较家庭人均收入和当地的"低保"标准来确认的。这种方法在城市实行多年,尽管仍有这样或那样的缺陷,但实践证明仍是切实可行的。在农村,现阶段流动人口规模比较大,收入状况不明朗,这给农村"低保"对象确认工作的公正性带来挑战。因此,在农村"低保"对象的确认上,要进一步发挥基层组织和群众的力量。在方法选择上,要加强公示和群众评议。在"低保"标准的调整上,除了规定固定的调整周期(如每年调整一次)外,对于物价的异常波动,"低保"制度还要有一个应急调整机制,以防因"低保"标准跟不上物价变化而影响"低保"对象的生活,同时也可在一定程度上改变"低保"标准的调整滞后于物价变化的被动局面。

第二,在维持"低保"资金稳定性的同时,要力图实现资金来源的多元化。城市"低保"主要由中央财政出资、地方财政配套,"低保"资金纳入各级政府的预算,这有效维持了城市"低保"资金的稳定性。但资金结构略显单一,应加大自由筹资的力度,如发行彩票,鼓励社会捐赠。在农村,"低保"筹资模式有待改变,应加大政府的转移支付力度,加强中央政府对贫困地区的资助,使农村"低保"的筹资尽快转变为以中央出资为主、地方配套的模式。

第三,完善各项配套措施,对不同人群实行分类救助。最低生活保障制度是"最后一道防线",而且我国的"低保"标准偏低。为了巩固这"最后一道防线",各地都出台了相应的配套措施,在教育、住房、医疗、水电、养老保险缴费等方面对"低保"对象实行优惠,以减少其开支。但更为重要的是,要向有劳动能力的"低保"人员提供就业辅导和工作机会,鼓励其积极寻找工作和参加工作。这样既可培养"低保"对象的自立能力,减轻"低保"制度的压力,又可减少贫困的发生,帮助"低保"对象脱贫。同时,要对"低保"人员中有特殊需求的人员实行分类救助,以增强"低保"制度的弹性。

第四,进一步规范"低保"制度的管理,逐步走向专业化。"低保"制度的管

理包括"低保"对象的管理、"低保"资金的管理、"低保"档案的管理、"低保"配套措施的管理和"低保"工作人员的管理等方面。《城市居民最低生活保障条例》和《国务院关于在全国建立农村最低生活保障制度的通知》对"低保"对象、"低保"资金的动态管理有原则性规定。2008年初,民政部办公厅和国家档案局办公室联合下发了《关于加强最低生活保障档案管理的通知》,对"低保"档案的管理提出了要求。随着反贫困理念的更新和认识的提高以及"低保"工作日趋复杂的局面,"低保"制度的管理工作不应是一项简单的事务性工作,其政策的执行和协调需要创新性思维和专业的手法,这对管理队伍的专业化提出了更高的要求。同时,在管理经费的保障、工作岗位的设置、权利的划分以及工作人员的激励等方面也需要有相应的制度和措施。

第五,建立"低保"制度的绩效评估制度。从公共财政的角度讲,"低保"制度是一项公共支出活动。为了加强该项财政支出的管理,建立绩效评估制度是必要的。"低保"制度的绩效评估指标可以包括政策的宣传和知晓率、政策执行的公正性、信息的透明度、群众的满意率和认同度、资金的到位率、制度建设和管理的规范性等。

第六,从"低保"制度的长远发展来看,应加强一些基本制度的建设,如信用制度、预算制度等。"低保"制度的动态管理是以"低保"对象的收入变化为依据的。动态管理的难点和"低保"制度备受争议的地方与"低保"对象的收入状况有关。在信用制度尚未健全的情况下,是很难做到准确和没有争议的收入调查,靠公示和群众评议毕竟不是长远之计,信用制度的建设迫在眉睫。由于"低保"制度实行的是分级财政共付制,因此存在地方与中央财政的资金风险。摸清贫困人口的底数,将"低保"资金纳入政府预算,不仅能维持"低保"资金的稳定性,而且有利于对"低保"资金的监管。

## 第二节 特困人员供养

《社会救助暂行办法》第十四条规定:国家对无劳动能力、无生活来源且无法定赡养、抚养、扶养义务人,或者其法定赡养、抚养、扶养义务人无赡养、抚养、扶养能力的老年人、残疾人以及未满16周岁的未成年人,给予特困人员供养。

### 一、特困人员供养的内容、标准与形式

特困人员供养的内容、标准与形式包括:

（1）提供基本生活条件；

（2）对生活不能自理的给予照料；

（3）提供疾病治疗；

（4）办理丧葬事宜；

（5）特困人员供养标准，由省、自治区、直辖市或者设区的市级人民政府确定、公布；

特困人员供养应当与城乡居民基本养老保险、基本医疗保障、最低生活保障、孤儿基本生活保障等制度相衔接；

（6）特困供养人员可以在当地的供养服务机构集中供养，也可以在家分散供养。特困供养人员可以自行选择供养形式。

## 二、特困人员供养的申请审批程序

申请特困人员供养，由本人向户籍所在地的乡镇人民政府、街道办事处提出书面申请；本人申请有困难的，可以委托村民委员会、居民委员会代为提出申请。

乡镇人民政府、街道办事处应当通过入户调查、邻里访问、信函索证、群众评议、信息核查等方式，对申请人的家庭收入状况、财产状况进行调查核实，提出初审意见，在申请人所在村、社区公示后报县级人民政府民政部门审批。县级人民政府民政部门经审查，对符合条件的申请予以批准，并在申请人所在村、社区公布；对不符合条件的申请不予批准，并书面向申请人说明理由。

## 三、特困人员供养的主动发现与动态管理

乡镇人民政府、街道办事处应当及时了解掌握居民的生活情况，发现符合特困供养条件的人员，应当主动为其依法办理供养。

特困供养人员不再符合供养条件的，村民委员会、居民委员会或者供养服务机构应当告知乡镇人民政府、街道办事处，由乡镇人民政府、街道办事处审核并报县级人民政府民政部门核准后，终止供养并予以公示。

## 四、特困人员认定与管理的进一步发展完善

2016年，国务院印发《关于进一步健全特困人员救助供养制度的意见》，将农村"五保"供养制度和城市"三无"人员救助制度统一为特困人员救助供养制度。2021年，民政部对《特困人员认定办法》进行了修订，围绕适当放宽特困人

员认定条件、切实兜住兜牢基本民生保障底线的目标要求,重点对认定特困人员无劳动能力、无生活来源、无法定义务人或法定义务人无履行义务能力涉及的部分条款进行了完善。

## 第三节 专项社会救助

我国的专项社会救助包括医疗救助、教育救助、住房救助、就业救助和法律援助。下面将对各专项制度的内容及发展现状进行具体介绍。

### 一、医疗救助

#### (一) 医疗救助概述

1. 医疗救助的概念界定

医疗救助是指政府和社会通过提供各种资源的支持(如资金、技术等)来对在医疗领域陷入困境的贫困人口进行专项救助的一种社会救助项目。[1] 医疗救助通常分为常规医疗救助和重特大疾病医疗救助,其中常规医疗救助包括资助参保和费用补助;重特大疾病医疗救助是针对发生巨额医疗费用支出的大病患者直接给予医疗费用补助,以避免这类群体因病致贫或因病返贫。[2]

2. 医疗救助对象

救助对象的确立是医疗救助的关键环节。通常可以采用客观经济指标评估法和参与性评估法来确立医疗社会救助的对象。前一种方法是以经济收入或支出作为判断是否贫困以及贫困程度的标准,其常用的指数是人均纯收入;后一种方法打破了仅从救助者角度出发来确定救助对象的传统,考虑到了救助对象的意见和观点。这种方式使贫困者对于自身医疗状况做出评价,可以增强医疗社会救助对象确定的客观性。[3]

3. 救助方式

不同国家的医疗救助的方式有所不同。一般来说,有以下几种形式:

---

[1] 任玙、陈杏:《中国医疗救助政策演进与改善策略探索》,《中国卫生事业管理》2020年第3期,第166—170页。

[2] 朱铭来、胡祁:《中国医疗救助的对象认定与资金需求测算》,《社会保障评论》2019年第3期,第132—146页。

[3] 钟仁耀:《社会救助与社会福利》,上海财经大学出版社2005年版,第81页。

（1）对医疗社会救助对象的医疗费用或参加医疗保险制度进行一定比例的减免或完全减免；

（2）一些国家和地区的财政部门设立一定的资金，专款专用；

（3）行会、工会等社会组织对会员进行互济互助，经费来自该组织的储备金或者是从单位福利费、工会经费、个人缴费中提取一定比例；

（4）社会或慈善组织为病贫人员组织开展义诊、义捐和无偿医治活动。[①]

4. 救助的标准

对于实施医疗救助的效果，需要设立一个客观的标准来进行衡量。如果从医疗社会救助的内涵出发来设立这个标准，则应该是满足贫困人员的基本需要，但是在现实中容易受到经济发展水平、医疗资源供给能力等多方因素制约。

（二）我国的医疗救助

1. 我国医疗救助概述

我国医疗救助制度建设与发达国家相比起步较晚。20世纪80年代，医疗救助的概念和做法仅见于农村扶贫或加强农村初级卫生保健的政府文件中。[②] 随着我国经济体制改革的逐步深入，城市中的下岗职工数量越来越多，城市贫困问题日益凸显。为了缓和城市贫困人群的医疗问题，很多地方制定相关政策来开展医疗救助。例如，上海市于1990年颁布《城市贫困市民急病医疗困难补助办法》指出，根据"救命救急"方针和实行人道主义的宗旨，在城镇贫民与一般居民一样自行付费就医的原则下，对在医疗中有特殊困难者，政府以救济性质酌情给予补助。

在医疗救助制度的正式建立方面，农村先于城市。2003年11月，民政部、卫生部、财政部联合下发《关于实施农村医疗救助的意见》，农村医疗救助制度正式建立。2005年，民政部、卫生部、劳动保障部和财政部联合下发《关于建立城市医疗救助制度试点工作的意见》，确立了从2005年开始，用2年时间在各省、自治区、直辖市部分县（市、区）进行试点，之后再用2—3年时间在全国建立起管理制度化、操作规范化的城市医疗救助制度的总体目标。它标志着我国开始建立城市医疗救助制度。

我国医疗救助制度的建立和完善经历了从个别城市的尝试到全国性试点再

---

① 钟仁耀：《社会救助与社会福利》，第82页。
② 时正新：《中国社会救助体系研究》，中国社会科学出版社2002年版，第100页。

到全面完善的过程,已经就医疗救助的对象范围、救助标准、救助内容、救助程序、经办管理和资金监督形成了比较完整的制度体系。通过广泛推行"一站式"即时结算,医疗救助效率得以快速提升,救助人次大幅增加,覆盖面不断扩大,医疗救助水平不断提高。

2. 医疗救助城乡统筹取得实质成效

2015年,国务院办公厅转发民政部等部门《关于进一步完善医疗救助制度全面开展重特大疾病医疗救助工作意见的通知》,以健全社会救助体系、保障困难群众基本医疗权益为目标,进一步健全工作机制,完善政策措施,强化规范管理,加强统筹衔接,不断提高医疗救助管理服务水平,最大限度减轻困难群众医疗支出负担。城市医疗救助制度和农村医疗救助制度于2015年底前合并实施,全面开展重特大疾病医疗救助工作,进一步细化实化政策措施,实现医疗救助制度科学规范、运行有效,与相关社会救助、医疗保障政策相配套,保障城乡居民基本医疗权益。

(1) 基本原则。第一,托住底线。按照救助对象医疗费用、家庭困难程度和负担能力等因素,科学合理制定救助方案,确保其获得必需的基本医疗卫生服务;救助水平与经济社会发展水平相适应。第二,统筹衔接。推进医疗救助制度城乡统筹发展,加强与基本医疗保险、城乡居民大病保险、疾病应急救助及各类补充医疗保险、商业保险等制度的有效衔接,形成制度合力。加强与慈善事业有序衔接,实现政府救助与社会力量参与的高效联动和良性互动。第三,公开公正。公开救助政策、工作程序、救助对象以及实施情况,主动接受群众和社会监督,确保过程公开透明、结果公平公正。第四,高效便捷。优化救助流程,简化结算程序,加快信息化建设,增强救助时效,发挥救急难功能,使困难群众及时得到有效救助。

(2) 整合城乡医疗救助制度。合并原来在社会保障基金财政专户中分设的"城市医疗救助基金专账"和"农村医疗救助基金专账",在政策目标、资金筹集、对象范围、救助标准、救助程序等方面加快推进城乡统筹,确保城乡困难群众获取医疗救助的权利公平、机会公平、规则公平、待遇公平。

(3) 合理界定医疗救助对象。最低生活保障家庭成员和特困供养人员是医疗救助的重点救助对象。应逐步将低收入家庭的老年人、未成年人、重度残疾人员和重病患者等困难群众,以及县级以上人民政府规定的其他特殊困难人员纳入救助范围。适当拓展重特大疾病医疗救助对象范围,积极探索对发生高额医疗费用、超过家庭承受能力、基本生活出现严重困难家庭中的重病患者实施救助的举措。在各类医疗救助对象中,重点加大对重病、重残儿童的救助力度。

（4）资助参保参合。对重点救助对象参加城镇居民基本医疗保险或新型农村合作医疗的个人缴费部分进行补贴,特困供养人员给予全额资助,最低生活保障家庭成员给予定额资助,保障其获得基本医疗保险服务。具体资助办法由县级以上地方人民政府根据本地经济社会发展水平和医疗救助资金筹集情况等因素研究制定。

（5）规范门诊救助。门诊救助的重点是患慢性病需要长期服药或者患重特大疾病需要长期门诊治疗,导致自负费用较高的医疗救助对象。卫生计生部门已经明确诊疗路径、能够通过门诊治疗的病种,可采取单病种付费等方式开展门诊救助。门诊救助的最高救助限额由县级以上地方人民政府根据当地救助对象需求和医疗救助资金筹集等情况研究确定。

（6）完善住院救助。重点救助对象在定点医疗机构发生的政策范围内的住院费用中,对经基本医疗保险、城乡居民大病保险及各类补充医疗保险、商业保险报销后的个人负担费用,在年度救助限额内按不低于70%的比例给予救助。住院救助的年度最高救助限额由县级以上地方人民政府根据当地救助对象需求和医疗救助资金筹集等情况确定。定点医疗机构应当减免救助对象住院押金,及时给予救治;医疗救助经办机构要及时确认救助对象,并可向定点医疗机构提供一定额度的预付资金,方便救助对象看病就医。

3. 全面开展重特大疾病医疗救助

为全面落实《社会救助暂行办法》有关规定,编密织牢保障基层民生安全网,2015年4月,《关于进一步完善医疗救助制度全面开展重特大疾病医疗救助工作的意见》颁布施行,具体内容如下。

（1）科学制定实施方案。对重点救助对象和低收入救助对象经基本医疗保险、城乡居民大病保险及各类补充医疗保险、商业保险等报销后个人负担的合规医疗费用,直接予以救助;因病致贫家庭重病患者等其他救助对象负担的合规医疗费用,先由其个人支付,对超过家庭负担能力的部分予以救助。合规医疗费用主要参照当地基本医疗保险的有关规定确定,已经开展城乡居民大病保险的地区,也可以参照城乡居民大病保险的有关规定确定。

（2）合理确定救助标准。综合考虑患病家庭负担能力、个人自负费用、当地筹资情况等因素,分类分段设置重特大疾病医疗救助比例和最高救助限额。原则上重点救助对象的救助比例高于低收入救助对象,低收入救助对象的高于其他救助对象;同一类救助对象,个人自负费用数额越大,救助比例越高。对重点救助对象应当全面取消救助门槛;对因病致贫家庭重病患者可设置起付线,对起付线以上的自负费用给予救助。

(3) 明确就医用药范围。重特大疾病医疗救助的用药范围、诊疗项目等,原则上参照基本医疗保险和城乡居民大病保险的相关规定执行。对确需到上级医疗机构或跨县域异地医院就诊的医疗救助对象,应按规定履行转诊或备案手续。对已明确临床诊疗路径的重特大疾病病种,可采取按病种付费等方式给予救助。

(4) 加强与相关医疗保障制度的衔接。医疗保障、财政、人力资源和社会保障、卫生计生、保险监管等部门加强协作配合,共同做好重特大疾病医疗救助与基本医疗保险、城乡居民大病保险、疾病应急救助、商业保险的有效衔接,确保城乡居民大病保险覆盖所有贫困重特大疾病患者,帮助所有符合条件的困难群众获得保险补偿和医疗救助。加强重特大疾病医疗救助与疾病应急救助制度的高效联动,将救助关口前移,主动对符合条件的疾病应急救助对象进行救助。进一步完善信息共享和业务协作机制,共同做好重特大疾病医疗救助相关基础工作。

(5) 健全筹资机制。根据救助对象数量、患病率、救助标准、医药费用增长情况,以及基本医疗保险、城乡居民大病保险、商业保险报销水平等,科学测算医疗救助资金需求,加大财政投入,鼓励和引导社会捐赠,健全多渠道筹资机制。

(6) 健全"一站式"即时结算机制。做到医疗救助与基本医疗保险、城乡居民大病保险、疾病应急救助、商业保险等信息管理平台互联互享、公开透明,实现"一站式"信息交换和即时结算,救助对象所产生的医疗费用可先由定点医疗机构垫付医疗救助基金支付的部分,救助对象只支付自负部分。结合医保异地就医工作的推进,积极探索重特大疾病医疗救助异地就医管理机制。

(7) 健全救助服务监管机制。在基本医疗保险定点医疗机构范围内,按照公开平等、竞争择优的原则确定医疗救助定点医疗机构。医疗保障部门与医疗救助定点医疗机构签订委托合作协议,明确服务内容、服务质量、费用结算以及双方的责任义务,制定服务规范,并会同财政、人力资源和社会保障、卫生计生等部门及商业保险机构做好对医疗服务行为质量的监督管理,防控不合理医疗行为和费用。

(8) 健全社会力量参与的衔接机制。加强医疗救助和社会力量参与的衔接机制建设,落实国家有关财税优惠、费用减免等政策规定,支持、引导社会力量通过捐赠资金、物资积极参与医疗救助特别是重特大疾病医疗救助,形成对政府救助的有效补充。搭建信息共享平台,及时提供救助需求信息,为社会力量参与医疗救助创造条件。注重发挥社会力量的专业优势,提供医疗费用补助、心理疏导、亲情陪护等形式多样的慈善医疗服务。

4. 医疗救助制度改革进一步深化

2020年,中共中央、国务院《关于深化医疗保障制度改革的意见》提出,要健全统一规范的医疗救助制度。建立救助对象及时精准识别机制,科学确定救助范围。全面落实资助重点救助对象参保缴费政策,健全重点救助对象医疗费用救助机制。建立防范和化解因病致贫返贫长效机制,增强医疗救助托底保障功能,具体意见如下。

(1)完善重大疫情医疗救治费用保障机制。在突发疫情等紧急情况时,确保医疗机构先救治、后收费。健全重大疫情医疗救治医保支付政策,完善异地就医直接结算制度,确保患者不因费用问题影响就医。探索建立特殊群体、特定疾病医药费豁免制度,有针对性免除医保目录、支付限额、用药量等限制性条款,减轻困难群众就医就诊后顾之忧。统筹医疗保障基金和公共卫生服务资金使用,提高对基层医疗机构的支付比例,实现公共卫生服务和医疗服务有效衔接。

(2)促进多层次医疗保障体系发展。强化基本医疗保险、大病保险与医疗救助三重保障功能,促进各类医疗保障互补衔接,提高重特大疾病和多元医疗需求保障水平。完善和规范居民大病保险、职工大额医疗费用补助、公务员医疗补助及企业补充医疗保险。加快发展商业健康保险,丰富健康保险产品供给,用足用好商业健康保险个人所得税政策,扩大保险产品范围。加强市场行为监管,突出健康保险产品设计、销售、赔付等关键环节监管,提高健康保障服务能力。鼓励社会慈善捐赠,统筹调动慈善医疗救助力量,支持医疗互助有序发展。探索罕见病用药保障机制。

(3)巩固提高统筹层次。按照制度政策统一、基金统收统支、管理服务一体的标准,全面做实基本医疗保险市地级统筹。探索推进市地级以下医疗保障部门垂直管理。鼓励有条件的省、自治区、直辖市按照分级管理、责任共担、统筹调剂、预算考核的思路,推进省级统筹。加强医疗救助基金管理,促进医疗救助统筹层次与基本医疗保险统筹层次相协调,提高救助资金使用效率,最大限度惠及贫困群众。[1]

---

[1] 《中共中央 国务院关于深化医疗保障制度改革的意见》,2020年2月25日,http://www.gov.cn/zhengce/2020-03/05/content_5487407.htm,2023年5月12日访问。

## 二、教育救助

### (一) 教育救助概述

**1. 定义**

教育救助是指国家、社会团体和个人为保障适龄人口获得接受教育的机会，从物质和资金上对贫困地区和贫困学生在不同阶段提供的援助。[①]

**2. 对象**

关于教育救助对象的界定有不同看法。有学者认为教育救助的对象是"教育弱势群体"[②]；有学者则认为教育救助的对象应是"教育困境者"。相比前者而言，"教育困境者"揭示了教育救助对象的身份和属性，即指在处于受教育的某个阶段或某种教育情境时存在无法正常接受教育的劣势或障碍的受教育者。[③] 因此，无论是残障学生、贫困家庭的学生、女学生、流动人口子女学生、民族地区学生，还是农村、城镇贫困家庭成员及其他可能在接受教育方面处于困境的成年人都属于"教育困境者"，都有权利享受教育救助。

### (二) 我国的教育救助

**1. 义务教育阶段贫困学生的"两免一补"**

"两免一补"是指对农村义务教育阶段家庭经济困难学生和城市"低保"家庭学生免费提供教科书、免杂费并逐步补助寄宿生生活费的一项政策。

"两免一补"的救助对象包括持有农村特困户救助证家庭的子女；农村"低保"家庭的子女；父母因重大疾病丧失劳动能力的贫困学生；父母离异或丧父、丧母等导致家庭经济困难的学生；突发事件导致家庭贫困的子女；接受特殊教育的学生；建设征地导致农村家庭人均耕地面积大量减少且造成家庭经济严重困难的学生；当地政府规定的其他需要资助的学生。

2006年全国人大常委会对《义务教育法》进行修订，明确规定九年义务教育

---

[①] 郭涛：《论美国大学教育救助制度与镜鉴》，《郑州大学学报（哲学社会科学版）》2010年第7期，第174—176页。

[②] 郭玉辉：《美国辍学青年教育救助项目及启示》，《中国成人教育》2010年第5期，第89—90页。

[③] 张小芳：《教育救助问题探究——基于对教育困境者的救助现状分析》，《现代教育论丛》2008年第11期，第49—52页。

阶段学费、杂费全免,于当年9月1日起陆续在全国实施。

2. 高校和职业院校贫困学生的"奖贷助补减"

我国高校基本形成了以奖学金、助学贷款、勤工助学、特殊困难补助和学费减免(简称"奖贷助补减")为主的帮助贫困生的政策体系。

(1)奖学金。我国高校设有各种形式的奖学金,以帮助经济困难、学习优秀的学生和农林、师范、体育、航海等特殊专业的学生完成学业。① 由国家设立的奖学金包括两种:国家奖学金和国家励志奖学金。除了国家奖学金,高校自身、企业、个人也设立帮困奖学金,这在一定程度上缓解了贫困学生受教育的经济压力。

(2)助学贷款。1999年,国家助学贷款试点工作正式在北京、上海、天津、重庆、武汉、沈阳、西安、南京等8个城市启动。2021年9月3日,财政部、教育部、人民银行、银保监会联合发布《关于进一步完善国家助学贷款政策的通知》规定:一是从当年秋季学期起提高助学贷款额度,全日制普通本专科学生每人每年申请额度由不超过8000元提高至不超过12 000元;全日制研究生每人每年申请额度由不超过12 000元提高至不超过16 000元。财政对学生在校期间的贷款利息实行全额补贴。二是财政继续对助学贷款承办银行给予一定比例的风险补偿并合理调低补偿比例。三是引导学生勤俭节约、努力向学、学以致用,增强就业和报效国家、服务社会能力。

助学贷款主要有两类,分别是国家助学贷款和生源地信用助学贷款(表5-1)。国家助学贷款是由政府主导、财政贴息,银行、教育行政部门与高校共同操作的专门帮助高校贫困家庭学生的银行贷款。借款学生不需要办理贷款担保或抵押,但需要承诺按期还款,并承担相关法律责任。生源地信用助学贷款是指国家开发银行向符合条件的家庭经济困难的普通高校新生、在校生发放的在学生入学前户籍所在县(市、区)办理的助学贷款。贷款资金主要用于学生缴纳在校期间的学费和住宿费。生源地信用助学贷款是国家助学贷款的重要组成部分。国家助学贷款利率执行中国人民银行同期公布的同档次基准利率。贷款学生在校学习期间的国家助学贷款利息全部由财政补贴,毕业后的利息由贷款学生本人全额支付。贷款最长期限为20年,还本金宽限期为3年,宽限期内只需还利息、不需还本金。

---

① 钟仁耀:《社会救助与社会福利》,第174页。

表 5-1 国家助学贷款与生源地信用助学贷款的区别

| 类别对比 | 国家助学贷款 | 生源地信用助学贷款 |
| --- | --- | --- |
| 申请对象 | 国内全日制普通本专科生(含高职生)、研究生和第二学士学位学生 | 已经开通生源地助学贷款省市的家庭经济困难学生 |
| 贷款额度 | 按照每人每学年最高不超过8000元的标准,具体额度由借款人所在学校按本校的总贷款额度,学费、住宿费和生活费标准以及学生的困难程度确定 | 每人每学年不超过8000元,为1000元到8000元之间的整数,原则上用于学生在校期间的学费和住宿费 |
| 贷款期限 | 最长不超过10年 | 按全日制本专科学制年限(在校生按学制剩余年限)最长加10年确定,借款期限最长不超过14年 |
| 贷款利率 | 执行中国人民银行规定的同期限贷款基准利率,不上浮,在校期间的利息予以免除 | 执行贷款发放时中国人民银行公布的人民币贷款基准利率,在校期间,利息由财政全额贴息;学生毕业后贷款利息由借款人自行承担 |
| 担保方式 | 信用的方式 | 学生及其家长之一组成生源地贷款共同借款人;提供担保人或有效资产抵押、信用户评定等证明 |
| 申请材料 | 贫困证明、两个高校见证老师的身份证复印件、学生身份证复印件;老生还需要学生证复印件 | 贫困证明、录取通知书、学校交费通知单、交费卡,以及申请人身份证、户口簿、结婚证;提供担保人或有效资产抵押、信用户评定等证明 |

资料来源:根据国家助学贷款、生源地信用助学贷款资料整理。

(3)勤工助学。勤工助学是学校学生资助工作的重要组成部分,是提高学生综合素质和资助家庭经济困难学生的有效途径,是实现全程育人、全方位育人的有效平台。勤工助学活动应坚持"立足校园、服务社会"的宗旨,按照学有余力、自愿申请、信息公开、扶困优先、竞争上岗、遵纪守法的原则,由学校在不影响正常教学秩序和学生正常学习的前提下有组织地开展。

(4)特别困难补助金。特别困难补助是国家为保证经济特别困难学生顺利完成学业而给予学生的专项补助。国家规定高校每年都要从其所收取的学费中提取10%左右的资金,用于对困难学生的补助。从2007年开始,中央和地方共同设立国家助学金,用于资助家庭经济困难的学生。

(5)学费减免。国家对公办全日制普通高校中部分确因经济条件缴纳学费有困难的学生,特别是孤残学生、少数民族学生及烈士子女、优抚家庭子女等,实行减免学费政策。其中,对在校月收入(包括各种奖学金和各种补贴)低于学校所在地区居民的平均最低生活水准线、学习和生活经济条件特别困难的学生免收全部学费;对其他一般困难的学生可适当减收部分学费。具体减免办法由省级教育、物价、财政部门制定。从2007年起,国家对于教育部直属师范大学的师范类新生实行免费教育,免费教育师范生在校学习期间免除学费,免缴住宿费,并补助生活费,所需经费由中央财政安排。

## 三、住房救助

(一)住房救助概述

1. 基本内涵

住房救助是指政府向低收入家庭和其他需要保障的特殊家庭提供现金补贴或直接提供住房的一种社会救助项目。救助的主要资金来源于财政拨款(见表5-2)。学界认为,住房救助通常是指保障性住房及其形态或措施,包括但不限于廉租房、公租房、共有产权房、经济适用房和棚户区改造住房等狭义上的保障性住房,以及政府提供支持(土地优惠、税费减免等)的各类配售型住房、已售公房、限价商品房等广义上的保障性住房。①

表5-2 2012—2019年政府住房保障支出情况

| 指标 | 2012年 | 2013年 | 2014年 | 2015年 | 2016年 | 2017年 | 2018年 | 2019年 |
| --- | --- | --- | --- | --- | --- | --- | --- | --- |
| 一般财政支出(亿元) | 125 712 | 129 744 | 151 662 | 175 768 | 187 841 | 203 330 | 220 906 | 238 874 |
| 住房保障支出(亿元) | 4069 | 4076 | 4638 | 5391 | 6339 | 6132 | 6300 | 5839 |
| 住房保障支出占一般财政支出的比例(%) | 3.24 | 2.92 | 3.06 | 3.07 | 3.37 | 3.016 | 2.85 | 2.44 |

资料来源:转引自金双华、于征菁:《政府住房保障政策国际经验及借鉴》,《地方财政研究》2021年第6期,第92—100页。

---

① 李烨等:《我国保障性住房建设情况与特征研究》,《城市发展研究》2020年第7期,第19—25页。

2014年11月,我国住房和城乡建设部、民政部、财政部三部委印发了《关于做好住房救助有关工作的通知》,对解决最低生活保障家庭、分散供养的特困人员的住房困难做了相应制度安排。明确了住房救助的对象为符合县级以上地方人民政府规定标准、住房困难的最低生活保障家庭和分散供养的特困人员。规范了住房救助的方式。对城镇住房救助对象,采取优先配租公共租赁住房、发放低收入住房困难家庭租赁补贴方式实施住房救助,其中对配租公共租赁住房的,应给予租金减免。对农村住房救助对象,优先纳入当地农村危房改造计划,优先实施改造。根据当地经济社会发展水平和住房价格水平等因素,合理制定、及时公布调整住房救助对象的住房困难标准和救助标准,并按年度实行动态调整,以确保救助对象住房条件能随着经济和社会发展水平的进步而相应地提高。①

2. 救助对象

住房救助的对象主要是住房困难群体。各地根据国家的政策制定出符合各地实际的住房救助政策,确定救助对象。

3. 主要内容

(1) 向居民提供福利保障性的廉租房。廉租房是指由国家出资建设规格适当、设备齐全的住房,以低廉的可以被接受的方式向住房困难的个人或家庭提供,用以保障其住房达到社会最低生活标准。②

(2) 以低于市场价的价格出售经济适用房。经济适用房是廉租房之外又一种针对低收入者的保障性住房,是指政府提供政策优惠,限定套型面积和销售价格,按照合理标准建设,面向城市低收入住房困难家庭供应,具有保障性质的政策性住房。③

(3) 发放住房现金补贴。住房现金补贴是指向低收入家庭直接发放现金,用以帮助其购买或租住房屋。它在住房救助中也起到了不容忽视的作用。以武汉市为例,对公租房实物配租家庭实行差别化租金,按照配租家庭收入困难程度,可给予不同档次租金减幅;对租赁补贴家庭,按照其保障人口、补贴系数及人均自有住房建筑面积和标准补贴面积的差额进行补贴。

---

① 《三部门印发〈关于做好住房救助有关工作的通知〉》,2014年11月7日,http://www.gov.cn/xinwen/2014-11/17/content_2779938.htm,2023年5月12日访问。
② 钟仁耀:《社会救助与社会福利》,第133页。
③ 《武汉市经济适用住房管理办法》,2005年6月14日,http://www.wuhan.gov.cn/zwgk/xxgk/zfwj/szfwj/202003/t20200316_973492.shtml,2023年5月12日访问。

(4) 危房改造。危房改造主要是指对因灾家庭或者纳入扶贫对象的家庭，为了改善其住房条件，政府对其房屋改造进行部分或者全额补贴的政策。

(5) 棚户区改造。棚户区改造是在城镇化背景下，为了有效地解决低收入家庭的住房困难，体现社会公平、公正，改善城区落后面貌，促进土地合理利用，促进地区的产业结构调整实施的一项综合性工程。我国棚户区改造按照"政府主导、市场运作"的原则实施，政府除了鼓励地方实行财政补贴、税费减免、土地出让收益返还等优惠政策外，还允许在改造项目里，配套建设一定比例商业服务设施和商品住房，支持让渡部分政府收益，吸引开发企业参与棚户区改造。住房和城乡建设部的数据显示，"十三五"时期，全国棚户区改造累计开工超过2300万套，已帮助5000多万居民"出棚进楼"。[1]

(二) 我国的住房救助

1. 廉租房

1998年，国务院发布《关于进一步深化城镇住房制度改革加快住房建设的通知》，首次正式提出发展廉租房的目标。次年，建设部制定了《城镇廉租住房管理办法》，对于相关问题进一步作出规定。为了加快廉租房建设的发展，2004年，建设部、财政部、民政部、国土资源部、国家税务总局五部委联合发布《城镇最低收入家庭廉租住房管理办法》，明确提出地方人民政府应当在国家统一政策指导下，根据当地经济社会发展的实际情况，因地制宜，建立城镇最低收入家庭廉租住房制度。2005年，国家发改委、建设部发布了《城镇廉租住房租金管理办法》，使租金标准有章可循。同年，建设部、民政部又发布了《城镇最低收入家庭廉租住房申请、审核及退出管理办法》。2006年，建设部、发改委等九部门出台了《关于调整住房供应结构稳定住房价格的意见》，明确督促各地要稳步扩大城镇廉租住房制度建设。同年8月，财政部、建设部、国土资源部出台《关于切实落实城镇廉租房保障资金的通知》，明确了廉租房建设资金的来源。2007年8月，国务院出台《关于解决城市低收入家庭住房困难的若干意见》，正式提出将廉租房的保障范围由最低收入家庭逐步扩大到低收入家庭。2010年5月，住房和城乡建设部、发改委、财政部联合发布《关于加强廉租住房管理有关问题的通知》，以加强廉租住房管理，确保廉租住房公平配租和有效使用。2013年12月，住建部、财政

---

[1] 《住房城乡建设部：稳妥实施房地产长效机制方案 促房地产市场平稳健康发展》，2020年12月21日，http://www.gov.cn/xinwen/2020-12/21/content_5571978.htm，2023年5月12日访问。

部和发改委联合发布《关于公共租赁住房和廉租住房并轨运行的通知》,规定从2014年起各地公共租赁住房和廉租住房并轨运行,并轨后统称为公共租赁住房,统一轮候配租、房源统一按公共租赁住房分配和管理。

我国廉租房也存在一些问题。一是在供应机制方面。其一,政府在廉租房供应机制中处于主导地位。相对而言,其他社会主体的供应比例则相对较低。[1] 这表明在廉租房的供应机制中,政府的主导作用依旧凸显,而其他社会主体的贡献率则相对较低,此种情况会影响廉租房供应的社会化。其二,廉租房需要符合标准的有效合理的房源供应,这样才能保持健康有序地向需求者提供适合其需要的住房。由于政府有预算资金约束,其出资收购和兴建廉租房住房能力有限,因此廉租房的房源供应比较紧张。如何根据各地的实际情况选择合适的供房模式是各大城市面临的主要问题。[2]

二是在准入机制方面。廉租房保障对象狭窄也是一个不容忽视的问题。已出台的廉租房政策中,保障对象多限定在低保户、优抚家庭中的住房困难户,尚不包括城市中的"夹心层"和流动人口。城市中流动人口增多,但是由于户口和经济条件限制,许多人只能租住在城乡接合部,不利于其融入城市生活,这样的居住条件可能带来一系列的社会问题。

三是在控制机制方面。首先,资金来源不确定。其次,监管机制相对滞后。内外监管是制约廉租房发展的重要因素。最后,廉租房的退出机制不完善。廉租房投入使用以来,关于保障对象将承租的保障性住房违规对外进行"转租"获利、利用廉租房进行寻租的行为值得警惕。

2. 经济适用房

中国经济适用房政策形成于20世纪90年代。早在1991年6月,国务院在《关于继续积极稳妥地进行城镇住房制度改革的通知》中提出,要"大力发展经济适用的商品房,优先解决无房户和住房困难户的住房问题"。1994年12月,建设部、国务院住房改革领导小组、财政部发布《城镇经济适用住房建设管理办法》,以加强经济适用住房的开发建设,加快解决中低收入家庭的住房问题。1998年,国务院发布《关于进一步深化城镇住房制度改革,加快住房建设的通知》,明确提出要建立和完善以经济适用住房为主的住房供应体系,对不同收入家庭实行不

---

[1] 邓世缘、田亦尧、郭学鸿:《廉租房社会保障功能的实证研究》,《社会科学家》2010年第10期,第123—126页。

[2] 徐飞、张然:《香港公屋制度对国内廉租房建设的启示》,《当代经理人》2006年第5期,第222页。

同的住房供应政策。最低收入家庭租赁由政府或单位提供的廉租住房;中低收入家庭购买经济适用住房;其他收入高的家庭购买、租赁市场价商品住房。自1999年起的随后几年,经济适用房如雨后春笋般快速发展,其房价相对低廉,逐渐成为中低收入家庭住房的重要选择。

我国经济适用房的发展存在以下问题。一是供给机制方面。投入有限使得经济适用房的供给极其短缺。其一,资金投入较少。其二,土地供给短缺。经济适用房的土地来源靠政府划拨,但划拨土地程序繁多,很多地方都无法完成上级下达的指标。其三,住房选址引起经济适用房社区边缘化。

二是准入机制方面。各地在制定细则时,对于中低收入家庭的理解不尽相同。2003年以后,把经济适用房政策的目标群体定位在中等偏下的30%人口,但是由于难以界定个人的隐性收入,这一规定在操作层面难以实现。

三是监督机制不够完善。一些开发商在户型设计上有意增加经济适用房的居住面积,结果出现了大面积和豪华型经济适用住房,这种做法提高了房屋的总价,使真正的中低收入家庭难以承受,从而出现"买得起的没资格、够资格的买不起"的现象。

基于地方实践中存在经济适用房面积过大、出租转卖、改变土地用途以及其他腐败问题,国家对于保障性住房的政策也有所调整,在2011年提出要健全以公共租赁住房为重点的住房保障体系,并完善配套政策。

### (三) 目前我国住房救助目标任务

国家"十四五"规划明确,要把发展保障性租赁住房作为住房建设的重点任务,解决好大城市的住房突出问题,着力做好新市民和青年人的住房保障,优先保障新市民中从事基本公共服务的住房困难群众。中国出售型保障住房包括经济适用房、限价房和共有产权房,出租型保障住房包括廉租房和公共租赁住房。中国住房保障主体由政府主导向政府和社会结合转变,中国住房保障模式也由"补砖头"向"补砖头"和"补人头"并行转变。党的十九大报告提出了"加快建立多主体供给、多渠道保障、租购并举的住房制度"。[①] 党的二十大报告强调,"坚持房子是用来住的、不是用来炒的定位,加快建立多主体供给、多渠道保障、租购并举的住房制度"。通过坚持"保基本",以小户型为主,注重实现"职住平衡"。按照"可负担、可持续"原则,建立科学的租金定价机制。因地制宜,以人口净流入

---

① 况伟大:《中国保障性租赁房政策含义及其影响》,《人民论坛》2021年第26期,第78—82页。

城市为重点,落实城市主体责任,加快发展保障性租赁住房。

《国务院办公厅关于加快发展保障性租赁住房的意见》指出,城镇户籍困难群众住房条件已得到有效改善,但新市民、青年人等群体住房困难问题仍然比较突出,须加快完善以公租房、保障性租赁住房和共有产权住房为主体的住房保障体系,具体内容如下。

1. 基础政策

(1) 明确对象标准。保障性租赁住房主要解决符合条件的新市民、青年人等群体的住房困难问题,以建筑面积不超过70平方米的小户型为主,租金低于同地段同品质市场租赁住房租金,准入和退出的具体条件、小户型的具体面积由城市人民政府按照保基本的原则合理确定。

(2) 引导多方参与。保障性租赁住房由政府给予土地、财税、金融等政策支持,充分发挥市场机制作用,引导多主体投资、多渠道供给,坚持"谁投资、谁所有",主要利用集体经营性建设用地、企事业单位自有闲置土地、产业园区配套用地和存量闲置房屋建设,适当利用新供应国有建设用地建设,并合理配套商业服务设施。支持专业化、规模化住房租赁企业建设和运营管理保障性租赁住房。

(3) 坚持供需匹配。城市人民政府要摸清保障性租赁住房需求和存量土地、房屋资源情况,结合现有租赁住房供求和品质状况,从实际出发,因城施策,采取新建、改建、改造、租赁补贴和将政府的闲置住房用作保障性租赁住房等多种方式,切实增加供给。制订年度建设计划,并向社会公布。

(4) 严格监督管理。城市人民政府要建立健全住房租赁管理服务平台,加强对保障性租赁住房建设、出租和运营管理的全过程监督,强化工程质量安全监管。保障性租赁住房不得上市销售或变相销售,严禁以保障性租赁住房为名违规经营或骗取优惠政策。

(5) 落实地方责任。城市人民政府对本地区发展保障性租赁住房,促进解决新市民、青年人等群体住房困难问题负主体责任。省级人民政府对本地区发展保障性租赁住房工作负总责,要加强组织领导和监督检查,对城市发展保障性租赁住房情况实施监测评价。

2. 进一步完善土地支持政策

(1) 人口净流入的大城市和省级人民政府确定的城市,在尊重农民集体意愿的基础上,经城市人民政府同意,可探索利用集体经营性建设用地建设保障性租赁住房;应支持利用城区、靠近产业园区或交通便利区域的集体经营性建设用地建设保障性租赁住房;农村集体经济组织可通过自建或联营、入股等方式建设运营保障性租赁住房;建设保障性租赁住房的集体经营性建设用地使用权可以办理抵押贷款。

（2）人口净流入的大城市和省级人民政府确定的城市,对企事业单位依法取得使用权的土地,经城市人民政府同意,在符合规划、权属不变、满足安全要求、尊重群众意愿的前提下,允许用于建设保障性租赁住房,并变更土地用途,不补缴土地价款,原划拨的土地可继续保留划拨方式;允许土地使用权人自建或与其他市场主体合作建设运营保障性租赁住房。

（3）人口净流入的大城市和省级人民政府确定的城市,经城市人民政府同意,在确保安全的前提下,可将产业园区中工业项目配套建设行政办公及生活服务设施的用地面积占项目总用地面积的比例上限由7%提高到15%,相应提高建筑面积占比上限,提高部分主要用于建设宿舍型保障性租赁住房,严禁建设成套商品住宅;鼓励将产业园区中各工业项目的配套比例对应的用地面积或建筑面积集中起来,统一建设宿舍型保障性租赁住房。

（4）对闲置和低效利用的商业办公、旅馆、厂房、仓储、科研教育等非居住存量房屋,经城市人民政府同意,在符合规划原则、权属不变、满足安全要求、尊重群众意愿的前提下,允许改建为保障性租赁住房;用作保障性租赁住房期间,不变更土地使用性质,不补缴土地价款。

（5）人口净流入的大城市和省级人民政府确定的城市,应按照职住平衡原则,提高住宅用地中保障性租赁住房用地供应比例,在编制年度住宅用地供应计划时,单列租赁住房用地计划、优先安排、应保尽保,主要安排在产业园区及周边、轨道交通站点附近和城市建设重点片区等区域,引导产城人融合、人地房联动;保障性租赁住房用地可采取出让、租赁或划拨等方式供应,其中以出让或租赁方式供应的,可将保障性租赁住房租赁价格及调整方式作为出让或租赁的前置条件,允许出让价款分期收取。新建普通商品住房项目,可配建一定比例的保障性租赁住房,具体配建比例和管理方式由市县人民政府确定。

3. 简化审批流程

精简保障性租赁住房项目审批事项和环节,构建快速审批流程,提高项目审批效率。

4. 给予中央补助资金支持

中央财政通过现有经费渠道,对符合规定的保障性租赁住房建设任务予以补助。

### 5. 降低税费负担

利用非居住存量土地和非居住存量房屋建设保障性租赁住房,取得保障性租赁住房项目认定书后,比照适用住房租赁增值税、房产税等税收优惠政策。对保障性租赁住房项目免收城市基础设施配套费。

### 6. 执行民用水电气价格

利用非居住存量土地和非居住存量房屋建设保障性租赁住房,取得保障性租赁住房项目认定书后,用水、用电、用气价格按照居民标准执行。

### 7. 加大对保障性租赁住房建设运营的信贷支持力度

支持银行业金融机构以市场化方式向保障性租赁住房自持主体提供长期贷款;按照依法合规、风险可控、商业可持续原则,向改建、改造存量房屋形成非自有产权保障性租赁住房的住房租赁企业提供贷款。完善与保障性租赁住房相适应的贷款统计,在实施房地产信贷管理时予以差别化对待。

### 8. 支持银行业金融机构发行金融债券用于保障性租赁住房贷款

支持企业发行企业债券、公司债券、非金融企业债务融资工具等公司信用类债券,用于保障性租赁住房建设运营。企业持有运营的保障性租赁住房具有持续稳定现金流的,可将物业抵押作为信用增进,发行住房租赁担保债券。支持商业保险资金按照市场化原则参与保障性租赁住房建设。

## 四、就业救助

### (一) 就业救助概述

**1. 定义**

就业救助是指在家计调查的基础上,国家为有劳动能力的贫困者提供货币支持和就业服务,以帮助其摆脱贫困采取的社会救助措施。就业救助的目标是通过工作激励,化解有劳动能力的贫困者及其家庭的生存危机,鼓励其自食其力,改善个人和家庭的生活境况。①

**2. 对象**

就业救助主要针对贫困人口,在操作上通常要经过家计调查获取救助资格。我国《社会救助暂行办法》规定,就业救助对象需要满足两个条件:第一,是享受

---

① 韩克庆:《就业救助的国际经验与制度思考》,《中共中央党校学报》2016年第5期,第75—81页。

最低生活保障的家庭;第二,家庭中存在处于失业状态且具有劳动能力的家庭成员。《社会救助法(草案征求意见稿)》进一步扩大了就业救助的保障对象,将最低生活保障范围外的低收入家庭也囊括到该项制度的保障范畴。

3. 内容

根据《社会救助暂行办法》规定,我国就业救助的主要措施包括贷款贴息、社会保险补贴、岗位补贴、培训补贴、费用减免、公益性岗位安置等办法。《社会救助法(草案征求意见稿)》将我国就业救助措施概括为鼓励企业吸纳、鼓励自谋职业和自主创业、公益性岗位安置等。

西方福利国家在福利转型过程中,从单纯强调社会权利逐步转变为强调权利与责任平衡,"激活"范式就是这一思想在就业救助方面的集中表现。"激活"范式的就业救助政策按照受助者及激活效果可以分为积极型措施和消极型措施两大类。[①]

积极型措施主要是指促进受助者通过教育和培训等措施提高人力资本以进入正规劳动力市场,因而也称作人力资本发展型措施。在具体内容上,积极型措施包括教育、技能培训、工作创造、经济激励、家庭成员照料服务等。

消极型措施则是指通过快速就业的方式强制受助者接受任何工作以脱离社会救助,因此也称作劳动力市场关联型措施。在具体内容上,消极型措施包括工作推荐、公益(义务)劳动、对现金待遇领取时间进行限制等。

(二)我国就业救助的发展演进

1950年,劳动部颁布《救济失业工人暂行办法》,后通过以工代赈、生产自救、转业训练、帮助回乡生产、发放救济金等办法安置了四百多万失业工人,减轻了他们的生活困难并帮助其逐渐就业转业。随后,相继完善对失业知识分子的安置办法,扶助军烈属、贫民从事生产的税收减免贷款支持办法。

1982年,《中华人民共和国宪法》规定:"国家和社会帮助安排盲、聋、哑和其他有残疾的公民的劳动、生活和教育。"宪法以最高法律的形式规定了国家社会对残疾人的就业帮扶责任。为应对改革开放初期待业队伍扩大的问题,1990年国务院发布《关于做好劳动就业工作的通知》,其中特别提到,"对生活处境艰难的待业人员和有劳动能力的残疾人,以及劳改、劳教释放人员等有特殊困难的,

---

① Jenny Nybom, "Activation in Social Work with Social Assistance Claimants in Four Swedish Municipalities," *European Journal of Social Work*, Vol. 14, No. 3, 2011, pp. 339-361.

要根据条件和可能尽量帮助解决就业问题。同时进一步完善待业保险制度,为符合条件的待业职工及时提供待业救济"。

随着国有企业"下岗"问题日益突出,1998年中共中央、国务院发布《关于切实做好国有企业下岗职工基本生活保障和再就业工作的通知》,要求进一步采取强有力的措施,切实保障"下岗"职工基本生活,大力实施再就业工程。我国就业再就业扶持政策不断完善,2005年《关于进一步加强就业再就业工作的通知》特别指出,将持有"再就业优惠证"的就业困难对象作为就业援助的重点对象,提供公益性岗位、社会保险补贴、岗位补贴等政策扶持。

随着2007年《就业促进法》正式发布,我国第一次以法律的形式确立了就业援助制度,就业援助作为就业促进政策中的一环,走向法制化和高质量发展。

2014年5月,国务院颁布《社会救助暂行办法》,正式规定就业救助是社会救助体系的重要组成部分,并且将就业救助作为单独一章,对其保障对象、帮扶措施、申请程序、救助对象义务与罚则、吸纳就业用人单位的扶持政策作出了规定。2020年8月,中共中央办公厅、国务院办公厅印发《关于改革完善社会救助制度的意见》强调,要进一步健全就业救助制度。

## 五、法律援助

### (一)法律援助的定义

法律援助是指在司法制度运行的各个环节、层次,对由贫困及其他情况导致的难以通过一般意义上的法律手段保障自身基本权利的社会弱者,通过减免收费、提供法律帮助的方式,实现其司法权益的一项法律保障制度。[①] 作为一项司法救助制度和专项社会救助制度,法律援助为世界各国普遍采用。

### (二)我国的法律援助

1. 我国法律援助的进展情况

1994年初,司法部正式提出要建立和实施中国法律援助制度,并首先在一些大中城市开展了法律援助工作的试点。2003年,国务院颁布的《法律援助条例》,标志着我国法律援助制度正式建立,形成了中央、省(自治区、直辖市)、地(市)、县(区)四级构架的中国法律援助机构体系。《中华人民共和国法律援助

---

① 时正新:《中国社会救助体系研究》,第149页。

法》于 2022 年 1 月 1 日起施行,这意味着我国法律援助制度已进入成熟期。

2. 法律援助范围

《法律援助条例》明确界定了法律援助的范围。

(1)公民对下列需要代理的事项,因经济困难没有委托代理人的,可以向法律援助机构申请法律援助:依法请求国家赔偿的;请求给予社会保险待遇或者最低生活保障待遇的;请求发给抚恤金、救济金的;请求给付赡养费、抚养费、扶养费的;请求支付劳动报酬的;主张因见义勇为行为产生的民事权益的。

(2)刑事诉讼中有下列情形之一的,公民可以向法律援助机构申请法律援助:犯罪嫌疑人在被侦查机关第一次讯问后或者采取强制措施之日起,因经济困难没有聘请律师的;公诉案件中的被害人及其法定代理人或者近亲属,自案件移送审查起诉之日起,因经济困难没有委托诉讼代理人的;自诉案件的自诉人及其法定代理人,自案件被人民法院受理之日起,因经济困难没有委托诉讼代理人的。

(3)其他情形:公诉人出庭公诉的案件,被告人因经济困难或者其他原因没有委托辩护人,人民法院为被告人指定辩护时,法律援助机构应当提供法律援助;被告人是盲、聋、哑人或者未成年人而没有委托辩护人的,或者被告人可能被判处死刑而没有委托辩护人的,人民法院为被告人指定辩护时,法律援助机构应当提供法律援助,无须对被告人进行经济状况的审查。

## 第四节 急难社会救助

在我国,急难社会救助包括灾害救助、临时救助、流浪乞讨人员社会救助和突发公共事件困难群众急难救助等内容。下面对各救助项目的主要内容及在我国的发展现状进行介绍。

### 一、灾害救助

人类社会的发展伴随着各种各样的灾害。人类社会发展早期,由于人类防御灾害的能力较弱,洪水、地震、干旱等自然灾害是威胁人类生存和发展的主要危险因素。随着人类进入工业化社会,灾害没有减少,反而趋向于复杂化和多样化,对于人类的生产和生活影响巨大,有的灾害不仅造成了巨大的经济损失,还造成了严重的人员伤亡。

社会救助是历史最悠久的社会保障措施,而灾害救助又是最古老的社会救助形式。自古以来,由于幅员辽阔和地形地貌、气候、水土等的复杂性,中国的自然灾害多发、易发、频发。在社会保障未制度化之前,出现了许多以援助灾民为目的的社会救助措施,而在今天日益完善的现代社会保障制度中,灾害救助的地位仍然十分重要。

### (一) 灾害救助的定义

在定义灾害救助之前,需要理解何为灾害。灾害,有自然灾害与人为灾害之分。自然灾害是指自然界的破坏力对人类社会造成的损害;人为灾害主要是指自然界之外的破坏力对人类社会造成的损害。[①]

灾害救助是指国家和社会对遭遇各种灾害事故袭击并因此陷入生活困难的社会成员给予一定的现金和实物或服务援助,以帮助其克服特殊困难的一种救助制度,它是社会救助体系不可缺少的重要组成部分,也是整个社会保障体系中的特殊保障制度安排。[②]

### (二) 灾害救助的特征

**1. 救助时间的紧迫性**

大多数灾害都具有突发性,会在短时间内造成严重的财产损失和人员伤亡,或令社会成员陷入生活困境。这决定了灾害救助的紧迫性。如果没有及时有效的灾害救助措施,可能会扩大损失的范围,加剧损失的程度。

**2. 临时性和不确定性**

尽管随着科学技术的提高,人们可以对一些灾害事故的发生做出预测,减少灾害发生时的危害性,但是任何灾害都不可能完全被预测,一旦灾害发生,短时间内人们可能措手不及。这时就需要国家和社会对灾民的衣食住行进行救助,但是这种救助是短期临时行为,而非长期性的救助。灾害救助的不确定性主要体现在:一是无法事先确定救助的准确时间和区域;二是无法事先确定需要实施救助的形式;三是无法确定灾害导致的损失状况,以及所需的财力、物力支持。

**3. 多样性**

灾害救助的多样性体现在救助方式、救助内容和救助主体等方面。灾害的形式多种多样,不同的灾害所造成的损失后果是多方面的,包括人员伤亡、财产

---

[①] 廖益光:《社会救助概论》,北京大学出版社2009年版,第218—219页。
[②] 郑功成:《社会保障学》,中国劳动社会保障出版社2005年版,第283页。

损失、基础设施损坏等。在实施灾害救助时,需要根据灾害损失的实际情况,为受灾地区和民众提供相应的现金、实物、医疗服务甚至技术等方面的救助,在特定条件下还可以采取以工代赈的方式进行救助。

随着社会救助制度的社会化发展,民间团体和慈善组织渐渐成为灾害救助中不可或缺的力量。灾害救助的主体不限于政府,大量的社会团体、慈善和非营利组织、企业甚至个人也参与其中,成为灾害救助的重要主体。[①]

### (三)灾害救助的内容

灾害救助的内容十分复杂,主要有以下几个方面。

1. 救助和保护灾民的生命财产

在面临灾害事故时,应将救助和保护灾民生命放在第一位,最大限度抢救灾区受伤人员、减少死亡人数,这既是灾害救助的基本内容,也是保障人民生存权的基本体现。

2. 抢救被灾害威胁的国家财产

我国宪法和民法通则均规定,"国家财产神圣不可侵犯",当发生灾害事故,国家财产有可能受到威胁时,在救助灾民生命财产的同时,也要抢救被灾害威胁的国家财产。

3. 紧急转移和安置灾民,维护灾区秩序

政府和社会在救助灾民生命,抢救受灾财物,减少人员和财产损失的同时,还应尽快转移和安置灾民,提供衣食住行的保障,使其尽快走出困境。

4. 医疗卫生救助

医疗卫生救助在灾害救助中占有举足轻重的地位,对于救助灾民的生命、使其尽快康复有重要作用。医疗卫生救助一般可分为三个阶段:搜寻伤员、医疗急救和专科治疗。

5. 精神抚慰,安抚灾民情绪

灾害心理援助一般分三个阶段:应急阶段、灾后阶段、恢复和重建阶段。第一个阶段中,生存是第一位的。第二个阶段一般出现在灾后几天到几周。第三个阶段可能需要几个月甚至几年的时间,需要长期关注。灾害心理援助的对象不应当只局限于亲历灾难的幸存者,如死难者家属、伤员、幸存者,还应包括灾难

---

① 郑功成:《社会保障学》,第285页。

现场的目击者、救援人员等。

6. 灾后重建

灾后重建是一个非常棘手的问题。从规划到财政支持再到最后实施,每一步都十分重要。

(四) 灾害救助现状

我国经过长期的发展,基本上已经形成了相对完善的灾害救助制度框架。2010年9月1日起正式实施的《自然灾害救助条例》填补了我国自然灾害救助工作的法规空白。2016年对《国家自然灾害救助应急预案》进行的修订,更加完善了我国的灾害救助管理制度。2018年党和国家机构改革以来,受灾群众救助工作的代表色从传统的"民政蓝"转变为新时代的"火焰蓝""应急蓝",受灾群众生命安全保障更加高效有力、基本生活救助更加精准及时。[①]

1. 我国现行灾害救助制度的工作规程

灾害助救工作遵循以人为本、政府主导、分级管理的原则。

一是灾害救助工作主导部门。我国的灾害救助的具体业务由应急管理部主导、民政部协同。应急管理部承担灾情核查、损失评估、救灾捐赠等灾害救助工作,拟订应急物资储备规划和需求计划,组织建立应急物资共用、共享和协调机制,组织协调重要应急物资的储备、调拨和紧急配送,承担中央救灾款物的管理、分配和监督使用工作,会同有关方面组织协调紧急转移安置受灾群众、因灾毁损房屋恢复重建补助和受灾群众生活救助。

二是救灾应急响应机制。我国救灾应急响应分为四级,一级为最高,四级为最低,分别对应不同的启动条件。应急值守的规定包括灾情评估、应急救助和救灾捐赠在内的响应措施,响应结束的情形与报批程序。可以依灾情的变化提升响应等级。

2. 我国现行灾害救助制度的经费保证

救灾经费的来源主要有两个:一是国家和地方的财政拨款;二是社会各界的捐款。救灾款必须严格遵循专款专用、重点使用的原则。救灾款的发放要坚持"户报、村评、乡审、县定"和"以户计灾、以户救灾、民主公开"的原则。对救灾款的拨付和管理等要加强监督,跟踪反馈,保证专款专用、专账管理。

---

① 王成磊:《关于做好新时期受灾群众救助工作的几点思考》,《中国减灾》2021年第5期,第36—41页。

为规范救灾捐赠活动,加强救灾捐赠管理,2008年出台的《救灾捐赠管理办法》对救灾捐赠受赠人、组织捐赠与募捐、接受捐赠、救灾捐赠款物的管理和使用等内容作了详细规定。2015年《民政部支持引导社会力量参与救灾工作的指导意见》明确,要依靠社会力量的多样优势,坚持政府主导、统筹协调、效率优先、自愿参与的原则,从搭建服务平台、强化信息导向等几个方面对社会力量参与救灾工作进行引导。社会力量正式成为政府灾害治理体系的一部分。随着2016年《中华人民共和国慈善法》的颁布,我国慈善救灾减灾事业迈上法治化轨道。

## 二、临时救助

临时救助是社会救助体系的重要组成部分,是保障困难群众基本生活权益的托底性制度安排。根据《国务院关于全面建立临时救助制度的通知》,全面推进临时救助制度建立和实施,较好地化解了城乡居民突发性、紧迫性、临时性基本生活困难,在兜住民生底线、开展救急解难等方面发挥了重要作用。为进一步加强和改进临时救助工作,民政部、财政部出台了《关于进一步加强和改进临时救助工作的意见》,以有效解决城乡群众突发性、紧迫性、临时性基本生活困难为目标,以充分发挥临时救助制度效能为主线,落实"兜底线、织密网、建机制"的工作要求,坚持托底、高效、衔接,加快形成救助及时、标准科学、方式多样、管理规范的临时救助工作格局,以筑牢社会救助体系的"最后一道防线",切实维护人民群众基本生活权益。

### (一) 细化明确对象范围和类别

根据困难情形,临时救助对象可分为急难型救助对象和支出型救助对象。急难型救助对象主要包括由火灾、交通事故等意外事件,家庭成员突发重大疾病及遭遇其他特殊困难等,导致基本生活暂时出现严重困难、需要立即采取救助措施的家庭和个人;支出型救助对象主要包括由教育、医疗等生活必需支出突然增加、超出家庭承受能力,导致基本生活一定时期内出现严重困难的家庭,原则上其家庭人均可支配收入应低于当地上年度人均可支配收入,且家庭财产状况符合当地有关规定。对急难型救助对象,要进一步明确意外事件、突发重大疾病以及其他特殊困难的类型、范围和程度;对支出型救助对象,要进一步明确生活必需支出的范围和救助对象财产状况认定标准。各地要结合本地实际,制定和完善临时救助对象认定的具体办法。

## （二）优化审核审批程序

针对不同的救助类型，应优化规范临时救助审核审批程序。对于急难型临时救助，应注重提高救助时效性，进一步简化审核审批程序，积极开展"先行救助"，乡镇人民政府（街道办事处）、县级人民政府民政部门可根据救助对象急难情形，简化申请人家庭经济状况核对、民主评议和公示等环节，直接予以救助，并在急难情况缓解后，登记救助对象、救助事由、救助金额等信息，补齐经办人员签字、盖章手续；对于支出型临时救助，应严格执行申请、受理、审核审批程序，规范各个环节工作要求。对申请对象中的最低生活保障家庭及其成员、特困人员，应重点核实其生活必需支出情况。应全面落实县级人民政府民政部门委托乡镇人民政府（街道办事处）开展临时救助审批的规定，合理设定并逐步提高乡镇（街道）临时救助金审批额度。

## （三）科学制定救助标准

应立足当地经济社会发展水平，依据分类、分档原则制定临时救助标准。应根据救助对象不同的困难情形，确定救助类型；对同一类型救助对象，应根据不同的困难程度，确定救助档次，构建科学合理的临时救助标准体系。临时救助标准可与当地最低生活保障标准挂钩，可根据救助对象的家庭人数、困难类型、困难程度和困难持续时间等因素，分类细化救助标准。对于重大生活困难，临时救助标准可采取一事一议方式，根据具体情形分类、分档设定，适当提高救助额度。省级民政、财政部门要加强对临时救助标准制定的指导和统筹，推动形成相对统一的区域临时救助标准。

## （四）拓展完善救助方式

应根据救助对象的实际情况，综合运用发放临时救助金、发放实物和提供转介服务等多种救助方式，发挥临时救助应急、过渡、衔接、补充的制度作用，不断提升救助效益。要充分运用好转介服务，使临时救助与相关制度、政府救助与慈善救助、物质帮扶与救助服务密切衔接，形成救助合力，增强救助效能。对于急难型救助对象，可采取一次审批、分阶段救助的方式，提高救助精准度；可通过直接发放现金或实物的方式，提高救助时效性。

### (五) 加强与慈善救助的衔接

应积极培育发展以扶贫济困等为宗旨的慈善组织,广泛动员慈善组织参与临时救助工作。鼓励、引导慈善组织建立专项基金,科学规划、设立救助项目,承接政府救助中须转介的个案,形成与政府救助的有效衔接、接续救助。应完善和落实支持社会力量参与社会救助的政策措施,加大政府购买服务力度。应积极探索政府引导、社会力量筹资、慈善组织运作的政社联动模式,搭建慈善组织等社会力量参与临时救助的平台,形成救助合力。

## 三、流浪乞讨人员社会救助

### (一) 救助对象

根据2003年民政部《城市生活无着的流浪乞讨人员救助管理办法实施细则》,城市生活无着的流浪乞讨人员是指因自身无力解决食宿,无亲友投靠,又不享受城市最低生活保障或者农村"五保"供养,正在城市流浪乞讨度日的人员。虽有流浪乞讨行为,但不具备前款规定情形的,不属于救助对象。

### (二) 救助程序与事项

救助站应当对前来求助的流浪乞讨人员告知救助对象的范围和实施救助的内容,询问与其求助需求有关的情况,并对其个人情况予以登记。对属于救助对象的,应当及时安排救助;对不属于救助对象的,不予救助并告知其理由。对因年老、年幼、残疾等无法提供个人情况的,救助站应当先提供救助,再查明情况。对拒不如实提供个人情况的,不予救助。对救助站发现故意提供虚假个人情况的,应当终止救助。

救助站为受助人员提供的食物和住处,应当能够满足受助人员的基本健康和安全需要。受助人员食宿定额定量的标准,由省级人民政府民政部门商财政部门具体规定。受助人员在站内突发急病的,救助站应当及时送医疗机构治疗。发现受助人员在站内患传染病或者为疑似传染病病人的,救助站应当送当地具有传染病收治条件的医疗机构治疗,并向当地疾病预防控制机构报告,采取必要的消毒隔离措施。

受助人员返回常住户口所在地、住所地或者所在单位时没有交通费的,由救助站发给乘车(船)凭证,铁道、公路、水运等运输单位验证后准予搭乘相应的公共交通工具。救助站应当将有关情况通知受助人员的亲属及前往地的有关组织、所在单位。救助站应当根据受助人员的情况确定救助期限,一般不超过 10 天;因特殊情况需要延长的,报上级民政主管部门备案。

(三)相关权责

县级以上地方人民政府民政部门应当加强对救助站的领导和监督管理,履行以下职责:监督救助站落实救助措施和规章制度;指导检查救助工作情况;对救助站工作人员进行教育、培训;调查、处理救助站及其工作人员违法违纪问题;帮助救助站解决困难,提供工作条件。

此外,《中共中央办公厅 国务院办公厅印发〈关于改革完善社会救助制度的意见〉的通知》指出,要加强和改进生活无着流浪乞讨人员救助管理;强化地方党委和政府属地管理责任,压实各级民政部门、救助管理机构和托养机构责任,切实保障流浪乞讨人员人身安全和基本生活;完善源头治理和回归稳固机制,做好长期滞留人员落户安置工作,为符合条件人员落实社会保障政策;积极为走失、务工不着、家庭暴力受害人等离家在外的临时遇困人员提供救助。

**四、突发公共事件困难群众急难救助**

《中华人民共和国社会救助法(草案征求意见稿)》提出,国家要建立突发公共事件困难群众救助机制。各级人民政府应当将困难群众急难救助纳入突发公共事件相关应急预案,制定应急期社会救助政策和紧急救助程序,做好重大疫情等突发公共事件困难群众急难救助工作。要将困难群众急难救助纳入突发公共事件相关应急预案,明确应急期社会救助政策措施和紧急救助程序。当重大疫情等突发公共卫生事件和其他突发公共事件发生时,要及时分析研判对困难群众造成的影响以及其他各类人员陷入生活困境的风险,积极做好应对工作,适时启动紧急救助程序,适当提高受影响地区城乡"低保"、特困人员救助等保障标准,把因突发公共事件陷入困境的人员纳入救助范围,向受影响严重地区人员发放临时生活补贴,及时启动相关价格补贴联动机制,强化对困难群体的基本生活保障。

## 本章小结

我国社会救助制度体系包括最低生活保障制度、特困人员供养制度、各专项社会救助制度,以及急难社会救助制度等内容。

最低生活保障制度是社会经济发展和社会救济制度改革的产物,它的建立有深远的政治意义和战略意义。我国居民最低生活保障制度经历了从城市到农村的发展,已建成覆盖城乡的最低生活保障制度体系。在最低生活保障制度迈向高质量发展阶段,要加快城乡统筹进程、适度拓展保障范围、简化优化审核确认流程、加强监督检查力度。

国家对无劳动能力、无生活来源且无法定赡养、抚养、扶养义务人,或者其法定赡养、抚养、扶养义务人无赡养、抚养、扶养能力的老年人、残疾人以及未满16周岁的未成年人,给予特困人员供养。

对于专项社会救助而言,医疗救助是指政府和社会通过提供各种资源(如资金、技术等)的支持来对在医疗领域陷入困境的贫困人口进行专项救助的一种社会救助项目。教育救助是指国家、社会团体和个人为保障适龄人口获得接受教育的机会,从物质和资金上对贫困地区和贫困学生在不同阶段提供的援助。住房救助是指政府向低收入家庭和其他需要保障的特殊家庭提供现金补贴或直接提供住房的一种社会救助项目。就业救助是指在家计调查的基础上,国家为有劳动能力的贫困者提供货币支持和就业服务,以帮助其摆脱贫困所采取的社会救助措施。法律援助是指在司法制度运行的各个环节、层次,对由贫困及其他情况导致的难以通过一般意义上的法律手段保障自身基本权利的社会弱者,通过减免收费、提供法律帮助的方式,实现其司法权益的一项法律保障制度。

对于急难社会救助而言,灾害救助是指国家和社会对遭遇各种灾害事故袭击并因此陷入生活困难的社会成员给予一定的现金和实物或服务援助,以帮助其克服特殊困难的一种救助制度。根据困难情形,临时救助对象可分为急难型救助对象和支出型救助对象。流浪乞讨人员社会救助要强化属地管理责任,切实保障流浪乞讨人员人身安全和基本生活。要将困难群众急难救助纳入突发公共事件相关应急预案,明确应急期社会救助政策措施和紧急救助程序。

### ◆ 重点名词

最低生活保障线　最低生活保障线制度　恩格尔系数法　"菜篮子法"
特困人员供养　医疗救助　教育救助　法律援助　住房救助　就业救助
灾害救助　临时救助　流浪乞讨人员社会救助
突发公共事件困难群众急难救助

◆ 思考题

1. 简要描述最低生活保障线是如何确定的。
2. 简要介绍国际上测定绝对贫困标准的常用方法。
3. 请分析我国最低生活保障制度的实施状况、不足和相关政策建议。
4. 如何界定医疗救助的对象？须遵循哪些原则？
5. 我国法律援助制度是怎样的？
6. 结合现实生活中的案例，谈谈你对廉租房和经济适用房的认识。

◆ 延展阅读

江树革：《中国式社会救助现代化发展道路探源——中国共产党领导下的社会救助发展研究》，《社会保障评论》2023年第1期，第107—118页。

关信平：《相对贫困治理中社会救助的制度定位与改革思路》，《社会保障评论》2021年第1期，第105—114页。

李鹏、张奇林：《我国低保规模持续缩减的生成逻辑与治理路径：基于"情境—结构—执行"分析框架》，《兰州学刊》2023第3期，第64—76页。

林闽钢：《中国社会救助高质量发展研究》，《苏州大学学报（哲学社会科学版）》2021年第4期，第25—31页。

# 第六章　国外社会救助的实践与启示

【本章学习要点】
1. 了解美国社会救助的主要项目和特点。
2. 了解新加坡组屋政策的特点与主要内容。
3. 了解孟加拉国的生产社会救助的主要特点。
4. 理解国外社会救助的实践启示。

## 第一节　美国的社会救助体系

19世纪末期,美国已在州和地方层面建立起社会救助制度。1911年,美国联邦政府建立了第一个社会救助项目,以对寡居的母亲给予物质帮助。1935年,美国颁布《社会保障法》,规定联邦政府要直接参与社会救助,其后由联邦引导的社会救助体系在全国逐步建立。目前,美国已建成完整的社会救助体系。[①]

### 一、主要项目

美国的社会救助项目非常全面,有70多项,包括一般性救助、分类性救助、住房类救助、社会其他救助,涉及社会的方方面面,而且相互交融、相互补充。[②]

#### (一) 抚养未成年儿童家庭补助

抚养未成年儿童家庭补助是以孩子的名义对其母亲提供补助,即未成年儿

---

① 李卫东:《美国社会救助的几个特点》,《中国民政》2017年第15期,第57—58页。
② 唐政洪:《美国社会的救助和福利政策》,《中国民政》2016年第10期,第54—56页。

童家庭援助项目。1962年,该项政策改为以家庭单元为补助对象,向贫困家庭提供现金补助,主要针对困弱群体,疾病、失业的家庭,救助到孩子年满18岁。在费用方面,联邦政府承担50%,地方政府承担50%。联邦政府制定相关法律法规,各级州政府根据它们的情况决定救助标准,对资产、收入进行审核。

## (二)贫困家庭临时救助

根据1996年的《个人责任与就业机会协调法》,贫困家庭临时救助措施取代了未成年儿童家庭援助项目标准。临时救助对象为单亲和父母中有一人无劳动能力或长期失业的家庭,重点是督促和帮助失业者再就业,为其提供一些就业机会,增强其工作意愿。通过设置最长不超过五年的资助期限,推动受助人走向劳动力市场。

## (三)补充保障收入

补充保障收入项目于1974年开始实施,主要向收入和资源有限的65岁以上的老年人、盲人、永久性重残人士提供现金帮助。该项目由联邦政府管理,联邦政府负责制定最低待遇标准,州政府可以在此基础上进行补充,救助水平根据物价浮动。同时,联邦政府负责制定统一的资格标准,以救助真正需要救助的人。

## (四)医疗援助计划

医疗援助计划由联邦政府和州政府共同资助,由州政府负责管理,旨在向符合条件的弱势群体进行医疗救助。救助对象主要包括贫困家庭临时救助对象,补充保障收入救助对象,低收入家庭的孩子和孕妇,低收入的老年人,以及有较大医疗开支和护理支出的人。联邦政府承担5%以上的费用,各州承担的费用因人均收入的不同而各不相同。

## (五)妇女、婴儿和儿童特别营养补充项目

妇女、婴儿和儿童特别营养补充项目于1972年开始实施,是救助贫困妇女、婴儿和儿童的一个重要项目,其中受助者必须是缺乏营养且家庭收入低于联邦贫困线185%的贫困者。政府提供一揽子营养食品,如奶制品、谷类食品、水果和蔬菜等,受助者可以通过票券在参与项目的食品店和农贸市场换取特定的食品;而且提供营养教育、营养咨询,包括疫苗注射,标准非常低。政策设计者认为,每花一美元在儿童身上,未来会得到很大的回报,这也是美国社会福利体系中最成

功的一个,受益群体规模非常大。

### (六) 无家可归者救助

无家可归者救助由专门的无家可归者社会服务机构提供服务,由联邦、州和地方政府提供专门的财务预算。无家可归者社会服务局主要负责评估无家可归者,一般不从事具体的救助服务,由政府资助的非营利性组织负责实施救助服务。美国无家可归者救助遵循临时救助、自愿受助的原则,不强制实施救助。

### (七) 食品券补助

食品券补助针对穷人,如老年人、儿童。对于在学校学生,当其家庭收入低于一定标准时,学校的午餐免费。这是抵御饥饿的"第一道防线",收入低于联邦贫困线130%的,每月每人能领到122美元的补助。后食品券已改为银行卡,以避免歧视,这也有助于解决救助对象将援助用于酗酒、抽烟等问题。

### (八) 教育补助

教育补助非常复杂。总的来说,对贫困学生的补助,每人每年有最高限额。国家直接贷款给优秀的学生,其他学生则可向银行、贷款协会贷款,贷款项目主要通过市场方式运作。另外,大学生工读项目可为贫穷学生提供工作机会,使他们可以半工半读。

### (九) 一般性援助

一般性援助主要包括三种:一是紧急公共救助,是指对各种灾害及国际争端中的难民进行安置救援;二是贫困家庭子女教育,是指政府向学区提供资金,以资助在其中就学的贫困家庭的学生顺利完成义务教育;三是就业机会和基本技能计划,旨在帮助子女年龄在三岁以上、享受抚养未成年儿童家庭补助的贫困者接受职业教育或职业培训。

## 二、主要特点

### (一) 政府角色明确、分工清晰

美国联邦政府主要负责制订社会福利计划、制度政策、筹集资金等。福利项目的具体实施由政府打包交由营利性机构或非营利性组织负责,包括受理申请、审核审批、发放救助款物、提供服务等。慈善组织扮演了非常重要的角色,对政府进行了有益的补充。近年来,美国有意弱化联邦政府在社会福利体系中的主导作用,强化地方政府在社会福利项目中的责任。

(二) 以绝对贫困人口为主要救助对象

美国一直采用绝对贫困线,是西方发达国家中唯一的贫困线不与经济发展水平挂钩的国家,由此决定了美国社会救助的主要对象是绝对贫困人口,这与多数发展中国家更为相似。美国的贫困线通常是指美国人口调查局公布的贫困线,开始制定于1963年,主要用来估算每年的贫困人口数量。贫困线是根据当时一个典型家庭食品开支乘以3得出的,其后每年根据食品价格上涨指数对贫困线进行调整,因此美国的贫困线实际上是绝对贫困线。另外,美国健康与人类服务部每年要发布贫困指导线,这实际上是美国人口调查局制定的贫困线的简版,标准差别不大,主要用于指导政府确定享受联邦社会救助项目的资格标准。

(三) 体系庞大

在美国的社会保障体系中,由于社会保险特别是医疗保险相对其他发达国家来说缺位较多,普遍性的社会福利也比较保守,因而针对穷人的社会救助体系就较为庞大。政府通过建立多个社会救助制度,扩大社会救助覆盖范围和加强社会救助效果。各制度本身是独立的,划定的准入资格不一样,覆盖的人群也不一致,形成了多重受益互补性,从而完善了综合救助体系,具体体现为以下三个方面。一是项目多。从19世纪30年代起,美国的社会救助项目由国会中不同委员会授权、针对不同人群制定。一些项目面向所有符合条件的人,如医疗救助,而另外一些项目则面向一小部分符合条件的人,如儿童照顾和住房救助。二是覆盖面大。美国很多家庭接受了一个以上的社会救助项目。三是支出较大。在现代社会保障制度中,尽管社会保险已经成为社会保障的主角,但在美国,社会救助仍然占有较重要地位。

(四) 管理严格

这一特点主要体现在:一是救助对象认定程序严。二是家计调查重视原始凭证和财产收入比对。美国从20世纪80年代就开始使用计算机比对,使之成为最有效的家计调查手段之一。社会救助经办机构可与相关部门联网,获取信息资料,如劳动力就业注册系统可提供劳动力就业情况,社会保障部信息系统可提供私人养老金情况等,再将其与申请救助者的申请信息进行比对,以确认其真实性。三是重视项目考核和监督。最为典型的是食品券补助项目的质量控制。食品券项目资金全由联邦政府负担,州政府执行,质量控制由联邦政府制定办法。质量控制主要指标是总差错率,包括错保率和漏保率两项指标。

(五)以改革减少救助依赖

尽管国家对穷人抱有同情心,但同时也认为福利太多会鼓励懒惰。从1935年颁布《社会保障法》开始,时任总统罗斯福就采取一系列措施,以促进贫困人群就业自救,减少救助福利依赖。其后,各届政府也秉持此理念,在促进摆脱救助依赖方面做出许多努力。1996年8月,克林顿签署了《个人责任与就业机会协调法》。这一法案对救助福利的资金投入、联邦与州政府的关系、鼓励就业政策、医疗救助等都作了进一步规定,主要内容是将管理权限下放给各州,使其有更大灵活性;对联邦政府的主要福利救助项目开支总额规定了上限,强调福利政策要帮助救助对象接受就业,以获得经济独立;对多数福利救助项目对象规定了享受年限;惩罚违规领取救助金者。后经进一步完善,加大政策落实力度,享受福利人数和就业人数都发生了变化,到2002年,绝大多数州的社会救助对象数量都急剧下降。通过政府大幅度削减对贫困家庭直接的资金补助,以工作换福利,美国的社会救助从一种消极的国家补助过渡到比较积极的促进个人发展的方向。

总体上,相比其他西方发达国家,美国的社会救助体系在突出经济竞争的同时,更倾向于一种社会的弱保护。在20世纪70年代以后,美国的社会救助体系变化进一步强化了这种弱保护的趋势。既有的公共救助政策一方面突出了从现金救济向实物救济的转变取向,非现金的商品和服务援助占政府总贫困支出的比值大幅增长,但总的公共救助支出增幅却非常有限。另一方面进一步强化了工作福利制的取向,即通过更严格的资格条件和减少福利保护水平及受益时间的方式,迫使贫困者减少对公共政策的依赖。有学者用"勉强的福利国家"来表示这一体制。对贫困问题的个人责任的强调、对"值得帮助的人"和"不值得帮助的人"两类群体的区分以及对政府社会责任的理解直接影响了这一体制的构建。具体而言,那些由于年老、疾病或身体残疾,即不是因自身的过错而贫困的人被认为是"值得帮助的人",而那些有劳动能力的贫困者则被认为是"不值得帮助的人"。美国的社会救助体系由此显示了对两类人的不同态度:对"值得帮助的人",展示慷慨与大度,对"不值得帮助的人",展示吝啬甚至蔑视。①

## 第二节 新加坡的住房救助政策

在新加坡,组屋承载着社会稳定、维系家庭、种族和谐、社区发展、民主治理等诸多功能。政府通过提供组屋,决定什么人优先选购、怎么分配、如何管理等,很好地履行了部分社会管理的职能。房子是人类生存的必需品,其首要属性是社会属性而不是经济属性。必须改变对住房的片面认识,认清政府在其中的责任以及房屋对于政府治理的深刻含义,充分发挥房子作为"一揽子"解决方案的关键抓手的综合效应,让政府和公民在公共住房的建设管理中共同学习成长。②

### 一、组屋政策

在新加坡,政府提供的公共住房称为"组屋"(组合房屋的简称)。1959年,新加坡遭遇严峻的"屋荒",住房短缺造成了严重的社会不稳定。于是,向低收入群体提供廉价房屋便成为刚上任的政府的首要政治任务。随后,政府成立建屋发展局,于1964年推出"居者有其屋"计划:国家免费提供土地,由建屋发展局统一规划建设组屋;1967年,通过《土地征用法令》,逐步把土地收归国有,以实行全面规划和国家建设。"居者有其屋"计划在2008年获得联合国公共服务奖,在2010年更获得全球人居领域的最高荣誉"联合国人居荣耀名册奖"。组屋政策的成功既取决于新加坡国家袖珍富裕、政府廉洁高效、法治健全严明、社会透明有序等政策环境,也取决于其独到的具体政策安排。③

组屋政策的成功在于,新加坡政府将其定为基本国策,为之颁布了系列法律、成立了专门机构,配足了人力、物力。为了解决"屋荒"问题,新加坡政府提出了"居者有其屋"计划,并将其定为基本国策。为此,新加坡颁布了《建屋与发展法》《建屋局法》《土地征用法》《拆置法》等系列法律,成立了专门负责组屋建设

---

① 林德山:《制度性缺憾引发现实不平等,美国贫困问题为何突出》,《人民论坛》2019年第4期,第15—17页。
② 徐国冲:《"组屋"的政治学密码——来自新加坡住房政策的启示》,《中国行政管理》2017年第3期,第145—150页。
③ 谢宝富:《新加坡组屋政策的成功之道与题外之意——兼谈对中国保障房政策的启示》,《中国行政管理》2015年第5期,第132—136页。

管理的政府机构建屋局,为之配足了人力、物力。2015年,在全国人口为331万人的新加坡,建屋局就有5000多名雇员,是新加坡政府系统中最大的机构,足见其对组屋建设管理的高度重视。① 由于组屋以低于成本的价格出售,所以建屋局不免年年亏损,政府每年都给建屋局以财政补贴。若无政府制度建设及人力、物力支持作铺垫,组屋政策是难能成功的。

以低价将大多数土地收归国有,为大规模建设组屋提供了土地保障。1966年,新加坡政府制定了《土地征用法》,授权政府可强制征收任何私人土地,用来兴建公共房屋等,且可以未开发的地价征收。2007年修正案规定,政府征地须以土地现行市值征收,但仍可以未开发的地价征收。土地国有化政策抑制了土地投机倒卖,保障了组屋的土地供应,使政府可以低成本建造组屋。

中央公积金制度既为政府建设组屋提供了资金的源头活水,又为个人购买组屋提供了资金保障。1955年,新加坡建立了中央公积金制度。该制度本质上是强制储蓄制度,令雇员为自己和家人进行预防性储蓄和投资。所有新加坡公民和永久居民都须参与该储蓄制度,雇主和雇员都须以雇员每个月收入的规定比例缴纳公积金,存入中央公积金局的个人账户。公积金会员账户分为普通账户、医疗账户和特别账户,其中普通账户资金可用于购屋等。中央公积金局把公积金归集起来,除留足会员提款外,其余全部用于购买政府为组屋建设贷款和补贴而发行的债券,等于在资金方面间接支持了组屋建设。1968年中央公积金法经修正,中央公积金会员可动用公积金存款支付组屋的部分购房款,后来放宽管制,组屋的全部房款都可用公积金普通户头的存款支付。公积金会员可动用公积金储蓄购买组屋,以现金支付或抵押支付房款,使更多的款项转入政府,这为组屋建设提供了资金保障。

组屋"以自住为主",严禁造假、炒作行为,确保了组屋政策健康运行。新加坡政府将组屋定性为"以自住为主",规定一个家庭向建屋局购买组屋不超过两次,且只能拥有一套组屋,若购买新组屋,旧组屋须在二手市场上出售。已购组屋可在公开市场上转售,但须居满规定期限。直接向建屋局购买三至五房式组屋,住满五年后可转售,若确需五年内出售,须到政府部门登记,不得自行在市场上出售。老人去世后,组屋可留给子女,但是若子女已有组屋或其他住房,则须将老人留下的组屋在二手市场上出售,出售所得在缴纳规定的税款后归子女所

---

① 谢宝富:《新加坡组屋政策的成功之道与题外之意——兼谈对中国保障房政策的启示》,《中国行政管理》2015年第5期,第132—136页。

有。买卖组屋都须提供翔实的资料,弄虚作假者将面临5000新元罚款或六个月监禁或两者兼施。只有在最低居住年限过后,屋主才能出租整套组屋。组屋未过最低居住年限,三房式或更大的组屋可出租个别房间。建屋局不断加大对组屋非法出租的查处力度,到位的监管和严厉的处罚有效保障了组屋政策的成功实施。

### 二、困难户与特困户的住房救助政策

组屋政策量力而行、循序渐进地为公民分层次提供不同类别的组屋,为少数低收入者提供额外或特别中央公积金津贴,从而保证大多数公民有能力购买组屋。组屋建设本着量力而行、循序渐进、分类提供的原则进行。早期组屋以中小户型为主、廉租为主,旨在解决"屋荒"问题。随着经济发展,政府财力和公民购买力不断增强,组屋由以廉租为主转变为以购买为主(约7%的组屋用于廉租),由以中小户型为主转变为以大中户型为主,旨在提高居住品质。

为了保证大多数公民买得起组屋,新加坡政府采取了三项措施:一是规定组屋售价不以建设成本而以不同层次购买者的4—6年家庭收入之和来确定,亏损部分由政府财政补贴。二是规定购买不同类别组屋的家庭月收入上限,迫使购买者量力而买。三是给少数低收入购房者提供额外或特别中央公积金购房津贴。对于额外中央公积金购房津贴,申请人除须符合所有中央公积金购房津贴申请的基本资格外,自己或另一名或多于一名联名申请人须在申请购买组屋前12个月连续受雇,在递交申请时在职。申请人过往12个月每月平均家庭总收入不能超过5000新元。特别中央公积金购房津贴是除了额外中央公积金购房津贴外向低收入家庭提供的另一种津贴,以协助其购买组屋。对于特别中央公积金购房津贴,申请人除须符合额外中央公积金购房津贴的所有资格条件且正在申请额外中央公积金购房津贴外,其12个月内每月平均家庭总收入不能超过2250新元。申请人获得特别中央公积金购房津贴的金额取决于其过去12个月每月平均家庭总收入。

## 第三节　孟加拉国的生产社会救助政策

小额信贷模式是对传统资金扶持模式的一种创新,如今在世界各国得到广泛的推广与发展,成为一种主要的生产社会救助方式。该模式向低收入群体和

微型企业提供额度较小的持续信贷服务,旨在改善贫困人口的经济和社会福利。由于各国的社会、经济和文化背景以及所处的发展阶段不同,其乡村社会经济的具体实际也不尽相同,因而小额信贷救助方式的具体内容、具体形式、具体要求和目的也自然有所不同。

## 一、GB 模式的产生

在孟加拉国,乡村银行(Grameen Bank)模式出现最早、规模最大、制度最完善,被誉为世界上规模最大、效益最好的扶贫项目和扶贫方法之一,又称作 GB(Grameen Bank)模式。其创立者是孟加拉吉大港大学经济学教授穆罕默德·尤努斯(Muhammad Yunus)博士。这个研究项目提出的目的是探讨穷人得以进入适宜的金融信贷服务的途径,以消除孟加拉国农村的绝对贫困。该项目自 1976 年开始运作以来,已向 700 多万的穷困妇女提供逾 70 亿美元的贷款,成功帮助 65% 的贷款者走出贫困,成为其他国家效仿的榜样。[①]

## 二、GB 模式的理论基础与目标

GB 模式的理论基础是"相信穷人的能力,挖掘和发挥他们的潜力"[②]。基于这种理论认识,GB 模式提出了如下目标:第一,贫困者贷款无须担保;第二,消除高利贷剥削,为该国广大没有利用和尚未充分利用的人力资源创造自我就业的机会;第三,将穷人以他们能够理解和运作的方式组织起来,并使他们相互支持,且从中发现自身的社会、政治和经济力量;第四,将长期的"低收入→低储蓄→低投资→低收入"的恶性循环转变成良性的发展循环,即"低收入→贷款→投资→更多收入→更多投资→更多收入"。

## 三、GB 模式的主要特征

第一,GB 是贫穷农民的股份制银行。GB 是股份制银行,政府为其提供初始股份资本金的 60%,另外的 40% 由 GB 的借贷者即贫穷农民提供。随着信贷事业的发展,GB 自有资金不断增加。由于政府此后再未增加投入,因此 GB 自有资金的增加主要来自贷款农户。

第二,GB 只向贫困户贷款,尤其是贫困妇女,贷款时无须抵押担保。小额信

---

① 钟仁耀:《社会救助与社会福利》,上海财经大学出版社 2019 年版,第 99 页。
② 同上。

贷是为了向贫困户提供自我就业和自我发展的机会,旨在使成千上万的穷人真正走上自我生存和发展的道路;同时利用妇女节俭、自尊心强的特点,向妇女贷款可以保证贷款的使用性质不变,并使其产生较好的效益,增加还贷的可能性,从而提高妇女在家庭中的地位和社会地位。

第三,GB 提供小额、短期贷款,贷款回收实行分期偿还。贷款必须是小额的,尤其是第一次和第二次贷款。小额贷款符合穷人的情况,一般比较适用于从事风险小、易操作、见效快的小型项目的实际情况,有助于分散贷款风险。实行按周还贷制度,每周还本金的 1/50,这样缩短了每周贷款额的贷款时间,使资金在运行中快借快还,滚动使用,提高了资金的周转速度和使用效率。分期偿还既可以减轻贫困户一次拿出大笔资金还贷的压力,同时可以培养其积累意识和储蓄意识。

第四,提供连续贷款服务。提供连续贷款服务的作用体现在两个方面:一是一年或更短期的小额信贷难以彻底缓解贫困,应连续不断地满足贫困户的信贷需求并完善其脱贫条件;二是以贫困人口连续贷款的期望来约束其行为、强化其还贷意识,保证小额信贷在"无抵押"条件下的高回收率。

第五,联户贷款,联户担保。贷款时,无须担保,但贷款人必须组织起来,5 人一个小组,6 个小组组建一个中心。贷款发放给小组。小组长从 5 名组员中选出,负责日常事务并确立组员得到贷款的顺序,通常是"2-2-1"模式,即小组内两人先得到贷款,如果还贷情况良好,3—4 周后,另两人也得到贷款,小组长最后得到贷款。还贷时,同一小组成员负有连带责任,一人不能正常还贷则会影响到其他成员的借款。通过组织内的互帮、互助、互督、互保,加强贫困户对风险的承受能力。获贷农户可在选择贷款项目时互相咨询,在经济活动中遇到困难时能获得其他成员的帮助,当组内某成员违反小额信贷规定时,其他成员有义务对其进行劝说,以形成小组压力。

第六,每周中心会议制度。小组每周聚会一次,一是为了进行借贷资金的发放与收回,二是为了交流经验,讨论困难和问题,互帮互助。这可避免贫困户单独进行生产决策的局限性。

第七,建立必要的小组储蓄基金。小组成员在获得贷款时,要将一定比例的款项作为小组基金交由小额信贷机构保管。同时,借款者每周还要向小额信贷机构存入一点钱。这可以应对小组成员暂时还款困难或出现紧急的临时用款的情况,同时也能积累资金,滚动发展。

第八,利率市场化。较高的利率能够补偿成本,实现小额信贷财务上的连续性、GB 的利率为年利率 2%。

第九，程序简单化、活动公开化。考虑到多数穷人文化水平较低，因此宜采取简单的程序、培训和测试。贷款项目的选择、贷款的发放和回收等活动完全公开进行，主要是在村里的中心会议上，没有任何可保密的或私下活动，参加贷款的穷困户能够相互进行平等的监督。

第十，GB 不仅重视贷款的发放与回收，还特别重视培训，强调自愿、互助、信任和平等。GB 设置了培训以进一步开发穷人的综合能力，提高其经营管理能力。在自愿基础上建立的小组、中心及其开展的一系列活动，有助于培养成员的互助、合作精神，加强成员间的相互信任，提高成员的平等意识。

### 四、GB 模式的优势

第一，GB 模式瞄准的是真正的穷困群体，能够有效地达到"救助到户"的目标。

第二，GB 模式的建立与运行是超越政府的，带有自下而上的性质，区别于传统救助的自下而上方式，所有贫困户的积极性与参与程度非常高。

第三，GB 模式具有良好的组织和运作系统，以小额信贷为突破口，以救助项目为切入点，来打破贫困的恶性循环链条，其效果明显优于传统的救助方式。

GB 实践的结果表明，穷人可以认真行事并在小组中工作，能有效地利用贷款和其他收入。实证显示，在两年时间内，接受 GB 贷款的贫困户的人均收入可以增加约 32%，而同时整个孟加拉国的人均收入只增加了 2.6%；并且，贫困户的识字率和生产经营水平等明显提高。银行已经能用比较容易的条件将稀缺的资金传递给缺少资金的贫困户，这让他们看到了在其面前打开的有无限可能性的大门。①

## 第四节　国外社会救助实践对我国的启示

国外综合社会救助及专项社会救助制度的政策实践，对我国社会救助体系的发展与完善具有启示意义。

---

① 钟仁耀：《社会救助与社会福利》，第 101 页。

## 一、加强顶层设计,强化制度安排

各国社会救助实践中,中央政府始终扮演着核心角色,发挥着基础性作用,是社会救助建立、完善和改革发展的"定海神针"。一是政府不断深化对社会救助的规律性、全局性认识,对社会救助的地位、作用和功能的理解日益深化和全面,从而使社会救助体系在国民经济社会发展和民生保障事业中的角色更加重要、地位更加清晰。二是强化政策供给,推动体系更加健全。通过不断完善社会救助相关政策体系,推动社会救助实践更加科学化、精细化。三是加强财力支持。通过规范化、制度化的预算安排和倾斜性、保障性的资金支持,促进社会救助覆盖面和救助水平的提升。四是明晰中央政府和地方政府的角色和权限。加强对地方政府在社会救助事务中的激励、监督和引导作用。

## 二、加强法律保障,规范各主体行为

各国在社会救助发展过程中,特别重视立法工作。依托法律这一高级别规制,在根本上保障社会救助规范化、可持续发展。同时也能够充分调动各方积极性,化解实践当中的矛盾和风险,最大限度减低政策发展的不确定性,有效保障社会弱势群体的基本发展权利和生存权利。通过明确政府、市场、社会和家庭等主体在社会救助当中的权利义务关系,能够实现有法可依,有效约束相关主体的渎职腐败、逆向选择和道德风险等问题,有利于提升政策的稳定性和可预期性,切实保障和改善弱势群体的基本福利。

## 三、重视协同治理,形成互补协同效应

社会成员陷入贫困或者遭遇急难,以致生活发展陷入危机甚至难以为继的原因是多方面的。帮助社会成员摆脱困境以实现基本的生存发展,促进社会公平正义,是政府的基本道义和底线责任,也是体现一个社会发展质量和文明程度的重要标志之一。因此,政府在社会救助中的地位和角色始终处于核心地位,政府发挥的中流砥柱作用不可或缺。然而,随着社会救助科学化、规范化水平不断提升,不断迈向可持续、高质量发展阶段,在强化政府角色的同时,需要充分调动各方力量,积极挖掘家庭、市场、社会等主体的作用和潜力,以有效匹配困难群体对美好生活的向往。社会救助历史悠久,自萌芽发展至今,从变迁机制角度分

析，其也是治理体系和治理能力不断优化提升的过程，在国家治理体系和治理能力现代化的大背景下，社会救助进一步迈向高质量发展的关键之一也在于不断整合各方资源和独特优势，提升协同治理能力。

### 四、以提升自立发展为核心，生活救助与能力提升相结合

社会救助的目标根本在于由"他助"实现"自助"，是通过有效自立而不断拓展个人发展自由，实现人生与社会价值的过程。社会救助提供的是基本的生存资料、发展权利和公平机会，主要是"扶上马"，同时根据不同情况再"缓一缓""送一程"，要实现家庭或个人生活际遇或发展状况的可持续改善，关键还需要不断提升自立发展能力。无论是从社会救助追求的效率公平角度，还是从制度的可持续发展角度看，抑或为了防范"泛福利化"和"福利依赖"，提升自立发展、拓展个人自由应当是社会救助的重要目标和核心价值。因此，在实施救助时需要打出"组合拳"，既要兜底线，又要保基本，切实保障困难群体的基本生活，不断夯实生活救助的基础和标准，同时，要坚持适度适时原则，多做雪中送炭之事，通过有效的制度措施激发困难群体的活力和潜力，不断提升其自立发展和社会融入的水平和质量。

## 本章小结

美国社会救助体系庞大，项目比较健全。联邦政府和地方政府的财权、事权划分比较清晰，救助对象主要是绝对贫困人口以及儿童、老年人、失业或无家可归者等特殊群体。为避免所谓的福利依赖，美国近年来加大了对社会救助的严格监管，并出台更加苛刻的申请、给付条件。

新加坡政府认为住房保障对于国家、社会和家庭有多重意义。通过政府介入，采取一揽子措施有效地推行了"居者有其屋"计划，有力地保障低收入群体的住房福利，以实现社会稳定、维系家庭、种族和谐、社区发展、民主治理等政策目标。

孟加拉国 GB 模式是发展中国家在扶贫实践中非常成功的实践案例，其运作模式以可持续提升基本发展能力为目标，将政府角色、市场机制和社会力量有机结合起来，充分调动贫困人员的内生动力和发展愿望，通过有效组织发挥监督和激励作用，取得了良好的减贫和经济社会发展效应。

## ◆ 重点名词

美国社会救助　组屋政策　GB 模式

## ◆ 思考题

1. 美国社会救助的特点是什么？
2. 新加坡组屋政策的主要内容有哪些？
3. 简述孟加拉国 GB 模式的主要内容。
4. 比较分析国外不同的社会救助模式。

## ◆ 延展阅读

〔印〕阿比吉特·班纳吉、〔法〕埃斯特·迪弗洛:《贫穷的本质:我们为什么摆脱不了贫穷(第 2 版)》,景芳译,中信出版社 2018 年版。

〔印〕阿马蒂亚·森:《以自由看待发展》,任赜、于真译,中国人民大学出版社 2013 年版。

张奇林、付名琪:《过程论视角下中韩社会救助制度构建的比较研究——再论东亚福利体制的同质与异相》,《治理研究》2022 年第 5 期,第 35—44 页。

# 第七章　慈善事业

【本章学习要点】
1. 掌握慈善事业相关的基本概念。
2. 了解我国慈善事业的历史与现状。
3. 掌握慈善事业可持续发展的基本原理。

## 第一节　慈善事业的理论解析

### 一、基本概念

在中国的传统文化典籍中,"慈"是"爱"的意思。孔颖达疏《左传》有云,"慈者,爱出于心,恩被于物也";又曰,"慈谓爱之深也"。许慎的《说文解字》也解释道:"慈,爱也。"它尤指长辈对晚辈的爱抚,即所谓"上爱下曰慈"。《国语·吴》有云,"老其老,慈其幼,长其孤",其中的"慈"即此意。"慈"亦可解释作子女对父母的孝敬供养。如《礼记·内则》中说:"父子皆异宫。昧爽而朝,慈以旨甘",此处的"慈"即"爱敬进之"。"善"的本义是"吉祥、美好",即《说文解字》中所解释的"善,吉也"。后引申为"和善、亲善、友好",如《管子·心术下》中所说:"善气迎人,亲如弟兄;恶气迎人,害于戈兵"。"慈善"二字合用,则是"仁慈""善良""富于同情心"的意思,如《北史·崔光传》中所讲"光宽和慈善"。[①]

在英文中有多个表示"慈善"的词。例如,"philanthropy"源于古希腊文,表示"善心""博爱"的意思;"charity"表示"博爱""宽容""慈善事业"等意思;"beneficence"表示"慈善""善行""捐款"等意思;"benevolence"也表示"仁慈""善行"

---

① 郑功成、张奇林、许飞琼:《中华慈善事业》,广东经济出版社1999年版,第32—33页。

"捐款"等意思。"西方立国在宗教",西方的宗教与慈善密切相关,如佛教胸怀大慈大悲,将行善定为信徒对待亲友的"五事"之一;伊斯兰教也将慈善作为信徒的五种义务或五个"支柱"之一;基督教更是将慈善由义务阐释为"爱",宣扬"爱人如己"。

可见,无论是东方还是西方,无论是中国传统文化中的"推己及人"还是西方的"爱人如己",都对慈善的理解达成了一些共识,即慈善是一种美德、善行和爱心,是人类最需要,也是最应当具备的基础性道德。作为一个古老的概念,"慈善"不能简单地被理解为上对下的恩赐和富对穷的施舍,而是人类善爱之心的表现与标志。[①]

基于传统的解读和慈善的发展,现代社会对慈善的定义更加丰富和科学。我们认为,慈善是指用于公共目的的私人捐赠。这里讲的"公共目的"比较抽象和模糊,其物化形式是公共物品,因此慈善的本质是公共物品的私人提供。它有三个含义:其一,慈善同其他提供公共物品的渠道特别是政府存在竞争、互补的关系;其二,慈善是一种私人行为,具有独立性、志愿性和自治性;其三,慈善不是一种纯粹的利他主义行为,公共物品的提供也存在"搭便车"的情况,因此参与慈善需要有动力驱动。应该指出的是,无论如何界定慈善,也不论慈善如何发展,其基础和结果体现的仍然都是人类的善爱之心,这与传统文化和宗教教义的解读并不矛盾。

为了进一步明确和理解慈善的定义和特点,我们有必要辨析两个概念:慈善组织与非营利组织(nonprofit organization, NPO)。首先,慈善组织是 NPO 的一种,而且是 NPO 的主体[②],因此慈善组织必须符合 NPO 的一条基本原则——非分配性约束(nondistribution constraint),也就是说慈善组织的成立应完全出于非营利目的,其经营主要为达到规定的非营利目的。其次,慈善组织又不是一般的 NPO。NPO 除慈善组织外,至少还包括互助性组织(mutual benefit organization)和压力集团等两类组织。按美国《国内税收条令》(Internal Revenue Code),互助性组织同慈善组织一样是可以享受免税的,但两者有着明显的区别。慈善组织提供的是公共产品,而互助性组织只为其成员谋福利。因此,在税收待遇上也有区别。最显著的区别在于,个人和公司向慈善组织的捐赠可以减免一定比例的所

---

[①] 郑功成、张奇林、许飞琼:《中华慈善事业》,广东经济出版社 1999 年版,第 5—6 页。
[②] 美国 93%的非营利性工作岗位,91%的非营利性支出和 94%的非营利产品都是慈善组织提供的,参见 G. Rudney, "The Scope and Dimensions of Nonprofit Activity," in Walter W. Powell, ed., *The Nonprofit Sector: A Research Handbook*, Yale University Press, 1987。

得税(《国内税收条令》170)、财产税和赠与税(《国内税收条令》2055、2522)。而对互助性组织捐献是不能减免的,除非符合《国内税收条令》501(c)(3)描述的用途,方可申请减免所得税。因此,根据有关税法给予慈善组织的税收待遇可以将慈善组织定义为:收入无须缴税,而且其捐献者可获得税收减免的组织。①

美国联邦税法还对慈善组织进行了细分。1969年以来,联邦税法将慈善组织分为两类:私人基金会和公共慈善组织。私人基金会是指无法通过《国内税收条令》509条款所设条件检验的所有机构。典型的私人基金会是由一个家庭、一家商业机构、数名核心捐赠者或捐赠基金投资收入来资助的。② 凡是符合《国内税收条令》170(b)(1)(A)(i)到(vi)条款规定,通过509条款检验的学校、教会、医院(或与医院有关的研究机构),以及由公众资助的任一机构都可以获批成为公共慈善组织。与公共慈善组织相比,私人基金会要受到更多的法律制约,它除了要遵守有关慈善组织的所有法律条款外,还要遵守4940—4946技术性条款的规定。而私人基金会按工作性质又可分为两类:运作型基金会和非运作型基金会(又称筹资型基金会)。运作型基金会最重要的法律特点就是它必须将85%的收入用于慈善项目的实际运作中,同时运作型基金会享受的税收待遇比非运作型基金会更有利。

从互助性非营利组织到慈善组织,从公共慈善组织到私人基金会,从运作型基金会到筹资型基金会,监管的压力越来越大,包括监管的范围、严格程度、处罚的力度和对公开性的要求都是累进的。但就税收优惠的程度来讲并不完全是累进的。③

我国《慈善法》明确规定,慈善活动是指自然人、法人和非法人组织以捐赠财产或者提供服务等方式,自愿开展扶贫、济困等公益活动。济贫是慈善组织传统的服务领域,同时也是慈善组织最重要的服务领域,包括组织各种扶贫济困活动,参与政府扶贫计划的实施和社会救济、抚恤等工作,它是人类的传统美德和人道主义精神最直接的体现。此外,紧急救助、发展教育、卫生、环保、科学等其他公益目的也是慈善组织的主要服务目标。

在明确了慈善与慈善组织的基本含义后,不难对慈善事业做出界定。慈善事业是以私人捐赠为基础,以慈善组织为实施主体,以提供公共产品、服务公

---

① 〔美〕贝奇·布查特·阿德勒:《美国慈善法指南》,NPO信息咨询中心译,中国社会科学出版社2002年版,第4页。
② 同上书,第23页。
③ 张奇林:《美国的慈善立法及其启示》,《法学评论》2007年第4期,第99—106页。

目标为目的,以扶危济困为重点领域,规范化、制度化、社会化的公益事业。慈善事业是我国社会多层次社会保障体系的重要组成部分,是社会救助制度和兜底保障制度的有益补充,是实现社会第三次分配的关键要素,是社会主义核心价值观的重要体现,在消除贫困、促进社会和谐方面具有特殊的作用,是国家治理体系与治理能力现代化不可或缺的重要力量。[①]

为了区分慈善事业与其他公益事业,我们强调慈善事业的三个特点。第一,私人捐赠是慈善事业的经济基础。尽管慈善事业的发展并不排斥政府的财政资助,甚至一些国家或地区的慈善事业主要依靠政府的财政支持,但慈善财政的本源是基于自愿原则的私人捐赠公共财政不能也不可能完全取代私人捐赠,否则慈善事业就失去了本色。公共财政的适度支持不仅不会挤出私人捐赠,反而会激励私人捐赠。

第二,慈善组织是慈善事业的组织基础。慈善事业以慈善组织为实施主体,具体负责慈善的计划和施行,是慈善事业区别于单个施舍行为和官办济贫或其他公益事业的重要特征。这里要避免两种倾向:一是个体直接的善行,这样做既没有效率,也很难形成一种事业;二是政府将慈善事业变成政府工作,政府包办或过多干预可能改变慈善事业的性质并违背捐赠者的意愿,妨碍慈善事业的正常发展。

第三,规范化、制度化和社会化是慈善事业的发展基础。慈善事业可持续发展的"活水"来自社会成员普遍而持续的参与,而慈善事业的规范化、制度化和社会化有助于营造良好的慈善氛围,培养社会成员的慈善意识,培育慈善文化,提高慈善事业的公信力,是提升社会成员参与意愿的重要保证。

## 二、慈善的意义与使命

### (一) 慈善的意义

慈善的意义是什么?我们希望通过"慈善何为"来理解慈善的意义。基本上,我们每个人都有慈善经历。慈善活动涵盖多种行为,正如前文提到的,学者对什么是慈善的探索从未停止,本书将慈善理解为用于公共目的的私人捐赠。慈善的本质是公共物品的私人提供。

---

① 《宫蒲光:以抗疫精神推动慈善事业向纵深发展》,2020年5月23日,http://news.youth.cn/gn/202005/t20200523_12340385.htm,2023年6月19日访问。

同时,慈善是一个"复合体"。① 作为一个复合体,慈善包含了许多内容。首先,它包含慈善捐赠,根据我国《慈善法》的规定,慈善捐赠是指自然人、法人和非法人组织基于慈善目的,自愿、无偿赠与财产的活动。捐赠人捐赠的财产应当是其有权处分的合法财产。捐赠财产包括货币、实物、房屋、有价证券、股权、知识产权等有形和无形财产。根据相关研究,父母慷慨、受过高等教育等因素会有利于增加一个人的慈善捐赠。② 其次,它包括志愿服务,包括为个人和社区提供相关服务。广义上是指造福近亲属以外的他人(个人或团体)或环境的所有活动。狭义上是指无偿为非营利机构工作。根据联合国的定义,志愿服务主要有三个特点:一是不追求经济回报;二是服务出于个人自愿;三是造福于他人或社会。③ 最后,它还涵盖慈善组织,如果没有慈善组织,持续性的志愿捐赠和服务是不可能实现的。慈善组织是指依法成立的不以营利为目的、以面向社会开展慈善活动为宗旨的非营利性组织,我国《慈善法》把慈善组织分为了基金会、社会团体和社会服务机构等形式。除此之外,慈善在很多方面都是复合体,如慈善是一个道德范畴。当然,这并不是说所有的捐献者都出于道德的驱动或具有较高的道德境界,但没有道德基础的慈善事业是不可想象的。特别是在市场经济的条件下,道德对于现代慈善事业发展的意义就更为重大。因为发展现代慈善事业的首要任务是培养公众的慈善意识,而慈善意识的培养又取决于一个社会的道德水准。④ 作为回应"人性问题"的道德行为,慈善长期以来代表"道德远景中的社会史"⑤。

### (二) 慈善的使命

慈善的两大核心使命是缓解痛苦和提高生活质量。第一个使命主要着眼于满足基本需求,如食物、穿衣、医疗救护等基本生存需要。慈善在弥补社会裂痕、救助贫苦急难、扶助困弱群体方面发挥了巨大的作用,是人类社会古已有之的宝

---

① Gilles Deleuze and Félix Guattari, *What is Philosophy?*, trans. by Hugh Tomlinson and Graham Burchell, Columbia University Press, 1994, p. 15.
② 〔美〕罗伯特·佩顿、迈克尔·穆迪:《慈善的意义与使命》,郭烁译,中国劳动社会保障出版社2013年版,第58页。
③ 北京志愿服务发展研究会编:《中国志愿服务大辞典》,中国大百科全书出版社2014年版,第25页。
④ 张奇林:《论影响慈善事业发展的四大因素》,《经济评论》1997年第6期,第79—85页。
⑤ 〔美〕罗伯特·佩顿、迈克尔·穆迪:《慈善的意义与使命》,第13页。

贵文明财富。例如,中国政府出台多项政策鼓励慈善组织参与社会救助、扶贫事业,不仅肯定了慈善在扶贫中的重要地位,还规范了慈善组织参与扶贫开发的具体措施。在新冠肺炎疫情期间,慈善组织提供了大量资金、物资,展示了慈善捐赠在应对重大突发事件中的重要作用。截至2020年3月8日24时,全国各级慈善组织、红十字会接受社会捐赠资金约292.9亿元,捐赠物资约5.22亿件;全国各级慈善组织、红十字会累计拨付捐赠资金约239.78亿元,拨付捐赠物资约4.66亿件。[①] 第二个使命着眼于提高社会的生活品质,如艺术、文化等。就美国的艺术博物馆的建立历史来看,它们所获得的支持主要源于私人捐赠。根据一项由美国艺术博物馆馆长协会(Association of Art Museum Directors)进行的155家艺术博物馆收入来源调查,私有资助(捐赠收入)为2.35亿美元,占比为27%。[②]

同时,我们可以通过回答为什么慈善是人类对其生存环境的一种回应来阐释慈善的使命。有学者指出,人类生存环境中的"现实常遇困境"和"明天总会更好"这两点与慈善的存在密切相关。一方面,由于与人类生活相关的自然、社会、政治、经济环境的变化,人在遇到困境时往往需要帮助,例如人类面临灾害脆弱无助时,慈善就是对于这些苦难的回应之一。2008年汶川大地震波及国内10个省(市),4000多万同胞深陷危难之中。面对灾难,民间捐款捐物达762.14亿元,许多慈善组织和志愿者奔赴一线,在灾后救援和重建中发挥巨大作用。另一方面,人类追求更加舒适愉快的生活,而慈善正是人类寻求提高生活质量这一道德愿景的体现。人类对其生存环境的这一种回应是我们理解人类天性的基础,同时由于人类的本能反应常以难以预料的方式来减轻痛苦和提高生活质量,这实际上推动着我们做出慈善行为来回应。

## 第二节 我国慈善事业的历史与现状

### 一、古代的慈善活动

中国古代的慈善救济活动可以分为三个阶段。

一是汉唐时期的寺院慈善活动。东汉时期,佛教传入中国。佛教对世道人

---

① 《民政部:将从疫情应对中总结经验 提高慈善治理能力》,2020年3月9日,http://www.cankaoxiaoxi.com/china/20200309/2404040.shtml,2023年6月19日访问。
② Don Fullerton, "Tax Policy Toward Art Museums," *NBER Working Paper*, No. w3379, 1990, https://ssrn.com/abstract=1684425.

心的影响非常大。佛教慈善思想的核心是行善的功德论,有极其浓厚的"福报""修福"的观念,对社会上的一些富人有很强的吸引力。因此,佛教寺院乍一建立,济贫事业就发展起来。而且汉唐佛教寺院的财产一直非常丰赢,寺院财产最大的一个来源就是社会人士的捐施。寺院和僧侣从事的慈善活动主要包括济贫、赈灾、医疗、戒残杀、宣传慈善等。宋代以前的民间慈善事业大多由寺院僧侣和佛教信徒从事。新儒学兴起后,这一状况才有所改变,个人慈善活动零星出现,逐渐普及。

二是宋元时期朝廷推动的慈善救济事业。封建王朝主办的慈善救济机构最早可追溯至南北朝时期的六疾馆和孤独馆。[①] 唐代,随着武宗废天下僧寺,济贫工作始由宗教团体转到政府手上。宋承袭唐旧制,并扩大了官办慈善机构的规模,出现了划时代的变化。所谓"宋之为治,一本于仁厚,凡振贫恤患之意,视前代尤为切至"。宋代养老慈幼的专门设施有居养安济院、慈幼院、慈幼庄、婴儿局、举子包、举子田等,规模之宏远,计划之周密,设施之详尽,自西汉以来,历代封建王朝无一出其右者。另外,蔡京为相时,曾在全国普遍设立安济坊,以救治贫病老人,它取意于苏轼早年在杭州以私人捐款设置的义诊安乐坊。宋代在医疗方面还设有惠民药局提供义诊方,此处方后改名为"太平惠民和剂局方"。为了埋葬贫病路倒无依者,宋代又有漏泽园之设。这样,从养老到慈幼,从医疗到送终,朝廷主办的慈善机构已是完备之极。元代最重要的发展在医疗方面。设官医提举司和广济提举司负责医疗救济;另在各地普设"医学"为医疗主管,惠民药局继续提供医疗救济。

三是明清时期民间兴起的慈善事业。在明清之前,以捐谷赈灾、修路建桥为主要内容的个人慈善活动早已存在。即使是在官办慈善事业鼎盛的宋元时期,私人慈善活动也不乏见,如经常为人所提及的范仲淹的"义田",刘宰的"粥局",朱熹的"社仓"等。但这些慈善活动很难发展成为一种制度化的慈善事业。明末清初,在江南的武进、无锡、嘉善、太仓、昆山等地先后出现了同善会、广仁会、同仁会或善堂等民间慈善团体。明清时期的民间慈善事业既不同于宋元时期国家干预的慈善事业,也有异于此前出现的民间慈善(包括宗教的和世俗的)活动,它是中国历史上一种全新的非宗教性的、非宗族性的、持续的、志愿性的慈善救济事业,是现代慈善事业的萌芽。[②]

---

① 梁其姿:《明末清初民间慈善活动的兴起:以江浙地区为例》,《食货月刊》1986年第7—8期,第52—79页。

② 郑功成、张奇林、许飞琼:《中华慈善事业》,第34—40页。

同善会是最早的民间慈善组织。明万历十八年(1590),杨东明组织父老在河南虞城创立第一个同善会宗族,随后同善会在江南地区流行起来。同善会大都由地方绅士举办,经费主要依赖会员捐献。以嘉善同善会为例,每次捐献的金额从银九分到九钱不等。随着申请救助人数的增多,每次筹集的捐献已入不敷出,于是同善会开始置办不动产——土地,以地租收入来维持同善会的运营。同善会定期举行聚会,一般是每年四次。聚会的目的有三:一是收集会员的善款;二是根据会员平时调查的情况,确定救济对象,讨论款项的具体分配;三是由主会人用通俗易懂的语言进行讲演,劝人行善,做安分守己的良民,共建"好风俗"。① 同善会的救济对象首先是生活无着的孝子、节妇,其次是未被养济院收容而不愿以乞讨为生的贫病老者。这些人先要经会员推荐,再由同善会调查核实,才有资格领取善款。在同善会聚会讲演结束后,有时也对听讲的平民进行少量的施舍。②

民间慈善事业在清代有了进一步发展,主要表现在以下几个方面。

第一,民间慈善组织数量增多。据统计,仅江南的苏州府、松江府、常州府、嘉兴府、湖州府等府县就有慈善团体377个之多。③

第二,慈善机构的种类更加齐全。清代的慈善机构包括收容孤老贫病者的安济堂,收容流浪者的栖流所,收养婴儿的育婴堂,救济贞女节妇的恤嫠会,管束不孝子弟的洗心局,教育子弟的义塾,综合性救济机构芹香堂。可以说,清代的民间慈善机构种类已相当齐全,几乎涉及社会福利的各个方面。

第三,经费充足。清代善堂的经费来源不断扩大,财力大为增强。除会员的捐献外,地方官员发起募金资助善堂,有时还将没收田地划归善堂,许多士绅也捐献土地、房屋。

第四,参与阶层广泛。清代以前,慈善救济活动主要由地方士绅主办。随着清代商品经济的发展,工商业者的力量逐渐壮大,他们开始成为慈善事业中一支重要力量。

第五,清代善堂不受时间限制,随时施行救济,活动变得经常化。

综观中国古代的慈善救济活动,有这样几个特点:第一,同丰富而久远的慈善思想和由政府推动的慈善救济工作相比,中国的民间慈善事业相对滞后。即

---

① 梁其姿:《明末清初民间慈善活动的兴起:以江浙地区为例》,《食货月刊》1986年7—8期,第52—79页。
② 王卫平:《明清时期江南地区的民间慈善事业》,《社会学研究》1998年第1期,第84—97页。
③ 据王卫平前引文中有关数据汇总得出。

使是在民间慈善事业相对活跃的明清时期,民间慈善活动也只局限于工商业发达的江南地区。

第二,中国古代的慈善事业基本上是一种精英事业或富人的事业。无论是朝廷推动的慈善救济工作,还是民间慈善活动,一般都由地方上有影响的士绅或官员主办,经费来源主要是少数富人的捐献,平民百姓很少参与,这主要是因为大多数百姓在封建社会的超经济剥削下,普遍比较贫困。

第三,中国古代的慈善活动基本上是一个内敛性的、封闭的系统,这与慈善事业开放性、社会化的实践特征是背道而驰的,因而制约了中国古代慈善事业的发展。

第四,中国古代的慈善事业除了救济功能外,还有社会控制的功能。这一点尤为体现在明末清初的同善会中。嘉善同善会规定:同善会以劝善为主;善款得优先发给孝子、节妇等无靠之人,其次为养济院不收,但又不愿沦为乞丐的贫老病人,所谓知廉耻者;"不孝不悌、赌博健讼、酗酒无赖,即年少强壮、游手游食至赤贫者",一律禁止救济。由于慈善组织有如此独特的社会功能,即使是在封建专制主义统治进一步加强的明清时期,封建统治者也允许民间慈善组织的存在和发展。

## 二、民国时期的慈善事业

民国时期,灾害频发,战乱连年,由于政府救济不力,大量的救济工作只得由慈善组织来承担,因此慈善事业对于维系民国社会起了重要作用。这一时期也成为中国慈善事业发展的一个高潮,主要表现在以下几个方面。

首先,无论是慈善团体的数量,还是慈善家群体,在中国慈善事业史上都是首屈一指的。明清时期设立的民间慈善机构大都存续到了民国初期。以上海一地为例,明清以来创设的善堂济院有 22 所,延续到民国初年的就有 18 所。[①] 1930 年,国民政府内政部调查江苏等 18 省的救济院和旧有慈善团体时统计的数据显示,总计 566 个县市共有 1621 个旧有慈善团体,占所有社会救济机构的 70%。据 1946 年底国民党中央社会部的统计,全国 29 个省市共有救济机构 3045 个,其中私立的 1011 个,约占 33%。1948 年的《中国年鉴》披露,当时全国有 4172 个救济机构,其中私立者 1969 个,占 47%。[②] 这些数据虽因调查范围不同而

---

① 林万亿:《福利国家:历史比较的分析》,巨流图书公司 1994 年版,第 159 页。
② 同上书,第 164 页。

有所差异,但是民国时期的民间慈善救济机构一直数目众多却是不争的事实。影响较大的慈善救济机构有中国红十字会、中华慈幼协会、战时儿童保育协会、香山慈幼院、华洋义赈会等;主要开展养老、恤孤、育婴、助残、施医、丧葬、贷款、济贫、救灾、习艺等十几项救济活动。民国时期主办社会慈善事业的主体主要分为两部分:一部分是外国传教士和外国绅商;另一部分人多系政府要员的家属、下野政界官僚、军界将领,或清朝的遗老遗少。

其次,民国时期的慈善事业对于民国社会的维系起着举足轻重的作用。一般来说,慈善事业是国家保障的补充。如果国家保障功能健全,慈善事业就相对萎缩;如果国家保障不堪重负,慈善事业就有相当的发展空间。这个规律可以从社会发展的历程中找到佐证。民国时期,慈善事业的作用空前膨胀,有时甚至起到了决定性的作用。例如1920年秋,北方直隶、山东、河南、山西、陕西五省发生特大旱灾,灾区面积广约23.3万平方公里,灾民达3500万人。这次大灾的救济主力也是中外慈善家。当时,北方五省的灾区协济会、万国救济会、顺直旱灾救济会、华北救灾协会、山西筹赈会等18个救灾团体联合组成了国际统一救灾会,发挥全力,才使五省的灾区得到救助。

最后,我们也应该看到,由于近代中国特殊的历史背景,民国时期的慈善事业从一开始便带有明显的半殖民地化特征,呈畸形发展态势。比如,一方面,政府对慈善事业缺乏有效管理,尽管历届旧政府均设有机构管理慈善事业,但大都有名无实;另一方面,中国人开办的慈善机构大都源自外国人的影响,而且比外国人开办的少得多,水平也不一,而且慈善组织大都是临时救济性的,缺乏长远发展目标,善款短缺,管理较混乱。

### 三、新中国的慈善事业

慈善事业在新中国的发展一波三折。从新中国成立初期对旧慈善组织的改造到慈善事业被当作"封建遗毒"扫地出门,从20世纪90年代初《人民日报》为慈善正名到慈善事业被当作社会保障制度的重要组成部分写进党和政府的文件,新中国成立70余年来,慈善事业面临的政治环境、经济环境、社会环境和文化环境都发生了很大变化。环境的变迁决定了慈善事业的潮起潮落,也见证了慈善事业的兴衰。

新中国慈善事业的发展大致可以分为四个阶段。

第一个阶段是1949年至20世纪50年代中期。整个国民经济刚刚经历了战火硝烟的摧残和打击,残败凋敝,百废待兴。人民生活水平低下,相当数量的人口尚生活在绝对贫困线以下,很多民国时期遗留下来的慈善组织继续承担起了救助贫困伤残、扶助危难的责任,它们为维护社会安定、维持部分苦难人群的基本生活与尊严发挥了重要作用。为了将旧有的慈善机构进行改造,逐步纳入国家保障和社会救助的体系,1950年时任政务院副总理董必武做了《新中国的救济福利事业》的报告,阐述了中央政府对于民间慈善事业的态度,明确了将原有的民间慈善机构进行接管、改组,并入政府机构的政策方针。① 中国的慈善事业进入了国有化阶段。经过几年的休养生息和三大改造,中国政府逐渐建立了适合当时国情的政治制度和行政体制。这一阶段在新中国发展史上被称为社会主义过渡时期,而政府对慈善事业和慈善组织的态度似乎也在"过渡",即从支持利用转为改造接办。

第二个阶段是20世纪50年代末期到20世纪70年代末期。在完成社会主义三大改造之后,中国基本建立起社会主义制度。这一时期的鲜明特点是,高度集中的政治体制掌控了所有的社会资源,全能主义社会国家统包统揽社会职能,官方的社会救济工作全面取代了民间慈善组织的职能。在这种体制下,曾经热闹一时的慈善事业立即在神州大地销声匿迹。这种状况的原因主要有以下几个方面。②

第一,对慈善事业的认识问题。应该承认,新中国成立后一段时期内对慈善事业的认识是片面的。当时的舆论宣传中不乏对旧社会慈善事业的揭露、批评和指责。

第二,慈善事业的定位问题。在这一点上,历史出现了惊人的相似。如前所述,在儒家思想中,国家的仁政与民间慈善事业是不能并存的。于是出现了所谓社会主义公有制对慈善事业的排斥问题。因此,在慈善事业不复存在的岁月里,政府办的福利和救济事业有了长足发展。政府实际上替代和承担了济贫扶弱的慈善功能。

第三,经济基础问题。慈善事业由慈善供给和慈善需求两方面构成。就慈善供给而言,虽然慈善事业不应是一种富人的事业,但有一点必须承认:慈善事业的前提是,只有自己养活自己绰绰有余时,才有能力去接济别人。也就是说,只有当社会经济发展到一定程度,使一部分人能够拿出一部分财富去救助他人时,慈善事业才有可能产生。新中国成立后相当长一段时间里,全国人民的收入

---

① 罗雪挥:《中国慈善:漫长民间路》,《中国新闻周刊》2007年第30期,第30—35页。
② 郑功成、张奇林、许飞琼:《中华慈善事业》,第46—48页。

水平和生活水平普遍不高,各种物质短缺,慈善事业的发展缺乏相应的经济基础。

第四,在以阶级斗争为纲的年代,人际关系非常紧张,慈善事业缺少发展空间。

第三个阶段是20世纪80年代至2016年《慈善法》颁布之前。经过"文化大革命",党和政府对新中国成立以来的制度模式和各项政策进行了反思和总结,确立了以经济建设为中心、实行改革开放的发展战略。在意识形态领域,在继续坚持社会主义制度的原则下,提出了社会主义初级阶段的基本理论,认识到贫穷不是社会主义,并开始形成一整套系统的中国特色社会主义发展理论。在逐步推行政治体制改革的大背景下,政府的各项公共职能开始重新组合和调整。在政策上开始允许民间力量投入社会公益事业,慈善组织的运作和发展获得了前所未有的宽松环境。

改革开放之后,邓小平提出"让一部分人先富起来",国家和政府试图用放松经济管制、适度发挥市场机制作用的方式来激发和释放整个国民经济中的活力。建设社会主义市场经济的努力取得了显著成效,经济快速发展。在经济转型和快速发展的同时,收入分配的失调和贫富分化成为新的社会问题。一方面,不断扩大的贫富差距孕育着巨大的慈善需求,为慈善事业提供了发挥能量和作用的空间;另一方面,政府开始意识到民间慈善力量对于补充政府救济职能的重要作用,鼓励和支持不断壮大的民间力量进入慈善领域。慈善需求和慈善供给正随着经济环境的变化而形成互动之势。

20世纪90年代,新时期慈善事业开始发展。1991年华东出现大水灾,成为推动民间捐赠活动迅速发展的契机。国内同胞和海外侨胞对灾区人民给予了极大的关怀,捐款达20多亿元。① 1993年,全国各地逐步开展了以援助孤儿和老年人为主要特点的献爱心活动。1994年以后,助孤活动热情进一步高涨。群众性的救助活动成了精神文明建设的一个新亮点,人们也看到了组建慈善团体、发展慈善事业的社会基础。1993年1月,全国第一家以慈善会命名的社会团体——吉林省慈善总会正式成立。1994年4月,全国第一家综合性的民间慈善组织——中华慈善总会在北京诞生。它是全国所有民间慈善组织中唯一的全国性的联合性社团。社团登记管理部门赋予它在全国发展团体会员的权利。此外,基层社区的慈善组织也开始在城市甚至农村出现。比如,江西赣南就建立了149个县级和乡镇级慈善会。② 基层社区慈善组织的建立是中国慈善事业向纵深发

---

① 《新时期的中国慈善事业》,http://www.cpf.net.cn/article/show/68,2024年11月13日访问。
② 同上。

展的一个标志。它们从本社区筹款,直接服务于本社区的群众,深深扎根于基层。改革开放后,率先发展的就是这些民办的慈善机构。截至2009年底,在民政部门正式注册的社会组织组织有43.1万家,基金会1843个,其中公募基金会1029个,非公募基金会800个。①

随着各类慈善组织的建立,以社会捐献为资金来源,以安老、慈幼、扶贫、助学为主要内容的经常化、社会化、规范化的民间慈善活动全面开展。作为全国慈善事业的领头羊,中华慈善总会利用筹得的创始基金、专项基金和社会其他善款,推出了一系列影响大、见效快的慈善项目。如1995—1996年的孤儿康复项目、1997—1998年的慈善雨水积蓄工程等。这些项目影响大、见效快、用钱省,便于筹资、实施和项目管理,并为慈善事业的进一步发展积累了宝贵经验。2005年之前,我国每年的慈善捐赠总量为数十亿元;2006年,我国接收的捐赠总量达到100亿元;2007年,我国接收的境内公众与企业的捐赠额为223.16亿元(其中企业捐赠额为191亿元),加上接收的境外捐赠86.09亿元,总额达到约309亿元②;2008年,我国慈善事业进入新发展阶段,全年接收国内外各类社会捐赠款物共计1070亿元,是2007年的3.5倍。③

第四个阶段是我国《慈善法》颁布至今。中国慈善立法可谓"十年磨一剑":2005年民政部提出"慈善法"立法建议,2016年3月16日十二届全国人大四次会议正式通过。《慈善法》是中国慈善事业发展史上具有里程碑意义的一部立法。它对慈善行为、慈善活动及慈善参与者之间的相互关系进行规范、激励、监督和调节,是中国慈善事业可持续发展的重要法律保证。也有学者认为,《慈善法》开启了慈善事业的"黄金时代"。④ 2016年《慈善法》颁布施行之后,我国慈善事业发展迅速。《慈善法》配套政策不断出台,税收优惠逐步明确,多地跟进出台本地实施办法。2020年,我国慈善捐赠总额2085.4亿元,占GDP的比重为0.21%⑤;根据新华社消息,截至2022年12月30日,我国注册志愿者已逾2.3亿

---

① 《2009年民政事业发展统计公报》,2010年6月10日,https://www.mca.gov.cn/n156/n189/c93347/content.html,2024年7月19日访问。
② 《民政部发布2007年度中国慈善捐赠情况分析报告》,2017年7月3日,http://www.gov.cn/gzdt/2008-01/31/content_876526.htm,2023年6月19日访问。
③ 钟利平:《民政部发布〈2008年度中国慈善捐助报告〉》,《中国民政》2009年第4期,第59页。
④ 徐璨:《郑功成:〈慈善法〉开启慈善事业黄金发展时代》,《中国减灾》2016年第11期,第28—31页。
⑤ 《2020年度中国慈善捐赠报告(精简版)》,2021年12月15日,http://www.charityalliance.org.cn/news/14364.jhtml,2023年6月19日访问。

人,志愿队伍总数达135万个,志愿项目总数为1010万个,记录志愿服务时间超过52亿小时①;根据中国慈善联合会与中国信托业协会联合发布的《2021年中国慈善信托发展报告》,截至2021年底,全国累计慈善信托备案为773单,财产规模达39.35亿元。②

  党的十八大以后,慈善事业作为第三次分配的主要实现形式,被赋予了调节收入分配、促进共同富裕的重要历史使命。党的十九届四中全会首次明确提出,要"重视发挥第三次分配作用,发展慈善等社会公益事业"。党的十九届五中全会再次提出,要"发挥第三次分配作用,发展慈善事业,改善收入和财富分配格局"。按照党的十九届五中全会的精神,2021年发布的《中华人民共和国国民经济和社会发展第十四个五年规划和2035年远景目标纲要》收入了"发挥慈善等第三次分配作用,改善收入和财富分配格局"。同年召开的中共中央财经委员会第十次会议进一步提出,要坚持以人民为中心的发展思想,在高质量发展中促进共同富裕,正确处理效率和公平的关系,构建初次分配、再分配、三次分配协调配套的基础性制度安排。针对慈善事业发展的特殊性和实践中存在的问题,党的二十大报告提出,要"引导、支持有意愿有能力的企业、社会组织和个人积极参与公益慈善事业",从战略的高度为慈善事业的发展指明了方向。

## 第三节　慈善事业的可持续发展

  慈善事业的发展有悠久的历史,在不同国家和不同时期呈现出不同的发展态势。但是,随着环境的改变,各国的慈善事业面临可持续发展的共同挑战,短期的爆发和曾经的辉煌并不等同于长久的存续和兴盛。作为慈善事业长久存续的合法性基础的"必要独特性"(distinctiveness imperative)③是否依然存在?慈善事业可持续发展的逻辑和要求是什么?如何引导慈善资源不断地流向慈善领域,实现慈善事业的可持续发展?这些问题都需要从理论上做出回应和阐释。

---

① 《权威快报|我国注册志愿者逾2.3亿人》,2022年12月30日,http://www.news.cn/2022-12/30/c_1129243449.htm,2024年6月1日访问。
② 王勇:《〈2021年中国慈善信托发展报告〉发布》,《公益时报》2022年1月25日,第014版。
③ 美国学者莱斯特·萨拉蒙(Lester Salamon)从布拉德福德·格雷(Bradford Gray)和马克·施莱辛格(Mark Schlesinger)处借鉴了"必要独特性"一词来说明慈善行为的合法性问题。参见〔美〕罗伯特·佩顿、迈克尔·穆迪:《慈善的意义与使命》,第16页。

## 一、慈善事业可持续发展是一种现实需要

传统社会,自然灾害、贫穷使人类产生需求,慈善是对这些需求的直接回应,是一个社会的自我修复机制,而且这种回应方式在任何国家都存在。现代社会,自然灾害、贫穷依然困扰着人类。从自然灾害发生趋势来看,与2000—2019年的平均数据相比,2020年,全球大型自然灾害增加了21起,上升了5.7%;造成15 080人死亡、9840万人受害,经济损失达1713亿美元,与20年均值相比,增加了197亿美元,上升了13.0%。① 2020年,全球新增贫困人口1.19亿—1.24亿,极端贫困率上升为9.5%,这是全球极端贫困人口20多年来首次上升,多年反贫困成果遭遇逆转;如不采取积极行动,2030年全球贫困率预计约为7%,届时将有约6亿人的生活水平处于极端贫困线之下。②

与此同时,环境问题、疾病和健康问题、教育问题、难民问题等也威胁和影响着人类的生存与发展。人类在发展的同时也制造着风险,随着现代化和全球化的深入发展,"人类生活在文明的火山上"。传统的风险和现代的风险交织在一起,使人类的生存体验由"我饿"转变为"我害怕"。③

关于慈善的产生和存续,经济学家认为它是对市场失灵和政府失灵的回应。市场经济造就了现代社会,市场在追求资源配置效率的同时也带来了许多副产品。现代风险中的许多问题本身就是市场失灵的结果,自然也无法从市场那里找到解决的办法,同时由于公共物品的非竞争性和非排他性,市场也无法提供社会成员所需要的公共产品。慈善以私人提供公共物品的方式区别于市场机制,也在一定程度上回应了市场失灵所带来的问题。传统社会,每当灾害发生,民众最为倚重和看重的是政府提供的救济,但政府无力救济或救济不力、灾民流离失所甚至揭竿而起的事件时有发生。现代政府的治理能力已大幅提升,提供公共物品和福利服务的能力已不可同日而语,但面临的问题和需求也不断复杂化,政府不仅在满足社会成员的普遍需求方面捉襟见肘,也在应对突发事件,满足民众多样化、特殊性需求方面力有所不逮,往往难以达到预定的社会目标。慈善在收集需求信息,并及时有效低成本地满足这些需求方面有独特的优势,可以在公共

---

① 吴大明:《2020年全球自然灾害及受灾基本情况》,《劳动保护》2021年第11期,第41—43页。
② 《全球发展报告》,2022年6月20日,http://www.cikd.org/detail? docId=1538692405216194562,2023年6月19日访问。
③ 〔德〕乌尔里希·贝克:《风险社会》,张文杰、何博闻译,译林出版社2004年版,第13—57页。

物品的提供方面弥补、补充政府失灵所带来的缺憾。① 另外，根据亨利·汉斯曼恩（Henry Hansmann）的"契约失灵"（contract failure）理论，在不对称信息领域或信任缺失的时候，慈善拥有更大的"值得信任感"（trustworthiness），比政府和市场更适合提供公共物品或服务。②

当然，也有人质疑慈善在减少贫困、提供公共物品方面"杯水车薪"，"不能产生可靠的资源来对社区需求作出足够的回应"，慈善的"特殊主义""家长式作风""业余主义"等"志愿失灵"问题使本来就不充裕的慈善资源在分配、使用和服务的提供方面备受争议。③ 甚至有人认为真正解决贫困问题的方式是自助和互助，并批判慈善会使受助者陷入贫困陷阱，长期的慈善行为反而会产生意料之外的"非公益"的效果。④ 这些对慈善的质疑和批评可能来自不同的理念，或源于不同的理论视角⑤，自有其可商榷之处。而且，过于关注慈善的物质属性和公共物品的技术特征容易忽视慈善的道德维度和无形价值。出于道德的慈善行为在改良社会、引导世道人心、增进社会信任、培育社会资本方面有不可替代的作用。2016年9月，习近平主席在二十国集团（G20）领导人第十一次峰会上致辞时说，现在世界基尼系数已经达到0.7左右，超过了公认的0.6的"危险线"，必须引起高度关注。⑥ 我国近十年的基尼系数也一直高居"警戒线"（0.4）之上。基尼系数的高企表明，社会分享机制的断裂、共享机制的断裂可能会导致社会隔阂、冷漠甚至敌视。慈善事业的发展可以形成"公众参与的网络""普遍互惠的惯例"和

---

① Brian E. Dollery and Joe L. Wallis, *The Political Economy of the Voluntary Sector*, Edward Elgar Publishing, Inc., 2003, pp. 111–112.

② H. Hansmann,"Economic Theories of Nonprofit Organization,"in Walter W. Powell, ed., *The Nonprofit Sector: A Research Handbook*, Yale University Press, 1987.

③ 〔美〕莱斯特·M.萨拉蒙：《公共服务中的伙伴：现代福利国家中政府与非营利组织的关系》，田凯译，商务印书馆2008年版，第47—50页。

④ 〔美〕罗伯特·佩顿、迈克尔·穆迪：《慈善的意义与使命》，第78页。

⑤ 萨拉蒙认为，传统的志愿理论基于市场体系和政府失灵来解释志愿部门存在的不足，它忽视了也无法解释美国福利国家中"第三方治理"模式的广泛性和重要性，在许多领域，包括慈善组织在内的非营利组织在政府之前就已经出现了。如果将传统的志愿理论倒过来，把政府视为对志愿部门的固有局限性导致的"志愿失灵"而作出回应的派生性制度，这对现实的解释可能更合理，这就是所谓的"志愿失灵"理论。参见〔美〕莱斯特·M.萨拉蒙：《公共服务中的伙伴：现代福利国家中政府与非营利组织的关系》，第42—46页。

⑥ 《习近平：世界基尼系数超"危险线"必须引起高度关注》，2017年2月18日，http://finance.china.com.cn/news/special/2016g20summit/20160904/3891297.shtml，2023年6月19日访问。

"社会信任的关系"①,提升社会的价值认同和追求共同目标的能力。

慈善是"人类对自身生存环境做出的一种反应"②,过去的"现实"和现在的"现实"都需要慈善的回应。有学者认为,慈善的传统有两个分支:一种是针对灾难、贫困等眼前的困难和需求的"救济";另一种是所谓的"公益",是指通过可能的方式去提高生活质量。③ 在与政府和市场的互动中,慈善的内涵和形式不断丰富,并显示出应有的韧性。慈善事业的可持续发展有自己的逻辑和要求。

## 二、慈善事业可持续发展的逻辑

慈善资源是慈善事业发展的基础。随着慈善创新的深入,慈善事业赖以发展的慈善资源不断丰富,慈善收入不断增加,主要包括捐赠、政府资助、商业营收、会费、投资收益等。在有些国家,捐赠之外的收入甚至超过了捐赠本身。但是,真正能体现慈善本质和慈善精神的还是私人捐赠。因此,现实生活中普通人的捐赠是我们分析慈善事业可持续发展的逻辑起点。

一个人为什么会捐赠?捐多少?为了更准确地回答相关问题,经济学家习惯用市场决策的方法来分析捐赠者的捐赠行为。一方面,收入和捐赠价格④会影响捐赠者的捐赠行为,另一方面,捐赠者从捐赠中获得的收益也会影响其捐赠行为。在收入和捐赠价格方面,比较一致的看法是,收入越多和捐赠价格越低时,人们往往愿意多捐。在捐赠带来的收益方面,为了便于分析,一般将收益分为公利和私利两类。所谓公利,就是公共利益的实现,主要用慈善组织的产出来度量;所谓私利,就是个人效用的满足,主要包括名誉、威望等。⑤ 在西方文献中,大多数学者借助经典的慈善捐赠模型得出的结论是,个人捐赠的动机往往是出于私利。⑥

---

① 根据普特南的社会资本理论,这三项是社会资本的核心内容。参见 R. D. Putnam, *Making Democracy Work: Civic Tradition in Modern Italy*, Princeton University Press, 1993。
② 〔美〕罗伯特·佩顿、迈克尔·穆迪:《慈善的意义与使命》,第 4 页。
③ 同上书,第 83 页。
④ 捐赠价格是指捐赠者每多捐 1 块钱实际支付的成本,由于捐赠一般会享受税收扣除,因此捐赠价格取决于每个人的边际税率。比如,一个人的边际税率是 30%,他每多捐 1 块钱的价格就是 0.7 元;如果边际税率是 15%,他的捐赠价格就是 0.85 元。
⑤ Mark Ottoni-Wilhelm, Lise Vesterlund and Huan Xie, "Why Do People Give? Testing Pure and Impure Altruism," *American Economic Review*, Vol. 107, No. 11, pp. 3617–3723.
⑥ "私利"不等同于"自私",它是相对于"公利"而言的一种客观存在。亚当·斯密认为,自私是应当鄙视的,而对"个人幸福和利益的关心"则是"一种非常值得称赞的行为原则"。参见〔英〕亚当·斯密:《道德情操论》,蒋自强等译,商务印书馆 1997 年版,第 400 页。

经典的捐赠模型可能会误导我们。该模型有两个假定：一是人们在收入范围内做捐赠选择时是自由的；二是在一次性捐赠中，他人的捐赠额是一定的。但这两个假定与捐赠者所处的真实环境并不完全相符。捐赠者在做决定时，对社会规范和规则、社会成员的互动程度、捐赠收益、慈善组织的品质和其他捐赠者的状况等比较敏感，甚至会感受到压力，这就会产生正反两方面的影响。一方面，在追求公益而采取集体行动的过程中，信息的不对称会使个人产生侥幸心理，采取机会主义行动，这是所谓"搭便车"问题产生的根源。"搭便车"行为的存在会减少慈善捐赠，导致公益目标无法实现。但另一方面，社会环境的影响和激励会减少"搭便车"行为的发生，不至于出现一个人增加捐赠会减少其他人捐赠的情况。因此，慈善资源的管理和激励机制的设计对于维持私人捐赠的持续性至关重要。

慈善组织是各种慈善资源的汇集地，是管理慈善资源的关键。首先是对捐赠收入的管理。尽管对慈善组织而言，资金募集被认为是一种"必要之恶"，是"卑微"的，"不登大雅之堂"，但"一个慈善组织的成功以及对于慈善的真正考验并不在于捐赠或服务，而在于资金募集阶段"。美国是世界上慈善事业最发达的国家，其成功之处就在于"组织性募资的范围和有效性"[①]。其次是对财政平衡的管理。慈善组织的收入来源日益多样化，有来自私人部门的，也有来自政府的；有来自志愿捐赠的，也有来自商业行为的。不同的收入来源代表了不同的资源，各自有不同的激励和偏好，慈善组织需要一个战略来管理这些收入，以保持财务的稳定性和资源的充裕性[②]，同时需要避免对政府资源的依赖所带来的风险。

同时，慈善组织也是实施慈善的组织基础，如果没有慈善组织，许多慈善根本无法实现。无论个体的力量多么强大，能够救助的对象和救助的时间毕竟有限，但通过慈善组织的集聚，个体的力量得以放大；无论个人行善的愿望多么强烈，一些捐赠必须通过慈善组织等指定机构方能实现，如海外捐赠、血液或器官捐赠等。总之，如果没有慈善组织，持续性的私人捐赠和服务是不可能实现的。[③]加强慈善组织的建设实乃重中之重。

虽然慈善与政府分属私人部门与公共部门，但对公益的追求使两者紧密地联系在一起，在慈善的发展过程中总能见到政府的影子。公共政策能持久影响

---

① 〔美〕罗伯特·佩顿、迈克尔·穆迪：《慈善的意义与使命》，第62页。
② Young Dennis, ed., *Financing Nonprofits: Putting Theory into Practice*, Altamira Press, 2007, p. 7.
③ 〔美〕罗伯特·佩顿、迈克尔·穆迪：《慈善的意义与使命》，第52页。

流入慈善部门的资源,针对慈善的公共政策主要有三类:补贴、税收和监管。① 补贴的形式很多,包括直接资助、购买服务、补偿等,是慈善部门的一部分收入来源。尽管早在个人所得税和企业所得税出台之前慈善就已存在,但税收政策已成为影响慈善捐赠的主要因素。② 监管主要是指对慈善组织合法地位的审查,对慈善部门的结构影响重大。有学者认为,这三类政策体现了政府在处理慈善问题中的矛盾之处:既补贴它们又限制它们,宣扬它们的美德但又不信任他们,因此是鼓励和压制并举。③ 但我们认为,对慈善公共政策的评价不应过于悲观,适当的监管是对慈善的保护,是慈善事业健康持久发展的重要保证。那种认为政府与慈善部门存在"内在冲突"的观念在现实中往往被夸大了。④

慈善事业的可持续发展犹如奔驰的列车,私人捐赠是动力,慈善组织是驾驶员,政府和政策是助推剂、路轨,载着人们驶往美好的世界。私人捐赠、慈善组织和政府的互动形成了慈善事业可持续发展的逻辑。

### 三、慈善事业可持续发展的实现路径

慈善事业在不同的国家有不同的历史传统和发展路径,但基于我们对慈善事业可持续发展的逻辑与要求的理解,实现慈善事业的可持续发展主要应该关注以下几点。

第一,慈善的合法性问题。这里讲的慈善的合法性有两方面的含义。一是政府赋予慈善的合法性,它代表了一种政治认同。尽管慈善和政府有互补的一面,但在资源动员和福利提供上,慈善与政府是竞争关系⑤,出于权威和正统的考量,政府有可能会限制慈善事业的发展。⑥ 同时,慈善事业发展所依托的市民社会、社会动员与政府的社会控制存在某种张力,这也可能成为政府限制慈善的缘由。因此,肯定慈善的价值和正当性,赋予慈善以合法性,是慈善事业可持续发展的前提条件。⑦ 二是慈善部门要不断诠释和证明慈善的合法性,也就是慈善存

---

① Brian E. Dollery and Joe L. Wallis, *The Political Economy of the Voluntary Sector*, p. 132.
② Burton A. Weisbrod, *The Nonprofit Economy*, p. 4.
③ Ibid., p. 7.
④ Brian E. Dollery and Joe L. Wallis, *The Political Economy of the Voluntary Sector*, p. 118.
⑤ 竞争关系不是对立甚至敌对关系,也不必然导致对立或敌对,但若认识和处理不当则有可能转化为对立或敌对关系。
⑥ 在现代社会中,即使政府认同慈善事业,也存在政府福利项目挤出(crowd-out)慈善的现象。
⑦ 张奇林、巩春秋:《中国慈善事业可持续发展的现实需求与战略选择》,《山东社会科学》2016年第7期,第54—59页。

续的必要独特性。① 从慈善的缘起来看,慈善是具有合法性基础的,但随着社会经济的变迁,慈善的合法性不断受到挑战和冲击,最直接的后果就是慈善部门的财政困难。慈善财政的困难既与经济不景气,政府资助减少,并且出现结构性调整等因素有关,更与捐赠者的信心有关。慈善的绩效与公信力,慈善与市场、政府的边界等内生性因素对捐赠者信心影响很大,这是慈善部门需要高度关注,但也不是慈善部门所能掌控的。

第二,发展模式的选择。可持续发展理论中一个基本的理念就是多维发展。多维发展的理念是基于经济发展水平的差异和文化、体制的异质等多种因素提出来的。它的政策意义是,各国可以从本国国情出发,制定符合本国国情的可持续发展战略,走符合本国国情的可持续发展道路。多维发展的理念也适用于慈善事业。② 慈善是一种文化,体现的是一个社会由来已久的对慈善价值和慈善行为的认识。慈善也是一种社会选择,在面临困境和需要时,政府、市场和慈善既是不同的应对机制,也反映了不同的责任关系,什么时候需要慈善、需要多少,都面临选择。世界许多国家都有慈善组织和慈善部门,它们都与各自独特的历史、文化和政治传统紧密相连,这是一种"路径依赖"③,离开了慈善所属的时代和民族气质,就不可能真正理解慈善。④ 从此意义上讲,慈善也是观察不同国家社会、经济和文化差异的绝佳视角。⑤ 赫尔穆特·安海尔(Helmut Anheier)和萨拉蒙借鉴戈斯塔·艾斯平-安德森(Gøsta Esping-Andersen)关于福利体制的类型学研究,从"公共社会福利支出占GDP的比重"和"市民社会岗位占经济活动人口的比重"两个维度,将"第三部门体制"(third sector regime)划分为四种模式:自由主义(Liberal)、社会民主主义(Social Democratic)、国家主义(Statist)和合作主义(Corporatist)。⑥ 从价值判断的角度讲,模式的选择无所谓优劣,但有两个目标是

---

① "必要独特性"是指慈善目标的必要性和实现形式的独特性。只有当必要性和独特性充分时,慈善的合法性基础才牢固。

② 张奇林、管雨蒙:《中国慈善事业的非典型发展与可持续发展》,《江汉论坛》2015年第10期,第123—127页。

③ H. K. Anheier and L. M. Salamon, "The Nonprofit Sector in Comparative Perspective," in Walter W. Powell and Richard Steinberg, eds., *The Nonprofit Sector: A Research Handbook*, Yale University Press, 2006, p. 91, p. 106.

④ K. W. Thompson, *Philanthropy: Private Means, Public Ends*, University Press of America, 1987, p. 42.

⑤ H. K. Anheier and L. M. Salamon, "The Nonprofit Sector in Comparative Perspective," p. 90.

⑥ Ibid., p. 106.

相同的,一是获得社会支持,二是将信息成本最小化。① 为实现这两个目标,各国从不同的逻辑出发进行制度设计和模式选择。文化的变迁和模式的形成是缓慢的和稳定的,但在一个国家的不同领域和不同时期,政府与慈善部门的关系往往变化较大。

第三,慈善自觉的培养和激励机制的设计。这是慈善事业可持续发展的两个引擎。慈善的核心特征是道德②,道德是慈善自觉的基础。道德的养成有多种途径和方式。乐善好施、守望相助是中华民族的传统美德,即使是在特殊年代,人们私下的互助共济活动也从来没有中断。对传统美德的歪曲和背离毕竟不是常态,重拾"爱人之仁"的价值观念,回归扶危济困的美德在当今中国社会产生了强烈共鸣,这充分说明了传统美德绵绵不绝的生命力。社会主义核心价值观是对中华民族传统美德的弘扬和升华,同时它又以开放的胸怀包容世界的先进文化,它理应成为公民道德教育和慈善自觉培养的思想基础和价值取向。③ 但是,也应该看到,仅靠道德说教来维持慈善事业的发展是有风险的,资源配置也难以达到最优。因为公共物品的供给中存在"搭便车"的问题,提供的公共物品的量会低于社会最优水平。曼瑟尔·奥尔森(Mancur Olson)在其名著《集体行动的逻辑》中提出的应对办法是,通过"选择性激励"(selective incentives)来"驱使"理性的个体采取有利于集体的行动,这些"选择性激励"既可以是积极的,也可以是消极的,前者通过惩罚进行强制,后者通过奖励进行诱导。④ 在慈善激励机制的设计方面,如果"不知道慈善在做什么,他们做得有多好,他们对不同的激励和限制如何回应,是很难制定好的公共政策的"⑤。作为目前实施的主要的慈善税收政策,税收扣除(tax-deductibility)就是一种"选择性激励"机制,尽管税收政策对每个人都是公平的,但从结果来看,税收减免是有选择的,只有进行慈善捐赠的人才能享受相应的减免,捐得越多,享受税收优惠越多,但这也是税收扣除引发争议的地方,它会使捐赠者的税后成本不一致,导致"受益不均",扭曲慈善活动,因

---

① C. H. Tuohy, "Dynamics of a Changing Health Sphere: The United States, Britain, and Canada," *Health Affairs*, Vol. 18, No. 3, 1999, pp. 114—134.
② 〔美〕罗伯特·佩顿、迈克尔·穆迪:《慈善的意义与使命》,第 68 页。
③ 张奇林、巩春秋:《中国慈善事业可持续发展的现实需求与战略选择》,《山东社会科学》2016 年第 7 期,第 54—59 页。
④ 〔美〕曼瑟尔·奥尔森:《集体行动的逻辑》,陈郁等译,上海三联书店、上海人民出版社 1995 年版,第 41—42 页。
⑤ Burton A. Weisbrod, *The Nonprofit Economy*, p. 2.

此有学者提出税收扣除不应成为主要的激励捐赠的工具。① 除了经济激励外,还可以采用社会激励的方式,因为"人们有时候还希望去获得声望、尊敬、友谊以及其他社会和心理目标"②。激励的主体既可以是政府,也可以是慈善组织,不同激励对应不同的收入来源。但是,在政府的公共政策中,要避免另一种"选择性激励",主要表现在政府对不同的慈善组织给予不同的政治地位和经济激励,其结果是慈善资源向少数慈善组织集中,而其他的慈善组织往往无力向社会提供更多的服务。③

第四,慈善组织建设。慈善事业的可持续发展主要是通过慈善组织来实现的。慈善组织是志愿部门的典型代表,"志愿失灵"问题也主要体现在慈善组织的运作过程中。因此,治理"志愿失灵"需要加强慈善组织建设。慈善组织建设有两条路径,一是慈善组织自身的建设,二是通过外部监管促进慈善组织建设。从慈善组织自身来看,慈善组织要管理好不同的收入来源,维持健康的财务状况。同时,慈善组织要组合不同的收入来源,实现不同的社会目标。也就是说,慈善组织既要拓宽筹资渠道,募集更多的慈善资源,也要使用好这些资源。在创造和积累财富方面,市场是慈善部门的好老师。现代慈善中越来越多的慈善创新灵感都来自市场。在传统的捐赠外,公益信托被认为是"慈善路径的革命",为持续的捐赠建立了"一个更为稳定的制度机制"④;社会企业、风险慈善、免税债券等则是引入商业技巧,拓展慈善收入来源的另一些创新。但是,对慈善组织的评判决不能沿用商业的标准(如利润),也无法沿用政治领域的标准(如选票),慈善组织"成功与否"从来就缺乏简单的客观的评判标准,这使得慈善组织的绩效评价饱受争议,有时让捐赠者和慈善组织无所适从,这也是慈善部门广受诟病之处。⑤ 就慈善组织而言,财务健康的评判不仅是平衡的资产负债表,还要有应对风险的能力和机制,保持收入来源的多样性是一种策略和趋势。⑥

慈善组织有自己的使命和目标,而且它们因这些使命和目标而享受特殊的待遇,因此慈善组织必须接受管理和监督。对获得慈善组织地位的机构进行监

---

① Burton A. Weisbrod, *The Nonprofit Economy*, pp. 164−165.
② 〔美〕曼瑟尔·奥尔森:《集体行动的逻辑》,第 70 页。
③ 张奇林、管雨蒙:《中国慈善事业的非典型发展与可持续发展》,《江汉论坛》2015 年第 10 期,第 123—127 页。
④ 〔美〕罗伯特·佩顿、迈克尔·穆迪:《慈善的意义与使命》,第 173 页。
⑤ 同上书,第 69 页。
⑥ Young Dennise, ed., *Financing Nonprofits: Putting Theory into Practice*, pp. 6-7.

管主要有三个方面的内容。一是信息公开。捐赠者和慈善组织之间不是"一锤子买卖",这也是慈善事业可持续发展最好的注解。但捐赠者和慈善组织之间存在信息不对称的情况。募捐成本(fund raising costs)是影响捐赠者捐赠的重要因素,因为它反映了慈善组织能将多少收益用于慈善目的。[①] 尽管各国对募捐成本的比例没有一致的规定,但慈善组织公开信息是最低要求。二是衡平(equity)原则。就是通过设立各种免税标准以实现资源和机会的平等或再分配,阻止或减少歧视的发生。但是,衡平原则的监管面临诸多挑战,如慈善组织的再分配作用越来越难以界定,捐赠者通过慈善组织对慈善资源的支配和操纵如何判定,歧视或偏见在多大程度上是可以接受的,等等。三是边界巡逻(border patrol)。就是严格区分和控制慈善组织与商业和政府机构的边界,对慈善组织的竞争行为,控制或影响政府、商业机构行为的能力进行监控,同时通过税收机制规范慈善信托行为,确保慈善组织从组织到运作完全出于慈善目的。这些监管措施都有助于治理慈善组织"志愿失灵"及其衍生出来的问题,促进慈善组织建设。

## 本章小结

慈善是指用于公共目的的私人捐赠。慈善的本质是公共物品的私人提供。

慈善组织是 NPO 的一种,而且是 NPO 的主体,但又不是一般的 NPO。

慈善事业是以私人捐赠为基础,以慈善组织为实施主体,以提供公共物品、服务公共目标为目的,以扶危济困为重点领域,规范化、制度化、社会化的公益事业。慈善事业是我国社会多层次社会保障体系的重要组成部分,是社会救助制度和兜底保障制度的有益补充,是实现社会第三次分配的关键要素,是社会主义核心价值观的重要体现,在消除贫困、促进社会和谐方面具有特殊的作用,是国家治理体系与治理能力现代化不可或缺的重要力量。

中国古代的慈善救济活动可以分为三个阶段:一是汉唐时期的寺院慈善活动;二是宋元时期朝廷推动的慈善救济事业;三是明清时期民间兴起的慈善事业。在民国时期,无论是慈善团体的数量,还是慈善家群体,在中国慈善事业史上都是首屈一指的,对于民国社会的维系起着举足轻重的作用。同时,由于近代中国特殊的历史背景,民国时期的慈善事业从一开始便带有明显的半殖民地化特征,呈畸形发展态势。新中国慈善事业的发展有过波折。党的十八大以后,慈

---

① Burton A. Weisbrod, *The Nonprofit Economy*, pp. 95-96.

善事业作为第三次分配的主要实现形式,被赋予了调节收入分配、促进共同富裕的重要历史使命。党的二十大报告提出,要"引导、支持有意愿有能力的企业、社会组织和个人积极参与公益慈善事业",从战略的高度为慈善事业的发展指明了方向。

### ◆● 重点名词

慈善组织　非营利组织

### ◆● 思考题

1. 慈善事业有哪些特点?
2. 请简述我国古代和近代的慈善行为。
3. 请简述《中华人民共和国慈善法》颁布后,我国慈善事业发展的成就。
4. 结合现实案例,分析我国慈善事业可持续发展的必要性、逻辑及实现路径。

### ◆● 延展阅读

习近平:《扎实推动共同富裕》,《求是》2021年第20期,第4—8页。

官蒲光:《关于走中国特色慈善之路的思考》,《社会保障评论》2022年第1期,第117—132页。

张奇林:《共同富裕目标下慈善事业的使命担当与发展路径》,《社会保障评论》2023年第3期,第133—146页。

〔美〕罗伯特·佩顿、迈克尔·穆迪:《慈善的意义与使命》,郭烁译,中国劳动社会保障出版社2013年版。

下 编

# 社 会 福 利

# 第八章 社会福利概述

【本章学习要点】
1. 掌握社会福利的内涵和特征。
2. 熟悉社会福利思想的发展演进。
3. 了解社会福利模式的类型。

## 第一节 福利与社会福利

从古到今,社会福利与人类的生存发展都有着直接的联系,无论是最初的福利形式还是现代社会福利都会影响人类生存的状况和生活质量。同时,人类社会的经济水平、文化和道德传统、观念、意识形态等方面都影响着社会福利的发展。不同背景下形成了不同的福利模式,人们对社会福利的内涵理解也很不一致。古今中外,"福利"和"社会福利"都是使用非常广泛的词语,人们对其理解也是多样化的。

### 一、福利的内涵

在目前通用的英语词典中,有四个单词表示"福利",即"welfare""well-being""benefit"和"interest",但是最常用的是"welfare"。从英语词根上讲,"welfare"由词根"well"和"fare"组成。其中,词根"well"表示"好、令人满意的",词根"fare"表示"进展、过活、生活",所以福利"welfare"的字面意思是"美好的生活""令人满意的生活或进展"。《牛津现代英汉双解词典》对"welfare"的解释是,"well-being,happiness;health and prosperity(of a person or a community etc.)",可以译为"安乐、幸福;(个人、集体或社会等的)健康和繁荣"。《韦伯斯特新世界大学词典》指出,"福利(welfare)是一种健康、幸福和舒适的良好状态"。所以,从动态层面来看,"welfare"是指向着美好生活目标顺利发展的一种状态或过程;从静态层面来看,"welfare"是指一种美好、幸福的生活状态。①

其实,"福利"一词并非西方专有,在我国古已有之。在汉语中,"福利"一词是由"福"和"利"这两个字构成的,在汉语构词法中属于同义复合词,即"福"与"利"的意思相近。《说文解字》中就有,"福,佑也。以示畐声"②。"福利"一词第一次出现是在《后汉书·仲长统列传》中,"是使奸人擅无穷之福利,而善士挂不赦之罪辜"③,这里的"福利"主要是指物质方面的幸福利益。后来,韩愈的《与孟尚书书》中有,"何有去圣人之道,舍先王之法,而从夷狄之教,以求福利也",这里的"福利"主要是指心理上的幸福和满足感。

古今中外,人类都孜孜以求幸福美好的生活。在不同的语言中,"福利"一词的意思也不完全相同,但其实质是一致的,即表示人类的一种安全、幸福的状态。

## 二、社会福利的内涵

"社会福利"一词在现实生活中被广泛使用,意思比较宽泛,在不同的语境下有不同的理解和语义。特别是,中外对"社会福利"的使用有分歧和差别,需要进行比较说明,以明晰"社会福利"的内涵。

### (一) 国外对社会福利的界定

美国社会工作者协会(NASW)1999年出版的《社会工作百科全书》是这样定义社会福利的:"社会福利是一个宽泛的和不准确的词,它最经常地被定义为旨在对被认识到的社会问题做出反应,或旨在改善弱势群体的状况的'有组织的活动''政府干预'、政策或项目……社会福利可能最好被理解为一种关于一个公正社会的理念,这个社会为工作和人类的价值提供机会,为其成员提供合理程度的安全,使他们免受匮乏和暴力,促进公正和基于个人价值的评价系统,这一社会在经济上是富于生产性的和稳定的。这种社会福利的理念基于这样的假设:通过组织和治理,人类社会可以生产和提供这些东西,而因为这一理念是可行的,

---

① 田北海:《社会福利概念辨析——兼论社会福利与社会保障的关系》,《学术界》2008年第2期,第278—282页。
② (东汉)许慎:《说文解字》,上海古籍出版社2007年版,第3页。
③ (清)王先谦:《后汉书集解》,中华书局2006年版,第579页。

社会有道德责任实现这样的理念。"①可见,社会福利包括了理念、道德责任和制度实体等不同层次的含义。简言之,社会福利既可以指社会福利状态,也可以指社会福利制度。所谓社会福利状态是指人类生活中的幸福和正常的状态,而贫困、疾病和犯罪等是"反社会福利"状态。所谓社会福利制度是为达到社会福利状态而做出的集体努力(包括政府的努力)。但是社会福利制度会因时因地而发展变化,没有统一的定义,因此一般来说,社会福利制度是指为促进人类幸福,疗救社会病态的慈善活动或者政府行为。②

日本学者一番濑康子认为,社会福利一词使用范围非常广泛,在不同时代、不同国家和不同场合,社会福利都有不同的含义。康子强调,福利不单单表现为心情等主观因素,而且是一个人主动地追求人间幸福生活权利的基础、机会和条件,以及日常生活中所做的各种必要的努力,这才是福利的含义。由此产生的来自社会的各项对应政策,可以被称作社会福利。1950 年,日本社会保障审议会提出的《关于社会保障制度的劝告》对社会福利的定义是,"社会福利是指对于国家扶助的对象,如残疾者、儿童及其他需要援助的人,给予必要的生活指导、回归社会指导、生活保护等,以达到充分发挥他们的能力,走向自立为目的的事业"。康子认为,如果要对社会福利做一个极为抽象的概括,那么社会福利就是泛指解决有关福利问题的各种社会方法和政策。③

(二) 国内对社会福利的界定

《中国大百科全书·社会学卷》中对社会福利的定义是,"社会福利是国家和社会为增进与完善社会成员尤其是困难者的社会生活的一种社会制度。旨在通过提供资金和服务保证社会成员一定的生活水平并尽可能提高他们的生活质量"④。

郑功成教授认为,"在中国,社会福利是专门指国家和社会通过社会化的福利设施和有关福利津贴,以满足社会成员的生活服务需要并促使其生活质量不断得到改善的一种社会政策"⑤,并与社会救助、社会保险共同构成三大社会保障措施。

---

① Robert Barker, *The Social Work Dictionary*, 6th ed., NASW Press, 2013, p. 2206.
② 尚晓援:《"社会福利"与"社会保障"再认识》,《中国社会科学》2001 年第 3 期,第 113—121 页。
③ 〔日〕一番濑康子:《社会福利基础理论》,沈洁、赵军译,华中师范大学出版社 1998 年版,第 1—26 页。
④ 田凯:《关于社会福利的定义及其与社会保障关系的再探讨》,《上海社会科学院学术季刊》2001 年第 1 期,第 161 页。
⑤ 郑功成:《社会保障学:理念、制度、实践与思辨》,商务印书馆 2000 年版,第 20 页。

从现有的资料来看,我国学者对"社会福利"一词的理解大致有五种不同的看法。

一是社会政策研究中的社会福利概念,大致与社会资源同义,包括一切有形无形的收入、财产、安全、地位、权利等。所谓"社会政策"则是"将我们在社会福利的生产、分配与消费中的社会的、政治的、思想的和制度的内容,放入一个我们所期望达到的最具活力的道德与政治结合的标准框架进行的探索"①。这种对社会福利的界定是各种看法中意义最为宽泛的。

二是针对市场经济带来的不公平采取的一切维护社会公平的制度和措施,大致与我们目前使用的"社会保障"一词或西方福利国家所使用的"社会福利"一词同义。按照这种理解,社会保障是社会福利的一部分而不是相反,社会保障是实现社会福利的一种手段,它的资金来自专门的社会保障税(费)的收入,而社会福利的资金则来自一般的国家财政。

三是一切形式的由政府、社会、单位和他人等提供的高于基本生活水平的经济、政策和服务保障,在词义上与"社会救助""社会保险"相对应,是指享受型而非生存型的社会利益。在这个意义上,社会福利和社会救助、社会保险构成了我国的现代社会保障体系的三大支柱或三个子系统。

四是由政府和社会提供的一切低于或高于基本生活水平的经济收入、政策扶持和服务保障等。以我国目前的政策为例,除了指通过民政部门提供的针对老年人、残疾人、孤儿的收入保障、政策优惠、福利服务以外,也包括建设、教育、卫生、司法部门提供的住房、教育、医疗、司法方面的救助,以及工会、妇联、共青团等社会团体采取的保护困弱群体的各种措施和服务等。

五是民政部门代表国家提供的针对老年人、残疾人、孤儿的收入和服务保障,保障标准主要是基本生活。近年来随着社会福利社会化的推进,也开始提供高于基本生活水平的个人付费的服务保障。这种社会福利的定义在含义上最为狭隘,因此也有人直接称这个意义上的社会福利为民政社会福利。②

可见,西方国家在使用社会福利概念时,往往是从广义的层面对其进行界定,即为改善人类福利所做的一切制度安排;而我国在使用社会福利概念时,则更为不统一,既有学理上的广义理解,也有政策研究中的狭义界定。因此,需要根据不同的语境厘清其概念边界,避免误读和误解。

---

① 杨团:《社会政策的理论与思索》,《社会学研究》2000年第4期,第16—26页。
② 多吉才让:《〈中国社会福利丛书〉总序》,载孙炳耀、常宗虎:《中国社会福利概论》,中国社会出版社2002年版,第2—3页。

## 第二节 社会福利和社会保障的关系

不论在学术研究中,还是在政策实践中,社会福利和社会保障都相互联系又有所区分。因此,要准确理解社会福利的概念,需要对社会保障内涵加以把握,并对社会福利与社会保障之间的概念界定进行梳理。

### 一、社会保障的内涵

(一)国外对社会保障的界定

"社会保障"(social security)一词最早出现在美国1935年的《社会保障法》中,是指对老年人、遗属、残疾人提供的现金补助和生活保障。《社会工作百科全书》对社会保障的定义为:一个社会为那些遇到了已经由法律做出定义的困难的公民,如年老、生病、年幼或失业的人提供的收入补助。在美国,"社会保障"一词是指由老年人、遗属、残疾人、健康保险项目(OASDHI)和由医疗照顾项目提供的现金补助。[①]

英国的《贝弗里奇报告》指出,社会保障"是一个抵御因谋生能力中断或丧失而造成的风险,或覆盖因生育、婚嫁和死亡而产生的特殊支出的社会保险方案……其目标是要确保英国民众在任何情况下都不会陷入贫困"。《新大不列颠百科全书》将社会保障定义为:"由立法确立,用于维持个人和家庭收入,或是在个人或家庭的部分或全部收入中断或终止以及发生重大支出(如养育儿童或支付健康照顾费用)的情况下,向其提供收入的任一制度安排。因此,社会保障能够向那些遭遇疾病和残疾、失业、公司破产、丧偶、妊娠、育儿或退休者提供现金给付。"

国际劳工局在1984年发布的《社会保障导言》中指出:社会保障即社会通过一系列的公共措施对其成员提供的保护,以防止他们由于疾病、妊娠、工伤、失业、残疾、老年及死亡而导致的收入中断或大大降低而遭受经济和社会困窘,对社会成员提供的医疗照顾,及对有儿童的家庭提供的补贴。

尽管不同国家对社会保障范围和内容的界定存在差异,但总的看来,西方国

---

① 尚晓援:《"社会福利"与"社会保障"再认识》,《中国社会科学》2001年第3期,第113—121页。

家将社会保障定义为一种确保公民收入安全的制度安排,是实现社会福利目标中的一项基础性制度安排。

(二) 国内对社会保障的界定

在国内,"social security"被翻译成为社会保障,但对这一概念的理解与国外存在很大差异。

郑功成教授将社会保障定义为,"国家或社会依法建立的、具有经济福利性的、社会化的国民生活保障系统","中国特色的社会保障体系由社会救助、社会保险、社会福利、军人保障和补充保障五大部分构成"。[①] 他还指出,"在某种情况下,这一概念与一些国家或地区的社会福利概念范围更加接近"[②]。

1993年,党的十四届三中全会通过的《中共中央关于建立社会主义市场经济体制若干问题的决定》提出,要"建立多层次的社会保障体系",并且指出,"社会保障体系包括社会保险、社会救济、社会福利、优抚安置和社会互助、个人储蓄积累保障"。

可见,在我国,社会保障概念涉及的内容和范围更为广泛。西方国家强调收入安全的狭义社会保障概念,我国却使用囊括了社会保险、社会救助、社会福利、社会优抚等制度的广义概念——与国外所界定的广义上的社会福利具有相同之处。这种概念界定的不一致容易引起学术交流中的误解。

## 二、社会福利与社会保障的概念界定

由于对社会福利和社会保障概念的界定有歧义,因此关于社会福利和社会保障关系的认知有较大分歧,主要分为以下三种代表性观点。

其一,从目前情况看,"我国大部分理论工作者和实践工作者都将社会福利界定为社会保障的一个子系统"[③]。国内对社会保障的界定已提供很多这样的例子。之所以将社会福利视为社会保障的一个组成部分,主要是因为社会福利被理解为狭义的社会福利或者民政社会福利,即社会福利是由民政部门代表国家向社会的老、弱、病、残、孤寡者等特殊群体提供的福利。

其二,随着我国社会保障实践的深入和学界对社会保障理论的不断发展,部

---

① 郑功成主编:《中国社会保障改革与发展战略——理念、目标与行动方案》,人民出版社2008年版,第43页。
② 郑功成:《社会保障学:理念、制度、实践与思辨》,第11—12页。
③ 周良才:《中国社会福利》,北京大学出版社2008年版,第6页。

分学者认为社会保障是社会福利的一个子系统,而不是相反。① 尚晓援援引国外辞书和通行的定义,认为社会保障在国际社会政策的研究中有相对固定的、通行的含义,是指由国家或由立法保证、旨在增加收入安全的制度安排。社会福利的含义则宽泛和含糊得多,一般是指作为人类社会,包括个人、家庭和社区一种正常和幸福的状态。广义的社会福利制度是指国家和社会为实现"社会福利"状态所做的各种制度安排,包括增进收入安全的"社会保障"的制度安排。狭义的社会福利则指为帮助特殊的社会群体,疗救社会病态而提供的社会服务,它与"社会保障"的制度安排同为促进人类幸福的制度措施,只是针对不同的社会问题。所以社会保障可以是一个国家社会福利制度的组成部分,反之并不亦然。② 这就使社会福利与社会保障概念的界定更符合国际惯例。

其三,有学者对上述两种观点都不赞同,认为社会福利和社会保障之间并没有必然的谁包含谁的问题。一方面,两者在内容上相互交叉,难以割裂;另一方面,学科视角的不同则是上述分歧的主要原因。③

出于对我国制度实践和学术习惯的尊重,本书将社会福利定义为国家和社会通过各种形式提供现金、实物、服务以及权利和机会等,以满足社会成员的基本生活需求,改善其生活质量,增强其自身发展能力的社会政策。在我国,社会福利是一种具体的制度安排,是我国社会保障体系的一个重要组成部分。但同时也应该看到,社会福利的内涵确实有更为丰富的一面,中外在社会福利概念的使用方面存有差异,我们应该正确对待这种差异。

## 第三节　社会福利的特征和类别

### 一、社会福利的特征

作为社会保障组成部分的社会福利,具有不同于社会救助、社会保险等其他社会保障制度的特征,具体表现如下。

第一,社会福利的社会化程度较高。首先是社会福利提供主体的社会化,即其提供主体既包括国家,也包括从事社会福利事业的社会团体;其次,福利资金

---

① 田凯:《关于社会福利的定义及其与社会保障关系的再探讨》;尚晓援:《"社会福利"与"社会保障"再认识》;田北海:《社会福利概念辨析——兼论社会福利与社会保障的关系》。
② 尚晓援:《"社会福利"与"社会保障"再认识》,《中国社会科学》2001年第3期,第113—121页。
③ 陈良瑾主编:《社会救助和社会福利》,中国劳动社会保障出版社2009年版,第84页。

筹集的社会化,即既有国家按照有关法规筹集的福利资金,也有社会团体通过各种途径筹集的资金;最后,社会福利提供途径和方式的社会化,如通过政府购买,由社会组织递送服务来供给社会福利。

第二,社会福利对象具有全民性和平等性。社会福利不同于社会保险和社会救助。社会保险的保障对象是缴纳了社会保险税(费)的群体,社会救助的救助对象是生活陷入困境而无力自救的群体,社会福利的对象则不是某些特定的群体,而是一个国家法律和政策范围内所有的国民。因此,也可以说社会福利的对象具有普遍性,即只要是一个国家的公民就一律有资格享有社会福利。同时,所有对象享有的社会福利待遇是平等的,即不会因身份、年龄、职业职位、民族、收入等方面的差别而享有不同的社会福利待遇。这也是社会福利与社会救助的重大区别:社会救助分等级,困难程度越严重,得到的救助就越多。

第三,社会福利供给形式具有多样性。社会福利对象具有全民性,包括各种类型的群体,而且不同类型群体的需求也各不相同,例如老年人需要老年人照护服务、残疾人需要康复服务和就业服务、儿童需要教育服务等,这就决定了社会福利供给形式必须多样化。社会福利供给形式有现金、实物、服务等,但最主要的是福利设施和福利服务。只有社会福利供给形式多样化,才能更有针对性地满足人们各种不同的福利需求。

第四,社会福利目标具有多层次性。社会福利目标分直接目标和终极目标。社会福利的直接目标是通过国民收入的再分配来不断提高和改善国民的生活质量。社会福利在不断提高和改善生活质量的同时,也在逐步地增强国民自身发展能力,从而使其在社会上有更多的发展机会。同时,社会福利可以保障作为一项基本人权的社会保障权利,"现代社会的'福利',是每个人对自己权利的追求。在追求的过程中,其问题不断地深化、扩展,通过来自社会的努力和政策的调整,这一权利又会不断地得到充实和提高"[1]。只有国民切实享受到社会保障权利,国民才有可能拥有更强的发展能力和更多的发展机会,才能更好地实现社会的公平正义,"公平是现代社会保障制度的核心价值取向"[2]。因此,社会福利的终极目标是实现社会的公平正义和人的自由全面发展。

第五,社会福利具有主观感受和主观评价色彩。在一定意义上,福利和效用是同义的,其量的大小和满足程度都涉及人的主观感受和主观评价。福利是指人们的一种幸福美好的生活状态,那么到底什么样的生活算得上是幸福美好就

---

[1] 多吉才让:《〈中国社会福利丛书〉总序》,第8页。
[2] 郑功成主编:《中国社会保障改革与发展战略——理念、目标与行动方案》,第18页。

因人而异了,这与个人的主观感受和评价有关,如个人的心态、品位、修养等。社会福利具有主观感受和主观评价色彩,尤其是在精神慰藉方面,服务的效果更大程度上是靠主观感受来评判的。但是绝对不能把主观感受和评价作为社会福利的全部,正如一番濑康子所说,"福利不单单表现为心情等主观因素"①,毕竟社会福利是以物质财富为基础,而且在很多方面是可以量化的,如衡量生活质量有许多具体量化指标。

## 二、社会福利的类别

依据不同的角度和标准,可以把社会福利划分为不同的类别。

首先,按照享受社会福利的对象,可以把社会福利划分为残疾人福利、儿童福利、妇女福利、老年人福利、军人军属福利和普通群体福利。不同群体有不同的需求,就形成了不同的社会福利类别。其实,依据享受社会福利的对象,从更加宏观的层面来划分,可以把社会福利分为特殊福利和公共福利。特殊福利是指特殊群体——妇女、儿童、老年人、残疾人、军人军属等享有的社会福利;公共福利是指国家和社会为满足全体社会成员的物质及精神生活基本需要而兴办的公益性设施和提供的相关服务。

其次,按照提供社会福利的主体,可以把社会福利划分为国家福利、社会团体福利。国家福利是由国家相关职能部门提供的福利,社会团体福利是由从事社会福利事业的社会团体提供的福利。

再次,按照社会福利供给形式,可以把社会福利划分为实物型福利、货币补贴型福利、服务型福利和公共设施型福利。实物型福利就是提供具体的实物福利,如提供衣物、药物、教材等。货币补贴型福利是提供现金补贴。服务型福利就是提供具体的服务,如残疾人康复服务、老年人照护服务等。公共设施型福利就是提供具体有形的公共福利服务设施,如健身器材、娱乐场所等。

最后,按照社会福利的内容,可以把社会福利分为教育福利、医疗卫生福利、住房福利、职业福利以及各种补贴福利。

## 第四节 社会福利的思想基础

社会福利思想是西方社会思想的重要组成部分,对西方社会福利政策的发

---

① 〔日〕一番濑康子:《社会福利基础理论》,第1—26页。

展、社会福利模式的流变产生了直接的影响,同时社会福利思想也在西方社会经济和社会福利实践的发展中不断演进。

## 一、空想社会主义的社会福利思想

空想社会主义产生于16—17世纪,是西方近代社会福利思想的早期流派。该流派主张建立公有制社会,认为平等是社会福利的重要基石。

随着资本主义社会的演进,空想社会主义学说也不断发展,到19世纪达到高潮,出现了三大空想社会主义者,分别是法国的克劳德·昂利·圣西门(Claude Henri Saint-Simon)、夏尔·傅立叶(Charles Fourier)和英国的罗伯特·欧文(Robert Owen)。他们提出了发展的社会历史观,认为人类社会的发展就和人类的成长一样,会经历从童年到成年的蜕变,是一个从低级阶段逐步走向高级阶段的过程。当一种社会制度无法适应当下的社会历史条件,无法促进社会向前发展时,就会被一种新的社会制度所取代,这是人类社会发展的规律。他们认为,资本主义是充满着贪婪、利己、欺诈、贫困、罪恶、丑恶的制度,无视社会福利、一味追求个人利益成为共同的伦理价值取向,个人利益与社会福利的尖锐矛盾成为社会问题的症结。欧文将矛头直接指向私有制,认为私有财产是无数罪恶和社会不公的根源。因此,按照社会发展的规律,资本主义制度必然会被另一种先进制度所取代,私有制必然会过渡到公有制。关于未来理想社会的设计,三位空想社会主义者各有见解,圣西门提出了"实业制度",傅立叶设计出由基层组织"法郎吉"构成的"和谐制度",欧文则在社会制度实验的基础上提出了建立"公社制度"的思想体系。在社会福利方面,三种新的社会制度都特别强调保障社会成员的劳动权利,关注学校、医院、图书馆、教堂、食堂、仓库等公共设施的建设,傅立叶还主张建立互助保险、预扣养老费赡养老年人等社会保障项目。但是,在实现社会变革、建立理想社会的路径选择上,他们都不约而同地反对暴力革命、支持和平改良,他们寄希望于通过宣传、教育等方式让统治阶级看到理想社会的美好,却完全忽视了潜藏在无产阶级身上的巨大力量。[①]

尽管空想社会主义具有历史的局限性,但它对当时社会的批判、对未来社会的设想都具有进步意义,更为科学社会主义的诞生铺设了理论基石。空想社会主义的社会福利思想呈现出集体供给、共同享有的特点,是完全不同于西方社

---

① 陈红霞:《社会福利思想》,社会科学文献出版社2002年版,第142页。

福利历史与现状的一种新的社会福利模式,对西方社会福利理论与实践的发展产生了重要影响。

## 二、功利主义的社会福利思想

功利主义学说创立于率先完成资产阶级政治革命、开展工业革命的英国,杰里米·边沁(Jeremy Bentham)以"功利"取代自然法和社会契约,作为人们将权力让渡于政府来组织和管理社会的原因,为工业资产阶级诠释其价值体系与政治诉求提供了新的理论基石。

功利是指人类趋利避害、求乐避苦的自然倾向。边沁将功利原则作为判断行为正确与否的唯一标准,那些能够帮助人们获得幸福、减少痛苦的,能够最大程度上使幸福多于痛苦的行为就被认为是正确的。边沁进一步指出,功利主义所追求的幸福是"最大多数人的最大幸福"。"最大多数人的最大幸福"应该是人类行为的动机和目标,也是衡量一切个人行为和政府举措好坏的方法和标准。

如何实现最大多数人的最大幸福呢?边沁将社会利益看成所有社会成员个人利益的简单总和,保障每个人追求个人利益的自由,实现个人利益的最大化,自然就会增加社会整体利益,实现最大多数人的最大幸福。因此,功利主义者尊重公民自由,支持个人主义,认为国家是"守夜人",力主实行自由放任的经济政策,认为国家对社会经济生活的干预应控制在最低限度,从而避免对社会成员最大限度追求个人幸福的道路造成阻碍。这就暗含了当时工业资产阶级追逐利润的本性,为其进行财富积累和获取政治地位提供了合理化依据。

功利主义将人类幸福作为政策评判依据,可以说是社会福利理论的重要进步,但这种忽视"少数人"幸福的福利标准却有违社会正义,有待商榷。

## 三、庇古福利经济学的社会福利思想

阿瑟·赛斯尔·庇古(Authur Cecil Pigou)被世人称为"福利经济学之父",1920年出版的《福利经济学》是其学说思想的主要载体。庇古福利经济学以边际效用价值论为基础,着重阐述了以下几方面内容。第一,对福利的分类。福利就是人们获得的某种满足或者效用,福利有广义和狭义之分,广义的福利是指社会福利,狭义的福利是指经济福利。经济福利能够用货币来量化,而社会福利是所有社会成员的福利总和,是难以具体量化的,因为涉及主观情感方面的内容,如幸福、快乐等。第二,个人的福利或者效用是可以具体量化的,因此创立了基数效用论。人们追求的最大限度的满足是物的效用,而物的效用可以通过单位商品的价格进行计算。第三,由于经济福利是可以用货币来具体量化的,而国民收入也是可以用货币来具体量化的收入,所以可以把经济福利同国民收入等同起来,对其中一个内容的表述就意味着对另一个内容的相应表述。第四,衡量社会福利总量大小有两个标准:一是国民收入的总量,二是国民收入在国民中分配的均等情况。要增加国民收入的总量,就要发展国民经济。在发展国民经济方面,庇古主张通过政府干预以达到最适度配置生产资源。国民收入总量增加是提高经济福利总量的前提,同时强调政府要调控国民收入分配,避免收入分配差距过大,应该做到收入分配均等化。依据边际效用递减规律,一个人收入愈多,货币收入的边际效用就愈少;反之则相反。例如,一英镑的收入从富人手里转移到穷人手里会比在富人手里时具有更大的效用,从而可以增加总福利。如果国家通过税收机制把富人的收入转移到穷人手里,降低收入的不均程度,就会增加货币的效用,从而增加一国的经济福利。因此,庇古的结论就是一国的国民收入愈大、分配愈平均,则一国的经济福利愈大。

庇古主张通过征收消费税、累进所得税和遗产税等来实现对富人收入的"强制性转移",然后通过直接转移和间接转移的途径向穷人转移这部分收入。直接转移就是建立社会保险和兴办一些社会福利设施,如提供免费教育、医疗保险、失业保险等,将货币收入从富人手里转移一些给穷人,使他们在患病、残疾、失业、年老时能得到适当的物质帮助和社会服务;间接转移就是政府通过补贴一些生产部门或企业、补贴工人住宅的建筑、补贴垄断性公共事业等,使穷人能够更多地消费这些物品。总之,凡是能够增加国民收入总量而又不减少穷人的绝对份额,或者增加穷人的绝对份额而又不影响国民收入总量的,都能够增加社会福利的总量。

### 四、新历史学派的社会福利思想

19世纪初期,德国落后于英法,仍然是一个维持着封建制度的四分五裂的联邦国家,建立统一国家的诉求十分强烈。以弗里德里希·李斯特(Friedrich List)为代表的国家主义学派创建强调国家干预的"国家经济学"来构建适合德国的经济体系,以此对抗英法经济自由主义理论。19世纪40年代,德国形成了自己的资产阶级政治经济学说——历史学派。经历了国家统一、资本主义经济迅速发展、无产阶级队伍迅速壮大,20世纪40年代形成的旧历史学派演进成70年代的新历史学派,其主要代表人物有古斯塔夫·冯·施穆勒(Gustav von Schmoller)、维尔纳·桑巴特(Werner Sombart)等。

新历史学派强调国家在促进社会经济发展中的重要作用,主张国家直接干预经济生活。同时,新历史学派强调精神、伦理、道德在社会经济发展中的重要地位,认为德国民族精神对德意志历史发展的重要作用,也认为劳资矛盾仅是伦理道德问题,可以通过教育等手段来实现调解。因此新历史学派提倡国家实施社会改良政策,完善社会立法,促进社会福利事业发展。

工人运动的兴起和发展让新历史学派意识到社会福利对维护和促进资本主义发展的作用,因此,其社会福利思想强调要发挥国家的行政职能作用,通过赋税政策实行财富再分配,为社会谋福利,全面负起社会福利的职责。其主张主要体现为:第一,国家的职能除了维持社会秩序和发展军事实力外,还要加强干预和控制经济;第二,劳工问题是德国的主要问题,因此国家要采取一定的措施,如制定劳动保护、工厂监督、鳏寡老人救济等相关法律,改善公共卫生,改革财政赋税制度等,以缓和社会矛盾。

1873年,新历史学派建立了"社会政策学会",该学会的改良主义主张被俾斯麦政府所接受。新历史学派的经济社会主张对19世纪末德国经济社会政策产生了直接影响,俾斯麦政府为了缓和劳资矛盾,让工人阶级远离社会主义革命,颁布了著名的三大保险立法,即1883年的《疾病社会保险法》、1884年的《工伤事故保险法》、1889年的《老年和残疾人社会保险法》,使德国成为最早通过立法建立比较全面的社会保险制度的国家。

## 五、费边社会主义的社会福利思想

19世纪后期,经济危机爆发,英国经济进入波动和衰退期,大量工人失业,贫困问题加剧,工业化之后的社会问题日益凸显。1884年,在英国伦敦,一群知识分子创立费边社,力主以温和渐进的改良主义方式实现社会主义。费边社会主义者的主要代表人物有乔治·萧伯纳(George Bernard Shaw)和韦伯夫妇(Sidney Webb & Beatrice Potter Webb)。

费边社会主义者认为,失业和贫困都是社会问题,将责任归咎于个人的说法是不妥当的。贫困是资本为少数人所有的必然结果,故而必须逐步实现私人资本和土地的国有化或市有化,并将其产生的利润和租金用于社会公共事务,以增进社会福利,从根本上消除贫困。因此,社会福利思想是费边社会主义思想的重要内容,体现在以下几个方面。第一,主张通过税赋设计,实现收入再分配,缩小贫富差距。第二,倡议制定工厂法,以保护工人健康权益、改善工人生活水平。第三,制定最低工资标准,以保障国民生活水平不低于最低限度。第四,做好失业人员登记,为其提供必要的培训,并安排其至合适的农场或工场从事劳动,创造社会财富;对于不愿意工作的失业者,国家也不为其提供救济。第五,为老年人建立养老金制度,为病人建立医疗保障制度,使每个努力工作的社会公民在年老和生病时都能够享受到应有的回报。第六,重视教育事业发展,增加对学校的补助,免除小学学杂费,实现初级教育普及化。费边社会主义对英国工党的建立和成长产生了直接影响,对英国社会政策立法、社会福利制度建立起到了积极的推动作用,这种影响一直持续至今。

理查德·蒂特马斯(Richard Titmuss)是英国社会政策研究的开创者,也是费边社会主义的集大成者。他留下了大量关于社会政策、社会福利的理论著作,在社会政策、社会福利领域做出了开创性成就,他的思想和理论体系被誉为"蒂特马斯典范"。

蒂特马斯强调通过再分配制度实现社会公正与平等。他认为,现代工业社会中存在大量带有"社会成本"因素的现象,生产者没有完全地承担其提供的产品或服务的成本、消费者没有完全地支付其享用产品或服务的代价,从而使其他社会成员被动地遭受与之相关的损失。在自由放任的社会,这类"社会成本"被允许无处不在地散播,所带来的影响会形成无边无际的连锁反应,并且在社会变迁中不断累积。社会成本的来源和效应非常复杂,肇事者的辨识和受害者的补偿都很困难,因此需要政府通过能够做出差别对待的社会政策工具来为遭受不公正损失的社会成员做出补偿,以满足社会成员的需要。蒂特马斯还指出,这些社会成本带来的损害往往更多地降临到贫穷弱势群体身上,这种不公正待遇会在加速的社会变迁中不断累积和加剧,因此"社会政策要产生较大而非较小的再分配效应","它们将需要以较大比例的速率前进,要超过国民收入或人均社会资源的增长速率",才能控制社会不平等程度的加深。[①]

蒂特马斯认为,国家不仅需要建立社会福利制度,而且应该提供普遍型的社会福利。选择性的社会福利制度会给接受福利的弱势群体打上"耻辱烙印",这一"制度化耻辱化过程"很可能会改变他们对自己的认识,对其在社会生活中的行为产生负面影响。因此,只有实行普遍型的社会福利制度,即无论阶级、性别、种族、宗教的差别均可享受,才能提高社会的凝聚力,发展美好的利他主义精神,促进社会和谐发展。

---

① 〔美〕理查德·蒂特马斯:《蒂特马斯社会政策十讲》,江绍康译,吉林出版集团2011年版,第39—49页。

蒂特马斯旗帜鲜明地批评社会福利私营化理念与政策。他认为,市场是回应需求而不是回应需要的;市场关注的是利润和经济增长而不是福利和需要满足;从社会角度看,市场福利提供(或私营福利提供)会分隔、破坏社区和社会联系,瓦解人们的责任感和义务感。① 因此,市场在社会福利的供给上是非常无力的,甚至扮演着破坏者的角色。

### 六、《贝弗里奇报告》的社会福利思想

被誉为"福利国家之父"的威廉·贝弗里奇于1942年发表了《贝弗里奇报告》。该报告为英国同时也为世界描绘出了福利国家"从摇篮到坟墓"的福利蓝图,据此英国建成了世界上第一个福利国家,为后来其他福利国家的建立树立了榜样。该报告具体构设了福利国家的社会福利制度体系,主要由三大块构成:社会保险、国民补助和自愿保险。该报告提出了社会保险的六个基本原则,即保险给付一律平等、缴纳保险费一律平等、统一管理、保险给付要符合受益人的基本需求、社会保险的全面性、社会保险的分类。这些原则对社会福利制度的产生和发展都有着重要的影响。如保险给付一律平等的原则意味着,不能因收入水平、职业等不同而在待遇水平上有所区别,而是一律平等对待;保险给付要符合受益人的基本需求原则强调,社会福利待遇水平要适度,待遇过高则容易使人产生依赖感,降低劳动和追求上进的积极性和动力,待遇过低则无法真正满足国民的福利需求,无法发挥社会福利的功能。

贝弗里奇认为,贫困、疾病、愚昧、污秽、懒惰是社会的"五恶",是阻碍英国社会发展的五大障碍。消除"五恶"首先要以最低生活保障为切入点,同时配套有助于人们摆脱困境、恢复劳动收入或者生活能力的相关措施。他认为,社会福利是集体的责任,政府有责任也有能力来增加国民的福利;福利国家的基本目标是实现充分就业,保障国民有能力抵御各种风险,并根据具体情况的变化,适时扩大国家在社会福利领域的责任,不断提高国民的福利水平。可见,他把国家的经济职能和政治职能都包容在福利职能之中了。

贝弗里奇认为,社会保险和相关社会服务都是全民性社会福利,要靠政府与个人之间的密切合作才能更好地实现。这种理论对福利国家构建社会福利制度

---

① 刘继同:《"蒂特马斯典范"与费边社会主义福利理论综介》,《人文杂志》2004年第1期,第52—59页。

来讲有着重大的实践意义。它既强调国家在社会福利中的主要责任,也注重给个人适度的自由空间,以保护和激励国民在享受社会福利的同时还有劳动的积极性和追求进步与发展的动力,避免出现"养懒汉"现象和"福利危机"。

### 七、社会市场经济理论的社会福利思想

社会市场经济理论是德国第二次世界大战后经济社会发展的重要理论基础,它强调自由市场的基础作用,注重社会公正的实现。社会市场经济理论引导战后德国快速走出困境,实现了经济的迅速协调发展。路德维希·艾哈德(Ludwig Erhard)是德国社会市场经济理论的领袖人物,先后担任德意志联邦共和国经济部长、总理、终身议长,制定和践行了一系列社会市场经济政策。其代表著作包括《大众福利》(后译为《来自竞争的繁荣》)和《社会市场经济之路》。

缩小贫富差距、实现大众福利是社会市场经济的基本目标。艾哈德指出,"旧的阶层组织显然划分为两个基层:一方面是人数很少、什么都买得起的上层社会,一方面是购买力不足的广大下层社会",社会市场经济政策的目的就是要"超越各阶层购买力的差异,彻底打破旧的保守的社会结构",建立一种经济结构来实现共同的繁荣。[①] 为实现这一目标,必须保证生产和生产率的增长、名义工资的提高和低而稳定的物价。艾哈德认为,生产力的提高是大众福利增长的根本来源,经济发展为社会福利提供了必要的物质基础,必须先努力把蛋糕做大,然后再来讨论如何分配,大众福利的实现不是靠分配来解决,而是靠国民财富总量的增加。要实现生产力的提高,必须发挥市场经济的优势,遵循自由竞争的道路。可见,在艾哈德的社会市场经济理论中,大众福利是目标,自由竞争是手段。

艾哈德反对福利国家,认为福利国家只会给人们带来灾难。如果每个人都只会在集体中寻求安全,谁都不再为自己负责,这样就会滑向"每个人都把一只手放在别人的口袋里"的社会境况。福利国家非常容易损害人类的优良品质,比如自主精神、责任意识、博爱友善等,从而使社会失去走向繁荣的原动力,最后会使大众陷入普遍贫穷的境地。因此,集体福利必须控制在一定限度内,"正像一国人民的消费量不能超过它事前的生产量那样,每个人所能得到的真正安全不会超过我们全体人民因共同努力而获得的安全"[②]。

---

① [德]路德维希·艾哈德:《大众福利》,祝世康、穆家骥译,商务印书馆2017年版,第1页。
② 同上书,第225页。

艾哈德强调个人责任和自助精神。他指出,"社会安全当然是十分重要的,但安全首先必须从人们自己的勤奋努力中得来。社会安全与全民社会保险有所不同——它由个人负责,不可能通过转移给某一集体负责的方法来实现。在开始时,一个人必须由自己负起责任。只有当个人负责还嫌不足的时候,国家和社会才有义务插手"①。

## 八、"第三条道路"的社会福利思想

20世纪70年代以后,社会福利思想的演进中充满分歧与迷惑。福利国家危机的爆发使国家干预主义面临严峻的质疑和挑战。自由主义思潮卷土重来,以撒切尔夫人和里根总统为代表的新自由主义重新占领了资本主义世界的政治战场,但缩减财政支出、退出公共服务并没有解决福利国家面临的经济、社会问题。90年代,英国社会学家安东尼·吉登斯(Anthony Giddens)在分析了左派和右派关于社会福利之分歧的基础上,提出了"第三条道路",它是一条介于凯恩斯主义与新自由主义之间,又超然于左右派之争的"中间路线",旨在解决资本主义经济效率与社会公正的矛盾,并使之更好地应对全球化、信息技术革命、知识经济等社会经济结构的深刻变革。

对既有的福利制度做出改革与调整、改造传统福利国家是"第三条道路"中的核心内容。在回应福利国家问题时,它首先承认并批判了福利国家的不合理之处,但这些痼疾并不是剔除福利国家的信号,而是重建福利国家的理由。"第三条道路"力倡以推行积极福利政策、建设社会投资国家来取代"福利国家"的概念。

吉登斯倡导利用风险资源,建立积极福利。他认为,传统福利国家一味地保护人们免受风险影响,却忽略了风险之中蕴藏的积极因素。《贝弗里奇报告》公开向匮乏、疾病、无知、肮脏和懒惰宣战,但其只看到消极的一面。吉登斯倡导的积极福利原则认为,所有这些消极因素,都可以通过努力而转换成积极因素:"变匮乏为自主,变疾病为积极的健康,变无知为一生中不断持续的教育,变悲惨为幸福,变懒惰为创造"②。

要实现这样的转变,首先依赖观念的转变,公民权利应该与其承担的社会责

---

① 〔德〕路德维希·艾哈德:《大众福利》,第234页。
② 〔英〕安东尼·吉登斯:《第三条道路:社会民主主义的复兴》,郑戈译,北京大学出版社2000年版,第132页。

任同时存在,无责任即无权利。传统左派往往倾向于将公民权利作为无附加条件的要求,国家包办的福利被视为理所当然,责任与义务却被抛在脑后,酿成了懒惰、依赖、贪婪、道德风险、官僚主义的恶果。"第三条道路"特别强调对自立精神和责任意识的培养,主张在个人主义不断扩张的同时,个人义务也必须不断延伸,这是一项基本的伦理原则。

"第三条道路"力主建立社会投资型国家,强调人力投资,而不是直接提供经济救助。吉登斯指出,"在政府、企业和劳动力市场中的人是'负责任的风险承担者'。当情况不妙时,人们当然需要得到保护;但更需要的,则是顺利度过一生中的重大转折时期的物质和精神能力",因此必须通过教育、培训等手段持续进行人力资本投资,加强公民的风险防御能力,通过对人类潜能的开发来实现对可能性的再分配,并以此在最大程度上取代"事后"的再分配。①

"第三条道路"认为,构建社会投资国家还需要实现福利供给主体的多元化,让国家、企业、个人、社会等各方力量都积极参与社会福利事业;同时,要推进福利关注对象的大众化,除了保障没有劳动能力者的基本生活需要外,还要兼顾包括中上阶层在内的更多人群,以助孕育公民的公共道德,建设一个具有包容性的社会,使社会福利制度得以可持续发展。

## 第五节 社会福利模式与文化

世界各国在长期的社会福利实践中,形成了各具特色的社会福利模式。不同社会福利模式既是各国经济条件和政治环境作用的结果,同时也受到各国历史文化传统的影响。

### 一、社会福利模式

通过社会福利政策的国际比较,学者们纷纷对社会福利模式加以归纳总结,先后形成如下几种不同的社会福利模式分类方法。

#### (一)威伦斯基和勒博的社会福利两分法

哈罗德·威伦斯基(Harold Wilensky)和查尔斯·勒博(Charles Lebeaux)在

---

① 〔英〕安东尼·吉登斯:《第三条道路:社会民主主义的复兴》,第104—105页。

《工业社会和社会福利》一书中讨论了工业化对美国社会福利制度的影响,将社会福利模式划分为补缺型社会福利和制度型社会福利两种。

补缺型福利是指仅向那些由个人缺陷及特殊环境导致基本生活需求无法得到满足的社会群体提供福利的一种社会福利模式。在这种模式下,只有在家庭、市场这些自然渠道"失灵"的情况下,政府才会介入,政府提供的福利水平也是很低的。这种福利的受益者往往会被贴上"市场竞争中的失败者""社会中的弱者"的标签,这常常会使福利接受者蒙受羞辱。

制度型福利是指为满足全体社会成员正常的基本生活需要而建立的一套制度化、常规化的福利制度。政府不再是等到家庭和市场不能满足个人需求时才去做事后补偿。在这种模式下,社会福利的对象从特殊群体扩展到全体公民,福利的获得被认为是公民的一项正当权利,因此不再带有羞辱性色彩。表8-1对补缺型福利和制度型福利的特征进行了总结和比较。

表8-1 补缺型福利与制度型福利的特征

| 补缺型福利 | 制度型福利 |
| --- | --- |
| 个人主义思想 | 团结、博爱的思想 |
| 倾向于有条件的权利或无权利 | 倾向于充分的权利 |
| 回溯法 | 前瞻法 |
| 接受福利带来的污名 | 理所当然的权利 |
| 不完全和易变 | 更全面和持久 |
| 资金筹集受经济、政治和慈善风气影响 | 资金筹集更稳定和安全 |
| 标准可能是最低的 | 高福利和服务标准 |
| 面向下层阶级 | 面向中、下层阶级 |

资料来源:库少雄、[美]霍巴特·A.伯奇:《社会福利政策分析与选择》,华中科技大学出版社2006年版,第166页。

### (二)蒂特马斯的社会福利三分法

蒂特马斯对社会福利模式的划分基本遵循了威伦斯基和勒博的方法,但使用的名称是普遍型福利和选择型福利。同时,他在普遍型福利模式和选择型福利模式之外,增加了一类工作成就绩效型福利模式。在工作成就绩效型福利模式下,社会福利充当着社会经济的附属品,旨在为社会生产服务。社会福利的获得资格往往基于劳动者的身份,社会福利的获得数量也与接受者的工作表现、生产贡献密切相关。因此,这类福利模式重视激励机制,期望通过福利制度作为回报来鼓励人们更加勤劳地工作,提高劳动生产率,充分体现了市场经济的效率原则。

（三）艾斯平-安德森的社会福利三分法

社会福利模式的类型学研究以艾斯平-安德森的"三个世界"学说最为著名。他按照"公民权利""去商品化"和"社会分层"三个核心维度,将西方资本主义的福利国家体制划分为三种模式:一是以盎格鲁-撒克逊国家为代表的自由主义福利体制,二是以欧洲大陆的合作主义福利国家为代表的保守主义或合作主义福利体制,三是以斯堪的纳维亚国家为代表的社会民主主义福利体制。[①]

1. 自由主义福利体制

在自由主义福利国家中,附带家计调查的社会救助在福利制度安排中居于支配地位,另外有少量的普遍式转移支付或作用有限的社会保险计划。在这一体制中,福利对象主要是低收入的、依靠国家救济的受保护者。福利获得的资格条件相当苛刻,常常带有羞辱性。福利待遇的给付水平非常有限。美国、加拿大和澳大利亚是这类福利体制的典型代表。

在自由主义福利体制下,去商品化程度最低,社会权利的扩张得到有效抑制,社会分层泾渭分明,贫困的社会底层团体依赖羞辱性的社会救助,多数人享受着市场上的差异化福利。这样的社会分层秩序正好符合自由主义福利国家的个人主义价值理念,因为它是个人努力和能力的体现。

2. 保守主义或合作主义福利体制

保守主义福利体制以德国、法国、意大利、奥地利为代表,这些国家为就业劳动者提供社会保险,并以此作为主要福利安排,而少数群体的社会救助、私人保险和职业性额外福利仅充当配角。这种福利局面的原因在于,保守主义福利国家崇尚历史上的合作主义,市场效率和商品化的自由主义成见从未占过上风。他们对公民社会权利的争议很小,而更加关注对既有阶层分化的保护,社会权利依据阶级归属确定。

受到宗教思想的影响,保守主义福利体制强调社区、家庭等传统组织的社会

---

[①] 〔丹麦〕戈斯塔·艾斯平-安德森:《福利资本主义的三个世界》,郑秉文译,法律出版社2003年版,第22—32页。

责任,十分重视保护传统的家庭关系。因此,这些国家鼓励妇女照顾家庭,社会家庭服务发展滞后。

3. 社会民主主义福利体制

社会民主主义福利体制是去商品化程度最高、社会权利得以最大范围扩展的一种福利体制。它不像其他福利体制停留在对基本生活需要的满足,而是寻求能够促进最高平等标准的福利国家。一方面,它提升社会福利的待遇水平,让工人们都能享受到那些境况较好的人所能享受到的权利,去商品化的过程真正将人们从市场中独立出来;另一方面,它实行普遍主义,将社会福利的对象扩展到中产阶级,建立起一种支持福利国家的真正普遍而广泛的共同责任,所有的人都依附这个制度,他们共同缴费、共同受益。

在对待家庭的态度上,社会民主主义福利体制并不像保守主义福利体制那样强化个人对家庭的依赖,而是通过国家发展社会化服务来增强个人的独立性。这样一来,妇女就拥有了更多外出工作的机会和选择。

显然,社会民主主义福利体制意味着高额的福利开支,这就需要财政收入最大化来保障。社会民主福利国家既承诺充分就业,又完全依赖充分就业的成果,因此表现出福利与劳动紧密融合的特点。

## 二、文化对社会福利模式的影响

全世界社会福利模式具有多样性,其中渗透着各国传统文化的影响。尽管经济因素和政治因素是社会福利产生和发展的必要条件,但即使经济发展水平和政治发展过程相似的国家也不一定走上相同的社会福利发展道路。这是因为,各个国家具有不同的历史文化传统,这种社会文化基础的多样性产生了不同的社会福利理念,从而社会福利发展方向、过程、水平都呈现出差异。

韩国学者朴炳铉以道格拉斯文化理论作为基础,来分析社会福利在不同文化类型国家中的发展。道格拉斯以"集团"和"格栅"两个维度的强弱,将文化分为四种类型(见表8-2),即命运主义文化、阶层主义文化、个人主义文化和平等主义文化。"集团"是指人们在自身和外部世界之间筑起的界限,表明个人融入特定社会组织的程度。"格栅"是指个人生活或者人与人之间相互作用受到的来自外部的规制和命令,即受外部约束的程度。[①]

---

[①] 〔韩〕朴炳铉:《社会福利与文化——用文化解析社会福利的发展》,高春兰、金炳彻译,商务印书馆2012年版,第24页。

表 8-2　四种文化类型

| 规制的数量与种类 | 集团界限的强度 | |
| --- | --- | --- |
| | 弱 | 强 |
| 多且多样化 | 命运主义文化（不关心） | 阶层主义文化（集团主义） |
| 少且相似 | 个人主义文化（竞争） | 平等主义文化（平等） |

资料来源:〔韩〕朴炳铉:《社会福利与文化——用文化解析社会福利的发展》,高春兰、金炳彻译,商务印书馆 2012 年版,第 24 页。

在以英国和美国为代表的个人主义文化中,规制较少,集团意识淡薄。社会成员追求自我、崇尚竞争,强调个人的独立精神与责任意识,珍视个人自由的价值。他们认为,个人可以在市场的自由竞争中获得满足自己生活需要的物质条件,并不会对政府产生依赖;相反,政府的过多干预会影响个人的自由选择,是不正当也不必要的。在这种文化土壤上的国家,社会成员对面向全民的、以强制参保为原则的社会保险制度并没有太大的兴趣,除非发生大规模的经济危机或政治危机等特殊情况,其他时候并不会考虑国家主导的强制性的社会福利计划。

在以德国和日本为代表的阶层主义文化中,规制严格,集团意识强烈。社会成员视团体利益高于个人利益,珍视团体的和谐与繁荣,能够欣然接受不平等地位及其带来的不平等待遇,满足于自己在既有阶层结构中的地位,并努力完成自己应尽之职责。在这样以家庭、职业等纽带关系维系的具有凝聚力的阶层式社会秩序中,国家作为家长来管理社会,将权威制度化,并以各种制度约束人们的生活方式,以实现共同的善。例如,德国社会福利依据阶层而得以分化,其福利待遇因雇佣经历而有所差别。

在以瑞典为代表的平等主义文化中,规制少,集团意识强烈。社会成员对人与人之间的平等有执着的追求,他们不能忍受团体内部存有权威秩序和不平等事实,努力维系着团体内部的平等关系,偏爱消除差异的政策取向。平等主义文化下的社会将贫困和失业问题归咎于社会矛盾,而非个人缺陷,因此反对造成不平等的市场机制和个人主义生活方式,要求国家必须承担解决社会问题的责任。正是受到社会成员平等意识普及的影响,瑞典面向全体社会成员提供了完整的社会问题解决方案,形成了普遍式的、制度型的具有再分配特征的社会福利体系。

以韩国为代表的东亚国家在儒家文化的影响下,形成了强调家庭责任、弱化政府责任的以家庭为中心的社会福利体系,这是有别于上述福利国家模式的。

因此，要想真正地理解和把握一个国家的社会福利制度，必须充分考察它的历史文化传统。

## 本章小结

福利和社会福利的内涵丰富，理论界有不同的理解。一般认为，福利是一种幸福、美好的生活状态；社会福利是国家和社会通过各种形式提供现金、实物、服务以及权利和机会等，以满足社会成员的基本生活需求，改善其生活质量，增强其自身发展的能力的社会政策。中外对社会福利概念的使用有较大差异。从我国的制度实践来看，社会福利是社会保障体系的重要组成部分。

社会福利思想是西方社会思想的重要组成部分，对西方社会福利政策的发展、社会福利模式的流变产生了直接的影响，同时社会福利思想也在西方社会经济和社会福利实践的发展中不断演进，形成了空想社会主义的福利思想、功利主义的福利思想、庇古福利经济学的福利思想、德国新历史学派的福利思想、费边社会主义的福利思想、《贝弗里奇报告》的福利思想、社会市场经济理论的福利思想、"第三条道路"等思想流派。

社会福利模式既有补缺型福利和制度型福利的两分法，也有普遍型福利、选择型福利、工作成就绩效型福利的三分法，而艾斯平-安德森关于自由主义福利体制、保守主义或合作主义福利体制、社会民主主义福利体制的划分在社会福利模式的类型学研究中最为著名。全世界社会福利模式具有多样性，其中渗透着各国传统文化差异的影响，要想真正地理解和把握一个国家的社会福利制度，必须要充分考察它的历史文化传统。

## 重点名词

福利　社会福利　新历史学派　庇古福利经济学　《贝弗里奇报告》
"第三条道路"　补缺型福利　制度型福利

## 思考题

1. 如何界定社会福利的概念？
2. 社会福利与社会保障关系是怎样的？

3. 社会福利的基础理论有哪些?试举例说明社会福利思想对社会福利制度的影响。

4. 艾斯平-安德森所论述的"福利资本主义的三个世界"具体是指什么?

5. 举例说明文化如何对各国社会福利模式的形成产生影响。

◆ 延展阅读

丁建定、魏科科:《社会福利思想》,华中科技大学出版社2005年版。

〔丹麦〕戈斯塔·艾斯平-安德森:《福利资本主义的三个世界》,郑秉文译,法律出版社2003年版。

〔韩〕朴炳铉:《社会福利与文化——用文化解析社会福利的发展》,高春兰、金炳彻译,商务印书馆2012年版。

# 第九章　社会福利制度的运行机制

【本章学习要点】
1. 掌握社会福利供给主体、供给对象、供给内容、供给方式。
2. 熟悉社会福利水平的衡量指标和标准。
3. 了解社会福利基金管理的内容。

社会福利作为一项社会制度,其运行由需求管理、供给管理、基金管理、水平管控等要素组成。厘清社会福利需求是构建社会福利制度的前提,在此基础上再来解决供给主体、供给对象、供给内容、供给方式等社会福利供给问题。社会福利基金的筹集、运营、支出、监管则是社会福利得以运行的物质基础和货币表现。提供适度水平的社会福利是社会福利制度可持续发展的关键。

## 第一节　社会福利需求

社会福利制度的功能就是满足国民的福利需求,只有弄清什么是福利需求以及福利需求有哪些,才能清楚社会福利应该提供什么以及应该如何提供,更加有效地满足国民的福利需求。

### 一、社会福利需求的内涵

需求是在需要基础之上形成的,不仅与满足需要的现实客观条件有关,而且与人类的主观因素也有关。福利和需求这两个概念都涉及多个学科,不同的学科有不同的界定,福利需求这个概念也如此。"一般认为,福利需求是指人们在所处的环境中,经过客观比较和主观感受,觉察在某些方面有所匮乏并产生危机感,但又缺乏通过经济解决的能力,因而需要政府或组织进行特定的行动干预,提供给他们必需的物质或服务,以解决困难、摆脱困难,恢复或增进福利。"[1]

## 二、社会福利需求的特征

社会福利需求有以下几个方面的特征。

第一,社会福利需求具有客观性和主观性。社会福利需求的客观性是指社会福利需求的存在和规范独立于个人偏好的特征。正是由于社会福利需求具有客观性,因此我们对需要的满足才能够做出道德上必要的评判,也为国家提供社会福利找到了客观依据。社会福利需求的主观性是指个体福利需求的主观心理特征。可见,社会福利不完全是客观的概念,还有着主观方面的含义:首先,自我幸福感,即个体对社会福利状态的感受;其次,生活满意感,即个体对自己生活满意与否的评价;最后,对社会的行为性评价,即个体必然会对环境做出一定的行为,这既是个体认识自我、评价生活的前提,也是他对生活和自我评价持肯定还是否定态度的重要标志。

第二,社会福利需求具有普遍性和特殊性。一方面,社会福利需求的普遍性是指,由于人类基本需要是相似的,同时处于相似的环境中、面临相似的风险,而获得抵御或者化解风险的方式和内容也是相似的,因此福利需求具有共同性或者相似性。具体来讲,社会福利需求的普遍性源于社会危机:一是经济富裕与匮乏的相对性,二是风险社会的形成,三是复杂社会中弱势性的增长。但是,另一方面,由于个体弱势性、需要的特殊性和需求的界定方式不同,因此社会福利需求具有特殊性。

第三,社会福利需求具有刚性和弹性。福利刚性是指国民对自己的福利待遇水平具有只能接受待遇提升而不能接受待遇下降的一种心理预期。福利刚性导致现实中出现社会福利改革时只能增加福利项目、扩大福利规模,而不能减少福利项目或缩小福利规模的困境。但在基本福利需求得到满足之后,社会福利的需求和提供都有一定的调整空间,即有一定的弹性。

第四,社会福利需求具有系统性。人的社会福利需求是多样化的综合,是一个有机整体,因此体现出一定的系统性特征。社会福利需求的系统性主要有两种情况:一是各种福利需求之间相互影响,有一定的非线性加和特征;二是各种福利需求之间呈现出一定的层次性。[2]

---

[1] 郭士征主编:《社会保障学(第二版)》,上海财经大学出版社2009年版,第318—319页。
[2] 景天魁等:《福利社会学》,北京师范大学出版社2010年版,第181—184页。

## 第二节　社会福利供给

有社会福利需求就应该有社会福利供给,社会福利供给是社会福利制度运行过程中一个关键性环节,它是一个有机联系的系统,主要解决由谁供给、供给谁、供给什么和如何供给四个方面的问题。

### 一、社会福利供给主体

社会福利供给主体就是指具体由谁来为社会福利对象提供相关的社会福利产品,是回答"由谁供给"的问题。随着社会福利实践的深入,社会福利供给主体呈现多元化和社会化的特征。如果按照社会福利供给主体数量和规模大小来划分,那么就可以把社会福利供给主体分为组织主体和个人主体两种,组织主体是最主要的。具体来讲,组织主体包括国家(政府)、单位、社会组织和家庭。它们相互配合,相互补充,在社会福利的供给中以福利筹集者、福利分配者、福利生产者、福利输送者的不同角色发挥作用。

（一）国家(政府)

国家(政府)作为一个公权组织,掌控着大量的社会公共资源,有权利也有义务为国民提供社会福利。

在从传统的社会福利向现代社会福利转变的过程中,国家在社会福利供给方面的责任经历了由小到大、由补缺到主导的过程。在福利国家中,国家是社会福利供给最主要的责任者,起最主要的作用。现代政府在社会福利供给中的责任主要有如下六个方面:选择社会福利制度;制定社会福利法规;制定社会福利政策;提供社会福利资金;兴办社会福利设施;整合其他福利主体。[1] 国家通过有关职能部门来实现社会福利的供给,例如我国的民政部门、人力资源和社会保障部门等。国家对社会福利的供给状况决定了一个国家的社会福利水平,国家作为社会福利供给主体具有稳定、可靠的特征。

（二）单位

单位是依靠业缘关系建立起来的一种公共组织。无论过去还是将来,单位

---

[1] 景天魁等:《福利社会学》,第238—241页。

始终承担着一定的社会福利责任,即提供单位福利。单位福利是工作单位为职工所提供的各种福利,包括各种物质福利和精神福利,如实物补贴、在职进修、带薪休假等。单位福利能够改善职工的生活质量,增强职工的归属感,提高职工的凝聚力,激发职工的工作热情。单位福利与国家提供的福利相比,具有封闭性特点。尽管单位福利具有一定的社会属性,但它是以职工身份作为享受福利的前提条件,福利受益范围限制在单位这个"小社会"之内,相对于开放性的国家福利而言,单位福利是一种封闭性的集体福利。除此以外,单位福利还具有平等性、差异性、广泛性和不可逆性等特征。[①] 平等性是指在具备职业福利的单位工作的所有职工都平等地享有获得单位福利的权利;差异性是指不同类型单位、不同所有制单位,以及同一单位中不同时期或不同职位的职工可能会享受不同水平的福利待遇;广泛性是指单位福利的内容涉及职工生产和生活的方方面面;不可逆性是指职工对单位福利存在只允许其提升不允许下降的心理预期,即单位福利具有福利刚性的特征。

（三）社会组织

在我国,根据民政部的有关规定,社会组织是指由自然人、法人和其他组织为满足社会需要或部分社会成员需要而设立的非营利性组织。社会组织提供的福利具有非营利性和民间性的特征。社会组织作为政府、企业以外的"第三部门",能够弥补政府和企业在社会福利供给方面的不足,发挥着重要作用,例如中华慈善总会、中国乡村发展基金会、中国青少年发展基金会等。在社会福利社会化程度越来越高的趋势下,社会组织应该是一个仅次于国家(政府)的重要的社会福利供给主体。在社会福利的供给中,社会组织主要发挥着筹集福利资源、实施福利活动、连接福利主-客体的作用。在政府层面,可通过向社会组织购买公共服务,形成社会组织与政府的合作主义模式,提升社会福利供给的质量和效率;在市场层面,可由社会组织来推动企业社会责任机制的形成;在社会层面,可由社会组织推动个人的慈善捐赠和志愿行动,从而全面提高社会福利水平,满足公众不断增加的社会福利需求。[②]

（四）家庭

家庭是依靠婚姻关系、血缘关系建立起来的一个特殊组织和载体,人的一生

---

[①] 李文祥、吴德帅：《社会福利原理》,科学出版社2016年版,第53页。
[②] 王琴：《NGO与中国社会福利构建研究》,武汉大学博士学位论文,2011年4月,第202页。

大部分时间都在家庭中度过,家庭天然地承载保护家庭成员的职能。家庭提供的福利在社会福利系统中具有基础性的特征与地位。在传统社会福利中,当国家还没有成为社会福利供给的主要角色时,家庭是最重要的社会福利供给主体。在现代社会福利中,尽管家庭供给福利的功能可能出现弱化趋势,但家庭仍然是一个重要的、必不可少的供给主体。因为无论现代社会福利社会化程度多高,国家承担的责任有多大,人们一旦面对风险、产生福利需求,首先想到的都是凭借家庭的力量来抵御和化解风险。家庭永远是人类最温馨的港湾,家庭所提供的福利具有强烈的情感色彩,这种福利是人们最乐于接受的。再者,尽管现代社会的发展带来了福利主体多元化、福利资源丰富化的趋势,但家庭仍然是各种福利的归宿所在,也就是说,家庭最终将所有的福利资源进行整合与分配,来满足家庭成员的生存与发展需要。另外,家庭提供的福利具有伦理性特征。对家庭成员提供的物质、服务、情感支持均依赖伦理道德的力量,没有家庭伦理道德的支撑,家庭福利将无以为继。

## 二、社会福利供给客体

社会福利供给客体就是指社会福利的需求者、享用者,回答"供给谁"的问题。社会福利供给的客体是包括各种特殊群体在内的全体国民。国家要优先满足那些特殊群体的福利需求,如老年人、妇女、儿童、残疾人、军人军属等群体的社会福利。除此以外,国家还要满足特殊群体以外的一般国民的社会福利。因此,社会福利供给客体是全体国民。

## 三、社会福利供给内容

社会福利供给内容回答"供给什么"的问题。从社会福利发展史来看,社会福利供给内容具有动态性,与社会生产力水平、社会需求、文化传统、国家的政策等因素有关。就目前阶段而言,社会福利的供给内容主要有三大类:货币、实物和服务。

货币福利是指社会福利供给主体直接以现金补助的方式向有需要的社会成员发放的福利。货币补贴是最方便、最直接的福利内容,供给主体可以节省大量行政资源,供给客体可以根据自己的实际情况来支配。但是货币福利也有其局限性,即无法跟踪监督其使用方向,因此可能会导致没有用到最需要的地方。

实物福利是最为常见的一种福利内容,指福利供给主体向有需要的社会成员提供生产、生活所需的基本物资,例如给灾民提供生活用品、给贫困学生提供教材等。对于贫困地区生活必需品缺乏的社会成员来说,实物福利能够最直接、最有效地帮助和支持他们解决基本生活问题。但是实物福利有时不便于提供,尤其是交通不便的偏远山区;另外,其成本费用比较高,还常常产生传递系统内的"滴漏效应"。

服务福利是指福利供给主体向有需要的社会成员提供无偿或低偿的多样化的服务。随着社会经济发展水平的提高和社会福利需求的多元化发展,服务这种福利内容在现代社会福利体系中越来越受推崇,因为各种服务的针对性特别强,而且是现期享用的,相较于货币和实物,服务能够给福利客体带来更大的效用,如给需要康复的残疾人提供康复服务、给有心理困扰的老年人提供心理咨询服务等。

### 四、社会福利供给方式

社会福利供给方式是指社会福利供给的途径和手段,回答"如何供给"的问题。社会福利供给方式主要有如下两种分类:免费供给与付费供给、定期供给与临时供给。

按照是否收取费用,社会福利供给方式可以分为免费供给和付费供给。是否收取费用与社会福利供给的主体、客体均有关系,体现了对不同层次福利需求的满足。国家对经济困难特殊群体的福利支持和慈善组织提供的免费服务都属于免费福利供给,资金来源于国家财政和慈善捐款,这类免费供给的福利往往是用来满足社会成员最基本的生存需要。付费福利供给多数是满足较高层次的享受与发展需要,需要向社会成员收取一定的费用,比如社会福利机构中向社会成员收取费用的服务。一般来说,这类福利供给仍具有非营利性质,因此费用的标准比较低,以成本为限或以政府补贴后的低价来为福利对象提供服务。

按照福利供给的时间长短和稳定性,社会福利供给方式可以分为定期供给和临时供给。定期供给就是已经形成制度化、固定的、持续的供给方式,如最低生活保障的供给。临时供给就是不定期的、没有制度化、不可持续的供给方式,主要是针对各种灾害、事故,具有应急性特征。临时福利供给具有灵活性,能够对突发性事件做出快速反应,但它只是解决短期问题的一种措施,要真正解决社会问题、满足社会成员的需要,还要依靠正式的有长期规划的定期福利供给来实现。

## 第三节 社会福利基金管理

社会福利制度的运行离不开必要的资金保障,对维系社会福利制度所需资金进行的筹集、运营、支出和监督管理过程都必须以明确社会福利基金管理目标和原则为前提。

### 一、社会福利基金管理的目标与原则

通过各种渠道筹集到的社会福利资金形成了社会福利基金,国家要对其进行严格、规范和有效的管理。社会福利基金管理要达到如下目标:一是确保基金完整和安全;二是防止基金的贬值,实现基金的保值,争取基金增值;三是满足给付的需要,避免支付危机;四是保持高效率。其中,确保基金完整和安全是基金管理中最重要的目标,也是最基本的目标。

社会福利基金管理要遵循如下原则:一是依法管理;二是规范管理,必须按照规范化程序与方式来管理;三是坚持收支两条线,应当保持征收系统和支出系统分离;四是实行预算管理;五是杜绝漏洞,严格基金的收支手续和责任制度。[①]

### 二、社会福利基金管理的内容

社会福利基金管理就是对社会福利基金流动的所有环节进行管理,具体包括社会福利基金筹集管理、社会福利基金投资管理和社会福利基金给付管理三个方面。另外,要保证每个环节能够遵循社会福利管理的目标和原则,保障基金使用合法合规、安全精准,必须充分发挥多元主体对社会福利基金的监督作用。

#### (一)社会福利基金筹集管理

社会福利基金筹集管理就是对社会福利基金的筹集原则、筹集渠道等方面进行选择与管理。社会福利基金的筹集是社会福利制度运行机制的前提性和基础性条件,没有基金的筹集就不可能有社会福利的供给,基金筹集数量不足就无法满足国民社会福利需求,因此社会福利基金筹集决定着社会福利的发展。

1. 社会福利基金筹集的原则

社会福利基金筹集要遵循的原则主要包括公平性、多元性、适度性。

---

① 郑功成:《社会保障学:理念、制度、实践与思辨》,商务印书馆2000年版,第352页。

社会福利基金属于国民收入再分配的一种方式,而且社会福利基金给付对象是全体国民,因此在资金筹集过程中始终要坚持公平性原则。筹资公平性是筹资顺利进行的前提,如果筹资缺失公平性,筹资就会陷入困境,甚至中断。通过社会福利手段实现收入的再分配可以划分为纵向再分配和横向再分配,如果套用公平的概念来表述,就是纵向公平和横向公平。通过筹集社会福利基金,高收入者的生活资料和购买力得以向低收入者转移,从而实现了纵向公平。通过向同一收入层面的群体分散社会风险,按照一定的比例筹集社会福利基金,从而形成横向公平。

社会福利基金筹集的多元性就是指筹资是开放式的,包括多元的筹资对象、筹资方式与途径。随着国民福利需求越来越高,满足其所需的福利资金总量也越来越多,唯有多元性的筹资才能更好满足总量的需求,才能提高筹资效率。

社会福利基金筹集的适度性原则主要是指筹资数量的适度,主要体现为两个方面:一是要保证社会福利制度的正常运行;二是要保证国家经济的正常运行。资金筹集是保证社会福利制度正常运行的前提条件,必须为社会福利制度运行提供足够的资金,衡量标准是"收支平衡,略有结余"。同时,要兼顾到国家的积累和消费之间的比例关系,因为资金的筹集相当于削弱当前的消费,筹集到的资金中有部分会积累起来。如果筹集额度过大,则会影响到国民的消费,影响经济的发展;如果筹集的额度过小,则无法完全发挥社会福利的功能。

2. 社会福利基金筹集的渠道

社会福利基金筹集的渠道主要包括国家税收、慈善捐款、服务收费、福利彩票、基金运营收入和国际援助。

众所周知,税收是国家依法征税所得的收入,是国家主要财政来源,而国家的财政拨款又是社会福利基金的主要来源。国家税收具有统一性、稳定性和强制性特征,因此是社会福利基金固定的、最主要的筹集渠道。

慈善捐款是社会上有爱心的组织或者个人向有救助需要的组织和个人捐献的善款。慈善捐款是社会福利基金筹集的一个重要的渠道,尤其在慈善事业发达的国家和地区。根据 Giving USA 基金会的统计,2005 年,美国慈善捐款资金总额达到 2602.8 亿美元,约占其当年 GDP 的 2.1%,其中民众捐款占总捐款额的 85% 左右。在美国,75% 的美国人为慈善事业捐款,每年有 30% 的慈善捐款直接从工资中划出,平均每个家庭会捐出年收入的 3%—4%。[1]

---

[1] 黄晨熹:《社会福利》,上海人民出版社 2009 年版,第 192 页。

服务收费是部分社会福利服务实行有偿消费,根据市场行情向消费者收取一定的费用,以筹集社会福利基金,解决资金短缺问题。这种筹资渠道主要源于那些民营福利机构维持运转或者壮大发展,不是社会福利筹资的主要渠道。

福利彩票对社会福利基金的筹集有直接和间接的作用。直接作用体现在它直接为社会福利筹集资金。一般规定,通过福利彩票筹集的福利资金不低于发行额的30%。间接作用体现在它对经济发展所做的贡献,如拉动消费、促进经济发展以及增加国家税收。

基金运营收入是指社会福利基金在各项投资中获得的盈利收入,这部分收入将转化为社会福利资金。随着金融市场的不断完善,基金投资科学性不断提高,基金运营收入对社会福利资金的贡献会越来越大,是一个重要的筹资渠道。

国际援助虽不是一个主要的社会福利基金筹集渠道,但往往在发生重大灾难时必不可少。按照国际惯例,只有当一个国家或者地区发生特别重大的灾难时才会展开国际人道主义援助,且这种援助是临时性的。

### (二)社会福利基金投资管理

社会福利基金投资管理也称社会福利基金运营管理,是指对基金投资运营过程的若干环节进行管理,主要包括确定社会福利基金投资的原则、选择社会福利基金投资的项目。

1. 社会福利基金投资的原则

社会福利基金投资要遵循如下原则:安全性、增值性、组合性和可变现性。

安全性原则是社会福利基金投资的首要原则,追求增值的目标要以基金安全为前提。这是由社会福利基金的性质所决定的,社会福利基金是用来帮助国民抵御和化解各种风险的,而风险的发生具有不可预测性和不确定性,因此基金必须任何时候都要安全、完整,以备用来及时地抵御和化解风险。

增值性原则是指社会福利基金投资的目标就是要增值。国家对社会福利基金负有确保保值和争取增值的义务,而且以增值为目标。要实现基金增值,就必须让基金流动起来,也就是要进行投资。

投资有多种选择,为了实现收益最大化,不能把基金全部投资在一种项目上,而要进行适当的组合,以分散基金投资的风险,这就是基金投资运营的组合性原则。基金投资运营的组合性原则要求,投资时要兼顾投资风险和投资收益。

可变现性原则是指社会福利基金投资所形成的资产要在保值的前提下,根据需要随时变现。由于社会风险发生的不可预测性和不确定性,在基金投资组合上一定要考虑投资项目的可变现性因素,不能为了追求收益的最大化而把基金全部投入可变现性差的项目。

2. 社会福利基金投资的项目

根据上述社会福利基金投资原则,社会福利基金投资的项目主要有如下三种类型。

第一类是把基金存入金融机构,或者购买国家和地方政府发行的债券。这类投资具有简便易行、安全可靠的优点。相比之下,购买政府债券比存入银行更有优势,因为政府债券是以政府的信誉做担保的,而且收益一般要高于银行利息,所以政府债券应该是基金投资的最可靠项目。但是这类投资也有其缺点,如收益偏低,万一碰上通货膨胀率高于利率和债券利率的情况的话,无法实现保值的目标。但是基于各种原因,这类投资是社会福利基金投资必选的项目。因此,这类投资被称为间接的、被动的、保守的,但又是必要的投资选择。

第二类是直接从事商业证券投资和实业投资,如购买股票、开办企业、兴建公共设施等。这类投资具有风险高、收益高的特点,因此被称为直接的、激进的、风险型投资。

第三类是委托投资,即把基金委托给经验丰富、信誉好的投资公司进行投资,如投资基金。这类投资与前两类相比处于中间,即收益要比第一类高,风险要比第二类低,因此被称为平稳型投资。[①]

当然,基金投资要坚持一条经验,即不要把所有的鸡蛋放在一个篮子里,在充分权衡安全性、增值性、风险性、可变现性等因素的情况下,对投资项目进行合理的组合。社会福利基金投资管理主要内容之一就是要对基金投资项目进行合理选择。

(三)社会福利基金给付管理

社会福利基金给付管理就是对社会福利基金给付的各种资格条件进行审核和监督,例如对社会福利基金给付对象的年龄条件、身份条件、给付标准、给付周期等进行审核。

1. 社会福利基金给付的原则

社会福利基金给付主要遵循公正性、公平性、适度性等基本原则。

公正性是指社会福利基金给付面向全体公民,尤其向老年人、残疾人、妇女

---

① 郑功成:《社会保障学:理念、制度、实践与思辨》,第365—366页。

儿童等困弱群体倾斜,以满足其基本生活的需要。同时,社会福利基金的给付水平也需要随着社会经济的发展而提升,从而使全体社会成员共同享受国家经济发展成果。

公平性是指社会福利基金给付须按照规范化的流程执行,以确保有需要的社会成员能够平等、合理、及时地享受到社会福利待遇。比如,福利待遇的资格审核标准须依照相关文件严格执行,资格审核结果须公示以接受群众监督,避免出现错发、漏发的现象。

适度性是指社会福利基金给付标准的确定须与社会经济发展水平相适应:既不能太低,以免无法保证社会成员基本生活需要;也不能太高,以免对政府财政造成过重负担以及出现福利依赖现象。

2. 社会福利基金给付的形式

社会福利基金的给付形式主要分为三种:货币给付、实物给付和服务给付。

货币给付是指社会福利基金直接以货币的形式发放给有需要的社会成员。尽管这种方式简单易行,且给予福利接受者较大使用效用,但因无法保证社会福利基金不被挪作他用而受到诟病。为此,货币给付出现了现金补贴以外的其他形式作为补充,即代金券和减税退税。现金券是指福利机构向符合条件的社会成员发放的用以免费或低价购买指定服务或物品的一种票据或凭证。比较常见的有食品券、教育券、住房代金券、养老服务代金券等。这种方法能够有效保证社会福利基金用到最需要的地方,同时给予使用者一定的选择自由。减税退税是指因为与社会福利相关的某些情况,税务机关按照规定程序,向符合条件的社会成员核减纳税额或退还已征税款。国外比较常见的包括教育退税、搬迁退税、儿童退税、配偶退税、租房退税、医疗开销退税、储蓄养老退税、捐款退税等。2018年8月修正的《中华人民共和国个人所得税法》规定,居民个人所得税的应纳税所得额是居民每一纳税年度的个人综合收入总额减除费用六万元以及专项扣除、专项附加扣除和依法确定的其他扣除后的余额,专项附加扣除包括子女教育、继续教育、大病医疗、住房贷款利息或者住房租金、赡养老人等支出。2018年12月,国务院印发《个人所得税专项附加扣除暂行办法》,进一步明确规定了六项专项附加扣除的资格条件、扣除额度、备案资料等。

实物给付是指由社会福利机构利用社会福利基金生产或购买食物、衣物、能源以及住房等物品,来发放给有需要的社会成员。实物给付可实现大规模生产或购买,容易形成规模效应,因此能够以较低的价格获得所需物品;但同时,由于实物供给过程复杂,所涉及的运输、分配等环节可能带来较高成本。因此,当社会福利基金需要以实物的方式来给付时,需要综合以上两方面考虑,选择最合适的方法,尽可能降低成本,提高社会福利基金的供给效率。

服务给付是指由社会福利机构利用社会福利基金向有需要的社会成员提供社会服务来满足其生活需要。常见的服务包括教育服务、医疗服务、社区服务、居家照料、康复指导、工作培训、心理辅导等,服务给付形式多样,且针对有需要的人,供给效用较高。服务的供给须依托于机构组织来实现,无论是提供教育服务的学校还是提供医疗服务的医院、提供养老服务的养老院,其实现形式都主要包括公建公营、公办民营、民办公助三类。公建公营是指社会福利服务机构的建立、运营、服务供给完全由政府包办;公办民营是指政府委托民间机构来管理运营以公共权力兴办的设施或机构;民办公助是指对由民间组织兴办社会福利设施、机构或事业,政府给予一定的财务与政策支持。后两种方式有利于充分调动和利用社会专业力量发展社会福利事业,扩大社会福利服务供给,提高社会福利服务效率,提升社会福利服务质量。

### (四) 社会福利基金的监管

每一项社会福利基金都应设有内部监督机制,同时接受来自外部的监管。外部监管主要包括财政监督、民政监督、劳动监督、审计监督、社会监督五种类型。

财政监督是指财政部门对社会福利基金管理的合法性、规范性及其经费预算进行监督。以福利彩票为例。《彩票管理条例》规定:国务院财政部门负责全国的彩票监督管理工作;省、自治区、直辖市人民政府财政部门负责本行政区域的彩票监督管理工作。《彩票管理条例实施细则》进一步明确规定,财政部的主要职责是:制定彩票监督管理制度和政策;监督管理全国彩票市场以及彩票的发行和销售活动,监督彩票资金的解缴和使用;会同民政部、国家体育总局等有关部门提出彩票公益金分配政策建议;审批彩票品种的开设、停止和有关审批事项的变更;会同民政部、国家体育总局制定彩票设备和技术服务标准;审批彩票发行机构财务收支计划,监督彩票发行机构财务管理活动;审批彩票发行机构的彩票销毁方案。《彩票公益金管理办法》进一步对彩票公益金的监督管理事宜作出明确要求:各级财政部门应当加强对彩票公益金筹集、分配、使用等的监督管理,确保彩票公益金及时、足额上缴财政和按规定用途使用。项目资金支出预算因特殊原因需要进行调整的,应当报财政部审核批准。

民政监督是指民政部门依照社会福利相关法律法规,对社会福利机构筹集和使用社会福利基金的过程进行监管。以慈善捐款为例。《慈善组织公开募捐管理办法》规定，县级以上人民政府民政部门依法对其登记或者认定的慈善组织公开募捐资格和公开募捐活动进行监督管理，并对本行政区域内涉及公开募捐的有关活动进行监督管理。慈善组织开展公开募捐活动应当按照本组织章程载明的宗旨和业务范围，明确募捐目的和捐赠财产使用计划，若确需变更募捐方案规定的捐赠财产用途，须报其登记的民政部门备案。

劳动监督是指人力资源和社会保障部门对单位福利方案、基金投资运营等进行监督管理。以企业年金为例。《企业年金办法》规定，县级以上人民政府人力资源和社会保障行政部门负责对企业年金的执行情况监督检查，企业应当将企业年金方案报送所在地县级以上人民政府人力资源和社会保障行政部门审核，在企业年金方案变更或者终止后10日内报人力资源和社会保障行政部门备案。同时，《企业年金基金管理办法》规定，法人受托机构、账户管理人、托管人、投资管理人开展企业年金基金管理相关业务，应当向人力资源和社会保障部提出申请，并接受其监管。人力资源和社会保障部主要通过两种措施履行其监督管理职责：一是查询、记录、复制与被调查事项有关的企业年金基金管理合同、财务会计报告等资料；二是询问与调查事项有关的单位和个人，要求其对有关问题做出说明、提供有关证明材料。

审计监督是指审计部门或机构对社会福利基金的财务收支状况、资金运营效益、遵纪守法情况进行定期或不定期的核查监管，以保证社会福利基金管理的真实性、合法性和有效性。社会福利基金审计监督具体包括以下内容：一是国家财政、地方财政共同负担的部分是否及时足额到位；二是发行福利彩票按规定筹集的社会福利基金是否真实、正确，有无违反国务院批准的彩票公益金分配政策和财政部批准的提取比例；三是福利基金的银行存款利息是否真实反映；四是企业提取的资金和福利基金是否符合国家规定的比例；五是社会福利基金是否建立财政专户进行管理，实行收支两条线，检查有无坐支、截留的行为；六是社会福利基金的使用范围是否符合《中央集中彩票公益金支持社会福利事业资金管理办法》的规定，用于老年人福利类项目预算总额是否不低于公益金总额的50%，是否符合财政部门审批的资金使用计划，有无挪用、改变性质或贪污的行为；七是社会福利基金的收支结存及保值、增值情况。①

社会监督是指社会成员、社会团体或组织、专业人士或机构、舆论媒体等对社会福利基金筹集、运营、使用等各个环节进行监督。与社会福利有直接关系的

---

① 李永梅等：《社会保障与社会福利资金的审计研究》，《广西审计》2003年第3期，第8—12页。笔者结合新修订的法律法规对其进行修改完善。

个人、群体、组织依法享有咨询、了解披露信息,举报,投诉,获得法律援助等权利,并可以通过这些手段对社会福利资金的管理和使用情况进行监督。

## 第四节 社会福利水平

社会福利水平既关系到社会福利需求的满足程度,又关系到社会福利供给的可持续性,因此是社会福利制度运行管理中需要考虑的一个至关重要的因素。

### 一、社会福利水平的内涵和特征

社会福利水平是指一定时期内一个国家的国民所享有的社会福利待遇的程度,是质与量的统一体。社会福利水平具有历史性和动态性、刚性、主观性三个特征。

社会福利水平的历史性和动态性是指,社会福利水平在不同的历史时期会呈现出不同的水平。最主要原因,社会福利水平主要是由社会生产力水平决定的。人类社会的生产力水平是不断发展变化的。同时,随着社会生产力水平的变化,社会的各个方面都会发生相应的变化,如人口结构、经济社会发展所处的阶段、各项社会制度的成熟完善程度等,这些变化也会影响到社会福利水平。总体而言,经济发展水平越高,社会福利制度越完善,社会福利水平就越高。

社会福利水平的刚性是指社会福利水平的总体趋势是不断向上增长。这与社会生产力不断发展、社会福利制度不断完善有关,也与国民具有一种只能接受福利水平提高而不能接受福利水平下降的心理预期有关。因此,在社会福利改革中政府只能不断地扩大福利范围、提高福利水平,反之就可能引发国民的抵触情绪。

社会福利水平的高与低有一系列测量标准,这是它客观的一面。同时,它还有主观的一面,即受到国民主观感受与评价的影响,这与福利的主观性特征有关系。国民过去所享受的福利水平、对当前福利水平的期望以及生活品位、对幸福的理解等因素都会影响他们对社会福利水平的主观感受和评价。

### 二、社会福利水平的衡量指标

衡量社会福利水平的通用指标是社会福利总支出占国内生产总值(GDP)的比例。社会福利总支出是指一定时期内(通常是一年)一国实际支出的各项福利费用的总和。

$$社会福利水平 = \frac{社会福利总支出}{国内生产总值} \times 100\%$$

但是,社会福利总支出占 GDP 的比例并不是衡量社会福利水平的唯一指标,也不是绝对性的指标,因为仅用这一指标并不能完全客观地衡量出水平的高低。由于各个国家所处阶段和福利模式不完全相同,具体实施的福利项目、人口结构等方面不相同,因此仅靠社会福利总支出占 GDP 的比例来衡量并不科学,还要考虑到人均社会福利水平、社会福利覆盖面、社会福利自身的制度结构等因素。

影响社会福利水平的因素可以从供给和需求两个层面来分析。供给层面的因素主要是指一国在一定时期内能够供给福利资金的能力,社会福利水平直接取决于社会福利资金总量的大小,间接取决于一国经济发展水平。一般而言,经济发展水平越高,可筹集的社会福利资金就越多,社会福利水平就越高。需求层面的因素主要有一国的人口数量和结构、社会福利项目的数量和保障的程度。

### 三、社会福利水平的"度"

"度"是保持事物性质的范围,超过一定的"度"时,事物就会发生根本变化,变为另外一种事物。所以,社会福利水平的"度"就是保持某一社会福利水平的质和量的限度和幅度,涉及社会福利支出水平在多大幅度内才算得上是与国民经济发展相适应的等问题,社会福利水平既要能够保障国民的基本生活,又要能够激励国民积极劳动创造,进而推动社会经济的持续健康发展。一般而言,可以从以下三个标准来确定社会福利水平的度。[①]

第一,既保证社会稳定,又促进经济发展。如果一个国家的社会福利制度在实施过程中既保障了国民的基本生活需求,又改善了国民的生活质量,被国民广泛接受,还促进了经济社会的发展,那么可以判断,这种社会福利水平是适度的。

第二,既有利于社会公平,又有利于提高效率。社会福利制度在运行过程中始终要面对效率与公平这对矛盾,对这对矛盾处理的结果是评判社会福利水平是否适度的一个重要标准。社会福利是一种国民财富再分配的手段,能够有效缩小社会收入差距,促进社会公平。但是,如果为了提高社会福利水平而征缴过多的社会福利资金,那么就会影响国民的有效需求,从而影响经济效率。因此,

---

① 陈银娥主编:《社会福利》,中国人民大学出版社 2009 年版,第 79—86 页。

适度的社会福利水平能够很好地兼顾效率与公平的关系。

第三,既保证国民的基本生活,又激发国民的劳动积极性。社会福利水平不适度有两种表现:过低和过高。社会福利水平过低,无法完全保障国民的基本生活,更不用说提高和改善国民的生活质量了;社会福利水平过高,容易使国民对社会福利产生依赖心理。因此,适度的社会福利水平能够兼顾二者。

## 本章小结

社会福利需求是社会福利制度设计的基础,具有客观性与主观性、普遍性与特殊性、刚性与弹性并存以及系统性的特征。

社会福利供给主要解决四个方面的问题:由谁供给、供给谁、供给什么和如何供给。社会福利由国家、单位、社会组织和家庭供给,由包括各种特殊群体在内的全体国民享用。社会福利供给的内容包括货币、实物和服务三大类。社会福利供给方式主要分为免费供给与付费供给、定期供给与临时供给。

社会福利基金管理包括资金筹集、基金运营、基金给付三个环节,以及监督管理过程,社会福利基金管理是保证社会福利制度良好运行的重要基石。社会福利基金筹集是社会福利制度运行的物质基础,应遵循公平性、多元性、适度性的原则,主要筹资渠道包括国家税收、慈善捐款、服务收费、福利彩票、基金运营收入和国际援助;社会福利基金投资是实现基金保值增值、保证制度稳定运行的重要手段,应遵循安全性、增值性、组合性和可变现性的原则,选择合适的项目进行投资;社会福利基金给付是社会福利目标达成的落脚点,应遵循公正性、公平性、适度性的原则,最终可选择以货币、实物、服务的形式发放给有需要的社会成员。社会福利基金管理机构需要建立内部监督机制,同时接受来自财政部门、民政部门、人力资源和社会保障部门、审计部门和社会公众的监督。

社会福利水平要适度,衡量社会福利水平是否适度有具体的标准,不适度时会给经济社会带来负面影响。

## 重点名词

社会福利需求　社会福利供给　社会福利基金管理　社会福利基金筹资
社会福利基金给付　社会福利水平

◆◆ **思考题**

1. 如何理解社会福利需求的刚性与弹性？试举例说明。
2. 社会福利供给的主体有哪些？各自有何特点？
3. 社会福利资金筹集渠道有哪些？
4. 社会福利基金如何给付社会成员？
5. 社会福利基金管理须接受哪些外部监督？
6. 什么是社会福利水平的度？为什么社会福利水平要适度？

◆◆ **延展阅读**

关信平:《当前我国社会政策的目标及总体福利水平分析》,《中国社会科学》2017年第6期,第91—101页。

〔美〕尼尔·吉尔伯特、保罗·特雷尔:《社会福利政策导论》,黄晨熹、周烨、刘红译,华东理工大学出版社2003年版。

# 第十章　社会福利制度的发展与改革

**【本章学习要点】**
1. 掌握社会福利制度演进的三条线索。
2. 熟悉发达国家社会福利制度的发展与改革历程。
3. 熟悉中国社会福利制度的发展与改革历程。
4. 了解我国社会福利制度的发展方向。

## 第一节　理解社会福利制度演进的三条线索

社会福利制度作为一项由国家主导,集合市场、社区、社会组织以及家庭等多元主体,通过一系列社会化的福利津贴、设施、服务等工具手段,以满足社会成员多样化需求的社会政策,有其鲜明的时代性和动态性。社会福利制度的发展与演进并非杂乱无章,而是有其深刻的内在逻辑。社会福利制度是社会历史自然演进中人类社会建构的结果,既具有客观进化的历史必然性,又具有人们在历史进程中的主动建构性,充分体现了进化与建构的统一性。[①] 基于对全球各个国家社会福利演进过程中所呈现规律和逻辑的归纳总结,本章提炼了三条基本线索,分别是需要的多样性和多层次性、风险的转换及规避、公民身份与公民权。这三条线索将有助于我们更好地理解人类社会发展过程中社会福利制度的演进脉络。

---

① 范斌:《福利社会学》,社会科学文献出版社 2006 年版,第 101 页。

# 第十章 社会福利制度的发展与改革

## 一、需要的多样性与多层次性

人类社会的需要自始至终都处于社会福利制度的核心与关键位置。蒂特马斯提出,个体的需要与社会的需要本质上是相互依赖、相互促进的动态平衡关系。但个体需要在上升为社会需要的过程中要经过审慎的设计,通过明确社会福利的范围来避免社会福利无限地满足个人的需求。[①] 乔纳森·布拉德肖(Jonathan Bradshaw)指出,对人类种种需要的定义和满足过程,构成了理解人类社会组织结构、人类活动规律以及社会福利制度安排的价值判断基础。[②] 戴维·麦卡洛夫(David Macarov)将社会福利描述为通过直接或者间接方式回应人类需要的制度安排,并详细列举了人类各种需求如何上升为社会福利制度安排。[③] 习近平总书记在党的十九大报告中指出:"中国特色社会主义进入新时代,我国社会主要矛盾已经转化为人民日益增长的美好生活需要和不平衡不充分的发展之间的矛盾。"[④]由此可见,需要在社会福利制度发展乃至整个国家的经济社会发展中具有重要和关键作用。

从制度变迁的驱动因素来看,对公众需要的满足是社会福利成为政策议题进而上升为国家正式制度安排的基础;公众需要的多样性发展则决定了,社会福利制度在内容覆盖、项目设置等方面必须有完备的设计,直接促进了社会福利制度内容的丰富与完善(横向的拓展);公众需要的多层次性增长决定了,社会福利制度在覆盖内容、保障水平等方面要不断转型升级,以满足公众刚性增长的现实需求和心理预期(纵向的提升)。

### (一)需要的多样性

人类社会需要的多样性是推动社会福利制度在项目设置、具体内容等方面不断扩展延伸的重要推动力量。社会福利制度是在不断满足人类社会各种需要的基础上发展繁荣的:从被誉为西方社会福利制度发端,旨在解决城市贫民和流民贫困问题的《济贫法》,到涵盖就业与经济维持、医疗与健康保障、个体和家庭

---

[①] 〔英〕哈特利·迪安:《社会政策学十讲》,岳经纶等译,格致出版社2015年版,第13页。
[②] Richard Cookson, Roy Sainsbury and Caroline Glendinning, eds., *Jonathan Bradshaw on Social Policy Selected Writings: 1972—2011*, York Publishing Services Ltd., 2013, pp 1—12.
[③] David Macarov, *Social Welfare Structure and Practice*, Sage, 1995, p.17.
[④] 《决胜全面建成小康社会 夺取新时代中国特色社会主义伟大胜利——在中国共产党第十九次全国代表大会上的报告》,2017年10月28日,http://jhsjk.people.cn/article/29613660,2022年11月10日访问。

社会服务、住房福利等众多项目在内的福利体系乃至"福利国家"的建成,均充分体现了社会福利制度将人类更多现实需要纳入其范畴而不断发展的事实。

处在不同的经济社会发展阶段,人类社会所呈现出的需求以及社会福利制度所观照的人类需要的核心内容与重点也有差异。比如,在社会福利制度的形成时期,农民在工业革命的"圈地运动"中失去土地和家园而破产和流浪,导致了城市贫民和流民激增,伊丽莎白政府颁布《济贫法》通过行政救济和收容措施来缓解贫困、失业等社会问题。[①] 民众对缓解自身贫困的需求以及政府对贫困与失业问题的解决,构成了社会福利制度的基础。

进入工业革命时代,工人阶级的需要内容、范畴不仅包括失业及贫困风险的规避,还包括职业保护、健康维护、住房以及老年保障等。这些需要构成了劳资关系和谐相处、资本主义生产方式存续的关键,一旦这些需求不被重视或长时期无法得到满足,将会引发工人阶级对资本主义制度的反抗。因此,重视代表大多数群体利益的工人阶级的上述需求,并出台相应的制度化措施成为必然。典型的做法如德国俾斯麦政府19世纪80年代颁布的三部保险法,法国政府1898年颁布的《工伤保险法》等均可视为对当时社会基本与主流需求的回应,直接促进了社会福利制度的发展。

进入后工业社会,西方国家的经济发展水平较高,社会福利制度所提供的物质或经济福利已经非常充分,民众的物质或经济需求已经得到很大的满足。随着多数西方国家迈入低生育率、老龄化、核心家庭以及服务与知识经济时代,民众对老人和儿童照料、家庭护理、心理辅导、社区融入等事关个体或家庭的多样化的社会服务有着强烈的需求。社会服务通常被定义为旨在促进人类的健康和福利,提升个体人力资本与自主性,增强家庭关系,恢复个人、家庭或是社区社会功能的各类活动。对于民众的社会服务需要,欧盟国家奉行"普遍利益社会服务"理念,这一理念强调社会服务的作用不应局限于对弱势群体的帮助,而是尽可能对所有人的普遍需求进行满足。

但是,我们必须明白的一个事实是,无论在任何一个时代或政治体制内,需要都是一个充满争议的概念,既具有主观性、个体性,也包含了一定的客观性、社会性。当个体需要的未满足状态发展成社会需要的未满足状态时,就构成了影响社会发展的社会问题;当社会成员个体的需要集合成一种集体的、可表述的社会需要时,社会福利制度才会成为满足需要的重要手段。[②] 因此,厘清个体需要

---

① 丁建定:《西方国家社会保障制度史》,高等教育出版社2010年版,第35—36页。
② 彭华民:《社会福利与需要满足》,社会科学文献出版社2008年版,第14页。

与社会需要的关系、建立个体需要上升为社会需要过程中的遴选原则和机制似乎更为重要。

### (二) 需要的多层次性

需要的满足总是受到各种因素的制约和影响,需要的多层次性与先后顺序划分实则是在资源与外部条件约束下,有限的资源应该先向哪一种需要分配的规则。亚伯拉罕·马斯洛(Abraham Maslow)的需要层次理论是关于人类社会需要具有多层次特征的经典概括,他将人类社会的需要从低到高进行了排序,分别是生理需要、安全需要、归属和爱的需要、被尊重的需要以及自我实现的需要。上述分类其实是将人类不同的需要按照"出场"顺序进行高低排列,可视为横向的、不同需要之间的层次性与优先性。除此之外,我们也必须看到某一需要在纵向的、发展水平上的差异以及由此所体现的层次性。

在需要的横向层次优先性方面,可以从个体角度和社会角度来加以解析。[①] 从个体的角度来讲,个体需要的优先性的表达是其基于种种约束条件所进行的理性选择。通常意义上,个体会将最基本、最紧急的需要放在优先满足的位置。而具体到工业社会与市场经济条件下,在个体通过自身努力(主要是劳动)或市场不能满足自己需要而需要外力帮助的情况下,国家和社会通过设置福利制度的方式来满足人们最基本的需求。从需要的社会角度看,有限的资源应该优先满足谁的哪种需要,是必须要回答的问题。这一问题的解决往往受社会制度、社会伦理、行政价值与理念等影响,是民众、政策规划者和立法者等集体行动和社会选择的结果。

在需要的纵向层次性方面,其核心内容在于需要在程度上的发展与提升。福利刚性是社会福利领域的典型特征,通常是指无论是现实还是预期,人们对自己的福利待遇具有允许其只能上升、不能下降的心理预期,一般情况下福利的规模只能扩大、不能缩小,项目只能增加、不能减少,水平只能升高、不能降低。[②] 促进福利制度刚性特征形成的因素众多,但其核心仍在于民众需要所客观存在的层次性。从历史—制度的角度来看,正是需求的纵向多层次的存在,才使得社会

---

[①] 也有学者从个体角度和社会角度论述了需要的优先性:从个体角度来看,在特定的时期或条件下,需求的表达和满足是个体选择的结果,出于理性人考虑,个体对自己的需求会有有限排序进而产生"个体选择"的需求排序;而从社会角度看,对需求的重视实则是"社会选择"的结果,也就是社会基于一定的价值标准和原则来确定需求的满足顺序。参见范斌:《福利社会学》,第137—138页。

[②] 侯明喜、曾崇碧:《福利刚性:多维解析、发展态势及弱化措施》,《经济体制改革》2014年第6期,第15—18页。

福利制度发展不断成熟完善,并在与外部经济社会环境的互动中呈现出新的范式。

## 二、风险的转换及规避

风险的存在、演变以及在此基础上衍生出来的规避机制是理解社会福利制度发展与改革的另外一个视角。风险可谓是无处不在、无时不有,风险的本质含义是不确定性,包括损失的不确定性以及收益的不确定性。因此,如何将损失的不确定性及其衍生的其他负面影响降到最低,以及确保收益的最大化,是任何时代社会福利制度核心的议题。就风险的特征而言,除了客观性、普遍性、不确定性及不利性之外,风险还具有较强的动态性、演变性。正是在不断应对和处理新的风险中,社会福利制度才不断地走向发展与完善。

个体生活在不同时代以及在不同的社会形态中,风险的类型存在一定的差异。在农业社会中,风险的类型主要体现为个人风险(生、老、病、死及意外伤害)、自然风险(自然灾害)以及局部政治风险(战争、动乱等)。这一时期,社会救助与社会福利还未形成系统化、专业性的制度体系。官方的救助、赈济也大多基于维护统治阶级利益和秩序的考量。家庭、民间组织和宗教组织等非官方组织会提供零星的、非专业化的救助或互济,而这些非官方的救济在帮助个体规避风险、满足个体需要的过程中起到至关重要的作用。[①] 尽管这一时期政府所出台的救助措施根本的出发点在于维护统治阶级利益,但为后续正式的社会福利制度发展提供了范例和证据,成为现代社会福利和救助制度的发端。

进入工业社会,社会化大生产、城市化以及生产力的提高,在一定程度上削弱了农耕时代的自然风险给人类生产生活所带来的冲击。但是,工业社会也带来了一些以前所知甚少或完全未知的新的风险——因应我们不断发展的知识对这个世界的影响所产生的风险,也是我们没有多少历史经验的情况下所产生的风险。[②] 工业社会的工业风险可以从以下几个方面进行理解:第一,工业生产制度对人类个体安全和生命周期的改变,如疾病、工伤、工作时间、退休年龄等;第二,工业生产关系对劳资双方关系及相互责任的影响,如失业、劳资冲突、阶级斗争等;第三,资本主义大生产所固有的系统性风险,周期性失业、结构性失业与经

---

① 杨红:《从风险视角看社会保障发展》,《西南民族大学学报(人文社会科学版)》2017年第6期,第142—148页。

② 〔英〕安东尼·吉登斯:《第三条道路:社会民主主义的复兴》,郑戈译,北京大学出版社2000年版,第1页。

济危机等,以及由上述经济风险所引发的政治风险等。

现代社会福利和保障制度都是在认识和应对社会风险的过程中建立和发展起来的。为化解工业资本主义所产生的风险,德国、法国、英国等国政府均对社会福利制度的发展采取了积极的态度,纷纷采取相应的制度措施来化解上述风险。

当前,西方各主要国家已经进入后工业社会,面临新的社会风险。与之相适应,西方各国的社会福利制度发展进入了新的阶段。诚如乌尔里希·贝克(Ulrich Beck)在《风险社会》一书中所言,在发达的现代社会中,财富的社会生产系统地伴随着风险的社会生产,生产力的指数式增长使危险和潜在威胁达到了一个我们前所未知的程度。① 自20世纪70年代以来,主要工业国家由于结构变迁出现了新的社会需求,其所带来的问题,如人口老龄化,生育率降低,结构性失业,家庭结构、家庭关系以及福利保障政策的转变导致的一系列问题等,都超出了战后福利国家风险管理的范围,因此被看作新的社会风险。

对于上述新的风险,传统方式无法有效解决。面对大量的人为不确定性,安东尼·吉登斯主张,社会福利制度应从"消极福利"转向"积极福利",从根源上预防风险的发生。② 积极福利的一个核心思想就是"社会投资"理念,它不再将社会福利制度看作以弱势群体为核心的政策集合,相反,它是家庭和劳动力市场的重要因素,是一个包含很多方面的人力资本战略。"社会投资"对于那些更脆弱的新风险群体有明显的"早发现、早行动"倾向,通过提高就业率和公民的长期生产力,福利国家的财政可持续性可以得到保障。

## 三、公民身份与公民权

公民身份以及在其基础上所发展出来的公民权利可谓社会福利制度发展的重要变革,甚至一些学者将其看作现代社会福利与传统福利之间最为重要的分水岭。③ 公民身份在不同的学科与时代语境下有不同的含义,在哲学层面,公民身份主要探讨个人与社会的关系,以及在此基础上衍生出来的道德、情感以及价值取向问题。哲学层面的对公民身份与公民权的讨论也往往构成了政治

---

① 〔德〕乌尔里希·贝克:《风险社会》,张文杰、何博闻译,译林出版社2022年版,第15—16页。
② 张奇林、张兴文:《风险与社会保障:一个解释性框架》,《社会保障研究》2011年第3期,第71—77页。
③ 钱宁:《从人道主义到公民权利——现代社会福利政治道德观念的历史演变》,《社会学研究》2004年第1期,第46—52页。

哲学或福利哲学的主要内容。① 法学视域内的公民身份与权利突出强调"权利与义务相结合"。比如,布莱恩·特纳(Bryan Turner)认为,公民身份是一套应得的权利与义务,它们把个体建构成一个社会政治共同体中完全成熟的成员,并通过它给公民提供一条进入稀缺资源的途径,这套应得的权利可以统称为公民权利。② 社会学视域中的公民身份与权利则围绕"公民资格"进行论述,公民资格被理解为"赋予共同体中所有个体完全成员的一种身份,通过制度化的措施,确保所有拥有这种身份的人在由这种身份赋予的权利和义务方面是平等的"③。

最先对公民权利理论及其在社会福利制度中的应用进行系统论述的当属托马斯·马歇尔(Thomas Marshall),他按照社会发展历史将公民权利划分为三种,即民事权利(civil right)、政治权利(political right)和社会权利(social right),这也构成了公民资格的三个要素。其中,民事权利是指个人作为独立个体自由支配自己所必需的权利,如人身、言论和信仰自由;政治权利是指参与和行使政治权力的权利,是自己参与政治与公共事务的权利,比如选举权和被选举权;社会权利则是指从公民的经济福利与安全到"充分享有社会遗产并依据社会通行标准享受文明生活的权利等一系列权利"。在马歇尔看来,社会权利是实现民事权利、政治权利的前提。从本质上讲,没有社会权利的实现,公民权利就不是完整的,民事权利和政治权利也不能完整地实现。④

公民权利理论的形成是一个渐进的过程。马歇尔指出,在英国,民事权利形成于18世纪,政治权利形成于19世纪,而社会权利形成于20世纪。因为社会权利的核心思想在于每一个公民都享有平等的公民权利,而这一点在古代社会和封建社会是不存在的,因为在传统社会里,公民权利具有显著的"阶层和身份"特征,不同社会成员由于身份不同,享受到的权利也不同。而以"公民权利"为基础的社会福利制度,实际上变成涉及全体公民权利的国民待遇问题。它将社会福利从人道主义(怜悯、同情等)的一般性道德要求,提升到了政治道德(国家有义务满足个体福利需求)的高度,使福利摆脱了慈善救济的人道关怀的局限性,变

---

① 〔瑞典〕博·罗思坦:《正义的制度——全民福利国家的道德和政治逻辑》,靳继东、丁浩译,中国人民大学出版社2017年版,第6—9页。
② Byan S. Turner and Peter Hamilton, eds., *Citizenship: Critical Concepts in Sociology*, New York: Routledge, 1994, pp.1-7. 转引自欧阳景根:《作为一种法律权利的社会福利权及其限度——公民身份理论视野下的社会公平正义之省察》,《浙江学刊》2007年第4期,第118—124页。
③ 杨菊华:《流动人口(再)市民化:理论、现实与反思》,《吉林大学社会科学学报》2019年第2期,第100—110页。
④ 钱宁主编:《现代社会福利思想》,高等教育出版社2013年版,第173—174页。

成人人都享有的经济和社会权利。

在公民权利的理念下,人们把享有社会福利当作自己的应有权利,与福利相关的需求满足不必再借助于人性的同情与怜悯这一狭隘的基础,所有社会成员都拥有了政治上和道德上的平等地位。上述种种实际上已经改变了社会福利的慈善救济性质和"残补"特征,在消除福利"污名化"方面迈出了重大的一步。① 作为公民权利的社会福利观的形成,将现代社会福利与传统社会福利从根本上区分开来。

## 第二节 西方发达国家社会福利制度的发展与改革

西方发达国家社会福利制度的发展与改革可以分为发端(19 世纪 60 年代—20 世纪 30 年代)、成长(20 世纪 40—50 年代)、成熟(20 世纪 60—70 年代中期)和紧缩(20 世纪 70 年代中期以后)四个时期。

### 一、发端(19 世纪 60 年代—20 世纪 30 年代)

现代社会的福利制度发端于工业革命之后的西欧,这一具有体系化、系统性的制度安排,曾被视为应对资本主义市场经济负外部性、缓解阶级(社会)矛盾的关键性措施。彼时,德国、英国等西欧国家的资本主义经济形态蓬勃发展,因此为资本主义生产提供一切可能够提供的条件,是这一时期当政者主要考虑的问题。一般认为,德国被誉为现代社会福利制度的发源地,这一观点和论断的形成主要是因为德国首先以法律的形式对资本主义生产体制中的疾病、工伤、失业、养老等问题,进行了较为全面的制度回应和安排。

19 世纪 60 年代开始的第二次工业革命使资本主义迅速发展,而德国成为引领此次工业革命的国家。彼时,德国的社会矛盾和阶级冲突非常严重,这对其资本主义生产体制和国家经济的发展产生了负面影响。在这种情况下,《疾病社会保险法》《工伤事故保险法》和《老年和残疾人社会保险法》颁布,而这三部法律背后所体现的社会福利立法、社会政策理念、社会保险概念,以及三者在理论逻辑与实践取向的统一,创造了现代公共财政与社会福利财政理论基础与理论框

---

① 钱宁:《从人道主义到公民权利——现代社会福利政治道德观念的历史演变》,《社会学研究》2004 年第 1 期,第 46—52 页。

架,成为现代福利制度建设与改革的指南。①

这一时期,以社会保险、社会立法的形式确立的国家对公民在就业、疾病、工伤、养老等方面的责任,构成了社会福利制度的核心内容。社会福利制度在稳定经济和社会秩序中的作用也日益凸显。尤其是在1929—1933年的"大萧条"危机当中,英国约有1/5的失业人口,德国和法国的失业人口一度占到其劳动力数量的一半。然而,资本主义并未在此次危机中崩溃。一些学者认为,正是社会福利制度拯救了命悬一线的资本主义。② 对这一论述最好的印证便是美国,美国为了复苏与刺激经济,采取了一系列干预经济的措施,并推出了以失业保险和社会救助为核心的社会福利政策。1935年,美国颁布了以"提供老年保障、举办失业保险、建立社会救助"为核心的《社会保障法》,它第一次融合了社会救助与社会保险,开启了20世纪30年代西方社会保障立法与社会保障制度建设的新典范。

尽管现在看来,社会保险与社会福利、社会政策与社会福利、社会权利与社会福利确实存在区别,但这三者的创立和发展实际上构成了现代社会福利制度的基础。虽然德国最早开始实施以社会保险为主要类型的社会福利,但作为模仿者与后起之秀的英国,在努力建设自己的社会保险项目的同时,也开始致力于社会服务项目的创立。这实际上体现了在资本主义体制内,不同国家在社会政策、社会保险、社会福利等制度方面的借鉴、比较与竞争。

## 二、成长(20世纪40—50年代)

第二次世界大战后,西方国家的社会福利制度进入了快速成长时期。引领西方社会福利制度发展的英国颁布了具有划时代意义的《贝弗里奇报告》,它超越了传统的济贫法、俾斯麦政府的三部保险法和美国政府的社会保障法,通过与本土社会服务项目的创新融合,将福利制度建设推向新的阶段。③ 可以说,由英国所开启的社会福利制度建设,直接构成了现代福利制度的主体框架和建设蓝本。

《贝弗里奇报告》首先分析了英国贫困的成因,强调通过社会保险和家庭需要调查两种方式,来解决当前极为严重的失业和贫困问题,力求做到覆盖对

---

① 刘继同:《欧美社会福利立法典范的制度演变与历史规律》,《甘肃政法学院学报》2017年第5期,第29—43页。
② 杨敏、郑杭生:《西方社会福利制度的演变与启示》,《华中师范大学学报(人文社会科学版)》2013年第6期,第25—35页。
③ 刘继同:《欧美社会福利立法典范的制度演变与历史规律》,《甘肃政法学院学报》2017年第5期,第29—43页。

象、惠及范围以及待遇标准的扩大。该报告既确立了现代社会福利制度的框架体系,又确立了现代福利国家模式的核心思想。尤其是关于公民社会权利普遍保障的论述,从根本上奠定了以"普惠"为特征的现代福利国家模式的正当性意义。①

继《贝弗里奇报告》之后,英国政府相继发布了《关于健康服务的白皮书》《关于就业问题的白皮书》和《关于社会保险的白皮书》,开始执行社会保障计划的相关改革措施。而随着二战的结束和英国工党上台执政,议会相继通过了一系列更为具体的福利措施,如《家庭津贴法》《国民健康服务法》《国民保险法》《儿童法》《国民救助法》等,这些覆盖范围广和内容较为全面的法案,为英国建成世界上第一个福利国家打下了坚实的基础。在英国的影响和示范下,加上二战后资本主义世界经济恢复发展,资本主义国家社会福利制度的发展也进入了快速成长期,社会福利状况得到极大改善。

## 三、成熟(20世纪60—70年代中期)

二战后,西方各国经济发展迎来了黄金时期,这为社会福利的发展提供了更为坚实的经济基础。此阶段社会福利的典型特征是,"作为权利的社会福利"有了更加长足的发展。此时,社会服务、社会政策、社会福利立法、社会权利等,也构成了各国政治的核心议题。从实际开支角度来衡量,福利国家从20世纪60年代到70年代早期的增长是史无前例的。到1975年,西方国家公共福利的平均开支占国内生产总值的比例达1/4左右。②

自《贝弗里奇报告》发布以来,其所体现的社会福利的权利形态促进了社会福利制度以社会立法的形式出现。其后,名目繁多的社会福利法律开始在各国建立起来。如前文所述,马歇尔首次根据英国历史经验,将公民权利分为公民政治权利、民事权利和社会权利,为社会福利立法与福利国家奠定法理化基础。这表明,社会福利作为一项权利的初始内容得到了丰富,原始形态发生了变化,社会包容的底线水平在不断提升,社会权利的普遍意义在日益扩展。③

在资本生产体制内,通过国家、社会、市场和个体的责任共担,用社会福利、

---

① 丁建定:《〈贝弗里奇报告〉及其评价》,《社会保障研究(北京)》2007年第1期,第180—188页。
② 〔美〕尼尔·吉尔伯特、保罗·特雷尔:《社会福利政策导论》,黄晨熹、周烨、刘红译,华东理工大学出版社2003年版,第46页。
③ 杨敏、郑杭生:《西方社会福利制度的演变与启示》,《华中师范大学学报(人文社会科学版)》2013年第6期,第25—35页。

社会政策的方式化解社会风险,并将这种化解方式通过法律的形式确定下来,构成了社会福利制度的本质含义。它调节了不平等的雇佣关系和紧张的社会阶层关系,促进了资本主义再生产的顺利进行。[①] 在此阶段,社会福利的重心从注重经济保障开始向以社会服务和福利为主转型,其所使用的政策工具更加精细,不再单单局限于经济救助,而转为津贴、补贴、服务等;其所覆盖和惠及的群体不再单单局限于劳动力,针对妇女、儿童、老年人、残疾人等群体的福利措施和项目也更加完善。

## 四、紧缩(20世纪70年代中期以后)

资本主义工业化和市场经济的发展是决定福利国家模式建立并维持的根本性因素。随着经济"黄金时期"的结束,繁荣与平等、社会福利与经济发展的"完美结合"受到了限制,社会福利制度的"黄金时期"也随之终止。社会福利的快速发展建立在经济的高速发展基础之上,尤其是实行高福利政策的福利国家。随着20世纪70年代世界石油危机的爆发,资本主义国家经济下滑,福利国家的问题也充分地暴露出来了。此时,各国都开始对社会福利制度进行改革。

对福利国家社会福利制度进行改革主要围绕两大模式进行:多元型社会福利制度和"第三条道路"。在社会福利制度发展的"黄金时期",主要资本主义国家实行的社会福利制度是普遍型社会福利制度,其特征是项目全、范围广和标准高。现实已经证明,普遍型社会福利制度对资本主义国家经济发展是不利的,因此,英国于1979年率先探索多元型社会福利制度。多元型社会福利制度更加强调社会福利与社会经济之间的和谐发展,强调国家责任和个人责任之间的合理分担。但是,各国逐步发现多元型社会福利制度又带来了新的问题:贫富差距明显扩大。到20世纪90年代,各国开始对多元型社会福利制度进行改革,于是以吉登斯为代表人物的"第三条道路"随之登场。

如前文所述,第三条道路区别于纯粹的市场化和纯粹的政府调控这两种模式,而是二者之外的一条道路。它认为国家在社会福利供给方面要起主导作用,负主要责任,但反对国家提供过多的社会福利,主张发挥市场的作用。

吉登斯提出,"捍卫现存的社会模式可能在某些关键领域不利于社会公正,而从表面看,给传统意义的社会公正带来挑战的改革,实际上则可能会更加有效

---

① 房莉杰:《平等与繁荣能否共存——从福利国家变迁看社会政策的工具性作用》,《社会学研究》2019年第5期,第94—115页。

地促进社会公正的长远利益"①。而他所指的改革,指向了积极的劳动力市场政策和投资型的社会政策。这体现了福利国家社会支出的重点从现金福利向社会服务、从被动保障向主动投资转向的理念。

## 第三节 我国社会福利制度的发展与改革

### 一、我国社会福利制度的沿革

（一）创立和初步发展（1949年至20世纪60年代中期）

我国于1951年颁布了《中华人民共和国劳动保险条例》（以下简称《劳动保险条例》）,对职工及其直系亲属享有相关待遇作了规定。该条例对职工福利费用的来源作了明确的规定,如国有企业要为职工提供相关的职工福利,如住房福利、教育福利以及各种福利设施、各项福利补贴等。在机关事业单位职工福利方面也出台了一些规定,如1952年的《关于全国各级人民政府、党派、团体及所属事业单位的国家工作人员实行公费医疗预防措施的指示》,1955年的《关于国家机关工作人员退休处理暂行办法》。

新中国成立初期,我国的社会福利和社会救济是结合在一起的,统称为救济福利事业,到20世纪50年代中后期社会福利和社会救助才分开,逐步形成各自的体系。而在广大农村地区,人民公社化运动所建立的具有政社合一性质的人民公社集体,承担了一些医疗、教育、儿童保育等福利功能。1956年的《高级农业生产合作社示范章程》对农村的老弱病残等特殊群体的社会救助进行了规定,标志着农村的"五保户"制度开始形成。1957年的《关于职工生活方面若干问题的指示》标志着我国社会福利制度基本建立起来。但是,在1958年"左"的思想的影响下,盲目追求社会福利的规模导致部分国有企业的社会福利待遇水平过高,脱离实际,社会福利发展遭遇挫折。针对这一情况,1961年,国家实施"调整、巩固、充实、提高"政策;1962年4月,国务院发布了《关于企业职工福利补助费开支办法的规定》,修订了企业职工福利补助费开支办法;1965年8月,内务部下发了《关于国家机关和事业单位工作人员福利费掌管使用问题的通知》,规定福利费

---

① 〔英〕安东尼·吉登斯:《欧洲模式——全球欧洲,社会欧洲》,沈晓雷译,社会科学文献出版社2010年版,第58页。

仍以解决工作人员及其家属的生活困难为主。①

这一时期的社会福利制度与政策体现了极强的过渡性。一方面,为了把遗留的失业人员、灾民难民、无业游民、孤老残幼弱、旧政府工作人员等群体进行妥善安置,以维护新中国政权稳固和经济社会秩序的稳定,采取了诸如紧急救助、生产自救、群众互济、以工代赈等措施,这些体现了浓厚的社会救助色彩。另一方面,针对国家工作人员、国营企业职工、集体企业职工,初步实行了以就业为基础的职业福利,也可视为"单位办福利"的开端,体现了鲜明的企业社会福利色彩。这两项措施初步确立了中国社会福利制度的发展方向。②

### (二)停滞(20世纪60年代后期至1978年)

1968年底,国家撤销了主管救灾救济、社会福利等事务的内务部,许多社会福利设施被占用、合并或者撤销,福利生产企业也被撤销或者合并到有关工业部门内,福利机构难以维持,政府举办的社会福利越来越少。1969年,财政部发布的《关于国营企业财务工作中的几项制度的改革意见》,劳动保险开始失去统筹功能,作为企业职工劳动保险统筹部门的工会也停止工作。在"文化大革命"期间,我国的社会福利基本上处于一种停滞状态。

### (三)调整和转型(1979年至1999年)

"文化大革命"结束后,国家及时地对社会福利进行了恢复和调整。1979年11月召开的全国城市社会救济福利工作会议标志着社会福利开始全面恢复,对此后一段时间内社会福利工作作了规划。残疾人的社会福利首先得到恢复,1980年4月,中国盲人聋哑人协会召开会议并通过了《中国盲人聋哑人协会章程》,为后来残疾人社会福利事业蓬勃发展奠定了基础。1984年,财政部、国家税务总局颁布《关于对残疾人员个体开业给予免征营业税照顾的通知》,残疾人的社会福利状况得以改善。

随着社会主义市场经济运行机制的逐步确立,1984年在福建漳州召开全国城市社会福利事业单位改革整顿工作经验交流会,标志着我国社会福利事业转型的开始。在这次会议精神的指导下,城市社会福利事业的发展出现了"五个改变"局面:改变了社会福利事业由国家包办的体制,出现了社会福利社会办的新局面;改变了单纯救济和"恩赐"的观点,确立了全心全意为收养人员服务的思

---

① 宋士云:《新中国社会福利制度发展的历史考察》,《中国经济史研究》2009年第3期,第56—65页。
② 王思斌:《我国社会政策的实践特征与社会政策体系建设》,《学海》2019年第3期,第12—18页。

想;改变只重视社会效益、忽视经济效益的观念,开辟了自我积累、自我发展的新路子;改变了单纯供养的做法,实行供养与康复相结合;改变了封闭办院的模式,开展了社会化服务活动。在社区社会福利和社会福利企业方面,1993年颁布的《关于加快发展社区服务业的意见》为社区社会福利事业发展作了明确的规定,推动了社区社会福利事业的快速发展。

（四）全面改革与基本框架确立（2000年至2011年）

全面改革主要是指我国进行社会福利社会化改革与实践。这项改革源于2000年2月民政部、国家计委等11部门联合颁布的《关于加快实现社会福利社会化的意见》。它揭示了我国社会福利社会化的必要性和可能性,并提出了我国社会福利事业发展的指导思想和总体目标、思路,是我国加快推进社会福利社会化进程的行动纲领和政策保证。根据我国国情的新变化以及社会福利事业发展的状况,民政部于2005年出台了《关于支持社会力量兴办社会福利机构的意见》。民政部这个新的举措旨在进一步推进我国社会福利社会化进程,实现满足国民日益增长的福利需要,努力促进社会福利由补缺型向适度普惠型转变。因此,国家对社会力量参与社会福利事业、兴办社会福利机构给予了大量的优惠扶持政策,如规划、用地、税收、用电等方面。

这一时期,随着我国经济的快速增长,社会福利制度有了更强的经济基础。这一时期,"科学发展观"与"和谐社会建设"的提出,为社会福利和社会政策的发展提供了战略机遇。2003年提出的"科学发展观"强调经济发展与社会发展的平衡,而社会政策被视为促进社会发展的主要工具,2003年也被王思斌教授称为社会政策元年。[①] 总体上,这一时期,社会福利被赋予在促进经济发展、民生改善、社会稳定等方面更多的责任和期望,但由于强调经济增长的发展逻辑,社会福利发展更多体现为框架被探索并确立。

（五）新时代的适度普惠型福利全面建设（2012年至今）

2012年底,中央经济工作会议提出新时期民生工作的新理念,可概括为"守住底线、突出重点、完善制度、引导舆论"十六字方针。这标志着,新时代我国的社会政策更加强调共建共享,更多体现发展型、投资型和赋能型的社会政策取

---

① 王思斌:《社会政策时代与政府社会政策能力建设》,《中国社会科学》2004年第6期,第4—24页。

向;在社会福利与政策的推进方式上,更加强调整体性、系统性和协同性。① 郑功成认为,这一关于民生保障与福利的基本定位,实际上体现了党中央将提高人民生活水平作为一个综合性的指标提出来,与以往单个、具体的民生目标相比有显著不同。并且,所确立的国家、企业、个人共担福利责任的机制,将福利发展的责任边界和资金来源进行了合理确定。②

以习近平同志为核心的党中央高度重视发展成果共享与民生改善的工作,把增进人民福利、促进人的全面发展作为一切工作的出发点和落脚点,从人民群众最关心、最直接、最现实的利益问题入手,使用了系列社会政策工具来实现这一目标。党的十九大报告指出,中国已经进入社会主义新时代,新时代我国社会主要矛盾已经转化为人民日益增长的美好生活需要和不平衡不充分的发展之间的矛盾。这一关于国家发展定位的重要论断,对社会福利与社会政策等提出了新的要求。围绕这一要求,如何实现覆盖人群、待遇水平、项目主体的均衡发展和充分发展,是新时期社会福利与社会政策未来一个阶段的主要目标。

以社会保障制度为代表的社会福利政策,基本实现了广覆盖、多层次、普惠型、框架完整的建设目标。这一时期,在党中央、国务院的强力推动之下,中国建立起世界上最大的社会保障综合体。除此之外,依赖于强大的国家财富的经济基础,人民的福利水平不断提高,除了上述普惠型福利外,老年人福利、妇女福利、儿童福利、残疾人福利等专项福利保障了各类人群的福利需求。特别是党中央通过实施"精准扶贫"行动,向全中国和全世界做出的"到2020年消除现行标准下绝对贫困"的庄严承诺,更是这一时期社会福利事业走向"新时代"的集中体现。

2022年10月16日,党的二十大在北京召开,党的二十大报告提到,党的十八大以来,中国建成世界上规模最大的社会保障体系,人民群众获得感、幸福感、安全感更加充实、更有保障、更可持续。习近平总书记在党的二十大报告中指出,"必须坚持在发展中保障和改善民生,鼓励共同奋斗创造美好生活,不断实现人民对美好生活的向往","我们要实现好、维护好、发展好最广大人民根本利益,紧紧抓住人民最关心最直接最现实的利益问题,坚持尽力而为、量力而行,深入群众、深入基层,采取更多惠民生、暖民心举措,着力解决好人民群众急难愁盼问

---

① 贡森、李秉勤:《新时代中国社会政策的特点与走向》,《社会学研究》2019年第4期,第39—49页。
② 《中央经济工作会议精神解读:改善民生需共同努力》,2012年12月21日,http://cpc.people.com.cn/big5/n/2012/1221/c83083-19969500.html,2022年11月3日访问。

题,健全基本公共服务体系,提高公共服务水平,增强均衡性和可及性,扎实推进共同富裕","健全覆盖全民、统筹城乡、公平统一、安全规范、可持续的多层次社会保障体系","完善基本养老保险全国统筹制度,发展多层次、多支柱养老保险体系","健全分层分类的社会救助体系","保障妇女儿童合法权益","完善残疾人社会保障制度和关爱服务体系"。①

总体上,新时代的社会福利和政策具有以下特征。第一,实现了制度与体系设计从碎片化走向整体性、系统性和协同性的转变,创新性地提出社会政策与其他政策的跨领域协调。第二,在完成从补缺型向适度普惠型转变的基础上,强化了对重点群体、重点领域的倾斜,并在实现"社会政策要兜底"的目标上有所推进。第三,将社会福利与社会政策作为创新社会治理的手段,涌现出了一些运用社会福利与政策的柔性力量来化解社会矛盾、缩小收入差距、增进社会团结的典型事件。第四,社会福利中的社会服务力量得到了发挥。在经济保障初步实现的基础上,社会服务体系建设与完善的发展思路得到进一步的重视。第五,社会福利与经济发展的融合程度更高。社会福利项目在妥善处理经济发展方式转变、提高人力资本储备、释放消费内需等方面发挥更大作用,初步实现了从供给和需求两侧去增强经济发展的活力的目标。②

## 二、传统福利制度的基本框架及其评价

传统的福利制度主要是指与计划经济体制相适应的福利安排与政策设计。客观而言,在计划经济体制下,我国形成了国家负责、板块分割、封闭运行的传统福利制度框架。在内容上主要包括:国家通过"高就业、低工资、高福利"的方式,对单位内就业人员的职工福利进行保障;对未就业人员、孤老弱病残等群体实施的民政福利保障;在农村地区实施"五保"供养;对城镇居民实施价格补贴;兴办科教文卫设施,并举办相关的文化福利活动等。

总体而言,这一时期的福利制度在救助贫困、增进民生福利、维护社会稳定等方面发挥了一定的积极作用,但也存在明显的弊端。比如,在制度体系方面,

---

① 《高举中国特色社会主义伟大旗帜 为全面建设社会主义现代化国家而团结奋斗——在中国共产党第二十次全国代表大会上的报告》,2022 年 10 月 25 日,http://www.gov.cn/xinwen/2022-10/25/content_5721685.htm,2023 年 1 月 3 日访问。

② 关信平:《当前我国社会政策的目标及总体福利水平分析》,《中国社会科学》2017 年第 6 期,第 91—101 页。

传统的社会福利制度是一个在户籍制度、职业身份、地域差异等因素作用下的板块分割的封闭体系,各个板块之间待遇水平差异较大,且缺乏协调性;在运行模式方面,具有典型的"国家—单位"特征。国家运用行政权力来完成福利资源的分配,分配的对象则是各种各样的单位(农村集体),单位负责福利项目的具体实施;在制度理念方面,呈现出典型的补缺型特征,受限于经济水平,福利项目的内容不够全面且待遇水平较低。

### 三、我国社会福利制度的改革及其评价

(一)社会福利制度取得的成就和存在的问题

新中国成立70多年来,我国社会福利制度经历了从无到有、从单项突破到全面推进、从补缺型向适度普惠型的发展历程。概括起来主要有以下几方面的成就:第一,法制建设取得重要进展,制度安排逐步走向规范;第二,社会福利事业的社会化程度不断提高,体现为社会福利资源社会化、设施社会化、管理与经办社会化;第三,经费来源多渠道化,福利彩票成为重要且稳定的来源;第四,社区服务日渐受到重视,成为整个社会福利事业发展的重要平台。

但是,我国社会福利制度也存在以下几个方面的问题。

第一,存在"重保险、轻福利"的倾向。我国社会保障改革与建设主要以社会保险为主体,具体讲就是以养老保险、医疗保险和失业保险为主体,而社会福利事业在社会保障体系中的重要性和地位较低,通常被视为不需要急切处理的事情。

第二,缺乏统筹考虑,分割与脱节现象较为严重。一是社会福利事业管理部门之间的脱节,如不同群体的福利项目分布在民政、人社、卫生健康等多个部门,相互之间缺少协调与联动;二是制度之间缺少衔接与联动,如对养老保险与老年人福利、儿童福利与妇女福利之间缺少统一;三是举办社会福利事业的主体之间存在分割与脱节现象,如官办福利机构与民办福利机构之间是彼此独立的系统。

第三,社会福利法制建设仍然落后。虽然我国相继出台或者修订了一系列政策文件,但是这些法律法规总体上只是一种促进法,缺乏刚性约束。另外,现行的有关法律法规对于社会福利事务的实施、管理和监督规定较模糊,缺乏操作性。

第四,社会福利事业总量供给不足。社会福利事业在完全满足国民社会福利需求、与经济社会发展相适应方面仍显不足,尤其是总量供给不足,主要体现

为社会福利机构数量不足,社会福利服务设施短缺与利用率不高并存。例如,截至2022年底,享受护理补贴的老年人仅为94.4万人,享受养老服务补贴的老年人仅为574.9万人,享受综合补贴的老年人仅为67.4万人。①

（二）社会福利制度的改革

1. 改造政府福利

一方面,对政府举办的现有福利项目进行改造,使之与新型福利项目接轨。如保留残疾人福利,以原有的社会收养和相关福利待遇为基础,分别转化为老年人福利、儿童福利和妇女福利项目;将财政性价格补贴转化为社会津贴项目;将教育福利纳入统一的社会福利体系,以促使整个社会福利体系转型,打破封闭,将政府举办的各项福利设施向全社会开放,使之真正成为社会性的福利。另一方面,加大各级政府惠民生、促民惠的财政投入,并建立常态化和稳定化的机制。

2. 实现社会福利与劳动就业相分离

遵循市场经济的一般规律,将就业者与用人单位的关系简化为较为单纯的劳动工资与职业福利关系,将国有单位原有的实质上承担着社会福利设施或项目改由社会公益团体或社会服务机构承办,使之成为社会化的福利设施和项目。这样,职工在付出劳动的同时,只从用人单位获取相应的工资报酬并享受相应的职业福利,其福利服务方面的需求主要通过社会化的福利设施或项目获得满足。

3. 明确的责任分担机制与采取多种措施扩大社会福利资金来源

一方面,建立国家、市场与公民个体在社会福利与服务责任的分担机制,并结合经济增长情况、国民收入分配情况、居民收入变动情况等进行调整。另一方面,在社会福利资金来源方面,主要通过四个途径来扩大社会福利资金的来源:增加政府投入、扩大彩票发行规模、鼓励社会捐赠与投资、实行低收费补贴。

4. 重视社会福利的法制建设

一方面,要对现存的法规、政策进行改造,通过法规制度来明确国民的福利权益和国家、社会的责任,明确各社会福利项目的实施、管理和监督等,以便为社会福利事业发展提供基本的法律依据。另一方面,要根据社会福利事业发展的需要制定新的法规,保证社会福利事业依法规范运行。

---

① 《2022年度国家老龄事业发展公报》,2023年12月14日,https://www.gov.cn/lianbo/bumen/202312/content_6920261.htm,2024年7月9日访问。

**5. 努力推进社会福利事业社会化**

社会福利事业社会化是社会福利制度持续发展的必由之路,社会福利资源社会化和福利设施社会化,不仅能够扩充社会福利的物质基础,也能够促使福利设施的快速发展,促使福利设施的功能得到更为全面的发挥。另外,还要加快推进社会福利服务队伍职业化和专业化,志愿者队伍制度化和规范化。

### 四、我国社会福利制度的发展方向

随着我国步入经济和社会发展新时代,人民群众对美好生活的需要在内容上更加丰富、层次上显著提升,这对社会福利制度建设提出了更高的要求。我国的社会福利制度亟须在以下几个方面做出调整与强化。

第一,从注重经济保障到注重福利服务普惠供给。从经济保障转向服务供给,是今后一个时期我国社会福利制度在重心上需要加以调整的。伴随着脱贫攻坚任务的完成以及全面步入小康社会,我国的绝对贫困已经得到解决,社会保障体系和社会救助措施为消除相对贫困问题也提供了制度化的措施。在经济需求得以保障的背景下,基于全体人民共同富裕的战略目标,应当是新时期社会福利服务建设的重点,注重对民众养老、医疗、托幼、教育等福利服务的需求并进行满足。

第二,进一步提升社会福利制度福利的供给水平。在过去十多年里,我国的社会福利政策增加了福利供应,民众的福利需求得到了一定满足,但总体上我国的社会福利仍处于低水平。各类群体获得各项社会服务的数量和质量仍具有差异,运用社会福利政策来化解社会矛盾、满足美好生活需求的目标尚未实现。因此,提升社会福利制度的供给水平仍然需要得到重视。

第三,促进社会福利制度与管理水平不断优化。我国社会福利的资金筹集、供给、管理等分属于不同的部门,存在沟通衔接不畅、管理成本高、福利资源损失等问题。未来的社会福利管理需要降低管理成本、提高管理效率。这要求对社会福利制度进行整合,降低制度的繁杂程度,加强相关部门的协作;改革社会福利的管理体制,完善社会福利的运行机制,使社会福利的行政管理、事务经办、监督控制三者分开。

第四,加强社会福利领域里社会主体的参与合作。多元型社会福利制度和"第三条道路"理论都强调要在适当的范围内弱化政府在社会福利中的作用,强调政府和个人的共同责任。国家不必完全包揽所有的福利项目,国家只要抓住主要的、影响全局的项目,把其他福利项目转由社会、市场机构提供,并加强对相关机构的服务与监管。这样能在弱化政府作用的同时,保证国民的社会福利待遇,避免对社会福利制度造成不利影响。

## 本章小结

　　需要的多样性与多层次性、风险的转换及规避、公民身份与公民权是人类社会福利制度发展的动力,也构成了理解社会福利制度演进的三条主要线索。德国俾斯麦政府在19世纪80年代颁布的《疾病社会保险法》《工伤事故保险法》和《老年和残疾人社会保险法》,构成了西方国家现代社会福利制度的发端。20世纪40年代英国颁布的具有划时代意义的《贝弗里奇报告》标志着资本主义国家的社会福利制度进入了快速成长期。二战后西方各国经济发展迎来了黄金时期,这一时期西方国家公共福利的平均开支占国内生产总值(GDP)的比例达1/4左右。随着20世纪70年代世界石油危机的爆发,资本主义国家经济下滑,福利国家的问题也充分地暴露出来,各国都开始对社会福利制度进行改革。

　　新中国成立到20世纪60年代中期是我国社会福利制度的创立和初步发展期,初步实行了以就业为基础的职业福利,也可视为"单位办福利"的开端。20世纪60年代后期至1978年,我国的社会福利基本上处于一种停滞状态。随着社会主义市场经济运行机制的逐步确立,对社会福利事业由国家包办的体制进行了渐进改革,出现了社会福利社会办的新局面。随着我国经济的快速增长,社会福利制度有了更强的经济基础,国家对社会力量参与兴办社会福利事业进行了大力支持。党的十八大以来,我国进入适度普惠福利全面建设时期,基本实现了广覆盖、多层次、普惠型、框架完整的建设目标。在共同富裕战略的引导下,我国社会福利制度开启了新的建设篇章。

　　新中国成立70多年来,我国社会福利制度经历了从无到有、从单项突破到全面推进、从补缺型向适度普惠型的发展历程。随着我国步入经济和社会发展新时代,人民群众对美好生活的需要在内容上更加丰富、在层次上显著提升,这对社会福利制度建设提出了更高的要求。尤其要从以下四个方面进行优化完善:从注重经济保障转向注重福利服务普惠供给,进一步提升社会福利制度福利的供给水平,促进社会福利制度与管理水平不断优化,加强社会福利领域里社会主体的参与合作。

## 重点名词

社会需要　风险社会　积极型福利　普惠型福利　社会福利改革

## 思考题

1. 推进社会福利制度演进的三条线索是什么?
2. 西方发达国家社会福利制度的发展与改革经历了哪些阶段?
3. 简述我国社会福利制度的基本框架与发展沿革。
4. 如何评价我国的传统福利制度?
5. 改革开放以来,我国社会福利制度的成就及改革方向是什么?
6. 如何看待新时代中国特色社会主义社会福利制度的发展趋势?

## 延展阅读

黄健、邓燕华:《制度的力量——中国社会保障制度建设与收入分配公平感的演化》,《中国社会科学》2021年第11期,第54—73页。

焦长权、董磊明:《迈向共同富裕之路:社会建设与民生支出的崛起》,《中国社会科学》2022年第6期,第139—160页。

李培林:《社会学视角下的中国现代化新征程》,《社会学研究》2021年第2期,第1—13页。

刘继同、尹慧:《现代社会福利财政制度化目标、社会化补偿机制和原理》,《湖南社会科学》2023年第3期,第125—134页。

岳希明、胡一凡、李禛临:《社会政策体系中的基本生活需要:内涵与测量》,《经济学动态》2023年第4期,第42—58页。

# 第十一章　老年人福利

**【本章学习要点】**

1. 掌握老年人福利的内涵和老年人福利需求产生的现实原因。

2. 熟悉我国老年福利的主要内容和发展改革历程,重点把握我国老年福利取得的成绩与存在的主要问题,以及改革的方向和具体措施。

3. 了解瑞典、日本等典型国家的老年人福利内容,重点把握其老年福利立法方面的内容。

## 第一节　老年人福利概述

老年人福利是指国家和社会为了维护老年人生存与发展权利,让老年人共享经济和社会发展成果,所采取的系列政策措施和提供的设施和服务。

### 一、老年人福利的内涵

#### (一) 老年人的界定

《中华人民共和国老年人权益保障法》(以下简称《老年人权益保障法》)中对"老年人"的界定是"60 周岁以上的公民"。这么界定的理由是,从我国和世界其他国家实施老年人福利的具体实践看,享受相关福利项目和服务的年龄条件都是以退休年龄为界。世界各国对退休年龄的规定各有不同,总体而言,发达国家规定的退休年龄要比发展中国家高一些。例如,美国规定男女都是 65 岁退休,英国规定男性 65 岁、女性 60 岁退休,法国规定男女都是 64 岁退休。我国规定男性职工 60 岁、女性干部 55 岁、女性工人 50 岁退休。我国的退休年龄偏低,2024 年 9 月 13 日,十四届全国人大常委会第十一次会议审议通过《关于实施渐进式延迟法定退休年龄的决定》,国家开始着手研究部署延迟退休相关事宜。

(二) 老年人福利的内涵

老年人福利是指在政府的领导和社会各方力量的参与下,根据老年人的特点和需求,为其提供养护、医疗、康复、娱乐、教育等多方面的福利设施或服务,旨在提高和改善其生活质量,实现"老有所养、老有所医、老有所为、老有所学、老有所乐"的目标。过去,由于我国较低的经济发展水平比以及传统养老观念的影响,老年人福利主要是面向那些无劳动能力、无生活来源、无法定赡养人的"三无"老年人。随着我国经济实力的不断提高以及国民养老观念的变化,老年人福利的对象逐步从"三无"老年人向全体老年人过渡。

## 二、老年人需求及老年人福利的产生

(一) 老年人需求

老年人需求与老年人的特定年龄阶段、生活环境、生理心理变化等因素有关,是主观因素和客观因素综合作用的产物。

1. 经济需求

老年人从劳动者转变为退休人员,经济收入的渠道变少、水平降低、稳定性变差,但是相关的开支并没有减少,甚至在某些方面如医疗保健开支会增加。这样就产生了一个经济上的收支缺口。老年人的经济来源主要是已有的积蓄、养老金、救助金或者子女的经济支持。

2. 健康需求

健康是保障生活质量和幸福指数的先决要件。但是随着年龄的增加,老年人的生理机能大大下降,各种慢性疾病威胁到健康,进而影响到生活自理能力、社会参与能力。所以,老年人的健康需求最为强烈,也最应该得到保障。

3. 居住需求

居住是人类生存的必备条件,而且老年人更加愿意在家安享晚年。但是有部分老年人因没有属于自己的住房而租房,或者有自己的住房但居住条件和环境非常简陋。无论是租房还是自有住房的维修都要花一大笔资金,对老年人来说无疑是很大的经济负担。为了保障居住、改善生活质量,政府有必要予以房租补贴、住房改造补贴,或者提供廉租房、公租房。

4. 情感需求

老年人从工作岗位退出,会带来一系列的变化,如社会地位下降、收入减少、与人接触交往的机会和途径减少。加上角色转换不适应,子女又不在身边,很容易产生孤单寂寞的感受。孤单寂寞的情绪对老年人身心健康和生活质量有负面影响,因此老年人大多希望有更多与人交往、倾诉的机会和平台。

5. 教育需求

老年人退休后有更多自由支配的时间,会希望通过学习来充实生活,减轻孤独感的同时提升自己的文化和知识素养。当然,有的老年人会想通过学习进一步发展自己的兴趣、爱好,或通过继续学习掌握一些技能实现再就业,更好地为社会做贡献。在信息社会,终身学习是提高老年人生活质量的一个途径。这些对于老年大学、老年人继续教育提出了相应的要求。

6. 娱乐需求

"老有所乐"是所有老年人追求的目标。虽然每个老年人的乐趣不同,如有的以奉献为乐,有的以学习为乐,有的以工作为乐等,但是每个老年人都希望在晚年找到自己的乐趣,提高生活质量。

(二)老年人福利产生的现实原因

1. 人口老龄化

人口老龄化是指老龄人口占总人口的比重不断上升,并达到一定水平的人口结构状态。国际上通用的衡量老龄化的指标是,60 岁及以上人口占总人口的 10% 或者 65 岁及以上人口占总人口的 7%。我国是世界上人口最多的国家之一,而且也是老龄人口最多的国家。1999 年,我国 60 岁及以上人口的比重已经达到 10%,这标志着我国已经进入老龄化社会。截至 2022 年底,我国 60 岁及以上的人口为 2.8 亿人,占总人口的 19.8%;65 岁及以上人口为 2.1 亿人,占总人口的 14.9%。[①] 据预测,我国 60 岁以上老年人口在 2026 年将超过 3 亿人,2035 年将超过 4 亿人,2055 年将达到峰值的 4.88 亿人(占总人口的比重为 35.6%);2020—2060 年将是我国老龄化最快的阶段,之后老龄化程度会放缓。[②]

---

[①] 《中华人民共和国 2022 年国民经济和社会发展统计公报》,2023 年 2 月 28 日,http://www.gov.cn/xinwen/2023-02/28/content_5743623.htm,2023 年 3 月 3 日访问。

[②] Unites Nations, "World Population Prospects 2019-Highlights," 2019 年 12 月 31 日,https://www.un.org/development/desa/pd/node/1114,2023 年 3 月 3 日访问。

### 2. 家庭结构和家庭养老功能的变化

传统社会中,家庭结构是主干家庭或者联合家庭,家庭成员比较多、规模较大,家庭是满足老年人福利最重要的组织。在主干家庭或者联合家庭中,成员居住在一起,感情更加亲近,照顾更加周到,老年人有着更强的安全感和依赖感。而随着家庭结构从主干家庭向核心家庭转变,家庭规模开始缩小,家庭成员的照料负担加重。例如,由两个独生子女所组成的"421型家庭",2个年轻人要照顾4个老年人和1个小孩。加上城镇化与工业化进程中的人口流动常态化、代际居住的分离化,老年照料的人力资源在减少,部分老年人出现了"空巢"现象。这暗示家庭养老功能已经弱化,照料老年人的责任需要部分地由家庭向政府、市场、社区、社会组织等主体过渡。

### 3. 工业化、城镇化的社会转型

为老年人提供福利是工业化、城镇化等社会发展进步的必然结果。工业化之前的传统农业社会,家庭不仅是生活单位也是生产单位,土地是最主要的劳动生产资料。整个家庭从事的是农业生产,老年人具备丰富的农业生产经验,同时还掌握家庭的所有资源,所以老年人的需求在家庭内部就可以得到很好的满足。但是工业化、城镇化之后,由于工业生产取代农业生产成为社会和家庭财富的主要来源,老年人在家庭和社会财富生产中的作用和地位都有所下降,老年人面临的各种风险有所增加。另外,随着经济发展,老年人的各种需求越来越多,仅靠家庭无法完全满足老年人的福利需求。因此,老年人的福利问题就迫切需要国家和社会予以解决。

## 三、我国老年人福利的发展历程

新中国成立后,我国在不断地探索一条适合国情的养老道路,以实现"老有所养"的目标。从1999年开始进入老龄化社会起,我国加强了对老年人福利制度建设的重视。随着习近平总书记在党的十九大报告中宣布中国特色社会主义进入新时代,以及老龄化形势日趋严峻,我国的老年人福利建设取得了历史性的进展。基于此,我们把新中国成立后的老年人福利发展过程分为三个阶段,即新中国成立后到改革开放之前的阶段、改革开放后到进入新时代中国特色社会主义之前的阶段和新时代中国特色社会主义阶段。

### (一) 新中国成立到改革开放之前的阶段

1951年,政务院发布了《中华人民共和国劳动保险条例》,标志着企业职工养老制度确立。1955年,国务院颁布了《关于国家机关工作人员退休处理暂行办法》和《关于国家机关工作人员退职处理暂行办法》,标志着国家机关和事业单位工作人员退休养老制度确立。在这两种养老制度中,个人无须缴纳养老费用,由所在单位和国家财政来承担。1956年的《关于高级农业生产合作社示范章程》以及1962年的《农村人民公社工作条例(修正草案)》对农村老年人的福利作了规定,对"五保"老年人实行由国家和集体供养的措施。1966年,第二轻工业部和全国手工业合作总社联合颁布了《关于轻、手工业集体所有制企业职工、社员退休统筹暂行办法》和《关于轻、手工业集体所有制企业职工、社员退职暂行办法》,对集体所有制职工的养老问题作出了具体规定。1966—1976年,养老制度不同程度地受到破坏,老年福利事业处于停顿甚至倒退的状态。1978年,国务院颁布的《关于安置老弱病残干部的暂行办法》和《关于工人退休、退职的暂行办法》,提出了一条新的养老待遇政策——离职休养。从上述政策可以看出,这一时期我国的老年人养老福利主要是面向城镇老年人,具有国家包办、单位负责、封闭运行等特点。

(二)改革开放后到进入新时代中国特色社会主义之前的阶段

1991年,国务院颁布了《关于企业职工养老保险制度改革的决定》,提出养老金由国家、企业和个人共同承担,筹资模式具体为个人缴纳养老保险费、养老保险基金实行社会统筹和部分积累。1992年,民政部颁布了《县级农村社会养老保险基本方案(试行)》,规定农村养老保险试行以个人缴费为主、集体补贴为辅的筹资模式。1993年的《国家公务员暂行条例》和《机关工作人员工资制度改革实施办法》、1994年的《关于印发〈关于机关、事业单位工资制度改革实施中若干问题的规定〉的通知》,对机关和事业单位工作人员的退休养老待遇作了明确规定。20世纪90年代是企业职工养老保险制度改革的活跃期,养老资金的筹集从社会统筹向"统账结合"转变。1997年,国务院颁布《关于建立统一的企业职工基本养老保险制度的决定》,对改革的目标、账户的建立、缴费标准和发放办法等进行明确,标志着改革进入了新的时期。2005年,《关于完善企业职工基本养老保险制度的决定》进一步把这项制度推向深入。

相对于企业职工养老保险制度改革而言,公务员和事业单位职工养老保险制度改革比较缓慢。例如,2000年的《关于完善城镇社会保障体系的试点方案》中提出,"公务员(含参照国家公务员制度管理的事业单位工作人员)的现行养老保险制度仍维持不变"。2006年开始实施的《中华人民共和国公务员法》规定

"国家建立公务员保险制度",指出公务员退休金所需经费要列入财政预算,明确了经费来源。2008年2月,国务院常务会议讨论并原则通过了《事业单位工作人员养老保险制度改革试点方案》,提出筹资模式是个人和单位共同承担、待遇与缴费相关、逐步实现省级统筹、建立职业年金和实行社会化管理等内容。

相对于企业、机关和事业单位养老保险制度改革而言,农村养老保险制度改革则更为缓慢。2003年,劳动和社会保障部颁布《关于认真做好当前农村社会养老保险工作的通知》,要求把积极稳妥地开展农村养老保险工作列为重点工作;并且政策上也有变化:由"个人缴费为主、集体补助为辅,国家扶持"转变为"个人、集体和政府"三方共同承担。2009年,国务院颁布《关于开展新型农村社会养老保险试点的指导意见》,这是新时期农村社会养老保险的纲领性文件,明确了新型农村养老保险基金筹资模式是"个人缴费、集体补助、政府补贴"。2011年6月,国务院颁布《关于开展城镇居民社会养老保险试点的指导意见》,决定启动城镇居民社会养老保险的试点工作。在模式上,建立个人缴费、政府补贴相结合的城镇居民社会养老保险制度,实行社会统筹和个人账户相结合。实施范围与新型农村社会养老保险试点基本一致,争取在2012年基本实现城镇居民养老保险制度全覆盖。2014年2月7日,国务院常务会议决定合并新型农村社会养老保险和城镇居民社会养老保险,建立全国统一的城乡居民基本养老保险制度。中央财政按基础养老金标准对中西部地区给予全额补助,对东部地区给予50%的补助。截至2022年底,全国城乡居民养老保险领取待遇人数达到1.63亿人,月人均养老金189元,是2012年2.3倍。①

在这一阶段,党中央、国务院高度重视老年人福利服务的需求。2000年,《关于加强老龄工作的决定》开启了新世纪老龄工作的新局面。2005年,《关于支持社会力量兴办社会福利机构的意见》为老年人福利的社会化供给奠定了基础。2008年,全国老龄办等部门出台了《关于全面推进居家养老服务工作的意见》,提出居家养老服务是政府和社会力量依托社区,为居家的老年人提供生活照料、家政服务、康复护理和精神慰藉等方面的服务。2011年12月,国务院办公厅出台了《关于印发社会养老服务体系建设规划(2011—2015年)的通知》,社会养老服务体系建设作为一个重要的内容被以"五年计划"的形式加以推进。此外,2016年6月人力资源和社会保障部印发的《关于开展长期护理保险制度试点的指导意见》、2017年6月国务院办公厅发布的《关于制定和实施老年人照顾服务

---

① 《夯实民生之基的勇毅前行——2022年全国社会保障工作述评》,2022年12月26日,http://www.mohrss.gov.cn/SYrlzyhshbzb/ztzl/rsxthfjszl/xw/202212/t20221226_492280.html,2023年1月10日访问。

项目的意见》、2017 年 8 月民政部等印发的《养老服务标准体系建设指南》等文件,都从不同领域和方面对老年人的福利、服务需求进行了规划。这体现了党和国家积极应对人口老龄化、保障老年人生存发展权益的施政理念,为确保全体老年人共享改革发展成果提供了坚实的保障。

(三)新时代中国特色社会主义的阶段

在 2017 年 10 月召开的党的十九大上,习近平总书记宣布中国特色社会主义进入新时代。这是中国特色社会主义事业的一次巨大跃迁,也是中国老年福利发展历程上的一个全新时期。在这一阶段,由于养老保障制度的"扩面"建设已经为老年人的经济安全奠定了基础,老年人的福利和服务保障被提上了新的高度。习近平总书记历来高度重视老龄工作。2016 年 2 月,习近平总书记对全国老龄工作作出重要批示,要加强顶层设计完善重大政策制度,及时应对、科学应对、综合应对。2016 年 5 月,习近平总书记在中共中央政治局第三十二次集体学习时强调,要坚持党委领导、政府主导、社会参与、全民行动相结合,坚持应对人口老龄化和促进经济社会发展相结合,坚持满足老年人需求和解决人口老龄化问题相结合,努力挖掘人口老龄化给国家发展带来的活力和机遇,努力满足老年人日益增长的物质文化需求,推动老龄事业全面协调可持续发展。

2017 年 12 月,民政部等九部门发布了《关于加强农村留守老年人关爱服务工作的意见》,体现了对脱贫攻坚、全面建成小康社会进程中农村老年人的特殊关怀。2018 年 6 月,国务院印发了《关于建立企业职工基本养老保险基金中央调剂制度的通知》,为均衡地区间职工养老保险基金负担、实现全国养老保障基金平衡、保障退休职工待遇奠定了基础。2018 年 12 月,国家市场监督管理总局和中国国家标准化委员会发布了《养老机构等级划分与评定》,为保障养老机构建设质量提供了国家标准。2019 年 1 月,民政部发布关于贯彻实施新修改的《老年人权益保障法》的通知,决定不再实施养老机构设立许可,加强养老机构事中事后监管等。2019 年 4 月,国家卫健委印发了《关于实施老年人心理关爱项目的通知》,提出要为老年人提供心理健康评估,并采取相应的干预和转诊措施。2020 年 5 月,国家医保局正式下发《关于扩大长期护理保险制度试点的指导意见(征求意见稿)》,决定在首批 15 个试点城市的基础上,新增 14 个试点城市,实施长期护理险试点扩围计划。

2020 年 10 月,党的十九届五中全会提出,要健全基本养老服务体系。2021 年 9 月,民政部在北京召开全国基本养老服务体系建设推进电视电话会议,贯彻落实党的十九届五中全会工作部署,深入学习领会习近平总书记"七一"重要讲话精神和关于基本养老服务的重要指示批示精神,研究部署推进基本养老服务体系建设。2021年11月,《关于加强新时代老龄工作的意见》提出要建立基本养老服务清单制度,这是首次在中央层面部署建立基本养老服务清单制度。2022年2月,国务院发布《"十四五"国家老龄事业发展和养老服务体系规划》提出要推进养老服务体系建设,强化政府保基本兜底线职能,促进资源均衡配置,确保基本养老服务保障到位,建立基本养老服务清单制度。

由此可见,新时代中国特色社会主义的阶段的老年人福利建设具有更加精细化、系统化以及注重提供普惠型服务的特点,这体现了我国老年人服务供给效率不断提升,老龄社会治理水平不断提高。

## 第二节 我国老年人福利的内容

老年人福利的内容与一个国家的经济发展水平、文化传统、福利制度、政府施政理念等都有着密切的联系。经过70余年的发展历程,我国的老年福利已形成较为完整的框架体系,主要包括经济收入保障、基本照顾服务、精神文化福利等。

### 一、老年人经济收入保障

由于老年人劳动能力丧失(或下降)、收入中断,所以确保其有稳定的生活来源自然成为老年人福利的首要问题。老年人经济收入性福利主要是养老金和各种普惠型的老年补贴,对于低收入的老年人还会提供一定的救助金,如低保救助金、医疗救助金、临时救助金等。尽管我国已经建立了城乡居民养老保险制度,但养老金水平较低。对于大多数农村老年人而言,其经济收入主要依赖三个方面:一是劳动收入;二是家庭内部其他成员的转移支付;三是具有基础普惠性质的城乡居民养老金。

### 二、老年人基本照顾服务

因为随着年龄的增长,养老照顾需求和医疗保健需求最为迫切。老年人基本照顾服务是老年人福利的最主要部分,主要包括养老照顾和医疗保健照顾。

## （一）养老照顾

我国对老年人养老照顾的方式有三种：居家养老、机构养老和社区养老。这三种养老方式各有利弊，但它们之间本质上是相互补充的关系，共同构成了我国养老服务体系。

### 1. 居家养老

2008年，全国老龄办等部门联合发布《关于全面推进居家养老服务工作的意见》指出，居家养老服务是一种政府和社会力量依托社区，为居家的老年人提供生活照料、家政服务、康复护理和精神慰藉等的服务形式。居家养老是我国最主要的养老方式。一方面，它适合我国"未备先老"的国情。居家养老兼备家庭养老和社区养老的优点，以老年人现有住房为基础，既不用在养老机构购买床位，又能通过政府和社会提供的福利服务解决基本的养老需求。另一方面，它符合我国传统养老观念。孝敬父母是中华民族的优良传统，居家养老给延续这种优良传统提供了平台。对老年人而言，居家养老既能使之充分享受天伦之乐和亲情滋养，又方便家庭成员提供生活照料，老年人在物质和精神方面能得到最大程度的满足。

在新近的一系列政策中，居家养老成为老年人照顾服务项目最为基础的方式，但也发生了一定的变化，主要体现在：将原先所确立的"居家养老为基础、社区养老为依托、机构养老为支撑"整合为"社区居家养老"，更加突出社区与居家二者的结合。比如，2018年修正的《老年人权益保障法》规定，老年人养老以居家为基础，家庭成员应当尊重、关心和照料老年人。2019年11月，中共中央、国务院颁布的《国家积极应对人口老龄化中长期规划》指出：要建立完善支持居家社区养老的政策体系，鼓励成年子女与老年父母就近居住或共同生活，履行赡养义务、承担照料责任；探索社区互助式养老，鼓励老年人根据喜好及相互约定，自愿开展多种形式的互助式养老；加强社区养老服务设施布局，加快建设分布式、多功能、专业化的社区养老服务设施，制定和完善适老型住宅的建筑标准和规范。上述政策均说明了居家养老在整个老年人养老服务中的基础性作用。2021年11月，《关于加强新时代老龄工作的意见》提出，要创新居家社区养老服务模式，以居家养老为基础，通过新建、改造、租赁等方式，提升社区养老服务能力，着力发展街道（乡镇）、城乡社区两级养老服务网络，依托社区发展以居家为基础的多样化养老服务。2022年2月，国务院发布《"十四五"国家老龄事业发展和养老服务体系规划》提出,要强化居家社区养老服务能力,构建城乡老年助餐服务体系,开展助浴助洁和巡访关爱服务,依托社区养老服务设施,引导社区综合服务平台广泛对接老年人需求,提供就近就便消费服务。

2. 机构养老

机构养老是一种让老年人离开自己的家,到养老机构去生活,其生活照料和护理由养老机构负责的养老方式。我国的机构养老兴起于20世纪50年代后期,当时的机构养老主要是指老年人到政府兴办的养老院、福利院安度晚年生活。农村主要的养老机构是敬老院,集中供养"五保户";城市主要的养老机构是社会福利院,收养城市中的"三无"老人。在进入老龄化社会之前,我国的机构养老以公办为主,私营养老机构较少,总体上发展较为缓慢。机构养老具有如下特点:第一,养老服务由专门机构提供;第二,养老服务由专业人员提供,具有专业化特点;第三,必须缴纳一定的费用。

2019年,中共中央、国务院印发《国家积极应对人口老龄化中长期规划》提出,一方面,要强化公办养老机构保障作用,明确公办养老机构"兜底线、保基本"的职能定位,加快推进公办养老机构入住综合评估和轮候制度,公办养老机构优先向计划生育特殊家庭、做出特殊贡献的老年人以及经济困难的孤寡、失能、残疾、高龄老年人提供服务。另一方面,要大力发展民办养老机构,逐步形成以社会力量为主体的养老服务格局,全面放开养老服务市场,支持社会资本投资兴办养老机构,落实同等优惠政策,提高对护理型、连锁型民办养老机构的扶持力度,引导规范金融、地产企业进入养老市场,鼓励养老机构探索各类跨界养老商业模式,扶持引导养老机构聚焦失能、失智老年人长期照护。

3. 社区养老

社区养老是一种让老人住在自己家里或者所在社区,在继续得到家人照顾的同时,由社区提供上门服务或托老服务的养老方式。福利性是社区养老最首要的性质,它以家庭养老为基础,以社区为依托,以充分的社区资源为保障,从而创建一种满足老年人多种需求的服务方式。社区养老兼有家庭养老和机构养老的优点:不出社区即能享受到专业的养老服务。社区养老服务包括:日常生活服务,如送餐、陪伴就医、代办服务等;医疗保健服务,如常见的日常疾病预防、突发病的急救、慢性病的照护等;精神生活服务,如举行各种形式的文化娱乐活动,让老年人参与其中,以及心理咨询等。

我国对于社区养老的支持政策包括大力发展社区养老模式与支持社区养

服务设施建设两个方面。在大力发展社区养老模式方面,主要政策包括:支持城乡社区定期上门巡访独居、"空巢"老年人家庭,帮助老年人解决实际困难;支持城乡社区发挥供需对接、服务引导等作用,加强居家养老服务信息汇集,引导社区日间照料中心等养老服务机构依托社区综合服务设施和社区公共服务综合信息平台,创新服务模式,提升质量效率,为老年人提供精准化个性化专业化服务。在支持社区养老服务设施建设方面,主要政策包括:统筹规划发展城乡社区养老服务设施,新建城区和新建居住(小)区按要求配套建设养老服务设施,对老旧小区的养老服务设施予以新建或改(扩)建;加强社区养老服务设施与社区综合服务设施的整合利用;支持在社区养老服务设施配备康复护理设施设备和器材;鼓励有条件的地方通过委托管理等方式,将社区养老服务设施无偿或低偿交由专业化的居家社区养老服务项目团队运营。

### (二)医疗保健照顾

随着年龄的增长,老年人身体各个器官的基本功能逐步衰退,各种疾病相继出现,尤其是各种慢性病。因此,医疗保健照顾是老年人福利中的又一项重要内容。

通常情况下,满足老年人健康照顾需求的措施包括由家庭成员提供照料、购买市场化的照料服务以及由政府提供不同层次的公共照料服务。在老年人健康照顾服务中,聚焦失能、失智老年患者护理服务需求,增加老年护理服务供给,满足失能、失智老年人对医疗照护的需求,成为重中之重。2016年,人力资源和社会保障部办公厅出台了《关于开展长期护理保险制度试点的指导意见》,在全国范围内遴选15个城市开展长期护理保险试点,目的在于探索建立以社会互助共济方式筹集资金,为长期失能人员的基本生活照料和与基本生活密切相关的医疗护理提供资金或服务保障的社会保险制度。① 2020年9月,国家医保局、财政部印发了《关于扩大长期护理保险制度试点的指导意见》,决定将长期护理保险的试点范围扩大到49个城市。②

为了分层、分类满足老年人的照护需求,2019年8月,国家卫生健康委员会

---

① 《关于开展长期护理保险制度试点的指导意见》,2016年6月27日,http://www.mohrss.gov.cn/wap/zc/zcwj/201607/t20160705_242951.html,2023年6月23日访问。
② 《关于扩大长期护理保险制度试点的指导意见》,2020年9月16日,http://www.nhsa.gov.cn/art/2020/9/16/art_14_3584.html,2022年11月28日访问。

会同财政部、人力资源和社会保障部等部门发布了《关于开展老年护理需求评估和规范服务工作的通知》和《关于加强医疗护理员培训和规范管理工作的通知》。前一个文件为精确评估失能、失智老人的需求并据此提供相应的照料服务奠定了基础。后一个文件表明,国家认识到了老年护理人力资源短缺的严峻状况,并力图从医疗护理员的定义、培训对象及条件、培训管理等多方面解决"护工荒"的问题。①

### 三、老年人精神文化福利

满足老年人精神、文化方面需求的福利也非常重要,精神文化的满足情况会直接影响老年人的生活质量。其实,许多老年人在身体还比较健康、生活完全能够自理的情况下,参加社会公益活动、为社会发展贡献余热的愿望非常高。因此,要多从多方面来满足老年人的精神文化需求。例如,开办老年大学、开展社区娱乐活动、开设各种休闲娱乐课程,让不同兴趣爱好的老年人都能够参加学习,既能够满足其兴趣爱好,又能够让其学到一技之长、继续服务社会。又如,开设老年人再就业服务中心,让老年人做一些力所能及的工作,既解决生活来源问题,又能够充实生活。总之,多为老年人提供精神文化方面的福利,既有助于健康,又有利于提高生活质量,也契合于国际社会提倡"积极老龄化"的内涵。

《"十四五"国家老龄事业发展和养老服务体系规划》强调,要从扩大老年文化服务供给、支持老年人参与体育健身、促进养老和旅游融合发展等方面来丰富老年人精神文化生活,具体有以下几个方面。第一,扩大老年文化服务供给。改(扩)建或新建一批老年公共文体活动场所,支持通过公建民营、委托经营、购买服务等方式提高运营效率。搭建老年文化活动交流展示平台,支持老年文化团体和演出队伍登上乡村、社区舞台。鼓励和支持电影院、剧场等经营性文化娱乐场所增加面向老年人的优惠时段。第二,支持老年人参与体育健身。要在体育公园、全民健身中心等公共体育设施布局中充分考虑老年人健身需求。鼓励开发适合老年人的体育健身项目。发布老年人科学健身活动指南,根据差异化的身体素质推荐适合的运动项目和锻炼强度。第三,促进养老和旅游融合发展。引导各类旅游景区、度假区加强适老化建设和改造,建设康养旅游基地。鼓励企

---

① 《关于开展老年护理需求评估和规范服务工作的通知》,2019年7月25日,https://www.gov.cn/gongbao/content/2019/content_5449667.htm,2022年11月28日访问。

业开发老年特色旅游产品,拓展老年医疗旅游、老年观光旅游、老年乡村旅游等新业态。支持社会力量建设旅居养老旅游服务设施,打造旅居养老旅游市场。

**四、农村留守老年人关爱服务行动**

农村老年人特别是在工业化、城镇化进程中的农村"留守"老年人的福利,一直是我国老年人福利供给的短板。关爱服务体系的完善关乎广大农村老年人的晚年幸福生活,关系到全面建成小康社会和共同富裕目标的实现。有鉴于此,2017年12月,民政部联合其他九部门共同发布了《关于加强农村留守老年人关爱服务工作的意见》,2022年又印发了《关于开展特殊困难老年人探访关爱服务的指导意见》,这些都致力于农村留守老年人和其他特殊老年人的福利需求的满足和持续改善。《关于加强农村留守老年人关爱服务工作的意见》强调,要"突出重点、强化任务":加强资源统筹,以防范留守生活安全风险为重点内容;以经济困难家庭的高龄、失能"留守"老年人为重点对象。以此来督促各方履行关爱职责,增强生活照料、精神慰藉、安全监护、权益维护等基本服务,防止冲击社会道德底线的问题发生。在具体实施过程中,该文件还明确了政府、家庭、社区等各方的责任,对家庭关爱农村"留守"老年人的责任和相应的约束机制进行了明确。

## 第三节　外国的老年人福利

本节将以瑞典和日本为例,介绍外国关于老年人的社会福利情况。

**一、瑞典的老年人福利**

瑞典被誉为福利国家的"橱窗",实施"从摇篮到坟墓"的社会福利,是典型的高福利国家。

**(一) 老年人照护服务**

瑞典于1956年颁布了《社会福利法》,于1982年又颁布了《社会服务法》,这两部法律对老年人福利都作出了具体规定。公共照护服务主要面向那些家庭无法照护或者没有亲属照护的老年人。以65岁及老年人人口占比来衡量,2010年,瑞典的老龄化程度已达到20%左右,且绝大多数是"空巢"老人。因此,老年人照护服务在20世纪60年代迅速发展起来,到1975年已经覆盖了18%的65岁及以上老年人和38%的80岁及以上老年人,到1997年覆盖了8%的60岁及以上老年人和20%的高龄老年人。老年人照护服务在刚开始的时候只涉及家务劳动,如购物、做饭、打扫卫生、洗衣服等。到后来,老年人照护中关于个人护理的项目越来越多,且主要面向高龄老人和病人。①

在瑞典,所有65岁及以上的老年人中:大约有40%的老年人每个月可享受1—9小时的居家照料服务;22%的老年人每个月可享受10—25小时的居家照料服务;3%的老年人每个月可享受120小时或更多的服务。当然,除了占据主流的居家照料服务,瑞典政府还为身体或精神残疾的老年人提供"日托型照料服务"(约占5%),为有需要的群体提供"服务院照料服务"(约占2%),以及在一些街道或社区设立面向所有老年人的"老年人活动中心"。②

（二）医疗保健服务

瑞典于1953年通过了《国民健康保险法》;于1983年实行新的《卫生与理疗服务法案》,对老年人医疗保健福利作了规定。目前,瑞典已经形成了涵盖初级医疗保健服务、市级医疗保健服务、医疗机构服务的三级医疗保健体系。其中,社区提供初级医疗保健服务,为老年人设置康复中心,并配备专业的医生和技师提供专业服务;市级的医疗保健机构侧重于老年人的卫生保健服务;医疗机构服务侧重于老年人的疾病治疗服务。老年人在公立医院或者牙科医院享受免费治疗服务;领养老金的老年人可以免费参加健康保险;如果是患慢性病需要长期护理的老年人,可以享受家庭护理,由本社区的专业人员提供相关服务,由国家提供家庭护理补贴;医院设有老年病科,需要长期住院治疗的老年人,可以住疗养院治疗。

（三）退休养老金制度

瑞典法律规定年满65岁为退休年龄的界限,但本人可视自身情况提前至60岁或推迟到70岁。65岁前,每提前1个月退休,退休金减少0.5%;65岁后,每推迟1个月退休,退休金增加0.6%。退休金主要分三部分:基本养老金、公共附加退休金和部分退休金。所有公民包括从未工作过的人都可享受基本养老金。65岁及以上的单身退休者可得到相当于基数95%的养老金,退休夫妇每人可得到基数的77.5%。只有工作过三年以上的才能获得公共附加退休金,大约相当于其

---

① 栗芳、魏陆:《瑞典社会保障制度》,上海人民出版社2010年版,第290页。
② 谢立黎、郝小峰、韩文婷:《老年照护服务供给模式国际比较与启示》,《中国卫生政策研究》2020年第4期,第31—37页。

15 个最好收入年份平均收入的 60%。有很少附加退休金或根本没有的老人,还可以再得到相当于基数 45% 的附加养老金。如退休者的配偶是尚未到退休年龄的家庭妇女,或退休者还有 16 岁以下的小孩,还可以得到其他补助。年满 60 岁而在 45 岁以后工作时间在 10 年以上的职工,可以根据自己的情况把工作时间减到每天 4—6 小时,保险局负责补足其由此减少的收入之 50%,这叫作部分退休金,约有 23% 的适龄者享有此项待遇。一般说来,瑞典老年人的各类退休金加在一起相当于职工退休前工资的 70% 左右。仅靠基本养老金和附加养老金生活的老年人可免除所得税,其房租补贴也大体相当于房租额。

## 二、日本的老年人福利

日本是世界上人口平均寿命最长的国家之一,也是亚洲典型的人口老龄化国家。日本的老年人福利体系有比较完整的法律体系支撑。《国民年金法》(1959)、《老人福利法》(1963)、《老人保健法》(1982)和《介护保险法》(2000)构成了日本的老年人福利体系的法律基础,分别从经济收入福利、养老服务福利、医疗保健福利和生活护理福利等方面作出了规定。[①]

2012 年 6 月,野田内阁开始推行社会保障与税收一体化改革,制定了《社会保障制度改革推进法》,明确了少子化、医疗、护理及年金等各领域改革方向,并在内阁设立社会保障制度改革国民会议。该会议经过 20 多次讨论,于 2013 年 8 月提交最终报告,于 2015 年 5 月颁布《医疗保险制度改革关联法》。

### (一)国民年金制度

1959 年,日本政府颁布了《国民年金法》,建立国民年金制度,并于 1961 年正式实施缴费型的国民年金,从此日本进入"国民皆年金"的时代。国民年金使日本所有达到 65 岁的老年人都能够领到养老金,解决了老有所养的问题。年金制度分为缴费加入型和免费加入型。其中,缴费加入型采取社会保险的方式,年金支出由国家财政负担 1/3。而免费加入型是针对那些在国民年金制度实施时已过 60 岁,或经过严格审核确实因生活困难没有缴费能力的人,他们可以免于缴纳保险费用。年金分为基础年金(国民年金)和职业年金两种。在职人员退休后可获得双重经济保障,即可从国民年金和职业年金中领取双份养老金。

日本还专门建立了农民年金制度。随着日本经济进入高速增长期,为了适

---

① 田香兰:《战后日本老年社会福利政策简析》,《东北亚学刊》2018 年第 2 期,第 55—59 页。

应工业化、城市化的要求,1970年日本政府颁布《农业劳动者年金基金法》,并于1971年1月1日开始实施。《农业劳动者年金基金法》鼓励农民离开土地,农民因进城或者满65周岁依自愿原则转让土地经营权后,政府在支付其国民年金的基础上须进一步支付农民年金,作为国民年金制度的重要补充。财政补助的比例根据参保者的年龄及参保年限实行不同的标准。加入农民年金者须满足以下3个要件:年龄在20—55岁;具有一定规模以上土地的经营权;是国民年金的加入者。可见,日本老年人可从国民年金中领取养老金,从而晚年生活有了最基本的经济保障。

(二)基本养老福利

日本1963年颁布实施的《老人福利法》被称为"老人宪章",它确立了日本现行老年人社会福利制度的基本框架。该法规定了老人福利的实施原则、国家和社会在老年人社会福利方面应该承担的责任、老人福利执行机关的职责等内容。该法明确规定了国家和社会应该提供老年人福利服务的内容,主要由老年人居家生活支援、老年社会福利设施、社区综合支援中心和老年社会福利计划构成。具体包括:开展家庭福利服务;组织派遣家庭服务员协助老人处理入浴、饮食等生活问题;兴建托老所和保健训练中心,为居家养老的老年人提供福利服务;建立老年人福利院,为有困难的老年人提供收养、护理和康复等服务;开办各类学习讲座,组织老年人俱乐部,充实老年人的精神生活,活跃老年人社交活动。

在日本,收养型老年人福利机构大体上可以分为三种:老年人养护之家、老年人特别养护之家和低收费老年人之家。老年人养护之家收养65岁以上的贫困老年人、没有住房的老年人、不能自立生活或不适宜接受居家养护的老年人。生活费和设施利用费原则上根据本人及赡养者的收入状况征收,对于生活水准在贫困线以下者可以减免征收。设施的运行费用由国家和地方政府各承担一半;老年人特别养护之家在老年福利设施中发展最快、规模最大,收养生活不能自理、家庭无力看护且需要长期护理的老年人。尽管它以平均每年200所的速度增加,但还是供不应求。低收费老年人之家的接纳对象原则上是60岁以上的低收入夫妇,或因无子女、经济以及家庭住房困难等不能居家养老者。

2015年起,为应对老龄化的严峻态势,日本政府集中出台了一系列新政策,将应对老龄化提升到全局高度,包括发布作为整体部署的"新三支箭",规划综合性社区照料体系以整合养老资源和控制支出,实施新的签证和外交政策以吸引护理劳动力和推动养老产业发展,开发应用老年护理科技等。其中,"第一支箭"是指"孕育希望的强大经济",需要通过借助工业革命与新技术、工作方式改革两个方面完成;"第二支箭"是指通过育儿援助体系来扭转"少子老龄化"的格局;"第三支箭"是指构建能够让劳动者同时兼顾工作和护理、让老年人终生活跃的社会,主要从帮助老年人照料者和促进老年人就业两方面入手。但从实际情况看,虽然老年人就业情况取得了一定成效,但生育率、财政负担、劳动者兼顾工作和护理的情况堪忧。

（三）医疗保健福利

日本1982年颁布的《老人保健法》对老年保健事业的种类、业务范围、实施规则、与医疗的关系等作了详细的规定,并强调在确保医疗服务的同时,要加强疾病预防、治疗及功能训练等综合性保健,日本逐渐形成了以积极预防为主的老年人医疗保健服务体系。通过设立老年人病院、发展预防保健事业、建立老年人保健设施和实行上门看护服务等措施,为老年人提供了全面的医疗保健服务。2000年4月正式实施的《介护保险法》,建立了介护保险制度。

介护保险将原来由医疗保险支付的介护费用单独分离出来,并通过社会保险的方式支付老年人生活护理所需的费用。作为21世纪"黄金计划"的主要内容,介护保险规定,参保对象要从40岁开始缴纳保险费用;65岁老年人为1号被保险人,费用直接从养老年金中扣除;40—64岁的中老年人为2号被保险人,费用附加于医疗保险金内,由各医疗保险的保险人按照国家统一标准转给市町村自治体。介护保险在实际费用上的负担比例分别为:国家承担25%,都道县和市町村各承担12.5%,1号被保险人承担17%,2号被保险人承担33%;个人必须支付10%的费用。① 需要护理的老年人可以在自己的家中享受所需要的综合性福利服务和医疗服务,也可以到机构居住。

## 第四节　我国老年人福利的改革

### 一、取得的成绩与存在的主要问题

近年来,我国的社会福利体系建设取得了长足发展。养老机构数量不断增加,服务规模不断扩大,老年人的精神文化生活日益丰富,长期护理保险试点继续扩充,各种惠老政策持续发力并走向精细化。在养老服务方面,《2021年民政

---

① 权彤:《战后日本养老社会保障制度变迁研究》,人民出版社2017年版,第213页。

事业发展统计公报》显示,截至2021年底,全国共有各类养老机构和设施35.8万个,养老床位合计815.9万张;其中,注册登记的养老机构4万个,社区养老服务机构和设施31.8万个。在经济福利方面,截至2021年底,全国共有3994.7万老年人享受老年人补贴;其中,享受高龄补贴的老年人3246.6万人,享受护理补贴的老年人90.3万人,享受养老服务补贴的老年人573.6万人,享受综合补贴的老年人84.2万人。2021年,全年共支出老年人福利资金386.2亿元,养老服务资金144.9亿元。在长期护理保险试点方面,截至2019年6月底,15个试点城市和两个重点联系省的参保人数达到8854万人,享受待遇42.6万人,且以重度失能老年人为主;总体报销比例达80%以上,年人均基金支付超过9200元。①

但是,相对于人口老龄化、高龄化的趋势,不健康老龄化的现状以及经济社会发展面临的压力,我国社会养老服务体系建设仍然处于初级阶段,还存在一些问题,主要有如下方面。

第一,缺乏法制保障。在《老年人权益保障法》之外,我国尚没有专门的老年人配套法律,如老年人医疗保健法、老年人服务法等,而只是在其他法律中对老年人福利保障有所论及,如《社会保险法》中对于老年人养老保险、医疗保险等内容的规定;2020年的《中华人民共和国社会救助法(草案征求意见稿)》中对于特困人员的界定(含无劳动能力、无生活来源且无法定赡养人的老年人)。事实上,回顾中国老年人福利法律法规的历史,老年人福利制度建设效果尚不理想。

第二,老年人福利供给不足,供需矛盾突出。随着我国老龄化进程的加快以及老年人口的增多,老年人福利中的服务、经济、照料、健康等需求在增加。但客观而言,国家在老年人福利方面投入的资金有限,而以营利为目标的民间资本投入也有限,因此老年人福利服务的软件和硬件都尚不能满足老年人的需求。以养老床位为例。在总量方面,截至2022年底,中国60岁以上的老年人口达到2.80亿人,但养老床位却仅有842.8万张,人均养老床位数量与发达国家相比存在较大差距。在结构方面,公办养老院的床位可谓"一床难求",而市场化养老机构床位的入住率却低于50%。而且,公办与市场化的养老机构在硬件设施上也存在较大差距。此外,"医养结合"型养老机构较少,存在养老机构"养老不医护",医疗机构"治病不养老"的情况。单就护理型床位占比而言,比例尚不足30%。②

---

① 陈诚诚:《长期护理保险试点总结及发展建议》,《中国社会保障》2020年第6期,第39—41页。
② 《加大力度推动社会领域公共服务补短板强弱项提质量,促进形成强大国内市场的行动方案》,2019年2月19日,http://www.gov.cn/xinwen/2019-02/19/content_5366822.htm,2022年10月28日访问。

第三，布局不合理，城乡之间、区域之间发展不平衡。基于我国城乡二元社会结构，老年人福利也呈现出二元特点，城乡之间发展不平衡。在经济福利方面，城市老年人的养老金水平高于农村老年人。数据显示，机关事业单位离退休金每人平均每月3174.69元，城镇职工基本养老金为2400.22元，城镇居民社会养老金为1387.2元，而农村社会养老保险金仅为141.21元。[①] 在医疗保障方面，城市优质医疗资源分布显著多于农村地区，东部地区优质医疗资源显著多于中西部地区。同时，建设在社区中的老年人日间照料中心大多分布在城镇与东部发达地区，农村和中西部欠发达地区占比较低。此外，城市老年人可领取老年优待证并享受各种优待，如公共交通、旅游景点等，相比之下只有极小部分的农村老年人领取老年证，并且老年优待证在农村作用有限。

第四，服务队伍专业化程度不高。目前，老年人基本服务专业化程度较低，原因有二：一是专业人才数量少；二是现有专业人才的专业化程度不高。在老年人护理服务领域中，从业人员中多数尚没有专业资格证书，靠工作经验开展工作。根据老年人的生理、心理特征提供有针对性的服务是非常不容易的，如起居照料、心理咨询、医疗康复等。据统计，全国有近4000万失能、半失能老年人需要程度不同的养老护理，遵循国际上失能老年人与护理员3∶1的配置标准推算，我国至少需要护理员1300万人；而各类养老服务人员尚不足50万人，持证人员不足2万人，全国养老服务人才需求缺口巨大。[②]

## 二、改革措施

第一，加强老年人福利法制建设，制定和完善相关法律。要完善《老年人权益保障法》，加快制定相关的专门法律，如老年人医疗保健法、老年人福利法和老年人长期照料法等。要用法律来规范和引导老年人福利供给的各种活动，明确政府、养老机构、家庭和老年人的权利和义务，促使老年人的福利需求得到更好的满足。我国可以借鉴发达国家的成功经验，构建完整的法律体系，以保障老年人福利各项活动的依法有效实施。

第二，增强老年人福利供给能力。老年人福利是一项重要的公共服务，政府理应处于主体地位，形成"政府主导、社会参与、全民关怀"的服务供给格局。首

---

[①] 《报告称养老金城乡收入差距明显》，2016年3月18日，http：//money.people.com.cn/insurance/GB/n1/2016/0318/c59941-28208047.html，2022年10月28日访问。

[②] 《养老服务人才队伍建设却亟须提速》，2019年6月3日，http：//gongyi.people.com.cn/n1/2019/0603/c151132-31116736.html，2022年10月28日访问。

先,要确立政府作为老年人福利投资主体的地位。明确老年人福利的专项基金来源,并确保资金筹集及时到位,以便使老年人能够享受到免费或者低偿的各种福利服务。其次,政府要加强福利服务硬件设施的升级和建设。养老机构的建设要做到多层次性,以满足老年人不同层次的需求,例如可以建设供养型、颐养型、护理型和临终关怀型的养老机构。再次,政府要支持市场主体发挥作用。要引导、整合和利用市场资源,动员市场力量来参与老年福利供给,国家在规划用地、用水、用气、税收等方面出台优惠政策。最后,要逐步形成比较均衡的老年人福利供给格局,逐步消除城乡之间、区域之间、行业之间老年人福利的差距,资源配置要逐步向农村地区、欠发达地区和经济状况差的人群倾斜。

第三,丰富老年人福利体系的内容。随着我国国民经济的持续发展和国民收入的逐步提高,老年人在吃、穿、住、用、行等方面的基本物质生活需求基本上得到满足,进而产生了更高层次的精神需求。因而,政府要加大文化娱乐设施的建设,提供丰富的精神文化方面的福利服务,如"流动图书馆"进社区、健康讲座进社区、建立老年人活动中心等。享受继续教育是老年人的一项重要权益,老年人有着较高的学习愿望和需求,要制定满足老年人发展需求的福利措施,如建立社区教育体系、开办社区老年大学等。另外,要注重老年人的心理健康和精神慰藉,开设心理健康咨询室,由专业的心理咨询师提供专业的心理咨询服务。总之,老年人福利服务是要让老年人健康、快乐、充实地安享晚年。

第四,提高老年人福利服务的专业化和职业化水平。老年人福利服务专业化、职业化是老年人福利发展的客观需要。要实现老年人福利服务专业化、职业化,必须有专业化、职业化的社会工作人才。党中央、国务院提出要"建设一支宏大的社会工作人才队伍"以及"养老护理人才队伍",要从专业化、职业化两个层面来推进。要从职业理念、专业知识和业务能力三个方面来提高社会工作者和养老护理人才的专业性;从职业认证体系、职业岗位设置、职业及薪酬体系、培训制度及管理机构四个方面来提高社会工作者和养老护理人才的职业性。

## 本章小结

老年人福利是指在政府的领导和社会各方力量的参与下,根据老年人的特点和需求,为其提供养护、医疗、康复、娱乐、教育等多方面的福利设施或服务,旨在提高和改善其生活质量。老年人的需求包括经济、健康、居住、情感、教育和娱乐等多种内容和类型。新中国成立后,我国在不断地探索一条适合国情的养老道路。尤其是党的十八大以来,党中央高度重视人口老龄化进程,已将积极应对人口老龄化上升为国家战略。在我国,老年人的经济需要、基本照顾、精神文化等得到了极大的满足,居家养老为基础、社区养老为依托、机构养老为支撑的框架体系确立,老年福利制度建设取得了长足发展。

相对于中国而言,瑞典和日本的老年福利建设起步较早,已经建成了较为完善和成熟的体系,尤其是在老年人的照料和长期照护方面。我国的长期护理保险尚处于试点阶段,相应待遇支付和服务方面还有不足,应借鉴和学习国外典型国家的做法。我国的老年福利制度还存在不足。在共同富裕和积极应对人口老龄化的战略背景下,要加强老年人福利法制建设,制定和完善相关法律;增强老年人福利供给能力;丰富老年人福利体系的内容;提高老年人福利服务的专业化、职业化水平。

## ◆ 重点名词

老年福利　老年照顾　老年经济保障　老年医疗保健　社区养老
居家养老　机构养老　精神文化　老年长期护理

## ◆ 思考题

1. 老年人福利需求的内容有哪些?
2. 我国老年人的养老方式有哪些?各种养老方式有何优势与局限?
3. 瑞典和日本的老年人福利有哪些内容?对完善我国老年福利体系的启示是什么?
4. 党的十八大以来我国老年福利的主要内容是什么?
5. 如何改革完善我国老年人福利?

## ◆ 延展阅读

杜鹏:《中国人口老龄化现状与社会保障体系发展》,《社会保障评论》2023年第2期,第31—47页。

高利平:《中国老年福利设施的发展方向研究》,《人口与经济》2022年第5

期,第 80—94 页。

郭丽娜、郝勇:《居家养老服务供需失衡:多维数据的验证》,《社会保障研究》2018 年第 5 期,第 44—55 页。

胡湛、彭希哲:《应对中国人口老龄化的治理选择》,《中国社会科学》2018 年第 12 期,第 134—155 页。

刘二鹏、韩天阔、乐章:《县域统筹视角下农村多层次养老服务体系建设研究》,《农业经济问题》2022 年第 6 期,第 133—142 页。

# 第十二章 我国的妇女福利和儿童福利

【本章学习要点】
1. 掌握我国妇女和儿童福利的概念、内涵、主要内容。
2. 熟悉我国妇女和儿童福利的发展改革历程。
3. 重点把握我国妇女和儿童福利取得的成绩与存在的主要问题,以及未来改革的方向和具体措施。

## 第一节 妇女福利

### 一、妇女福利的概念

妇女福利的内涵可以从广义和狭义两个层面来概括。广义上的妇女福利是指政府或者其他组织为保护妇女的基本权利和满足妇女的基本需求而制定的各种政策法规和向妇女提供的各种社会服务的总和。狭义的妇女福利是指向妇女提供的各种特殊的福利待遇和社会服务。在我国,女性群体与男性群体一样平等地享有所有的社会福利,但是妇女由于特殊的生理状况及肩负特殊的社会责任,产生了特殊的福利需求,国家正是基于妇女的特殊情况才单独提供相关的特殊福利。本章讲的妇女福利是狭义层面的妇女福利。①

### 二、我国妇女福利的发展进程

1951年,政务院颁布《中华人民共和国劳动保险条例》(本章简称《劳动保障

---

① 妇女、儿童和残疾人由于其特定的生理状况,都是我国特别照顾的特殊群体,因此妇女福利、儿童福利和残疾人福利都是从狭义层面来定义的,即国家专门为这些特殊群体提供的特殊福利待遇。在下文论及儿童福利和残疾人福利时不再重复解释。

条例》)第十六条对妇女生育福利有明确规定:"女工人与女职员生育,产前产后共给假五十六日,产假期间,工资照发。女工人与女职员小产,怀孕在三个月以内者,给假十五日;在三个月以上不满七个月者,给假三十日,产假期间,工资照发。"1955年,国务院颁布《关于女工作人员生产假期的通知》,对机关、团体、事业单位的女职工生育福利待遇作了明确规定。1956年,《高级农业生产合作社示范章程》规定,要让女社员在产前产后得到适当的休息,在女社员生育时酌情给予物质帮助。"文化大革命"期间,妇女福利一定程度上停滞。

改革开放之后,我国妇女福利事业重新步入正轨。1986年国务院颁布《女职工保健工作暂行规定(试行草案)》,1990年劳动部发布《女职工禁忌劳动范围的规定》,明确了女职工的禁忌劳动,以及女职工在"四期"①的劳动保护。1992年公布的《中华人民共和国妇女权益保障法》(本章简称《妇女权益保障法》)是中国第一部专门以妇女为主体、全面保护妇女合法权益、促进男女平等的基本法律。1994年颁布的《中华人民共和国劳动法》为妇女在市场经济条件下争取平等的劳动权利奠定了法律基础。1995年实施的《中华人民共和国母婴保健法》(本章简称《母婴保健法》),明确规定了医疗保健机构应当为育龄妇女和孕产妇提供孕产期保健服务。国务院在1995年颁布《中国妇女发展纲要(1995—2000年)》,在2001年和2011年又先后颁布了两个十年发展纲要,这些纲领性文件为我国妇女福利事业的发展提供了有力的指导,维护了妇女的合法权益。妇女在政治、经济、教育和健康等方面的权益取得全面进步。

继"坚持男女平等基本国策,保障妇女儿童合法权益"被写入党的十八大报告、十九大报告之后,2021年国务院发布《中国妇女发展纲要(2021—2030年)》,围绕健康、教育、经济、参与决策和管理、社会保障、家庭建设、环境、法律8个领域提出75项主要目标和93项策略措施。要求力争到2030年男女平等基本国策得到深入贯彻落实,促进男女平等和妇女全面发展的制度机制创新完善。

法律是保障妇女权益最为有力的武器。我国已经逐步形成并完善了以宪法为基础、以《妇女权益保障法》为主体,包括100多部单行法律法规在内的妇女权益保障法律体系,为促进男女平等和妇女全面发展构筑了坚实的法律屏障。②2020年5月28日第十三届全国人民代表大会第三次会议通过《中华人民共和国

---

① "四期"指经期、孕期、产期和哺乳期。2023年1月1日,修订后的《妇女权益保障法》正式施行,在"四期"基础上增加了"更年期"。

② 马冬玲:《〈民法典〉如何保护妇女合法权益》,《群言》2020年第8期,第29—31页。

民法典》,在强调男女平等的民事法律地位的同时,有针对性地加强了对妇女权益的特殊保护,是将社会主义核心价值观融入法治建设、落实男女平等基本国策、充分考虑两性现实差异和妇女特殊利益的重大成果和典范之作。①

### 三、我国妇女福利的内容

#### (一) 妇女生育福利

妇女生育福利是指在生育事件发生期间对妇女给予收入补偿、医疗服务和生育休假等各种福利的总称。其内容一般包括:(1)生育津贴,即在法定的生育休假期间对生育者的工资收入损失给予经济补偿;(2)医疗护理,即承担与生育有关的医护费用(包括产前检查费);(3)生育产假。妇女生育福利的宗旨就是要确保妇女在产前产后及婴儿得到照顾。

产假是妇女生育福利的重要内容之一。2021年8月20日新修正并即日实施的《中华人民共和国人口与计划生育法》第二十五条规定,符合法律、法规规定生育子女的夫妻,可以获得延长生育假的奖励或者其他福利待遇。同时,国家支持有条件的地方设立父母育儿假。各个省份的产假加上生育假从128天到190天不等(见表12-1)。此外,《女职工劳动保护特别规定》第八条规定了女职工产假期间的生育津贴:对已经参加生育保险的,按照用人单位上年度职工月平均工资的标准由生育保险基金支付;对未参加生育保险的,按照女职工产假前工资的标准由用人单位支付。我国生育津贴为工资的100%,高于联合国在《生育保护公约》(第103号公约)中建议的67%的最低标准。

表12-1 各地产假和育儿假时间一览表

| 地区 | 假期类型 | |
|---|---|---|
| | 产假+生育假 | 育儿假 |
| 北京 | 女:158天(单位同意可增加1—3个月)<br>男:15天陪产假 | 在子女满三周岁之前,夫妻双方每年可享受5个工作日的育儿假 |
| 上海 | 女:158天<br>男:10天陪产假 | 在子女满三周岁之前,夫妻双方每年可享受育儿假各5天 |

---

① 《中华人民共和国民法典》,2020年6月2日,http://www.npc.gov.cn/npc/c30834/202006/75ba6483b8344591abd07917e1d25cc8.shtml,2022年11月8日访问。

(续表)

| 地区 | 假期类型 ||
| --- | --- | --- |
| | 产假+生育假 | 育儿假 |
| 重庆 | 女:178 天<br>男:20 天护理假 | 在产假或护理假期满后,经单位批准,夫妻一方可以休育儿假至子女一周岁止,或者夫妻双方可以在子女六周岁前每年各累计休 5 天至 10 天的育儿假 |
| 天津 | 女:128 天<br>男:7 天护理假 | 暂无规定 |
| 河南 | 女:拟增至 190 天(98 天+3 个月)<br>男:30 天护理假 | 子女三周岁范围内,夫妻双方每年可各休 10 天(拟增设) |
| 广西 | 女:148 天<br>男:25 天护理假 | 拟增设 |
| 江苏 | 女:不少于 128 天<br>男:不少于 15 天护理假 | 鼓励男方所在用人单位安排男方享受不少于 5 天的共同育儿假 |
| 湖北 | 女:158 天<br>男:15 天护理假 | 三岁以下婴幼儿的父母每人每年享受累计 10 天育儿假 |
| 贵州 | 女:158 天<br>男:15 天护理假 | 三周岁以下婴幼儿的父母双方每年享受育儿假各 10 天 |
| 新疆 | 女:158 天<br>男:15 天护理假 | 暂无规定 |
| 海南 | 女:最多 190 天(98 天+3 个月)<br>男:15 天护理假 | 每年给予夫妻双方各 10 日共同育儿假或者任意一方每天 1 小时的育儿时间;直至子女年满三周岁(拟增设) |
| 江西 | 女:188 天<br>男:30 天护理假 | 在子女满三周岁之前,夫妻双方每年各 10 日共同育儿假 |
| 青海 | 女:188 天<br>男:15 天看护假 | 在子女满三周岁之前,鼓励用人单位每年给予夫妻双方各 15 日育儿假 |
| 甘肃 | 女:180 天<br>男:30 天护理假 | 在子女满三周岁之前,夫妻双方所在单位应当分别给予每年 15 日的育儿假 |

(续表)

| 地区 | 假期类型 | |
|---|---|---|
| | 产假+生育假 | 育儿假 |
| 黑龙江 | 女:180天<br>男:15天护理假 | 用人单位每年给予三周岁以下婴幼儿的父母各10日育儿假 |
| 山东 | 女:158天<br>男:7天护理假(拟延长为不少于15天) | 子女三周岁内,夫妻每年可各休不少于10天育儿假(拟增设) |
| 山西 | 女:158天<br>男:15天护理假 | 子女不满三周岁的夫妻,双方所在单位分别给予每年15日的育儿假 |
| 四川 | 女:158天<br>男:20天护理假 | 子女三周岁以下的夫妻,每年分别享受累计10天的育儿假 |
| 湖南 | 女:158天<br>男:20天陪产假 | 在子女三周岁以内,夫妻双方每年均可享受10天育儿假(拟增设) |
| 辽宁 | 女:158天<br>男:20天护理假 | 子女不满三周岁的夫妻,每年分别享受累计10日育儿假 |
| 广东 | 女:178天<br>男:5天陪产假 | 拟增设 |
| 吉林 | 女:158天(单位同意可延长至1年)<br>男:15天看护假 | 支持有条件的地区或企业、事业单位设立父母育儿假 |
| 陕西 | 女:158天(生育三孩再增加半年奖励假)<br>男:15天护理假(生育三孩再增加15天) | 在子女三周岁内,夫妻双方每年各享受不低于30天育儿假(拟增设) |
| 河北 | 女:一、二孩158天,三孩188天<br>男:15天护理假 | 三周岁以下婴幼儿的父母,双方每年各10天育儿假 |
| 浙江 | 女:一孩158天,二、三孩188天<br>男:15天护理假 | 在子女三周岁内,夫妻双方每年各享受10天育儿假 |
| 宁夏 | 女:158天<br>男:25天护理假 | 暂无规定 |
| 内蒙古 | 女:158天<br>男:25天护理假 | 拟增设 |

(续表)

| 地区 | 假期类型 | |
| --- | --- | --- |
| | 产假+生育假 | 育儿假 |
| 云南 | 女:158 天<br>男:30 天护理假 | 在子女年满三周岁以前,每年给予 10 天的育儿假(拟增设) |
| 安徽 | 女:158 天<br>男:30 天陪产假 | 在子女六周岁以前,每年给予夫妻各 10 天育儿假 |
| 福建 | 女:158—180 天<br>男:15 天照顾假 | 在子女三周岁以下期间,鼓励用人单位每年给予夫妻双方各 10 天育儿假 |

资料来源:作者收集整理,为不完全统计;截至 2021 年 12 月 1 日。

产前产后的保健福利具体包括妇女在产前和产后所享受的各种检查、保健的服务和津贴。2016 年 10 月发布的《关于加强生育全程基本医疗保健服务的若干意见》明确指出,要加强生育全程优质服务,须抓好生育前咨询与服务、生育全程服务、妊娠风险评估管理、出生缺陷综合防治等方面[①]。

### (二) 妇女教育福利

妇女教育福利的核心是保障妇女享有与男子平等的文化教育权利。《妇女权益保障法》对其作了明确规定。第一,学校和有关部门应当执行国家有关规定,保障妇女在入学、升学、授予学位、派出留学、就业指导和服务等方面享有与男子平等的权利。学校在录取学生时,除国家规定的特殊专业外,不得以性别为由拒绝录取女性或者提高对女性的录取标准。第二,学校应当根据女学生的年龄阶段,进行生理卫生、心理健康和自我保护教育,在教育、管理、设施等方面采取措施,提高其防范性侵害、性骚扰的自我保护意识和能力,保障女学生的人身安全和身心健康发展。第三,父母或者其他监护人应当履行保障适龄女性未成年人接受并完成义务教育的义务。第四,各级人民政府应当依照规定把扫除妇女中的文盲、半文盲工作,纳入扫盲和扫盲后继续教育规划,采取符合妇女特点的组织形式和工作方法,组织、监督有关部门具体实施。第五,各级人民政府和有关部门应当采取措施,根据城镇和农村妇女的需要,组织妇女接受职业教育和实用技术培训。第六,国家机关、社会团体和企业事业单位应当执行国家有

---

① 《关于加强生育全程基本医疗保健服务的若干意见》,2016 年 10 月 25 日,https://www.bengbu.gov.cn/public/25791/39354601.html,2023 年 6 月 23 日访问。

关规定,保障妇女从事科学、技术、文学、艺术和其他文化活动,享有与男子平等的权利。

国家为了保障妇女尤其是贫困地区女童能够平等地接受教育,实施了一系列专项扶持政策,如"巾帼扫盲行动""巾帼建功""春蕾计划""百万新型女农民培训""农村妇女素质提升计划""创业创新巾帼行动"等。以"春蕾计划"为例,到2019年"春蕾计划"已经实施了30年,捐建"春蕾学校"1811所,累计资助女童超过了369万人次,还对52.7万女学生进行了职业技术培训。①

为推进落实妇女教育福利,《中国妇女发展纲要(2011—2020年)》明确规定了妇女教育的主要目标:教育工作全面贯彻性别平等原则;学前三年毛入园率达到70%,女童平等接受学前教育;九年义务教育巩固率达到95%,女童平等接受九年义务教育,消除女童辍学现象;高中阶段教育毛入学率达到90%,女性平等接受高中阶段教育;高等教育毛入学率达到40%,女性平等接受高等教育,高等学校在校生中男女比例保持均衡;高等学校女性学课程普及程度提高;提高女性接受职业学校教育和职业培训的比例;主要劳动年龄人口中女性平均受教育年限达到11.2年;女性青壮年文盲率控制在2%以下。根据2019年《中国妇女发展纲要(2011—2020年)》统计监测报告,这些目标都已全部或超额实现。②

(三) 妇女就业和劳动保护福利

妇女由于其生理和心理的特殊性以及肩负特定的社会责任,在就业和劳动方面与男子相比处于弱势地位。对此,《女职工劳动保护特别规定》和《妇女权益保障法》都有明确规定。如《妇女权益保障法》第四十一条规定:"国家保障妇女享有与男子平等的劳动权利和社会保障权利。"第四十四条规定:"用人单位在录(聘)用女职工时,应当依法与其签订劳动(聘用)合同或者服务协议,劳动(聘用)合同或者服务协议中应当具备女职工特殊保护条款,并不得规定限制女职工结婚、生育等内容。"第四十五条规定:"实行男女同工同酬。妇女在享受福利待遇方面享有与男子平等的权利。"第四十六条规定:"在晋职、晋级、评定专业技术职称和职务、培训等方面,应当坚持男女平等的原则,不得歧视妇女。"

---

① 《采取立法等多种手段保障女性受教育权 我国妇女教育取得飞跃性成就》,2019年9月19日,http://www.scio.gov.cn/xwfbh/xwbfbh/wqfbh/39595/41756/zy41760/Document/1664954/1664954.htm,2022年11月11日访问。

② 《2019年〈中国妇女发展纲要(2011—2020年)〉统计监测报告》,2020年12月19日,http://www.gov.cn/xinwen/2020-12/19/content_5571135.htm,2022年11月12日访问。

在女职工的劳动保护方面,《女职工劳动保护特别规定》作了更为详细的规定。如第三条规定,用人单位应当加强女职工劳动保护,采取措施改善女职工劳动安全卫生条件,对女职工进行劳动安全卫生知识培训。第四条规定,用人单位应当遵守女职工禁忌从事的劳动范围的规定,用人单位应当将本单位属于女职工禁忌从事的劳动范围的岗位书面告知女职工。第五条规定,用人单位不得因女职工怀孕、生育、哺乳降低其工资、予以辞退、与其解除劳动或者聘用合同。第六条规定,女职工在孕期不能适应原劳动的,用人单位应当根据医疗机构的证明,予以减轻劳动量或者安排其他能够适应的劳动,对怀孕 7 个月以上的女职工,用人单位不得延长劳动时间或者安排夜班劳动,并应当在劳动时间内安排一定的休息时间,怀孕女职工在劳动时间内进行产前检查,所需时间计入劳动时间。

(四)妇女保健福利

我国现行《母婴保健法》和《中华人民共和国母婴保健法实施办法》,以及 2001 年颁布、2015 年第一次修正、2021 年第二次修正的《中华人民共和国人口与计划生育法》将妇女保健工作推向了法制化轨道,为妇女保健工作提供了法律保障。国家不断增加妇幼保健资金投入,逐步完善妇女保健服务网络。政府重视青少年健康和老年妇女健康,在各类学校和社区大力开展性知识和艾滋病预防知识宣传教育,以提高女性青少年的性健康知识水平,增强她们的自我保护能力。另外,随着城乡流动人口的不断增加,国家努力遵循公平对待、合理引导、完善管理、优质服务的原则,将流动人口孕产妇保健纳入流入地孕产妇保健范围,为流动妇女提供与户籍人口同等的计划生育优惠政策和技术服务,以维护她们的健康福利。《母婴保健法》对妇女的婚前保健、孕产期保健等进行了详细规定,包括婚前卫生指导,婚前医学检查,有关避孕、节育、生育、不育和生殖健康的咨询和医疗保健服务,产前诊断,住院分娩等。

此外,国家为了改善妇女保健福利,会经常举办一些专项活动。如 2003 年,在全国妇联、国务院妇儿工委办及社会爱心企事业单位的大力支持下,中国妇女发展基金会相继在全国 30 个省(自治区、直辖市)实施了"母亲健康快车"项目,实施的内容包括普及基本的卫生保健知识、开展健康咨询和义诊、免费对贫困妇女进行健康普查、免费发放募捐药品及各种宣传资料、免费接送孕产妇住院分娩、对基层医务工作者进行培训、实施特殊病例一对一救助等。自 2003 年启动以来,该项目已向全国 30 个省(自治区、直辖市)基层医疗机构捐赠了 3140 辆

"母亲健康快车"及车载医疗设备,累计捐资 4.5 亿元,受益人次超过 8170 万人次。① 又如,为重点帮助西部地区妇女摆脱因严重缺水带来的贫困和落后,全国妇女联合会、北京市人民政府、中央电视台联合发起、中国妇女发展基金会组织实施了"母亲水窖"项目,截至 2023 年底,"母亲水窖"项目在以西部为主的 30 个省(自治区、直辖市)修建集雨水窖 13.99 万口,集中供水工程 2007 处,校园安全饮水工程 1060 处,共 380 万余人次受益。②

### 四、我国妇女福利制度的改革

#### (一)取得的成就

一直以来我国运用经济、法律、行政及舆论等多种政策工具,努力保障妇女在政治、经济、文化、社会和家庭生活等方面享有与男子平等的权利,不断促进妇女的全面发展,取得了巨大成就。③

第一,就业福利。国家将保障妇女获得与男子平等的就业机会、共享经济资源和社会发展成果,作为推进妇女发展的首要目标和优先领域,制定并采取了一系列政策措施,以确保妇女平等参与经济发展,平等获得经济资源和有效服务,增强妇女的自我发展能力,改善妇女的社会经济地位。2019 年,全国女性就业人员占全社会就业人员的比重为 43.2%,与《中国妇女发展纲要(2011—2020 年)》设定的"保持在 40%以上"的目标相一致;执行了《女职工劳动保护特别规定》的企业比重为 69.6%,比上年提高 1.2 个百分点,进一步保障了女职工的劳动安全;在企业职工董事和职工监事中,女性比重分别为 33.4%和 36.4%,与 2010 年相比分别提高 0.7 和 1.2 个百分点;在企业职工代表大会中,女性代表比重为 29.7%,高于上年 0.9 个百分点;在村委会主任中,女性占比为 11.9%,比上年提高 0.8 个百分点,已达到《中国妇女发展纲要(2011—2020 年)》设定的"10%以上"的目标。④

第二,教育福利。我国的《教育法》《义务教育法》和《职业教育法》等法律对女性受教育的权利和机会予以明确规定。政府也采取切实措施和行动,以保障

---

① 《关于"母亲健康快车"》,https://www.mqjkkc.com/gy,2024 年 6 月 12 日访问。
② 母亲水窖-项目介绍,https://www.cwdf.org.cn/mothercellar/category/14,2024 年 11 月 19 日访问。
③ 相关数据参见《中国性别平等与妇女发展状况》,2015 年 9 月 22 日,https://www.gov.cn/xinwen/2015-09/22/content_2936716.htm,2022 年 11 月 12 日访问。
④ 《2019 年〈中国妇女发展纲要(2011—2020 年)〉统计监测报告》,2020 年 12 月 19 日,http://www.gov.cn/xinwen/2020-12/19/content_5571135.htm,2022 年 11 月 12 日访问。

女童接受九年义务教育的权利,增加女性接受中高等教育的机会,重点扫除青壮年女性文盲,提高妇女的终身受教育水平和平均受教育年限。其中,最为突出的是保障女童受教育的权利和妇女扫盲行动。2019年《中国妇女发展纲要(2011—2020年)》实施的统计监测报告显示:2019年,全国共有学前教育(包括幼儿园和附设幼儿班)在园女童2212.6万人,比上年增加35.9万人,增长1.6%,比2010年增加860万人,增长63.6%;学前教育女童所占比重为46.9%,高于上年0.1个百分点,比2010年提高1.4个百分点;全国学前教育毛入园率为83.4%,比上年提高1.7个百分点,远高于"达到70%"的目标,我国在义务教育阶段已基本消除性别差距;高中阶段教育在校生中女生为1882万人,比上年增加16.6万,占全部在校生的47.1%;高等教育在校生中女研究生为144.8万人,占全部研究生的比重达到50.6%,与2010年相比提高2.7个百分点;普通本专科、成人本专科在校生中女生分别为1567.9万人、392.3万人,占比为51.7%、58.7%,比2010年提高0.9个、5.6个百分点。①

第三,保健福利。国家不断增加妇女保健资金投入,逐步完善妇女保健服务网络。自2012年起孕产妇住院分娩率一直保持在99%以上的高水平。2019年,孕产妇住院分娩率达到99.9%,高于2010年2.1个百分点;孕产妇系统管理率为90.3%,比上年提高0.4个百分点,高于2010年6.3个百分点。2015年后,我国孕产妇死亡率一直控制在20/10万以内,2019年为17.8/10万,比上年降低2.7%,比2010年降低40.7%,优于中高收入国家的水平。同期城市、农村孕产妇死亡率分别为16.5/10万、18.6/10万,分别比2010年降低44.4%、38.2%;农村妇女"两癌"(宫颈癌、乳腺癌)检查已覆盖所有贫困县。妇女常见病筛查率2019年达83.1%,比上年提高7.6个百分点,比2010年提高21.9个百分点,提前实现"达到80%以上"的目标。②

(二)存在的主要问题

1. 就业歧视和劳动保护难落实

虽然《妇女权益保障法》等法律法规明文规定妇女与男子平等就业、公平竞争、同工同酬,但现实中还是存在就业歧视。在劳动力供过于求的形势下,就业

---

① 《2019年〈中国妇女发展纲要(2011—2020年)〉统计监测报告》,2020年12月19日,http://www.gov.cn/xinwen/2020-12/19/content_5571135.htm,2022年11月12日访问。

② 同上。

歧视更容易发生。女性是劳动力市场中的弱势人群,在私营企业等非公有制经济部门中妇女劳动保护很难得到全面落实。

2. 家庭和人身财产权益受侵害

妇女的婚姻家庭、财产权益受侵害的现象频发。在妇联系统信访中婚姻家庭问题占信访总数的一半以上。在家庭方面,存在丈夫婚姻不忠、妇女遭受家庭暴力的情况。在财产权益方面,妇女在离婚中的财产分割、子女抚养费等方面经常受到侵害,如离婚妇女无住房、生活困难等问题比较突出。在一些偏远的农村,传统的重男轻女观念还很浓厚。另外,还存在其他侵害妇女人身权利的现象,如职场性骚扰、性侵、拐卖妇女及组织、强迫、容留妇女卖淫等。

3. 妇女生育保健政策不公平

现行的生育保健政策实际上主要面向城镇中有工作的妇女,尚未覆盖全体妇女。例如,我国的女职工生育保险制度的对象是城镇女职工,而广大农村地区的妇女缺乏这项福利。以灵活就业或非正规方式就业的妇女也无法享受生育保险。而在生育保险所覆盖的城镇女职工中,保险待遇在不同行业、不同所有制单位、不同区域之间有很大差距。另外,农村尤其是偏远地区农村的妇女保健状况堪忧,妇女保健服务利用率很低。原因在于一方面,农村地区保健意识淡薄;另一方面,保健设施和机构数量少,距离远,保健服务的可得性和可及性差。

4. 妇女受教育情况有待改善

妇女受教育情况存在以下几个方面的问题。一是贫困家庭女童和残疾女童如何接受学前教育。二是如何通过学前教育解放妇女的生产和社会活动力。三是城市流动女童缺乏均等的受教育机会,民族地区女童受教育情况还显薄弱。四是职业教育中的性别隔离现象严重,直接导致女性在劳动力市场上的性别歧视。五是对农村女教师群体的权益缺乏关注,保护不足。[①] 此外,城乡妇女受教育的程度存在十分明显的差异:城镇妇女受教育的程度要明显高于农村妇女。并且,由于妇女承担养育子女和其他家庭事务的重任,妇女接受继续教育的机会没有男性多。

---

① 郑新蓉、武晓伟、林思涵:《妇女与教育——我国教育性别平等的进程与反思》,《山东女子学院学报》2020年第6期,第1—13页。

### (三) 改革措施

**1. 完善平等就业政策，落实劳动保护政策**

建立健全女性就业的政府干预机制，加大《劳动法》等法律法规执行力度，严禁在招聘、招工中歧视女性，杜绝同工不同酬等情况出现。实行积极的劳动力市场政策，拓宽女性就业渠道，对下岗、失业、困难女性免费实行职前培训和在职培训。要加大《女职工劳动保护特别规定》等法规的宣传力度，逐步形成自觉维护女职工权益的社会环境。同时要加大监督检查的力度，认真落实好劳动保护政策，保障妇女身心健康。

**2. 加强法治教育，依法维权**

一方面，首先要加强对妇女的法治教育。运用多种宣传教育手段加大对《妇女权益保障法》等相关法律法规的宣传力度，使广大妇女知法、懂法，能够运用法律武器来维护自身的权益。其次要充分利用社会各方资源，加大对妇女法律援助力度。要加强与政法部门合作，建立、完善维权合议庭制度、妇女特邀陪审员制度、妇女法律援助制度、反家庭暴力联合救助制度等，帮助妇女有效维权。最后要充分发挥公安、民政、妇联等职能部门的作用，对侵犯妇女合法权益的行为予以坚决打击。另一方面，在强调法治的同时也不能忽视道德的作用，二者并不是冲突的，而是相互补充的。要大力弘扬社会主义道德新风尚，倡导新型的婚育观和家庭道德观，倡导男女平等。妇联要建立家庭暴力投诉站，坚持"预防为主，调解在先"的方针，减少家庭暴力的发生，或者将家庭暴力消除在萌芽状态。

**3. 扩大政策覆盖面，消除待遇不公平现象**

要扩大生育保险政策覆盖面，争取覆盖全体妇女，并逐步消除城乡之间、行业之间、区域之间的差距，促进待遇公平。要加大资金投入，改善福利服务设施，尤其要改善偏远农村地区服务设施，配备专业技术人员，提高医疗保健福利的供给能力。要加大对贫困妇女的救助力度，提高她们的保健意识，保障其健康。另外，要妥善解决好在城乡之间流动的妇女的医疗保健问题，尤其要关注育龄期的妇女，做好相应的检查和保健工作，保证母婴健康。

**4. 多举措改善妇女教育福利**

2021年印发的《中国妇女发展纲要（2021—2030年）》（以下简称"新妇纲"），从加强对女性的思想政治教育、促进教育工作全面贯彻男女平等基本国策、保障女性平等受教育权利、大力培养女性科技人才、提高女性终身受教育水平等五个方面提出了10项主要目标和13项策略措施来保障妇女的受教育权利。"新妇纲"致力于在办好人民满意教育的大背景下,努力实现让每个女性都能够享受公平而有质量的国民教育、职业教育培训、终身教育的目标,必将进一步拓展人口质量红利,提升人力资本水平和人的全面发展能力,为促进妇女在实现第二个百年奋斗目标、实现中华民族伟大复兴的中国梦、推动人类文明进步做出新的更大贡献,奠定坚实的基础。①

## 第二节 儿童福利

1992年3月2日全国人民代表大会批准联合国《儿童权利公约》,公约规定"关于儿童的一切行动,不论是由公私社会福利机构、法院、行政当局或立法机构执行,均应以儿童的最大利益为一种首要考虑"。2021年国务院发布《中国儿童发展纲要(2021—2030年)》,提出对儿童发展要坚持党的全面领导原则、对儿童发展的优先保障原则、促进儿童全面发展原则、保障儿童平等发展原则、鼓励儿童参与原则。

### 一、儿童福利的概念

(一)儿童的界定

《中华人民共和国未成年人保护法》(本章简称《未成年人保护法》)规定,未成年人是指未满18周岁的公民。本章中的"儿童"是指18周岁以下的公民,也称为未成年人。

(二)儿童福利的内涵

儿童福利亦称为未成年人福利,是指国家和社会根据儿童的生理和心理发育的特殊情况,为了保护儿童身心健康,维护其合法权益,促进其健康成长而专门提供的各种福利的总称。

---

① 姜秀花:《坚持立德树人 保障妇女享受公平而有质量的教育》,《中国妇女报》2021年10月12日,第3版。

## 二、我国儿童福利的发展进程

儿童是祖国的未来,是国家的栋梁,我国历来高度重视儿童福利问题。1956年,教育部、卫生部和内务部联合颁布了《关于托儿所、幼儿园几个问题的联合通知》,要求根据需要和可能积极发展托儿所和幼儿园,并对经费来源和保教人员培训等工作作了具体规定。同时,民政部门承担了特殊儿童——孤儿、弃婴和伤残儿童的照顾工作。到20世纪60年代,我国基本上建立了儿童福利制度。

1966—1976年,儿童福利制度与其他制度处于停滞状态,儿童福利水平下降。改革开放之后,儿童福利重新恢复。1979年,中共中央、国务院转发《全国托幼工作会议纪要》,要求切实解决好儿童入托难的问题。同年,开始发放独生子女津贴。1986年实施的《义务教育法》规定,凡年满6周岁的儿童,不分性别、民族、种族,应当入学接受规定年限的义务教育。1992年,我国参照世界儿童问题首脑会议提出的全球目标和《儿童权利公约》,从国情出发发布了《九十年代中国儿童发展规划纲要》。这是我国第一个以儿童为主体、促进儿童发展的国家行动计划,强调"儿童优先"的原则。1997年公布的《关于进一步发展孤残儿童福利事业的通知》,指导开展维护孤残儿童的生活、教育和医疗等权益的工作。为了保障未成年人身心健康,培养未成年人良好品行,有效地预防未成年人犯罪,我国于1999年颁布了《中华人民共和国预防未成年人犯罪法》。2001年国务院发布《中国儿童发展纲要(2001—2010年)》,提出了2001—2010年的总目标:坚持"儿童优先"原则,保障儿童生存、发展、受保护和参与的权利。

进入21世纪第二个十年,国务院颁布了《中国儿童发展纲要(2011—2020年)》,就儿童的健康、教育、法律保护和环境四个领域提出了儿童发展的主要目标和策略措施。[1] 2013年,党的十八届三中全会决议提出,要"健全困境儿童分类保障制度"。同年,《关于开展适度普惠型儿童福利制度建设试点工作的通知》强调,儿童福利制度要"适度普惠、分层次、分类型、分标准、分区域",并在不同经济发展水平的4个县市试点实践。2014年试点扩展到其他46个市(县、区),并提出建立健全城乡一体化、保障制度化、组织网络化、服务专业化、惠及所有儿童的儿童福利制度和服务体系。[2] 2021年9月,国务院印发《中国儿童发展纲要

---

[1] 《中国儿童发展纲要(2011—2020年)》,2017年4月5日,http://www.nwccw.gov.cn/2017-04/05/content_149166.htm,2022年11月30日访问。

[2] 乔东平、廉婷婷、苏林伟:《中国儿童福利政策新发展与新时代政策思考——基于2010年以来的政策文献研究》,《社会工作与管理》2019年第3期,第78—95页。

（2021—2030年）》，增设了"儿童与家庭""儿童与安全"两个新领域，围绕健康、安全、教育、福利、家庭、环境、法律保护7个领域，提出70项主要目标和89项策略措施。①

### 三、我国儿童福利的内容

**（一）儿童教育福利**

儿童教育福利的核心是保障儿童受教育的权利，最起码接受义务教育，促进全面发展。《义务教育法》《未成年人保护法》《关于幼儿教育改革与发展的指导意见》《关于深化教育改革 全面推进素质教育的决定》和《关于基础教育改革与发展的决定》等法律法规都对儿童教育有明确的规定。

针对义务教育阶段学生课业负担重的问题，政府加大对校内作业和校外培训的管理力度。中共中央办公厅、国务院办公厅于2021年印发了《关于进一步减轻义务教育阶段学生作业负担和校外培训负担的意见》（俗称"双减"政策），明确提出：要全面压减作业总量和时长，减轻学生过重作业负担；实现学校教育教学质量和服务水平进一步提升，作业布置更加科学合理、学校课后服务基本满足学生需要、学生学习更好回归校园、校外培训机构培训行为全面规范。

针对学前班儿童入园难的问题，政府加大对学前教育的扶持力度。2010年公布的《关于当前发展学前教育的若干意见》指出，发展学前教育，必须坚持公益性和普惠性，努力构建覆盖城乡、布局合理的学前教育公共服务体系，保障适龄儿童接受基本的、有质量的学前教育。2018年，党中央、国务院发布的《关于学前教育深化改革规范发展的若干意见》指出：到2020年，全国学前三年毛入园率达到85%，普惠性幼儿园覆盖率达到80%；到2020年，基本形成以本专科为主体的幼儿园教师培养体系，本专科学前教育专业毕业生规模达到20万人以上；建立幼儿园教师专业成长机制，健全培训课程标准，分层分类培训150万名左右幼儿园园长、教师；到2035年，全面普及学前三年教育，建成覆盖城乡、布局合理的学前教育公共服务体系，形成完善的学前教育管理体制、办园体制和政策保障体系，为幼儿提供更加充裕、更加普惠、更加优质的学前教育。② 此外，为进一步提

---

① 《中国儿童发展纲要（2021—2030年）》，2021年9月27日，http://www.nwccw.gov.cn/2021-09/27/content_302539.htm，2022年12月1日访问。

② 《中共中央国务院关于学前教育深化改革规范发展的若干意见》，2018年11月15日，http://www.gov.cn/zhengce/2018-11/15/content_5340776.htm，2022年12月2日访问。

升家庭教育质量，《中华人民共和国家庭教育促进法》于2022年开始实施，一方面明确了家庭在未成年人教育中的责任，指出家庭教育的内容和方法，另一方面明确了各级政府和各类社会组织提供家庭教育指导的方式和途径，以形成社会多方协同配合家庭教育的局面。

### （二）儿童保健福利

儿童保健福利主要包括两个方面：一是计划免疫；二是常规疾病的检查和保健。国家不断加大对计划免疫的实施力度。2007年，卫生部下发了《扩大国家免疫规划实施方案》，提出要扩大国家免疫规划范围，将甲肝、流脑等15种可以通过接种疫苗有效预防的传染病纳入国家免疫规划。凡7岁以下的儿童，城市的由居住社区指定保健所或综合医院负责，农村由当地乡村医生和上级保健所巡回医生共同负责。按孕产期保健、新生儿保健、婴幼儿保健、学龄期儿童保健几个阶段，分别进行儿童健康保健。健康保健一般包括健康观察，定期检查，新生儿专案管理，儿童保健指导，儿童传染病管理，佝偻病、营养不良等儿童常见病门诊等。

2010年是中国儿童保护政策发展的分界线，主要标志为国务院出台了《关于加强孤儿保障工作的意见》。此前的中国儿童保护政策经历了推动儿童生存发展、儿童保护工作基本停滞和儿童保护政策较大发展阶段，此后的中国儿童保护政策呈现出儿童福利由补缺型向适度普惠型转型、建立儿童虐待强制报告制度与替代性照顾制度、建立监护人监护权转移制度、儿童保护政策试点推广、非营利组织和专业社会工作者积极参与等特征并存的快速发展阶段。[①]

2019年《中国儿童发展纲要（2011—2020年）》统计监测报告显示，我国儿童健康发展情况有以下几个方面的进展。第一，在儿童健康水平方面。婴儿和5岁以下儿童死亡率从2010年的16.4‰和13.1‰，下降至2019年的7.8‰和5.6‰，明显优于10‰和13‰的预定目标。第二，在儿童发育方面。2019年，5岁以下儿童贫血患病率和低体重率分别为5.38%和1.37%，均比上年下降0.06个百分点；5岁以下儿童贫血患病率、低体重率和生长迟缓率均远优于12%以下、7%以下和5%以下的目标。第三，在儿童疾病防治效果方面。我国逐步建立了覆盖国家、省、市、县四级免疫规划监测管理体系，以及县、乡、村三级预防接种服务网络，实现了适龄儿童免疫规划的信息系统和疫苗电子追溯的协同平台对接。

---

① 武艳华、崔效辉：《儿童保护政策执行的制约因素与破解路径——基于史密斯政策执行过程模型分析》，《社会工作与管理》2020年第3期，第92—100页。

2019年,适龄儿童接种纳入国家免疫规划的疫苗①的接种率均超过97%;全国3岁以下儿童系统管理率为91.9%,7岁以下儿童健康管理率为93.6%,分别比上年提高0.7和0.9个百分点。②

（三）儿童文化娱乐福利

儿童的心理发育特点决定了文化娱乐是其生活中必不可少的一部分,同时文化娱乐活动有利于儿童身心健康发展,如可以培养良好的生活习惯、丰富的想象力和创造力,因此要为儿童提供各种各样的文化娱乐设施和服务。可以通过如下途径提高儿童的文化娱乐福利。第一,学校课程设置要科学,除了各种必修的课程以外可以结合儿童心理特点开设选修课,同时加大对文化娱乐设施的投入建设,开展丰富多彩的课外娱乐活动,寓教于乐,让儿童全面发展。第二,社会上的爱国主义教育基地、图书馆、青少年宫、儿童活动中心应当对未成年人免费开放;博物馆、纪念馆、科技馆、展览馆、美术馆、文化馆以及影剧院、体育场馆、动物园、公园等场所,应当按照有关规定对未成年人免费或者优惠开放。第三,国家要鼓励新闻、出版、信息产业、广播、电影、电视等单位和作家、艺术家、科学家以及其他公民,创作或者提供有利于未成年人健康成长的作品。国家扶持出版、制作和传播专门以未成年人为对象的内容健康的图书、报刊、音像制品、电子出版物以及网络信息等。

（四）儿童社会保护福利

《未成年人保护法》指出,未成年人应该得到家庭保护、学校保护、社会保护、网络保护和司法保护,保护未成年人是国家机关、武装力量、政党、人民团体、企业事业单位、社会组织、城乡基层群众性自治组织、未成年人的监护人以及其他成年人的共同责任。在家庭保护中,未成年人的父母或者其他监护人应当学习家庭教育知识,接受家庭教育指导,创造良好、和睦、文明的家庭环境。在学校保护中,学校应当全面贯彻国家教育方针,坚持立德树人,实施素质教育,提高教育质量,注重培养未成年学生认知能力、合作能力、创新能力和实践能力,促进未成年学生全面发展。在社会保护中,全社会应当树立关心、爱护未成年人的良好风

---

① 本书中,纳入国家免疫规划的疫苗包括卡介苗、脊灰疫苗、百白破疫苗、含麻疹成分疫苗、乙肝疫苗、甲肝疫苗、乙脑疫苗及流脑疫苗。

② 《2019年〈中国儿童发展纲要（2011—2020年）〉统计监测报告》,2020年12月19日,http://www.gov.cn/xinwen/2020-12/19/content_5571132.htm,2022年12月3日访问。

尚。国家应当鼓励、支持和引导人民团体、企业事业单位、社会组织以及其他组织和个人，开展有利于未成年人健康成长的社会活动和服务。在网络保护中，国家、社会、学校和家庭应当加强未成年人网络素养宣传教育，培养和提高未成年人的网络素养，增强未成年人科学、文明、安全、合理使用网络的意识和能力，保障未成年人在网络空间的合法权益。

为了保障未成年人身心健康，培养未成年人良好品行，有效地预防未成年人犯罪，我国《预防未成年人犯罪法》指出，预防未成年人犯罪要立足于教育和保护，从小抓起，对未成年人的不良行为及时进行预防和矫治。预防未成年人犯罪要在各级人民政府组织领导下，实行综合治理。政府有关部门、司法机关、人民团体、有关社会团体、学校、家庭、城市居民委员会、农村村民委员会等各方面要共同参与，各负其责，做好预防未成年人犯罪工作，为未成年人身心健康发展创造良好的社会环境。在预防未成年人犯罪的教育中，司法行政部门、教育行政部门、共产主义青年团、少年先锋队应当结合实际，组织、举办展览会、报告会、演讲会等多种形式的预防未成年人犯罪的法治宣传活动。学校应当结合实际举办以预防未成年人犯罪的教育为主要内容的活动。教育行政部门应当将预防未成年人犯罪教育的工作效果作为考核学校工作的一项重要内容。在对未成年人严重不良行为的矫治中，对未成年人实施该法规定的严重不良行为的，应当及时予以制止。司法机关办理未成年人犯罪案件，应当保障未成年人行使其诉讼权利，保障未成年人得到法律帮助，并根据未成年人的生理、心理特点和犯罪的情况，有针对性地进行法治教育。对于被采取刑事强制措施的未成年学生，在人民法院的判决生效以前，不得取消其学籍。

### （五）特殊儿童福利

相对而言，"特殊儿童"是指残疾儿童、孤儿、弃婴弃儿、流浪未成年人以及困境儿童。2016年，国务院《关于加强困境儿童保障工作的意见》将困境儿童分为三类：因家庭贫困导致生活、就医、就学等困难的儿童，因自身残疾导致康复、照料、护理和社会融入等困难的儿童，以及因家庭监护缺失或监护不当遭受虐待、遗弃、意外伤害、不法侵害等导致人身安全受到威胁或侵害的儿童。[①] 在后来的政策制定与学术研究中，较为一致地认为困境儿童包括弃婴孤儿、事实无人抚养儿童（事实孤儿）、流浪儿童、受暴力侵害儿童、残疾儿童、受艾滋病影响的儿

---

① 《关于加强困境儿童保障工作的意见》，2020年6月16日，http://www.gov.cn/zhengce/content/2016-06/16/content_5082800.htm，2022年12月4日访问。

童、患重病或罕见病的儿童、贫困儿童等。

农村留守儿童也是国家关注的另外一个重点群体。国务院在2016年2月出台了《关于加强农村留守儿童关爱保护工作的意见》。2018年,《关于开展全国农村留守儿童关爱保护和困境儿童保障示范活动的通知》提出,要"着力打造一批领导重视、制度健全、机制有效、措施有力、服务规范的农村留守儿童关爱保护和困境儿童保障示范地区"①。2019年,民政部、最高人民法院等12部门发布了《关于进一步加强事实无人抚养儿童保障工作的意见》,进一步填补了儿童福利领域制度的空白,是新时代儿童福利工作的一次重要政策创新。该意见明确了事实无人抚养儿童是指父母双方均符合重残、重病、服刑在押、强制隔离戒毒、被执行其他限制人身自由的措施、失联情形之一的儿童;或者父母一方死亡或失踪,另一方符合重残、重病、服刑在押、强制隔离戒毒、被执行其他限制人身自由的措施、失联情形之一的儿童。②

（六）儿童福利院服务

儿童福利院是指国家、集体举办的,为孤儿、残疾儿童和弃婴弃儿提供养护、康复、托管等服务的一种社会福利机构,是福利性的事业单位。儿童福利院的运行经费主要是以中央政府和地方政府的财政拨款为主,以集体集资、发行福利彩票和社会捐助为辅,其中财政拨款列入当年财政预算。儿童福利院是集中养育孤儿、弃婴的场所,是保障孤儿、弃婴生存权益的"最后一道安全网"。儿童福利院实行养、治、教并举的工作方针,也就是说特殊儿童在儿童福利院里能够享受到生活保障、教育、医疗保健等方面的福利。

数据显示,2019年全国共有孤儿34.3万人,其中社会散居孤儿27.5万人,约占总数的80.2%;儿童福利机构内集中养育孤儿6.8万人,约占总数的19.8%。截至2018年底,散居孤儿每人每月标准为1006元,集中供养孤儿每人每月标准为1371元。目前,全国共有儿童福利机构1217家,与2008年的不足300家相比,是当时的4倍多;其中,按照事业单位法人登记的儿童福利机构544家,设有儿童部的社会福利机构673家,机构的总床位数超过10万张,总体上已经能够满

---

① 乔东平、廉婷婷、苏林伟:《中国儿童福利政策新发展与新时代政策思考》,《社会工作与管理》2019年第3期,第78—88页。
② 《关于进一步加强事实无人抚养儿童保障工作的意见》,2020年12月24日,http://www.gov.cn/zhengce/zhengceku/2021-01/26/content_5582578.htm,2022年12月4日访问。

足集中养育孤儿的基本需求；有些地方已经在探索将儿童福利机构服务向社会散居孤儿以及残疾孤儿拓展。①

（七）收养和家庭寄养

收养是指我国或者外国公民依法领养他人子女，并确立父母子女关系的民事法律行为。收养是特殊儿童福利的一种形式。国家鼓励依法收养孤儿。收养孤儿要按照《中华人民共和国收养法》的规定办理。该法规定：收养应当有利于被收养的未成年人的抚养、成长；遵循平等自愿的原则，并不得违背社会公德。同时，该法对收养的各种条件作了规定，如规定可以被收养的不满14周岁的未成年人范围为：丧失父母的孤儿；查找不到生父母的弃婴和儿童；生父母有特殊困难无力抚养的子女。

收养的形式分为中国公民收养和外国公民收养两类。对中国公民依法收养的孤儿，需要为其办理户口登记或者迁移手续的，户口登记机关应及时予以办理，并在登记与户主关系时注明子女关系。对寄养的孤儿，寄养家庭有收养意愿的，应优先为其办理收养手续。外国人在我国收养子女，应当提供收养人的年龄、婚姻、职业、财产、健康、有无受过刑事处罚等状况的证明材料，该证明材料须经其所在国公证机构或者公证人公证，并经我国驻该国使领馆认证。收养人应当与送养人订立书面协议，亲自向民政部门登记，并到指定的公证处办理收养公证。

对于儿童家庭寄养，是由孤儿父母生前所在单位或者孤儿住所地的村（居）民委员会或者民政部门担任监护人的，可由监护人对有抚养意愿和抚养能力的家庭进行评估，选择抚育条件较好的家庭开展委托监护或者家庭寄养，并给予养育费用补贴，当地政府可酌情给予劳务补贴。据统计，2014—2018年间，全国共办理收养登记97 819例。其中，中国公民收养85 581例，约占全部收养登记的87.5%。从近10年数据变化来看，收养登记总体呈下降趋势。2009年全国办理收养登记44 260例，而2018年全国办理收养登记15 143例，仅占2009年的34%，说明随着经济社会快速稳定发展，遗弃儿童现象减少，同时随着民生保障、兜底保障相关政策的出台，家庭送养意愿也在降低。②

---

① 《中国进一步改善孤儿生活质量》，2019年2月11日，http://www.gov.cn/xinwen/2019-02/11/content_5364682.htm，2022年12月5日访问。

② 《实施医疗康复计划帮助残疾孤儿融入社会》，2019年1月25日，http://www.xinhuanet.com/politics/2019-01/25/c_1210047582.htm，2022年12月5日访问。

### (八) 其他福利项目

我国为了改善儿童福利,还实行了一些专项福利项目。如 2004 年民政部启动的"残疾孤儿手术康复明天计划"("明天计划")。2006 年的"儿童福利机构建设蓝天计划"("蓝天计划"),民政部与李嘉诚基金会在全国范围内合作实施的大型公益项目"重生行动——全国贫困家庭唇腭裂儿童手术康复计划"("重生行动");2010 年 5 月,民政部、联合国儿童基金会和北京师范大学中国公益研究院启动的中国儿童福利示范项目,该项目涉及河南、四川、山西、新疆和云南 5 省(自治区)12 县 120 个村,惠及 8 万多名儿童,为探索基层儿童福利与保护服务体系,试点地区每个村设置"儿童福利主任";2018 年启动的"新生儿先天性心脏病筛查"项目、发布的《关于开展儿童白血病救治管理工作的通知》,该通知明确了白血病儿童药品供应等问题;2019 年的"孤儿医疗康复明天计划",该计划旨在为社会福利机构中 0—18 周岁的具有手术适应证的残疾孤儿进行手术矫治和康复,由福利彩票公益金提供相关的支持。

## 四、我国儿童福利的改革

### (一) 取得的成就

新中国成立以来,尤其是改革开放以来,我国儿童福利事业取得了巨大成就,主要体现在如下两个大的方面。

第一,法律制度不断完善。我国各项儿童福利法律法规、政策制度不断完善,取得了重大进步。我国签署了联合国《儿童权利公约》,颁布施行了《未成年人保护法》《义务教育法》《母婴保健法》《预防未成年人犯罪法》《禁止使用童工规定》等法律法规,并及时进行修订,为依法开展儿童福利事业奠定了法律基础。国家还对儿童福利事业的发展作出了阶段性的规划,如先后出台了《九十年代中国儿童发展规划纲要》《中国儿童发展纲要(2001—2010 年)》《中国儿童发展纲要(2021—2030 年)》,以及《关于加强农村留守儿童关爱保护工作的意见》《关于加强困境儿童保障工作的意见》《关于进一步加强事实无人抚养儿童保障工作的意见》《关于建立残疾儿童康复救助制度的意见》等多部纲领性文件,涵盖了儿童的生存权、发展权、受保护权和参与权四大权利。这些法律制度共同构成了我国儿童福利的基本框架,为儿童福利事业健康发展提供了良好的法律保障和制度保障。

第二,儿童福利的具体内容不断丰富,并取得良好成效。儿童福利的具体内容不断丰富,政府开始介入儿童照料的服务规划,照顾的质量也不断提高。在儿童医疗保健福利方面,儿童的身体健康状况有所改善。此外,政府通过多种方式对患病儿童进行救助,尤其是对残疾儿童、受艾滋病影响的儿童和患重大疾病儿童的救助。在儿童生活保障方面,国家加大对贫困儿童的生活救助。在农村,有11.6万名孤儿被确定为农村特困户救助对象,占农村孤儿总数的23.41%。在城市,城市散居的孤儿、贫困儿童大多数也在《城市居民最低生活保障条例》保障的范围内。在儿童教育福利方面,义务教育实行"两免一补"政策,义务教育入学率持续上升。[①]

### (二) 存在的问题

总体而言,我国当前的社会福利制度仍然是补缺型的。儿童福利制度也具有补缺型的特点,主要体现在相关部门儿童福利政策的目标和福利服务具体对象集中于孤残儿童、部分困境儿童,绝大多数儿童暂无法享受全面完善的普惠型的福利服务,儿童福利服务的选择性特征明显,普惠型、制度型的儿童福利服务尚未形成。存在的问题具体有以下五个方面。

第一,立法不完善。虽然我国关于儿童福利方面的法律和规章已经有很多,但是缺乏一部统一的儿童福利法。我国应借鉴其他国家的成功经验,建立针对儿童福利的立法,并严格依法提供儿童福利。

第二,管理体制不能及时适应形势发展。我国儿童福利管理分散于民政部、教育部、妇联以及司法等众多部门,尚未成立专门的全国统管儿童福利的机构,管理成本大、效率低,甚至易出现管理上的"真空"地带,政策难以全面、有效落实。

第三,财政支持方面,我国政府系统内尚没有针对儿童福利中央财政的专项资金,财政总量缺口大,儿童福利供给不足,无法全面覆盖。

第四,儿童福利服务的专业化和职业化程度低。在儿童福利提供方面缺乏专业人员,职业体系建设不足,大多停留在一般行政意义的、大众化的生活救助层面。

第五,对儿童大病和残疾儿童康复手术救助力度有限。比如,在我国,新生儿先天性心脏病是新生儿疾病中发病率最高的一种。但面对高昂的医疗费用,

---

① 北京师范大学社会发展与公共政策学院中国社会政策研究所:《中国儿童福利政策报告》,http://www.bnucisp.org/uploads/soft/1100725110540.rar,2022年12月5日访问。

许多贫困家庭甚至中高收入家庭也常常因病致贫,难以给患儿提供持续治疗。此外,对于大多数罕见病儿童及其家庭而言,得到的政策支持尚有限。

(三)改革措施

第一,应借鉴发达国家和地区的先进经验,大力推动儿童福利法的出台,以便更好地统领、规范我国儿童福利事业的健康发展。

第二,应设立专门的儿童福利管理机构,如国家儿童福利局,对全国儿童福利事业进行统一管理。这样既可避免多头管理带来的弊端,又能够对儿童福利进行规划和管理,落实各项具体政策,降低管理成本,提高管理效率和政策的实效性。

第三,应加大国家财政对儿童福利的支持力度。我国是人口大国,也是儿童大国,儿童福利需求相当大,只有国家财政的大力扶持才能进一步扩大福利覆盖面,实行普惠型儿童福利,提高儿童福利水平。发达国家的儿童福利支出占GDP的比重都比较高,欧盟28国的儿童福利支出约占其GDP的2.3%(各国支出水平各不相同,如德国为3.2%,比利时、法国为2.1%以上,而荷兰则为1.1%左右)。[①]2020年,我国成为世界上仅次于美国的第二大经济体,人均GDP已超过1万美元,因此我国在儿童福利支出方面完全应该也有能力加以提升。

第四,应建设专业化、职业化的儿童福利工作人员队伍。儿童正处身心发展阶段,可塑性强,容易受到各方面的影响。为了保障儿童身心健康,客观上要求由专业的儿童福利工作人员提供服务。尤其是,残疾儿童、流浪儿童、弃婴弃儿和贫困儿童由于身处特殊情况之中,更需要专业的福利工作人员进行有效的开导与教育。要加强对儿童身心发育规律的研究,加强对儿童教育的研究,培养更多的专业人才,以便提高专业福利服务,更好地满足儿童的福利需求。同时,要借鉴国际经验,提高职业化水平。如要在乡村和城市社区设立专业化、职业化的儿童福利工作岗位,尤其是大力培养儿童养护人员、儿童社会工作者和青少年社会工作者。

第五,应多渠道筹措资金,采取多种方式对儿童重大疾病进行救助。首先,可借助我国现行的医疗保障制度,把儿童纳入居民医疗保险和医疗救助的范围,在此基础上扩大二次报销的比例甚至是不设定最高封顶线。其次,可动员慈善力量,开展横向合作。如开展如民政部等部门推动设施的"明天计划""重

---

① 柳静虹:《西欧儿童福利的多元发展趋势及对中国的启示》,《社会工作与管理》2019年第4期,第21—28页。

生行动""蓝天计划""新生儿先天性心脏病筛查"等活动。最后,可由民政部和财政部等部门核算儿童大病医疗的具体开支,并从专项财政救助资金中列支,全面落实儿童大病救助工作。

## 本章小结

妇女福利是指国家和社会向妇女提供的各种福利待遇和社会服务,具体包括妇女生育福利、妇女教育福利、妇女就业和劳动保护福利、妇女保健福利等。新中国成立以来,我国的妇女福利取得了巨大的成就,但是还存在一些问题,如劳动就业中的性别歧视、家庭和人身财产权益受侵害、生育保健福利待遇不公平、妇女受教育程度较低等。为了进一步改善我国妇女福利状况,必须对妇女福利制度进行改革,如:完善平等就业政策,落实劳动保护政策;加强法治教育,依法维权;扩大政策覆盖面,消除待遇不公平现象;多举措改善妇女福利。

儿童是祖国的未来。儿童福利亦称为未成年人福利,是指国家和社会根据儿童的生理和心理发育的特殊情况,为了保护儿童身心健康,维护其合法权益,促进其健康成长而专门提供的各种福利的总称。为了保证儿童福利,我国制定了许多相关的法律和制度。儿童福利包括儿童教育福利、保健福利、文化娱乐福利、社会保护福利、特殊儿童福利、儿童福利院服务、收养和家庭寄养,以及其他福利项目等。我国儿童福利取得了很大的成就,正逐步从补缺型福利供给向普惠型福利供给迈进,但是还存在一些问题,如立法不完善、财政投入较少、专业化程度不高、救助力度有限等,因此要进一步改革和完善。

## 重点名词

妇女生育福利　妇女教育　妇女就业　妇女劳动保护　儿童教育
儿童保健　特殊儿童福利　妇女儿童福利立法

## 思考题

1. 如何理解妇女福利的概念与内涵?
2. 结合《中国妇女发展纲要(2021—2030年)》,简述我国妇女福利的主要内容有哪些。

3. 试简述我国妇女福利的成就、问题以及改革措施。
4. 如何理解儿童福利的概念与内涵？
5. 结合《中国儿童发展纲要（2021—2030年）》，简述我国儿童福利的主要内容。
6. 试简述我国儿童福利的成就、问题以及改革措施。

## ◆ 延展阅读

窦媛、乔东平：《联结、互嵌与规制：我国儿童福利服务供给网络结构分析——基于7县市的质性研究》，《社会保障评论》2022年第6期，第144—157页。

何芳：《新时代我国儿童福利政策的基本特征、发展逻辑与未来走向——基于〈中国儿童发展纲要（2021—2030年）〉的分析》，《学前教育研究》2023年第5期，第10—19页。

黄丹、倪锡钦：《社会性别视角下的中国女性福利政策：反思与前瞻》，《社会建设》2018年第1期，第74—82页。

黄桂霞：《共享发展：中国妇女社会保障百年发展回顾与前瞻》，《杭州师范大学学报（社会科学版）》2022年第6期，第103—114页。

茅倬彦、罗志华：《加快构建积极生育支持政策体系：现实挑战与策略选择》，《妇女研究论丛》2023年第2期，第17—24页。

王雪梅：《西北地区儿童主任履职问题分析——以H县为例》，《社会工作与管理》2023年第3期，第92—100页。

# 第十三章 残疾人福利

【本章学习要点】
1. 掌握我国残疾人福利的概念。
2. 熟悉我国残疾人福利发展和改革的历程、国外典型国家残疾人福利制度的内容和特征。
3. 重点把握我国残疾人福利取得的成绩与存在的主要问题,以及未来改革的方向和具体措施。

## 第一节 残疾人福利概述

### 一、残疾人福利的内涵

由于世界各国对残疾标准有不同界定,对残疾人概念的界定也不同。1982年联合国发布的《关于残疾人的世界行动纲领》认为,残疾是指由于缺陷而缺乏作为正常人以正常方式从事某种正常活动的能力。1975年联合国大会发布的《残疾人权利宣言》认为,残疾人是指任何由于先天性或非先天性的身心缺陷而不能保证自己可以取得正常的个人生活和社会生活上一切或部分必需品的人。《中华人民共和国残疾人保障法》(本章简称《残疾人保障法》)认为,残疾人是指在心理、生理、人体结构上,某种组织、功能丧失或者不正常,全部或者部分丧失以正常方式从事某种活动能力的人;并把残疾人划分为 8 大类:视力残疾、听力残疾、言语残疾、肢体残疾、智力残疾、精神残疾、多重残疾和其他残疾的人。本书中的残疾人概念沿用《残疾人保障法》中的界定。

残疾人福利是国家和社会专门为残疾人群体提供的福利服务、各种补贴和福利设施的总称,旨在保障其正常生活并改善其生活质量。

## 二、发展残疾人福利的重要意义

在我国,发展残疾人福利对残疾人和国家发展都有着重要意义。对残疾人而言,残疾人福利能够保障其基本生活,并在一定程度上改善其生活质量。残疾人福利有利于维护残疾人合法权益,保证残疾人共享改革发展成果,从而促进社会公平正义。对国家而言,残疾人福利能够激发残疾人的积极性、主动性和创造性,发挥残疾人在促进改革发展稳定中的重要作用,实现经济社会又好又快发展。残疾人福利体现国家对残疾人这一群体的关怀,有利于促进我国人权事业全面发展,体现社会主义制度的优越性,树立我国良好的国际形象。

## 三、我国残疾人福利的发展历程

新中国成立后,各种残疾人组织相继成立。1953年中国盲人福利会成立;1955年中国聋人福利会(筹委会)加入世界聋人联合会;翌年中国聋哑人福利会成立;1960年中国盲人福利会和中国聋哑人福利会合并成立中国盲人聋哑人协会,任务是根据政府的方针政策,协助政府有关部门,安置盲人、聋哑人的就业,发展特殊教育,开展盲、聋哑的防治等工作。在此基础上,各种残疾人福利机构陆续成立,如残疾人福利工厂、残疾人福利院、精神病院、聋哑学校等。1966—1976年,残疾人福利组织和机构遭到破坏。

改革开放以后,残疾人福利重新恢复正常。首先是各种残疾人组织和机构相继恢复工作。1982年《宪法》明确规定,"国家和社会帮助安排盲、聋、哑和其他有残疾的公民的劳动、生活和教育"。1984年中国残疾人福利基金会成立。1988年在中国残疾人福利基金会和中国盲人聋哑人协会的基础上成立中国残疾人联合会。1990年12月28日第七届全国人民代表大会常务委员会第十七次会议通过了《残疾人保障法》,对残疾人康复、教育、劳动就业、文化生活、社会保障和无障碍环境等方面作出了规定,标志着我国残疾人福利发展进入一个新的阶段。进入20世纪90年代之后,国家制定了残疾人发展五年规划,对残疾人福利发展作出阶段性的规划,以为残疾人康复、教育、就业、文化、社会保障等方面制定相应的配套政策。

2008年中共中央、国务院发布了《关于促进残疾人事业发展的意见》。2009年国务院办公厅转发了教育部等部门联合制定的《关于进一步加快特殊教育事业发展意见的通知》,强调要保障残疾人受教育的权利。2010年国务院办公厅转发了《关于加快推进残疾人社会保障体系和服务体系建设指导意见的通知》,以切实解决残疾人的生活保障问题。2012年国务院公布《无障碍环境建设条例》，卫生部和中残联制定了《全国防盲治盲规划（2012—2015年）》，中宣部等部门发布了《关于加强残疾人文化建设的意见》。步入全面建成小康社会决胜阶段后，2015年国务院下发了《关于全面建立困难残疾人生活补贴和重度残疾人护理补贴制度的意见》，建立残疾人"两项补贴制度"，确保残疾人生活和护理需求得到满足。2016年国务院颁布了《"十三五"加快残疾人小康进程规划纲要》。2018年10月26日第十三届全国人民代表大会常务委员会第六次会议修正通过了《残疾人保障法》。2021年国务院印发《"十四五"残疾人保障和发展规划》，提出残疾人事业发展目标：到2025年，残疾人脱贫攻坚成果巩固拓展，生活品质得到新改善，民生福祉达到新水平；到2035年，残疾人事业与经济社会协调发展，与国家基本实现现代化目标相适应。

## 第二节 我国残疾人福利的内容

### 一、残疾人康复和残疾预防

康复是帮助残疾人恢复或补偿功能、提高生存质量、增强社会参与能力的重要途径。广义的残疾人康复包括医疗康复、心理康复、教育康复、职业康复、社会康复等，狭义的残疾人康复是指医疗康复。本章的残疾人康复取狭义的残疾人康复之意，即医疗康复。《残疾人保障法》第十五条规定："国家保障残疾人享有康复服务的权利。各级人民政府和有关部门应当采取措施，为残疾人康复创造条件，建立和完善残疾人康复服务体系，并分阶段实施重点康复项目，帮助残疾人恢复或者补偿功能，增强其参与社会生活的能力。"

康复是残疾人就学、就业、全面参与社会生活的前提，是残疾人的迫切需求。国家高度重视残疾人康复工作。2002年国务院转发了卫生部等6部门联合制定的《关于进一步加强残疾人康复工作的意见》，对残疾人康复工作的总体目标予以明确。2008年中共中央、国务院作出的《关于促进残疾人事业发展的意见》提出，要保障残疾人享有基本医疗卫生服务；逐步将符合规定的残疾人医疗康复项目纳入城镇职工基本医疗保险、城镇居民基本医疗保险和新型农村合作医疗范围，保障残疾人的医疗康复需求；城乡医疗救助制度要将贫困残疾人作为重点救助对象。

为了充分满足残疾人群体康复的需求，确保残疾人被纳入全面小康社会之中，2015年国务院发布了《关于全面建立困难残疾人生活补贴和重度残疾人护理补贴制度的意见》。其中,重度残疾人护理补贴主要补助残疾人因残疾产生的额外长期照护支出,对象为残疾等级被评定为一级、二级且需要长期照护的重度残疾人,逐步推动形成面向所有需要长期照护残疾人的护理补贴制度。长期照护是指因残疾产生的特殊护理消费品和照护服务支出持续6个月以上时间。补贴采取现金形式按月发放,补贴标准由省级人民政府根据经济社会发展水平和残疾人生活保障需求、长期照护需求统筹确定,并适时调整。符合条件的残疾人可同时申领困难残疾人生活补贴和重度残疾人护理补贴。[1] 据统计,残疾人两项补贴制度已经在全国范围内实现了制度、人群全覆盖。截至2019年底,两项补贴制度已惠及1069.3万生活困难残疾人、1354.5万重度残疾人。[2]

2017年,国务院出台《残疾预防和残疾人康复条例》指出,国家要采取措施为残疾人提供基本康复服务,支持和帮助其融入社会,禁止基于残疾的歧视。残疾预防是指针对各种致残因素,采取有效措施,避免个人心理、生理以及人体结构上某种组织、功能的丧失或者异常,防止全部或者部分丧失正常参与社会活动的能力。残疾人康复是指在残疾发生后综合运用医学、教育、职业、社会、心理和辅助器具等措施,帮助残疾人恢复或者补偿功能,减轻功能障碍,增强生活自理和社会参与能力。[3]

残疾人康复服务的内容包括视力残疾康复、听力残疾康复、言语残疾康复、肢体残疾康复、智力残疾康复、精神残疾康复。残疾人康复是残疾人在专业人员的指导和有关工作人员、志愿工作者及亲属的帮助下,进行功能、自理能力和劳动技能的训练。残疾人康复工作坚持政府主导和社会参与相结合的社会化工作方式:以政府为主导,有关部门各负其责,密切配合,齐抓共管;鼓励和引导社会力量广泛参与,共同推进残疾人康复工作。康复工作应当从实际出发,将现代康复技术与我国传统康复技术相结合;以社区康复为基础、康复机构为骨干、残疾人家庭为依托,以实用、易行、受益广的康复内容为重点,优先开展残疾儿童抢救性治疗和康复。要组织和指导城乡社区服务组织、医疗预防保健机构、残疾人组织、残疾人家庭和其他社会力量,开展社区康复工作。同时,要采取多种形式对

---

[1] 《关于全面建立困难残疾人生活补贴和重度残疾人护理补贴制度的意见》,2015年9月25日,http://www.gov.cn/zhengce/content/2015-09/25/content_10181.htm,2022年12月8日访问。

[2] 《2015年国务院印发〈关于全面建立困难残疾人生活补贴和重度残疾人护理补贴制度的意见〉后,民政部采取了哪些措施加以落实?》2020年3月20日,http://www.mca.gov.cn/article/fw/bmzn/shfl/zcjd/202003/20200300026222.shtml,2022年12月8日访问。

[3] 《残疾预防和残疾人康复条例》,2017年2月27日,http://www.gov.cn/zhengce/content/2017-02/27/content_5171308.htm,2022年12月9日访问。

从事康复工作的人员进行技术培训,向残疾人、残疾人亲属、有关工作人员和志愿工作者普及康复知识,传授康复方法。

另外,要做好残疾预防工作。要建立健全残疾预防体系,广泛开展以社区为基础、以一级预防为重点的三级预防工作。要加强实施《母婴保健法》,开展出生人口缺陷调查与预防,提高出生人口素质;开展心理健康教育和保健,注重精神残疾预防;做好补碘、改水等工作;强化安全生产、劳动保护和交通安全等措施,有效控制残疾的发生和发展。

## 二、残疾人文化教育

接受教育是提高残疾人文化素质和参与社会能力的基础,也是促进残疾人发展的前提。《残疾人保障法》规定:"国家保障残疾人享有平等接受教育的权利。"要充分结合残疾人的身心特点和发展阶段,在进行思想教育、文化教育的同时,加强身心补偿和职业教育;采取普通教育方式和特殊教育方式相结合,建立适合各个年龄段的残疾人教育体系。《残疾人教育条例》《残疾人保障法》和2009年教育部等部门联合发布的《关于进一步加快特殊教育事业发展的意见》,都对残疾人教育体系有明确规定。《中国残疾人事业"十二五"发展纲要》提出,要贯彻落实《残疾人教育条例》《国家中长期教育改革和发展规划纲要(2010—2020年)》和《关于进一步加快特殊教育事业发展意见的通知》,建立完善从学前教育到高等教育的残疾人教育体系,健全特殊教育保障机制,将特殊教育纳入国家教育督导制度和政府教育评价体系,保障残疾人受教育的权利。《残疾人教育条例》提出,要发展残疾人教育事业,实行普及与提高相结合、以普及为重点的方针,保障义务教育,着重发展职业教育,积极开展学前教育,逐步发展高级中等以上教育。残疾人教育应当积极推进融合教育,根据残疾人的残疾类别和接受能力,采取普通教育方式或者特殊教育方式,优先采取普通教育方式。2020年6月,教育部出台《关于加强残疾儿童少年义务教育阶段随班就读工作的指导意见》,进一步细化融合教育方案,逐步落实"一人一案"教育安置政策,给了残疾儿童家长进入普通学校的信心,旨在通过"普特融合"让残疾儿童接受公平而有质量的教育。

《"十三五"加快残疾人小康进程规划纲要的通知》提出,要实施"阳光家园计划",贯彻实施《残疾人教育条例》,依法保障残疾人受教育权利。如:为家庭经济困难的残疾儿童、青少年提供包括义务教育、高中阶段教育在内的12年免费教育;鼓励特殊教育学校实施学前教育;鼓励普通幼儿园接收残疾儿童;继续采取"一人一案"方式解决好未入学适龄残疾儿童少年义务教育问题;规范为不能到校学习的重度残疾儿童送教上门服务;加快发展以职业教育为主的残疾人高中阶段教育。该文件还强调,要将残疾人作为公共文化体育服务的重点人群之一,公共文化惠民工程、全民健身工程、全民阅读工程、公共文化体育服务机构和基层综合性文化服务中心要提供适合残疾人的服务内容和活动项目;有条件的市(地)、县(市、区)公共图书馆设立盲人阅览室,配置盲文图书、有声读物、大字读物及阅读辅助设备;开展残疾人文化周、残疾人阅读推广等群众性文化活动;扶持盲文读物、有声读物、残疾人题材图书和音像制品出版;继续建设中国残疾人数字图书馆和移动数字图书馆,通过建设中国盲人数字图书馆构建盲文数字出版和数字有声读物资源平台;开展残疾人特殊艺术项目发掘保护,加强特殊艺术人才培养,扶持特殊艺术团体建设和创作演出;支持创作、出版残疾人文学艺术精品力作,培育残疾人文化艺术品牌。

《"十四五"残疾人保障和发展规划》指出,到2025年,实现残疾人脱贫攻坚成果巩固拓展,生活品质得到新改善,民生福利达到新水平。如:多层次的残疾人社会保障制度基本建立,残疾人基本民生得到稳定保障,重度残疾人得到更好照护;多形式的残疾人就业支持体系基本形成,残疾人实现较为充分较高质量的就业;均等化的残疾人基本公共服务体系更加完备,残疾人思想道德素养、科学文化素质和身心健康水平明显提高;无障碍环境持续优化,残疾人在政治、经济、文化、社会等各方面平等权利得到更好实现;残疾人事业基础保障条件明显改善,质量效益不断提升。到2035年,残疾人事业与经济社会协调发展,与国家基本实现现代化目标相适应;残疾人物质生活更为宽裕,精神生活更为丰富,与社会平均水平的差距显著缩小;平等包容的社会氛围更加浓厚,残疾人充分享有平等参与、公平发展的权利,残疾人的全面发展和共同富裕取得更为明显的实质性进展。

### 三、残疾人劳动就业

残疾人同样是社会物质文明和精神文明的创造者。就业是残疾人改善生活状况、提高社会地位、参与社会生活的基础,是实现其人生价值的关键。残疾人就业也是使他们从单纯地依靠国家、社会和亲属救济、供养转变为自食其力的劳动者的必经之路。《残疾人保障法》规定:"国家保障残疾人劳动的权利。"因此,政府要采取有力措施,切实保障残疾人劳动就业权利的实现,禁止在就业中歧视残疾人。

为了促进残疾人就业,保障残疾人的劳动权利,2007年我国颁布了《残疾人就业条例》,对我国残疾人就业的方针、相关单位的责任、优惠政策等方面作出了明确规定。国家对残疾人就业实行集中就业与分散就业相结合的方针,采取优惠政策和扶持保护措施,通过多渠道、多层次、多种形式,使残疾人劳动就业逐步普及、稳定、合理。同时,还对用人单位在保障残疾人就业方面的责任具体化,分为分散使用和集中使用残疾人两种情况。分散使用残疾人的用人单位应当按照一定比例安排残疾人就业,并为其提供适当的工种、岗位,残疾人就业的比例不得低于本单位在职职工总数的1.5%。集中使用残疾人的用人单位,如政府和社会依法兴办的残疾人福利企业、盲人按摩机构和其他福利性单位,安排从事全日制工作的残疾人职工,应当占本单位在职职工总数的25%以上。

无论是分散使用还是集中使用,用人单位都必须依法用工,依法保障残疾人的合法权益,并且不得在晋职、晋级、评定职称、报酬、社会保险、生活福利等方面歧视残疾人职工。国家对安排残疾人就业达到、超过规定比例或者集中安排残疾人就业的用人单位和从事个体经营的残疾人,依法给予税收优惠,并在生产、经营、技术、资金、物资、场地等方面给予扶持。国家对从事个体经营的残疾人,免除行政事业性收费。另外,国家鼓励和扶持残疾人自主择业、自主创业。《残疾人保障法》规定:"政府采购,在同等条件下应当优先购买残疾人福利性单位的产品或者服务。地方各级人民政府应当开发适合残疾人就业的公益性岗位。对申请从事个体经营的残疾人,有关部门应当优先核发营业执照。对从事各类生产劳动的农村残疾人,有关部门应当在生产服务、技术指导、农用物资供应、农副产品购销和信贷等方面,给予帮助。"

就业信息和就业技能直接决定着残疾人能否顺利就业,有关部门应当为残疾人提供各种就业服务,尤其要为就业困难的残疾人提供有针对性的就业援助服务。《残疾人就业条例》规定,残疾人就业服务机构应当免费为残疾人就业提供下列服务:发布残疾人就业信息;组织开展残疾人职业培训;为残疾人提供职业心理咨询、职业适应评估、职业康复训练、求职定向指导、职业介绍等服务;为残疾人自主择业提供必要的帮助;为用人单位安排残疾人就业提供必要的支持。

### 四、残疾人生活保障

由于残疾人在身心方面的缺陷,其总体上获取生活必需品的能力不足,往往容易出现生活困难。因此,国家要采取措施保障残疾人的生活。《关于促进残疾人事业发展的意见》提出,其一,要大力发展残疾人社会福利和慈善事业,逐步扩大残疾人社会福利范围,适当提高残疾人社会福利水平。其二,要做好残疾人生活救助工作;按照重点保障和特殊扶助的要求,研究制定针对残疾人特殊困难和需求的社会保障政策措施;进一步完善城乡居民最低生活保障、农村"五保"供养等生活救助政策,保证符合条件的贫困残疾人能够享受城乡居民最低生活保障和有关生活救助待遇;着力解决好重度残疾、一户多残、老残一体等特殊困难家庭的基本生活保障问题,做好低收入残疾人家庭生活救助;安置和照顾好伤残军人;加快实施农村贫困残疾人家庭危房改造项目,城市廉租住房政策和农村危房改造计划优先照顾贫困残疾人家庭。

2015年发布的《关于全面建立困难残疾人生活补贴和重度残疾人护理补贴制度的意见》是进入全面建设小康社会以来确保残疾人生活保障的关键举措。该意见指出,要从残疾人最直接、最现实、最迫切的需求入手,着力解决残疾人因残疾产生的额外生活支出和长期照护支出困难;立足经济社会发展状况,科学合理确定保障标准,逐步提高保障水平;注重与社会救助、社会保险、公益慈善有效衔接,努力形成残疾人社会保障合力;做到应补尽补,确保残疾人两项补贴制度覆盖所有符合条件的残疾人。困难残疾人生活补贴主要补助残疾人因残疾产生的额外生活支出,对象为低保家庭中的残疾人,有条件的地方可逐步扩大到低收入残疾人及其他困难残疾人。

在打赢脱贫攻坚战、实施精准扶贫的过程中,残疾人也受到了高度重视。《贫困残疾人脱贫攻坚行动计划(2016—2020年)》指出,要通过"七个一批"来实现残疾人脱贫,包括:全面落实农村低保等社会救助政策和困难残疾人生活补贴、重度残疾人护理补贴等保障制度兜底,脱贫一批;通过减少贫困残疾人医疗康复费用刚性支出并改善其身心功能状况,缓解一批;通过加快实施易地扶贫搬迁工程和农村危房改造,推动贫困残疾人家庭住房安全,解困一批;通过加大职业教育和实用技术培训力度,赋能一批;通过产业带动、资产收益折股量化等多种方式,帮带一批;通过深入开展基层党组织和党员干部助残扶贫行动结对,帮扶一批;通过动员社会各界力量参与贫困残疾人扶贫,帮助一批。[1] 在脱贫攻坚的收官之年,民政部、国务院扶贫办印发了《社会救助兜底脱贫行动方案》,要求将贫困重度残疾人全部"单人户"纳入"低保"。[2]

---

[1] 《贫困残疾人脱贫攻坚行动计划(2016—2020年)》,2016年12月22日,http://www.cpad.gov.cn/art/2017/3/1/art_46_59943.html,2022年12月11日访问。

[2] 《社会救助兜底脱贫行动方案》,2020年4月1日,http://mzzt.mca.gov.cn/article/zt_2018tpgjz/zcwj/mzb/202004/20200400026416.shtml,2022年12月11日访问。

### 五、残疾人环境

残疾人环境包括两个方面：一是软性的人文环境；二是硬性的无障碍设施。人文环境体现社会成员对残疾人的认同、接受、帮助等，需要全社会共同来营造，也需要经过长期的积淀才能形成，是一个国家文明发达程度的体现。首先，全社会要倡导"平等、参与、共享"的现代文明社会残疾人观，消除对残疾人的歧视和偏见，形成人人理解、尊重、关心、帮助残疾人的良好社会风尚。其次，要增强全社会扶残助残意识，提高全社会的扶残助残能力。每个社会成员都应该有扶残助残的意识，通过各种不同的方式尽自己的能力为残疾人提供帮助。各级政府既要提供专项资金，又要大力培育各种民间组织和慈善组织，增强社会的扶残助残能力。最后，要培养残疾人自尊、自信、自强、自立的信念。可通过宣传、文化、新闻、出版等部门和单位积极宣传残疾人自强模范，学校要对残疾人开展自尊、自信、自强、自立方面的教育，以激励广大残疾人自尊、自信、自强、自立，尽可能成为自食其力的劳动者，融入社会，参与发展，共享发展成果。

无障碍设施可以给残疾人带来生活、工作上的便利，提高其生活质量，更重要的是体现了对残疾人的人文关怀。《关于促进残疾人事业发展的意见》规定，要"制定、完善并严格执行有关无障碍建设的法律法规、设计规范和行业标准。新建改建城市道路、建筑物等必须建设规范的无障碍设施，已经建成的要加快无障碍改造。小城镇、农村地区逐步推行无障碍建设。加快推进与残疾人日常生活密切相关的住宅、社区、学校、福利机构、公共服务场所和设施的无障碍建设和改造，有条件的地方要对贫困残疾人家庭住宅无障碍改造提供资助。交通运输、铁路及城市公共交通要加大无障碍建设和改造力度。公共交通工具要配置无障碍设备，完善残疾人驾驶机动车的有关规定和管理办法，公共停车区要优先设置残疾人专用停车泊位。切实加强无障碍设施设备的管理和维护。积极推进信息和交流无障碍，公共机构要提供语音、文字提示、盲文、手语等无障碍服务，影视作品和节目要加配字幕，网络、电子信息和通信产品要方便残疾人使用。"

2012年国务院颁布《无障碍环境建设条例》指出，无障碍环境建设是指为便于残疾人等社会成员自主安全地通行道路、出入相关建筑物、搭乘公共交通工具、交流信息、获得社区服务进行的建设活动。无障碍环境建设发展规划应当被纳入国民经济和社会发展规划以及城乡规划。国家要鼓励、支持采用无障碍通用设计的技术和产品，推进残疾人专用的无障碍技术和产品的开发、应用和推广。城镇新建、改建、扩建道路、公共建筑、公共交通设施、居住建筑、居住区，应当符合无障碍设施工程建设标准。① 中国残联等13部门联合印发《无障碍环境建设"十三五"实施方案》,提出的任务目标包括:第一,以解决残疾人、老年人无障碍日常出行、获取信息为重点,全面提升城乡无障碍环境建设水平;第二,完善无障碍环境建设相关政策标准,促进基本公共服务均等化;第三,解决影响残疾人、老年人日常起居、基本生活的家庭环境障碍,为残疾人实现全面小康奠定物质基础。②

## 第三节 外国的残疾人福利

在国外,19世纪以前并没有专门的残疾人福利政策。但由于残疾人是贫民的主要群体,所以19世纪以前外国的残疾人福利主要是通过政府对贫民的救助实现的。直到20世纪,各国才开始制定和推行专门的残疾人福利政策,政策的来源是把19世纪以前对贫民救济政策中有关残疾人的条款进一步明确和具体化。由于残疾人福利与一个国家的文化、经济、政治等因素有关,所以各个国家的残疾人福利并不完全相同。这里主要介绍一些典型国家的做法。③

### 一、日本的残疾人福利

日本在社会福利方面有一个显著的特征,那就是社会福利方面的法律相当完备,保障了社会福利的依法实施。据不完全统计,与残疾人福利有关的法律包括《身体残疾人员福利法》《精神残疾人员福利法》《残疾人福利协会法》《残疾人基本政策法》《残疾人福利法》《残疾人教育法》《残疾人雇用促进法》《残疾人职业训练法》《特殊儿童抚养补贴法》《伤残病者特别援助法》和《精神保健法》等。可见,日本在残疾人福利方面不仅有宏观的、纲领性的法律,如《残疾人福利法》,而且有齐全的专门法律,如教育、就业、精神保健等专门的法律,这在福利国家中是少有的。

---

① 《无障碍环境建设条例》,2012年7月10日,http://www.gov.cn/zhuanti/2012-07/10/content_2610722.htm,2022年12月11日访问。
② 《中国残联等13部门关于印发〈无障碍环境建设"十三五"实施方案〉的通知》,2016年9月21日,http://wsjkw.sc.gov.cn/scwsjkw/scllj/2016/9/21/31199503d2db40ff9b3c689676dd8398.shtml,2022年12月11日访问。
③ 相关内容参见钟仁耀:《社会救助与社会福利》,上海财经大学出版社2019年版,第315—317页;周弘:《国外社会福利制度》,中国社会出版社2002年版,第158—159页。

(一) 残疾人医疗康复

在日本,残疾人福利由地方政府负责,通过残疾人福利办公室和残疾人康复咨询中心管理,由专业人员为辖区内残疾人提供咨询服务。残疾人可以享受如下福利服务:康复咨询与指导、特殊康复与理疗服务、残疾人辅助设备与器械的更换维修等。重度残疾人还可以享受额外的福利服务,如购买澡盆、便壶、特别设计的床、文字处理机以及雇用家政服务人员、请医生上门体检等。另外,为了保证残疾人能够有更多的机会参与社会活动,日本政府将"残疾人政府行政计划"与"七年正常化战略"合二为一,旨在通过增加福利家庭的数量、增加重度残疾儿童去幼儿园的次数、增加精神残疾人员康复训练的设备的数量来扩大残疾人参与社会活动的基础,以实现残疾人更好地融入社会。

(二) 残疾人就业

《残疾人雇用促进法》为保障残疾人的就业权利,规定了雇主在雇用残疾人方面的责任和义务,并对相关配套措施也作了规定,如残疾人职业介绍、成立残疾人雇用协会等。日本投入大量的专项经费推动残疾人就业,如1971年发放残疾人就业准备金,1972年筹建残疾人福利中心和福利工厂等。政府对安排残疾人就业的企业会给予相应的照顾或者优惠政策,如在企业为了改善残疾人工作条件而必须改造企业设备时,政府承担1/3的费用。从1988年开始,对于凡雇用残疾人的企业为了改善残疾人上下班的条件,购买、租用残疾人宿舍或者专门用于接送残疾人上下班的班车的,政府承担1/3的费用;如果企业连续3年雇用智障者,则从第4年开始每个残疾人每月可以获得15 000日元的特别补助。另外,对于雇用残疾人的企业,政府在同等条件下优先购买其产品。

2012年,厚生劳动省发布《部分修改促进残疾人就业相关法律的法律纲要》,并于2013年4月向国会提出法律案。2013年6月,国会一致通过《部分关于修改残疾人就业促进法的法律》(也称《残疾人就业促进法》),至此,日本促进残疾人就业的法律制度建设揭开新篇章。首先,《残疾人就业促进法》确立了禁止歧视原则,如该法第三十四条规定,在募集、采用(类似于招聘)的场合,企业主需要给予残疾人与非残疾人均等的机会;第三十五条规定,录用以后,企业主在工资的决定、教育训练的实施、福利设施的利用等相关待遇方面,不能以劳动者是残疾人作为理由,给予不正当的歧视性对待。其次,《残疾人就业促进法》确定了用人单位的合理便利义务。第三十六条规定,决定录用后,企业主负有保证残疾人享有与正常人同等工作待遇、改善妨碍残疾人工作能力有效发挥的工作环境等合理便利义务。最后,《残疾人就业促进法》强化了政府对残疾人雇用的支援。第四十九条至五十一条规定了为平衡企业雇用残疾人劳动者产生的经济负担,可通过行政机关向企业适用激励支援措施,如残疾人就业保障金制度、残疾人就业补助金制度等。①

（三）残疾人教育

1947 年日本在《学校教育法》中将盲校、聋校及养护学校纳入义务教育范围,同时规定各县市有设置盲校、聋校及养护学校的义务。1973 年开始实施的《身心残疾人志愿全面就学制度》和 1979 年实施的《全国特殊儿童学员就学》规定,日本残疾儿童无论其残疾类别和残疾程度都有权利接受 12 年义务教育。要自学前教育开始,设置障碍儿童教育中心,并与养护学校的幼稚部实施残障儿童幼稚教育,同时为儿童家长提供教育培训。日本中央政府要财政补助地方政府开办启智、启能、病弱等特殊学校、特殊班及职业学校。为了培养师资,要在师范大学里普遍开设特殊教育课程,并与特殊教育综合研究所开设长期和短期研习班。1979 年起,日本开始实施教育巡回指导制度,以指导和帮助多重残疾和重度残疾儿童在特殊学校、特殊班或者在家中接受教育,政府以定额经费补助。另外,得益于日本签署联合国发起的《残疾人权利公约》和《消除残疾人歧视法》中有关高等教育机构及私立团体等改善教育环境的规定,日本残疾人教育迈向高质量发展阶段,2016 年,全国残疾人高等教育在校生数是 2006 年的 5.5 倍。②

（四）无障碍环境

日本为残疾人增设的无障碍设施比较普遍。国家制定的统一建设法规中包括残疾人、老年人无障碍设计。每一幢建筑物竣工时,有专门的部门验收其是否符合残疾人无障碍设计。一些公共设施,尤其是商店,要按照商业建筑面积大小实现不同等级的无障碍设计,建筑面积大于 1500 平方米的大中型商业建筑要为残疾人提供专门的停车场、厕所、电梯等设施。此外,机场、电力火车站以及道路等地方和设备中的无障碍设施和服务也相当完善。

---

① 陈霖:《我国残疾人劳动者实现平等就业的法律困境与优化路径——以日本促进残疾人就业的相关经验为启示》,《现代经济探讨》2018 年第 7 期,第 116—125 页。
② 廖菁菁:《从全纳到高质量:日本残疾人高等教育的新进展及启示》,《外国教育研究》2018 年第 5 期,第 16—28 页。

## 二、德国的残疾人福利

### (一) 残疾军人福利

在德国,伤残军人福利与其他非军人的残疾人福利不同。德国政府规定,供养残疾军人的目的至少是在经济上补偿战争致残者、军人遗孀和遗孤。残疾军人可以领到养老金,而且养老金是随着经济的发展而变化。残疾军人福利还包括政府提供的身体康复治疗、劳动就业方面的扶持等。

### (二) 残疾人生活保障

在德国,一般来说残疾人总会得到各种社会保险来支付生活费用。先天残疾的孩子可以从其父母的医疗保险中获得最基本的生活照顾;当由于没有缴纳保险费或者缴费年限不够长,其保险待遇不足以支付致残后的各种花费时,可以求助于社会救济。残疾之后,各种保险费用的提供是有先后顺序的。第一步由伤残保险金来提供;如果不够,则进入第二步,由医疗储蓄管理机构来继续支付;如果仍然不够,则进入第三步,就是申请社会救济金。

### (三) 残疾人就业

德国为了保障残疾人就业,对雇主提出了雇佣残疾人的最低比例,并规定如果没有达到这个最低比例则要缴纳一定的残疾人就业保障金。如《重度残疾人法》规定,雇用16名以上雇员的雇主必须按照6%的比例雇用重度残疾人。[①] 如果没有达到6%的标准,则雇主每个月要为每个未提供给重度残疾人的就业岗位支付200马克。

### (四) 残疾人培训

联邦劳动局针对残疾人的实际情况,举办各种有针对性的就业培训,以提高残疾人的就业能力。第一,青年残疾人职业培训。它主要是为那些需要接受医疗、心理和教育援助但又不能参加厂内培训的青年残疾人提供的训练。第二,职业继续培训。它是针对成年残疾人的培训。接受职业继续培训的残疾人大都已经有工作经历,但需要重新就业或需要提升自己劳动技能的残疾人。第三,职业技能训练。它是专门为有心理残疾的人士开办的综合性的特殊援助,目的在于

---

① 在德国,重度残疾人是指残疾程度在50度以上,每10度为一个等级,最高等级是100度。

帮助残疾人现实而客观地评估自身的工作能力、工作前景,以帮助他们决定是否进入劳动力市场、参加职业培训或回到原来的工作岗位上。

### 三、英国的残疾人福利

英国是最早开始工业革命的国家,是第一个福利国家,也是世界上最早实施残疾人福利政策的国家。

(一)残疾人教育

1893年,英国颁布了第一部有关残疾人特殊教育的法律《初等教育法》,规定要向精神不正常的儿童提供教育。1918年,英国又颁布了《费舍教育法》明确规定,地方教育部门要为所有残疾儿童提供特殊教育,并要求教育部门指派教师到医院为学龄儿童开班教学,对长期在家调养的残疾儿童进行上门服务。1944年,英国的《教育法》对特殊教育作出了新的规定,把残疾儿童划分为10类。其中,盲、聋等儿童在特教学校学习;残疾并不严重的儿童则可以在普通学校就读。1953年,颁布的《学校保健服务及身心残疾儿童规程》明确规定,特殊教育必须配备适当的设备、教材,并由专业教师采用适当的教法进行。1917年,英国把重度残疾儿童纳入教育范围。从儿童到青少年阶段的残疾儿童特殊教育都由政府教育单位负责。

(二)残疾人就业

1919年,英国政府为那些在战争中伤残的军人设立培训中心,以帮助他们提高职业技能,同时出台了优惠政策,鼓励企业雇用残疾军人。1934年,英国颁布的《失业法》以正常失业者为保障对象,而残疾人多属于无正常职业者,仍然由《济贫法》加以救助。1944年,英国颁布的《残疾人就业法》规定了残疾人登记、雇佣比例、工作保留以及庇护工厂等事项,还要求成立"全国残疾人就业顾问会议"及地方委员会,以协助解决有关残疾人就业问题。1958年,对《残疾人就业法》进行了修订,增加了残疾人接受就业重建和职业训练的年龄限制等内容。

(三)残疾人医疗康复

英国国民健康服务体系(NHS)可提供残疾人康复服务,包括建立康复中心,并配备各种必需的康复器材和生活用品。康复师负责指导残疾人进行适应日常生活等项目的康复训练。对行动不便的残疾人,康复中心还有专车接送。地方政府要确切了解残疾人的具体需求情况,并告知残疾人及其家属政府能够提供的康复服务。康复中心可以利用政府经营的设施、委托民间经营的设施和在地方政府登记的民间设施来给予残疾人保护,并尽量在社区里为残疾人提供康复服务。为了方便残疾人享用康复服务,福利机构还可以给残疾人提供社会工作者、保健人员、家庭护士和家庭助手服务等。[①]

## 第四节 我国残疾人社会福利事业的改革

### 一、取得的成就与存在的问题

(一)取得的成就

新中国成立以来,我国对残疾人福利事业予以高度重视。随着我国国民经济的快速发展,各级政府的财政投入不断加大,培育的社会民间组织越来越多,国内外慈善组织和个人的慈善捐款不断增多,有关残疾人福利的相关法律法规不断完善,残疾人生存的环境不断改善,我国残疾人福利事业取得了长足的发展。尤其是进入21世纪以后,我国残疾人福利事业发展较快,在"量"和"质"上都有很大突破。残疾人福利事业开始由救济型向福利型转变,由封闭型向开放型转变,由官办逐渐向社会化转变,由补缺型逐渐向普惠型转变,社会福利的性质逐步强化。2023年的《残疾人事业发展统计公报》[②]可以说明,我国残疾人福利事业取得了巨大成就。

1. 残疾人康复

2023年《残疾人事业发展统计公报》显示,截至2023年底,31个省(区、市)和新疆生产建设兵团建立实施残疾人基本型辅助器具适配补贴制度,实现辅助器具适配补贴制度全覆盖。深入贯彻实施国务院《关于建立残疾儿童康复救助制度的意见》,提升残疾儿童康复救助水平,扩大救助对象范围,完善救助定点服务网络,增进残疾儿童家庭获得感,46.8万残疾儿童得到康复救助。以农村困难残疾人为重点,持续开展残疾人精准康复服务行动,871.8万残疾人得到基本康复服务,160.8万残疾人得到基本辅助器具适配服务。接受基本康复服务的持证

---

① 陈银娥主编:《社会福利》,中国人民大学出版社2009年版,第190—191页。
② 《2023年中国残疾人事业发展统计公报》,2024年4月18日,https://www.cdpf.org.cn/zwgk/zccx/tjgb/03df9528fdcd4bc4a8deee35d0e85551.htm,2024年6月13日访问。

残疾人中,有视力残疾人72.5万、听力残疾人69.5万、言语残疾人5.9万、肢体残疾人415.7万、智力残疾人70.1万、精神残疾人159.9万、多重残疾人52.9万。持续推进残联系统康复机构业务规范建设和康复专业技术人员规范化培训。全年对1510家残疾人康复机构进行业务规范建设评估,完成康复专业技术人员规范化培训1.6万人。截至2023年底,全国有残疾人康复机构12 463个,康复机构在岗人员达36.0万人,其中,管理人员3.7万人,业务人员26.6万人,其他人员5.7万人。

2. 残疾人教育

实施辅助器具进校园工程,为4万余名义务教育阶段有需要的残疾学生提供适配服务;以《残疾人中等职业学校设置标准》为依据,促进残疾人职业教育办学条件改善。实施彩票公益金助学项目,资助28所残疾人职业学校改善办学条件、加强实训基地建设。中国残联会同教育部办公厅印发《关于进一步做好普通高等院校单独考试招收残疾考生工作的通知》,规范残疾人单考单招工作。实施《第二期国家手语和盲文规范化行动计划(2021—2025年)》,推进手语和盲文规范化、标准化工作,大力推广国家通用手语和国家通用盲文。中国残联与教育部办公厅共同印发《视力残疾和听力残疾人员普通话水平测试管理办法(试行)》,帮助残疾人平等、便捷地融入社会生活。国家通用手语和国家通用盲文研究、出版和推广、手语盲文水平等级标准试点、手语翻译资格(水平)标准试点等工作有序开展。

2023年,全国共有特殊教育普通高中(部、班)128个,在校生12 429人,其中聋生6857人、盲生1816人、其他3756人。残疾人中等职业学校(班)225个,在校生24 360人,毕业生5611人,毕业生中1034人获得职业资格证书。高等教育阶段,招收30 810名残疾学生,其中高职17 857人、本科11 196人、硕士研究生1588人(含非全日制150人)、博士研究生169人。

3. 残疾人就业

2023年全国城乡新增残疾人就业54.4万人,其中,城镇新增就业15.2万人,农村新增就业39.2万人;全国城乡实名培训残疾人46.1万人。全国城乡持证残疾人就业人数为906.1万人,其中按比例就业89.0万人,集中就业24.6万人,个体就业62.8万人,公益性岗位就业17.8万人,辅助性就业15.8万人,灵活就业273.0万人,从事农业种养加423.1万人。开展农村困难残疾人实用技术培训,为25.9万人次残疾人赋能。全国3219个残疾人就业帮扶基地共安置4.0万残疾人就业,带动7.4万户残疾人家庭增收。全国共培训盲人保健按摩人员11 393人次、盲人医疗按摩人员9970人次。现有保健按摩机构22 227个、医疗按摩机构1029个。558人获得盲人医疗按摩人员初级职务任职资格、148人获得中级职务任职资格。

4. 残疾人文化体育

2023年，围绕中国残联第八次全国代表大会、杭州第四届亚残运会、残疾人职业技能竞赛、无障碍环境建设法颁布实施等重大活动、重要节点开展宣传报道，组织媒体开展"中央媒体走基层""乡村振兴 自强有我"等主题采访活动，新华社采写、播发《习近平总书记关爱残疾人的故事》，中央电视台新闻联播共45次报道残疾人事业，积极有效开展对外宣传，围绕康复国际百年庆典、杭州第四届亚残运会、中美残疾人事务协调会、"一带一路"残疾人事务交流等契机讲好中国残疾人故事。与中央宣传部版权局共同举办第二届全民阅读大会阅读权益保障论坛，以"奋进新征程 逐梦新时代"为主题继续开展2023年全国残疾人文化周活动，举办"共享芬芳·共铸美好"巡演展览，全年累计举办31场演出展览，举办2次残疾人文学创作研修班，宣传推广《奇迹乐队》《山海情》无障碍版等残疾人题材和无障碍版影视作品，残疾人精神文化生活得到极大丰富。全国共有省级残疾人专题广播节目24个、电视手语栏目37个，地级残疾人专题广播节目184个、电视手语栏目272个。全国各级公共图书馆共有1541个盲文及盲文有声读物阅览室开展视障文化服务，开展残疾人文化周活动13 459场次，全国省地两级残疾人艺术团226个。

在2023年第四届亚残运会上，中国体育代表团获得214枚金牌、167枚银牌、140枚铜牌，共521枚奖牌，打破13项世界纪录和35项亚洲纪录，创造历史最好成绩，实现"四连冠"，以实际行动践行了"办赛精彩，参赛出彩""两个亚运，同样精彩"的庄严承诺，为祖国和人民赢得了新的荣誉。残疾人群众体育纳入国家发展战略和残疾人事业大局，不断满足广大残疾人对康复健身的需求，以"喜迎亚残运，奋进新征程"为主题举办第13届残疾人健身周活动，以"弘扬北京冬奥精神，发展残疾人大众冰雪运动"为主题举办第七届中国残疾人冰雪运动季活动，以"融合共享，关爱服务智力残疾人"为主题举办第十七次全国特奥日活动。[①]

---

① 《2023年中国残疾人事业发展统计公报》，2024年4月18日，https://www.cdpf.org.cn/zwgk/zccx/tjgb/03df9528fdcd4bc4a8deee35d0e85551_mobile.htm，2024年7月9日访问。

## (二) 主要问题

**1. 残疾人福利法治化程度低**

我国把残疾人福利摆在突出的位置,并制定了许多相关的法律法规,如《残疾人保障法》《劳动保险条例》《军人抚恤优待条例》等。据不完全统计,截至 2021 年 5 月,全国人大及其常委会通过的法律中有 80 多部包含了直接保护残疾人权益的内容,国务院通过的行政法规中有 70 多部包含了直接保护残疾人权益的内容,民法典中有近 30 条文直接涉及残疾人权益保障的内容。[①] 虽然《残疾人保障法》对残疾人福利的各个方面都作了法律规定,但是在具体实践过程中,相关规定尚不便操作。我国尚缺乏专项的配套法律,如残疾人福利法、残疾人教育法等来保障《残疾人保障法》的具体实施。同时,我国残疾人福利事业的发展主要还是靠行政手段和道德力量来推动,残疾人福利工作带有一定的随机性。

**2. 筹资渠道单一,残疾人福利供需矛盾突出**

我国残疾人群体庞大,根据第六次全国人口普查我国总人口数,及第二次全国残疾人抽样调查我国残疾人占全国总人口的比例和各类残疾人占残疾人总人数的比例,推算 2010 年末我国残疾人总人数 8502 万人。[②] 残疾人福利供给不足,体现在各项具体的福利服务上。以残疾人教育为例,根据第二次全国残疾人抽样调查的资料,全国 1246 个人口超过 30 万的县(市、旗)还有 493 个没有特教学校,特别是中西部地区和少数东部地区特教学校数量严重不足。高中和高等特教资源分布不均衡,全国 282 个地级市中,有 181 个尚未建立高中特教学校,部分学生不能继续上学,或者只能跨地区去上学。甚至,少数普通高校拒绝招生残疾学生的现象时有发生。[③]

**3. 残疾人福利事业发展不均衡**

我国城乡之间的经济社会发展水平不均衡,城乡残疾人福利水平也存在差距。总体而言,城镇经济社会发展要好于农村地区,农村残疾人生活水平落后于

---

① 《不断健全残疾人权益保障制度(新论)》,2021 年 4 月 27 日,http://opinion.people.com.cn/n1/2021/0427/c1003-32088855.html,2023 年 7 月 1 日访问。
② 中国残疾人联合会:《2010 年末全国残疾人总数及各类、不同残疾等级人数》,2021 年 2 月 20 日,https://www.cdpf.org.cn/zwgk/zccx/cjrgk/15e9ac67d7124f3fb4a23b7e2ac739aa.htm,2022 年 12 月 15 日访问。
③ 周庆行、张新瑾:《论我国残疾人社会福利存在的问题及其发展的路径选择》,《重庆工商大学学报(社会科学版)》2008 年第 5 期,第 68—69 页。

城市。据全国残疾人人口基础库主要数据显示,79.31%的残疾人生活在农村地区。①

## 二、改革措施

### (一)完善立法,加强司法

要建立完善的残疾人福利法律体系来保障残疾人福利得到真正的实现。可以学习日本的经验,继续完善《残疾人保障法》,并加快制定相关领域的专门法律,包括残疾人福利法、残疾人教育法、残疾人就业法、残疾人救助法等。在完善立法的同时,还要加强司法,发挥法律的保障作用。残疾人是社会困弱群体,法律应该保障他们的各项合法权益。要完善残疾人的权利救济机制,使残疾人在其合法权益和福利受到不法侵害时,能够拿起法律武器维护自身利益,残联等部门也应该及时提供法律援助。总之,我国残疾人福利事业要依法实施,走上法治化道路。

### (二)建立多元化的筹资机制,增强福利供给能力

资金是发展残疾人福利事业的物质基础,没有足够的资金,再好的政策也无法实施。其一,国家应该设立残疾人专项福利基金,保证专项资金随着国民经济发展而不断提高,要提高残疾人福利水平,以保证残疾人共享国家和社会的发展成果。其二,要动员、利用民间资源。国家和社会可以通过发展非营利组织和残疾人慈善事业来提供残疾人福利,充分发挥非营利组织在残疾人社会福利中的促进作用,引导非营利组织积极开展残疾人社会福利服务在全社会倡导"扶残助残"的观念,营造良好的"扶残助残"氛围,让每一位社会成员都成为"扶残助残"的先锋。总之,要形成国家、集体、民间组织和个人投资的多元筹资机制,增强残疾人福利供给能力,更大程度地满足残疾人的福利需求。

### (三)加强农村残疾人福利事业建设,均衡发展残疾人福利事业

近80%的残疾人生活在农村地区,在数量上占绝对多数,而且农村地区残疾人的福利需求比城市更加迫切。农村残疾人福利事业建设要分步骤,分轻重缓急,循序渐进。首先,最迫切需要解决的是农村残疾人的基本生活保障问题。农

---

① 《2006年第二次全国残疾人抽样调查主要数据公报(第二号)》,2021年2月20日,https://www.cdpf.org.cn//zwgk/zccx/dcsj/8875957b9f0b4fe495afa932f586ab69.htm,2023年6月23日访问。

村残疾人在身体方面存在缺陷,无法进行农业劳动,即使能够劳动也较为低效率,因此其收入低,生活处于贫困状态。政府要加大对农村残疾人的生活救助力度。其次,要根据农村地区特点,开展有针对性的职业培训和指导。要使残疾人掌握一门技术,在当地劳动从而得到一定的经济收入,解决生活问题。再次,要创造条件让残疾人接受教育。要通过教育来改变残疾人的观念,帮助他们树立起自尊、自信、自强、自立的理念。最后,创造条件提供康复服务。可以结合国家推行康复服务进社区的政策,对乡村医生和残疾人及其家庭成员进行康复技术培训。

## 本章小结

根据《残疾人保障法》对残疾人的界定,残疾人是指在心理、生理、人体结构上,某种组织、功能丧失或者不正常,全部或者部分丧失以正常方式从事某种活动能力的人。残疾人类型包括:视力残疾、听力残疾、言语残疾、肢体残疾、智力残疾、精神残疾、多重残疾和其他残疾。残疾标准由国务院规定。

残疾人福利反映一国社会福利的发展水平。残疾人福利是指国家和社会专门为残疾人群体提供的福利服务、各种补贴和福利设施的总称,旨在保障其正常生活并改善其生活质量。我国残疾人福利包括残疾人康复和残疾预防、残疾人文化教育福利、残疾人劳动就业福利、残疾人生活保障和无障碍环境。一些国家的残疾人福利起步较早,很多做法比较成熟,取得了良好效果,例如日本的无障碍环境、德国的残疾人培训。

我国残疾人福利取得了很大成就,尤其是党的十八大以来,但是也存在一些问题,如法治化程度低、福利供求矛盾突出、发展不均衡等。因此,在新的发展阶段,需要对残疾人福利事业的发展进行相应的改革,如加快残疾人福利立法,提高残疾人福利供给能力,均衡发展残疾人福利事业。

## 重点名词

残疾预防　残疾人康复　残疾人教育　残疾人就业　残疾人生活保障　无障碍环境　残疾人两项补贴

## 思考题

1. 我国残疾人福利包括哪些?
2. 德国的残疾人福利有哪些?
3. 我国残疾人福利取得了哪些成就?
4. 我国残疾人福利存在哪些问题?应该如何改革?

## 延展阅读

李雯钰、罗筑华:《我国残疾人职业教育政策的历史透视、逻辑探寻与改进空间》,《残疾人研究》2022年第2期,第63—71页。

罗叶丹:《一般与特殊相结合:残疾人精神生活共同富裕初探》,《残疾人研究》2022年第3期,第11—19页。

王健:《我国残疾人无障碍权的司法实现》,《深圳社会科学》2022年第3期,第104—115页。

王一然、冷志伟、赵艺皓等:《我国康复服务供需衔接的保障机制问题分析》,《中国卫生政策研究》2022年第2期,第65—70页。

赵军利、黄辫辫、陈功:《共同富裕背景下残疾人就业质量统计监测评价指标体系探讨》,《残疾人研究》2023年第1期,第70—78页。

周林刚、张勇、吴进进:《残疾人两项补贴政策瞄准偏误研究——基于深圳市的实证分析》,《中国人口科学》2022年第4期,第88—102页。

# 第十四章　教育福利

【本章学习要点】
1. 掌握教育福利的基本概念。
2. 熟悉典型福利国家的教育福利制度。
3. 了解我国的教育福利发展历史与现状。

## 第一节　教育福利概述

《贝弗里奇报告》指出，社会保障计划发展的最终目的在于减少由匮乏、疾病、无知、肮脏和懒惰等五种工业社会问题带来的福利损失。① 作为治理无知、消减懒惰与肮脏、应对疾病与匮乏的有效办法，教育在国家治理体系中的重要性不言而喻。

### 一、教育福利的概念

教育对提高国民综合素质和生活质量有着重要影响。从个体和家庭福利出发，教育能够提高劳动者的文化素养和劳动熟练程度，增强人们融入劳动力市场、参与社会竞争的能力，助力家庭的人力资本积累。从社会整体发展而言，教育是知识经济发展的前提条件，能够在普遍提升国民素质的基础上扩大劳动者的职业选择范围，在一定程度上促进社会劳动结构的优化升级。与此同时，教育能够有效降低犯罪率，维护社会秩序，从而为生产发展创造良好稳定的社会环

---

① 〔英〕威廉姆·贝弗里奇：《贝弗里奇报告：社会保险和相关服务》，华迎放等译，中国劳动社会保障出版社2004年版，第3页。

境。百年大计,育人为先。只有通过教育,才能促进人的全面发展和自我提升,才能真正实现社会的有序发展。

相应地,教育福利是国家为了保障国民的受教育权利,提高国民素质、维护教育公平而提供的各种优惠条件和公共服务,是社会福利体系的重要组成部分。一般而言,国家会以免费或者远低于市场的价格为国民提供教育平台与机会,具体包括义务教育、由国家财政支持的奖学金和针对贫困家庭学生提供的助学金、助学贷款,以及高等教育中的公费师范教育等,有效覆盖了个体受教育的各个阶段。

## 二、不同福利体制下教育公平与社会分层的关系

教育能够提高个体的社会经济地位,更是摆脱贫困的关键。联合国可持续发展目标强调"要确保包容和公平的优质教育,让全民终身享有学习机会"[1]。教育公平是各个国家进行教育福利供给的重要目标。在现实操作过程中,教育公平可以分成两种,即程序公平与结果公平。教育程序的公平意味着一个国家的所有公民都有平等地获得教育的权利,教育的门槛不会因任何一个人进行改变。但受限于社会分层结构和经济悬殊,个体获得这种权利的实际可能性并不相同。教育的结果公平则是在社会正义的框架下使得社会所有个体都能平等地接受教育。为了实现结果的公平,在实际福利供给过程中往往会向社会弱势人群倾斜。基于两种不同含义的教育公平,不同福利体制国家所实施的教育福利对于社会分层的影响不尽相同。通过对教育政策与社会分层结构的关系进行辨析,教育平等的社会分层功能主要可以分为两种:一种是以促进福利均等化为目标的国家,教育福利的供给旨在缓解教育不平等,促进社会阶层流动;一种是以维护社会稳定为目标的国家,教育平等的目的在于维护社会结构稳定。[2]

从历史发展的角度而言,教育政策对社会分层的影响可以体现为代际间的教育获得。通过对42个典型福利国家进行追踪调查,汤姆·赫兹(Tom Hertz)等学者发现,拉丁美洲保守主义国家的教育福利供给侧重维护现有社会分层的稳定,代际教育获得差异并不明显。相反地,社会民主主义的北欧国家偏向促进教

---

[1] 联合国教科文组织编:《人工智能与教育——政策制定者指南》,教育科学出版社2021年版,第1页。

[2] Mrioslav Beblavý, Anna-Elisabeth Thum and Marcela Veselkova, "Education Policy and Welfare Regimes in OECD Countries: Social Stratification and Equal Opportunity in Education," *CEPS Papers*, Vol. 57, No. 1, 2011, pp. 58–62.

育结果公平的实现,父母的受教育水平并不会直接影响子女受教育水平的高低。在二者之间,教育政策在美国、英国、爱尔兰等自由主义福利国家表现出中等水平的社会分层作用。①

不同阶层之间教育获得的差异性也可以用作评估教育福利的社会分层属性。一般来说,社会经济地位较低的青年会比社会经济地位高的对照组更难获得高质量教育,但这种关联程度在不同的国家是不同的。以经济合作与发展组织(OECD)国家的国际学生评估项目(PISA)为例,通过比较其中各个福利国家15岁以下孩子的学术表现发现,家庭的社会经济地位虽然是重要的预测性因素,但二者关联程度在捷克共和国、斯洛伐克、匈牙利、德国和土耳其等保守主义国家最高,在芬兰、冰岛、挪威和瑞典等北欧国家则最低。② 部分国家通过教育福利的供给使得教育更加公平,间接促进了社会流动和分层结构重塑。

## 第二节 国外教育福利的发展

随着知识成为经济发展的关键驱动力,教育成为全球福利实践的重点议题。然而,在政治、经济、社会等因素的共同作用下,各国对于教育福利的供给也存在一些差异。对加拿大、印度、美国和希腊等国家的教育福利制度进行分析,有助于进一步厘清我国教育福利的功能定位,逐步完善中国特色的教育福利体系。

### 一、加拿大的教育福利

加拿大属于高福利国家,社会福利体系较为成熟。就教育福利而言,加拿大在普惠型保障和特殊群体保障上均有涉及。在普惠型保障上,加拿大政府通过教育政策与儿童福利政策交叉保障国民的学前教育;通过12年的免费教育保障国民接受初级教育的权利;通过教育基金制度的设置保障国民的高等教育权利。与此同时,加拿大还通过为低收入家庭的学生提供助学金保障其受教育权利,通过非偿还性助学金对特殊群体的受教育权利进行保护。

---

① Tom Hertz, Jayasundera Tamara and Patrizio Piraino et al., "The Inheritance of Educational Inequality: International Comparisons and Fifty-Year Trends," *The B.E. Journal of Economic Analysis & Policy*, Vol. 7, No. 2, 2008, pp. 1-46.

② Tracey Peter and Lance W. Roberts, "Welfare Regimes and Educational Inequality: A Cross-national Exploration," *International Studies in Sociology of Education*, Vol. 20, No. 3, 2010, pp. 241-264.

## （一）针对全体国民的教育福利

首先，从学前教育开始，加拿大通过一系列社会服务与福利津贴制度改善幼儿的家庭状况，保证家庭不因多子女而陷入经济困难，幼儿不因家庭经济问题而降低成长质量。例如，虽然各省法律对儿童监管豁免的最低年龄规定不一，但一般情况下，12岁以下的儿童在放学后和假期内必须由父母陪伴或托管机构照料，不能单独在家。① 相应地，加拿大政府通过发放日托津贴使得双职工家庭的子女能够在不增加家庭经济负担的前提下获得专业的学前教育机构或者照料人员的照顾。这种日托津贴不仅促进了学前教育市场的繁荣，还提高了女性参与劳动力市场的积极性，推动了女性高等教育的发展。

其次，为了保证劳动力素质的整体提升，加拿大无条件地为全体国民提供12年的免费教育，具体分为两个阶段。其中，义务教育阶段从小学一年级（或幼儿园）到10年级（相当于高中一年级，一般为16岁）；普及教育为11—12年级（相当于高中二三年级）。18岁以上未完成高中学业的学生则须转入成人教育机构完成学业，费用由政府负担。② 在这12年的免费教育中，学费、教科书费以及为完成教学大纲所需要的试验费、空调费等都由政府承担。由于需要承担12年免费教育的所有费用，加拿大政府每年在教育领域都投入大量财政资金。以2015年为例，加拿大国家财政为每一个享受通识教育的学生补贴9467.5加元，其中联邦政府负担3.2%，省政府承担10.8%，地方政府承担86%。国家在免费教育上支出的财政总额占到当年GDP的4.4%。③ 与此同时，由于学生家庭不用缴纳任何费用，因此加拿大义务教育的入学率和巩固率都非常高。2021年，加拿大全国16岁学生的在校率接近100%，中学生毕业率为94%。④

最后，加拿大为了保障国民接受高等教育的权利，鼓励建立教育基金制度，并直接对"加拿大教育储蓄奖金计划"（Canada Education Saving Grant）进行财政补贴。从1998年开始，加拿大政府为每个教育存储资金在2000加元以上的家庭提供400加元补贴，等孩子进入高等教育机构后直接由银行转入学校当作学习资金。对于贫困家庭的孩子，加拿大政府从2005年开始进行额外的100加元存

---

① M. Ruiz-Casares and D. Kilinc, *Legal Age for Leaving Children Unsupervised Across Canada*, Canadian Child Welfare Research Portal, 2021, CWRP Information Sheet #213E.
② 姜峰：《加拿大社会福利制度对教育的保障作用》，《外国中小学教育》2007年第12期，第56—58页。
③ 世界经合组织数据库，https://stats.oecd.org/，2022年12月20日访问。
④ 加拿大统计局，https://www.statcan.gc.ca/en/start，2023年2月18日访问。

储补贴,并对 2004 年及以后出生的贫困家庭的孩子直接一次性支付 500 加元的学习奖励券(canada learning bond),一并存入教育储蓄账户。通过政策与资金支持,国民虽然仍需为高等教育付费,但因缺少学费而放弃高等教育的情况大大减少。

(二)针对特殊群体的教育保障

加拿大的教育储蓄计划通过引导家庭的储蓄行为,在一定程度上保障了国民的高等教育权。但是,仍有部分贫困家庭无法缴纳或者错过教育储蓄计划,导致子女面临较高的失学风险。因此,政府通过奖学金、学生贷款和助学金等多种形式来资助贫困学生完成高等教育。其中,加拿大的学生贷款通过财政预算或发行债券等办法筹集资金,由联邦政府和省政府按照 6∶4 的比例共同分担。学生享受助学贷款资助的条件是其父母年收入不超过 70 000 加元。在加拿大,近 50% 的大学生依靠这种贷款来完成高等教育,其中女生占比超过 50%。在助学贷款资助下,加拿大高等教育中的女生占比超过 50%,教育上的性别不平等得到很大程度的缓解。此外,加拿大的教育福利制度中还有一种无须偿还的助学金,资助对象是有特殊需要的学生。某些学生在获得的贷款不足以维持其生活和学业的情况下,若达到如下条件中的任意一项,就可以申请这种助学金:有终身残疾;有抚养负担;攻读某些专业(如工程、科学类学科)的女博士生;高资助需求的兼职学生;既经济困难又有终身残疾。这种纯支出型的福利在很大程度上促进了社会特殊群体的教育获得。

更重要地,在法律制度保障、财政资助支持、教育理念进步的共同作用下,加拿大针对特殊儿童的教育获得制定了一套完备的教育福利政策。[①] 加拿大的特殊儿童教育经历了从隔离到融合再到全纳的过程。19 世纪,盲童、有精神缺陷的特殊儿童被排斥在公共教育体系之外,最多只能接受隔离性的特殊教育。通过 1980 年教育修正案(又称第 82 号法案),加拿大政府设置了早期特殊儿童的评估计划,要求每个公立学校都有义务接受特殊儿童入学,特殊儿童教育开始走向公共化。但是,此阶段,特殊儿童仍被安置在特殊班级,不能完全融入正常孩子的教育氛围。随着教育理念的进一步改变,针对特殊儿童的教育技术不断优化升级,越来越多的特殊儿童可以在正常环境下接受教育。以安大略省为例,特殊儿

---

[①] M. Jahnukainen, "Different Strategies, Different Outcomes? The History and Trends of the Inclusive and Special Education in Alberta (Canada) and in Finland," *Scandinavian Journal of Educational Research*, Vol. 55, No. 5, 2011, pp. 489-502.

童教育福利的实现主要通过以下三个方面进行保障。第一是法律层次的保障。在《教育法》的指导下,在加拿大,《特殊儿童的识别与安置》《特殊教育项目》等一系列的文件搭建起特殊儿童教育福利的基本框架。第二是经济层面的支持。在为基础教育提供普遍性的"学生需要年金"外,安大略省还特别设置"特殊教育拨款"来为特殊儿童教育的教学设备、健康保育、特殊设施和行为分析服务等买单。仅2018年度,安大略省的特殊教育拨款就高达28.56亿加元。[①] 与此同时,为配合残疾储蓄教育计划,安大略省还对特殊儿童家庭的教育储蓄计划采取税收减免和返还福利进行补贴。第三是早期评估和干预计划。社会部门通过对特殊儿童的失能能力进行等级评估,并为其提供识字、医疗和语言培训等服务,以为其接受教育做好前提准备。

### (三)针对教育从业者的教育福利

在以学生家庭为对象发放普遍性与特殊性教育福利的基础上,加拿大还通过调整教师福利扶持教育行业的发展,以使营造良好的受教育环境。加拿大统计局调查显示,2021年加拿大全行业平均周工资为1170.10加元,教育行业的从业者平均周工资为1189.43加元,属于社会的中高收入水平。[②] 此外,加拿大的教师还依法享有多项福利制度和休假,享受较高水平的医疗、养老和住房保障。但是,加拿大的教育行业从业者同样也面临较高水平的社会监督。不仅整个教育行业具有较高的准入门槛,已经任职的教师更是每隔5—6年就需要进行资格的再认证,并且必须经常参与培训、学习等以维持自身教职。通过创造具有高要求、高待遇的教育市场,加拿大的整体教育氛围非常活跃。不仅国民对于教育的从业兴趣非常高,从业者自身的专业素质也非常强。更重要地,教师职业的高待遇与高要求刺激了国民对于高等教育的需求增长,为高等教育的获得提供强大驱动力。

## 二、印度的教育福利

印度作为一个发展中国家,为了承接世界工厂的转移、优化劳动力素质,近几十年来将教育保障放在国家发展的核心位置。印度的教育领域具有鲜明

---

① 参见加拿大安大略省教育部:《安大略省教育资助公式指南2018—2019》,https://www.ontario.ca/files.ontario.ca/edu-gsn-2018-19-gsn-guide-revised-en-2022-03-03.pdf.
② 参见加拿大统计局:https://www150.statcan.gc.ca/n1/daily-quotidien/220624/dq220624a-eng.htm?lnk=dai-quo&indid=3555-1&indgeo=0,2022年10月1日访问。

的高福利、低收费特征,旨在让穷人也能够上得起学。2020年,印度财政在教育福利上的支出共128.43亿美元,占全年GDP的4.47%和全年公共支出的16.54%。[1]

## (一)印度的初等教育福利

初等教育福利是印度教育福利体系的主要内容之一。印度初等教育采取的是"10+2"的教育体系,其中1年级到5年级为小学,6年级到8年级为初中,9年级到10年级为高中。另外,11年级和12年级为"后高中"阶段,只设置在一些重点学校或规模较大的学校里,一般被看作进入大学、接受高等教育之前的预备阶段。在12年教育当中,1年级到8年级为义务教育。在义务教育阶段,学生唯一需要负担的费用是每月12卢比的"政府福利基金"。此项收费一般也不上交给政府,而是为了学校在诸如小规模的维修校舍、举办文体活动方面自主使用。除此之外,学校不会向学生收取任何学费,教材也由政府专门拨款购置并向学生免费提供。另外,每位在校学生每年还可以免费领取冬、夏以及春秋季三套校服。在小学阶段,每个学生都有一份政府提供的2卢比的免费午餐。

为了缓解男女性别比例失衡的问题,印度南部一些经济较为发达的邦开始为独生女的家庭提供孩子从小学到研究生阶段的免费教育,还会从高中起给这些独生女儿发放奖学金。对于那些只有两个孩子并且都是女儿的家庭,政府也将免除其中一个女儿的全部教育费用。

## (二)印度的高等教育福利

印度公立高校一直实行低收费政策,高等教育被视作社会福利事业。印度有4类大学,即中央大学、邦立大学、国家级学院和准大学,按科类、专业和层次实行差别收费。在强有力的财政支持和奖学金制度下,学生缴费仅有象征意义。印度强调高等教育机构要坚持教育非产业化、非营利性办学宗旨和原则,严肃申明不得乱收费和高收费。除了低收费以外,印度高等教育还向经济困难的学生,特别是表列种姓和表列部落[2]学生提供多种形式的资助,主要包括以下几个方面的内容。第一,免除学费。印度理学院和德里工学院等学校规定,免除表列种姓和表列部落学生的学费。第二,部分免除杂费。印度理学院规定,除全额免除表

---

[1] 联合国教科文组织,http://data.uis.unesco.org/#,2022年11月1日访问。
[2] "表列种姓"和"表列部落"是印度宪法中对特定社会群体的称呼,分别指印度社会中被认为处于较低社会地位的种姓群体和被认为属于原住民族的群体。

列种姓和表列部落的学费外,适当减免部分杂费,如医务费。对普通学生收150卢比,对表列种姓和表列部落学生只收一半,杂费减免部分占普通学生杂费的10.7%。第三,免除住宿费。如果表列种姓和表列部落学生没有申请到奖学金,并且家庭年收入低于7.5万卢比,可免除住宿费。第四,设置奖学金。拉吉夫·甘地国家研究奖学金计划每年定向给予表列种姓和表列部落学生2000个研究奖学金名额。另外,各校还设有多种多样的优异奖学金。第五,发放贷款。印度政府和印度储备银行及印度银行联合会联合实施了"教育贷款计划",以保证学习优异的贫困生不被剥夺受高等教育的机会。每个贫困生最高可贷款75万卢比,如果贷款不超过40万卢比,可享受一些优惠条件:无须缴纳保证金,利率不超过最高贷款利率的10.5%,毕业后有一年的宽限期,在5—7年内偿还完贷款,还贷利息可从以后个人所得税中扣除。

(三)印度女性的教育福利

印度女性的教育福利从印度独立后才开始慢慢酝酿。在印度独立之前,女性大多作为家庭的附属品存在。特别是低种姓的女性,社会地位非常低,基本没有接受教育的可能。1947年印度独立后,随着女权主义在世界范围内的发展以及印度内部劳动力市场的快速成熟,女性教育开始进入发展的快车道。在短短的几十年内,印度女性的教育福利经历了从无到有、从少到多的飞跃。

印度女性的初等教育发展旨在降低新生国民的文盲率,提高识字水平,以提升劳动力素质。除了在1950年印度宪法里提出要保证印度所有国民的受教育权利外,印度还在每一个五年计划里将普及女性初等教育作为重要议题。1958年,印度筹办全国妇女教育委员会,并提出要开展女童教育、聘任女性教师等女性教育促进手段。经过十几年的发展,印度的女校数量大幅上升,登记在册的女性学生数量也增长明显。1968年,印度出台《国家教育政策》,强调女性教育是社会改革的加速器。1971年,印度妇女地位委员会诞生,并提出要通过为女性提供8年制免费教育来保障女性的教育获得。但直至21世纪,印度女性的8年制免费教育仍未完全落实。2001年,印度推进初等教育普及计划,对女性的教育问题进行诸多关注。此后,印度女性的初等教育福利迎来快速发展。印度促进女性接受基础教育的计划有"普及初等教育计划",强调为8年级以下的女童免费提供教科书、雇用一半以上的女性教师、修建女生专用厕所、为女童提供免费午餐、让失学女童重返校园等。此外,还有专门针对落后地区最难接触到的女孩实施的"女童初等教育国家计划",针对低种姓贫穷女孩的"佳希杜尔巴·甘地女童学校计划"和"免费午餐计划"等。初等教育的快速普及使得印度女性的识字率从 1951 年的 8.9% 上升至 2021 年的 91.95%。①

高等教育是印度女性教育福利的另一大亮点。印度独立前,女性的高等教育一直处于低水平、小规模的状态。印度独立后,特别是 20 世纪 90 年代开始,随着女性教育对促进社会健康发展的重要性被公众所认知,女性获得高等教育的机会大幅上升。为了促进印度高等教育中的女性比例,印度大学拨款委员会实施了多项计划。首先,针对印度女性普遍的早婚现象,在学校范围内成立日托机构,代替女大学生照料其三个月至六岁的子女。其次,为研究生设立英迪拉·甘地奖学金和博士后奖学金,鼓励家庭中的独生女性进入高等院校学习,鼓励获得博士学位的失业女性进行科研工作。最后,修建独立的女性宿舍,为大学内部的女性学生、教职工提供安全的教育环境。基于对高等教育中女性权益的保护,印度女性接受高等教育的比例不断上升,覆盖学科不断多样化。

在正规教育之余,印度还在 1961 年后推出多种形式的继续教育福利。比如,通过扫盲教育提高低种姓女性的识字率,并同时传授一些职业技能、生产知识以及谋生技巧等。为进一步巩固扫盲知识,印度又专门设置函授学院、开放大学等继续教育机构,为印度女性职业技能提升创造了可能。

## 三、美国的教育福利

教育福利在美国社会政策体系中占据重要的位置。2020 年,政府教育开支占美国公共财政支出的 12.6%,占国内生产总值的 6.1%②,从事教育行业的职工占公共事业从业者的 1/3 以上,保持在世界领先的位置③。

20 世纪 50 年代,为了在冷战中获得主动地位,美国开始注重教育的发展,并将重点放在对"天才"的筛选培养之上。1958 年,美国出台《国防教育法》,通过强化对自然科学、数学和英语三门课程的学习,划拨大量经费培养天才儿童,增加师资力量,将教育融入军事竞争的目标。第二次世界大战后,美国社会环境发生变化,由社会不平等带来的社会问题使得运用教育解决低收入家庭的社会困境成为必然之举。《民权法案》《经济机会法》《开端计划法案》开启了美国促进学校中贫困、低成就学生平等受教育机会的新纪元。贫困、残疾、移民、少数族

---

① Globaldata:https://www.globaldata.com/data-insights/macroeconomic/female-literacy-rate-in-india/,2023 年 2 月 18 日访问。
② 联合国教科文组织:http://data.uis.unesco.org/#,2023 年 2 月 18 日访问。
③ 世界银行:https://data.worldbank.org/indicator/,2022 年 11 月 1 日访问。

裔、被忽视儿童和未接受教育的成年人成为该时期教育福利的主要对象。随着福利实践的发展和社会问题的转型,20世纪80年代以来,美国教育福利的重点从促进公平向提高质量转移。教育福利项目不断增多、覆盖范围不断扩大、教育理念不断更新,建成了更加有质量的美国教育福利体系。

(一)美国儿童的教育福利

美国的儿童教育福利可以分为两种,一种是为全体儿童提供的普遍性福利,一种是为特殊儿童和社会弱势儿童提供的专项福利。

在普遍性福利方面,1988年,《初等与中等教育法》要求用标准化考试成绩来评估学校教学质量,并为考试成绩不佳的学校提供新的计划,标志着联邦教育政策从"公平取向"开始向"效率取向"转变。2008年,奥巴马在上台后提出教育改革政策,强调要以学前教育作为美国儿童教育福利的核心。为此,奥巴马政府出台"0—5岁教育计划"(Zero to Five Plan),倡导由联邦政府每年拨款100亿美元来普及学前教育,帮助儿童做好进入小学的准备,以提高学术成就。2009年,《恢复和再投资法案》出台,强调要通过保障教师职业的稳定性、提高教师专业水平和加强对教师的监督来提高儿童教育的整体水平。此外,政府还针对不同收入的家庭提供了不同层次的营养午餐计划,不仅对儿童的就餐支出进行直接补贴,还对具体食物的配置、食品的安全规范作出规定。

针对社会弱势儿童,美国政府通过立法的形式来保证其受教育质量。对于残疾儿童,将接受个别化教育课程计划的儿童年龄延长到3岁,更为3—21岁期间的教育提供对应的服务,强调特殊教育老师要具有专业素养。对于少数族裔家庭的儿童,美国政府在扩展其接受学前教育年龄的同时,为其制定更加多元化的语言学习政策,以提高少数族裔儿童对于教育的选择权。对于低收入家庭的儿童,通过《儿童保育与发展固定拨款法》为幼儿保健事业争取国家拨款。1995年,美国实施了早期开端计划,专门为0—3岁儿童提供儿童成长、家庭发展、教师发展和社会建设等各项服务。对于收养家庭儿童,1998年美国政府启动"幼儿教育五年计划",通过现金拨款、税收抵免、奖学金和各种基金的方式提高工薪收养家庭儿童的受教育质量。

(二)美国大学生的教育福利

在美国,高等教育并不是免费的。为了提高国民获得高等教育的可能性,美国政府主要通过助学贷款的形式供给教育福利。

美国的助学贷款制度最开始是为了激励军人提高文化素质而设置的一项福利。1944年,美国国会颁布了《军人权利法案》,以为在第二次世界大战期间服役的军人读大学提供学杂费、书籍费和生活费用等。1958年9月,美国国会通过了《国防教育法》,设立了国防学生贷学金,鼓励学生参加国防建设。1965年,美国国会颁布《高等教育法》,第一次以经济困难的大学生为资助对象和资助重点,正式开启了美国的助学贷款制度建设。美国的助学贷款制度经常处于变革之中,其制度繁杂,学生贷款项目多样,主要有以下内容。

第一,斯泰福贷学金。它是美国最大、最重要的学生资助项目,约占联邦担保学生贷款总额的4/5,资助对象是有经济资助需要的学生。这种贷学金由联邦政府提供担保,由商业银行提供贷款,一般年利率在8.25%以下。它具体分为两种:政府贴息贷学金与无贴息贷学金。政府贴息贷学金是指学生学习期间及还贷宽限期的利息由联邦政府支付的一种贷学金,针对家庭经济收入低、比较贫困的学生设立,在资助资格审查过程中需要对学生的家庭经济收入情况进行调查。无贴息贷学金是指在校期间的利息完全由学生自己承担的一种贷学金,它的资助对象主要是中产阶级学生。

第二,学生家长贷学金。它是根据1980年的《高等教育法》修正案设立的,资助对象是有子女在大学学习并有良好银行信贷信誉的家长。由政府进行担保,由商业银行提供贷款并负责管理。学生家长贷学金利率不固定,一般小于9%,低于普通商业贷款利率,利息在贷款发放60天后开始计算,偿还期限为5—10年。本科生家长贷学金的贷款并没有固定额度,但是年最高贷款额为"教育成本"减去借款人子女所获得的任何资助款额之差。

第三,补充学生贷款。它是根据1986年的《高等教育法》修正案设立的,主要面向经济独立于父母的学生。这种贷款实行弹性利率,最高年利率不超过11%。贷款额度为高等教育的个人成本减去该生所获得的其他经济资助,本科生贷款总额为23 000美元,研究生贷款总额为73 000美元,研究生年贷款最高额为10 000美元。

第四,联邦直接贷学金。1993年美国国会通过了《学生贷款改革法》,规定从1994年7月开始实施该贷款计划。参加联邦直接贷款计划的高校可从美国教育部直接获得贷款资金,并向符合条件的学生发放贷款,实行浮动利率。学生在大学申请贷款,毕业后按照合同直接向教育部还款。这样,学生就不必向商业银行贷款,省去了银行、担保等中间环节,既便捷又大大降低了贷款成本。

### 四、希腊的教育福利

第二次世界大战后的欧洲,主要通过三条路径实现国家政权的合法性:民主、再分配的正义性和社会的有机团结。国家在三条路径上的不同选择促成国家不同福利体制的形成。根据艾斯平-安德森对福利体制的划分,希腊的福利供给具有相当的模糊性。虽然希腊的公共部门在19世纪以来迎来快速的膨胀,但其获得合法性的方式是不断增加公共部门的雇员人数而非提供社会服务。与此同时,由于公共部门在社会服务上的供给不足,家庭和传统社会网络带有相当强势的补偿性功能,保守主义和补缺型的福利供给特色明显。在经济危机的冲击下,希腊的整体福利供给更显特殊。一方面,希腊整体经济发展处于寒冬,公共开支被迫减少,福利供给进一步缩水。另一方面,由于大批来自亚洲、非洲的移民和难民进入希腊,因此新的福利需求不断地被创造出来。随着政治经济环境的变化,受希腊福利制度供给特征的影响,希腊的教育福利供给以降低辍学率为主要目标,大致分为三个发展阶段。[①]

1974—1989年是希腊教育福利的蓬勃发展期,主要聚焦于社会弱势人群的教育福利保障。受到社会民主化与西化背景下人力资本理论的影响,希腊教育福利以降低辍学率为核心指标,希望通过教育规模的持续性扩大和教育投资的快速增长有效提高劳动力素质、助力社会经济发展。1976年,随着自由党的教育体制改革,义务教育的年限被延长至9年,中等教育和语言考试的准入门槛降低。20世纪80年代,教育体制的改革成果进一步强化。这段时间,在西欧国家战后社会民主政治的浪潮影响下,希腊教育福利的供给具有相当的持续性,旨在持续消除希腊社会内部政治弱势和经济弱势人群的辍学率。此外,希腊政府还尝试推出一系列的教育保障措施来提高社会弱势家庭子女接受教育的可能性,如取消高中教育的入学考试、普及教育规范用语、简化初级教育中的评估程序、为蓝领阶级和偏远地区的学生保留更长时间的学籍和教育机会等。

在1990—2010年,教育福利是希腊实现现代化、欧洲化和提升竞争力的渠道。20世纪末期,希腊社会的政治诉求开始从民主化向现代化转型,通过将福利制度与希腊的社会、经济状态相适应来融入欧洲一体化的进程。为适应政治需要,20世纪末到21世纪初的这二十年里,在去工业化、全球经济互相依赖发展、

---

[①] E. Zambeta, "Technologies of Governance and Education Welfare: Monitoring Education Transitions in Greece," *Comparative Education*, Vol. 55, No. 3, 2019, pp. 367–385.

知识经济成为新经济增长核心的背景下,教育被看作重构全球经济的动力,教育福利被看作提高欧洲化水平的工具。因此,为了降低希腊的整体辍学率,扶持教育行业的发展,欧盟为20世纪90年代希腊教育福利提供了重要的资金支持。欧盟组织通过数项合作项目对希腊社会弱势人群,如康复患者和移民子女的教育福利进行补充。在成人教育上,国家为受教育水平的较低劳动力提供大量的培训项目,并将二次教育的地点渗透到多样化的场景,如监狱等之中。希腊社会整体上形成了一种强调教育效率和教育质量的竞争型教育氛围。

2010年至今,希腊在经济衰退与政治现实主义的共同作用下进行教育福利供给。2010年以来,希腊的教育福利供给面临两重难题。一方面,公共财政缩减带来教育福利预算的减少。另一方面,青年对于教育福利的需求急剧上升。欧盟的资金支持在这个阶段对于希腊的教育福利发展仍然重要,但是开始变得有限。而且,福利供给全程均受到持续性督查,不仅受益人需要满足特定的准入条件,其待遇的获得还需要满足特定的情景。同时,作为欧盟成员,对区域战略的配合使得希腊教育福利的指导思想也已从人力资本理论、知识经济理论转向政治现实取向。

## 第三节 我国的教育福利

### 一、我国教育福利的历史发展

新中国成立以后,我国对于教育事业的发展十分重视。国家不仅制定实施了一系列发展教育事业的法律法规,更通过系统性的财政预算制度提供经济支持。特别是针对妇女和少数民族、偏远地区的农村居民以及残疾人士的教育福利,取得了前所未有的进步。从整体上看,我国教育福利的发展大致可以分成三个阶段:计划经济体制下的教育福利阶段(1949—1978)、改革开放初期教育的市场化阶段(1979—1999)和新时期公益性教育福利的回归阶段(2000年至今)。

(一)计划经济体制下的教育福利阶段(1949—1978)

在新中国成立初期,教育被看作政治秩序的"稳定器"。借鉴苏联的共产主义模式,这一时期的教育几乎是全部免费的。在中央政府统一财政、分级管理的运行模式下,所有教育福利均由挂靠行政单位拨款支持。在基础教育期间,学生仅需要交纳少量的杂费,学费一律减免;在高等教育和师范教育阶段,不仅免除学杂费,学生更能够获得一定的生活补助。除了普通的学历教育外,受到城镇

"单位制"和公有制属性的影响,由企业负责主办的职业技能培训也属于教育福利的范畴,一并纳入国家财政的统一预算。

为了配合新中国成立初期的生产建设需要以及出于政治上对于工农阶层的倚重,当时的教育事业和教育福利重心均放在能够带来实际生产效应的学科和工农群体上。在学科设置上,高等教育参照苏联的模式,在大学只设立文科和理科,其他的都改成专门的学院制。其中,以土木、桥梁等理工科目作为扶持重点。在学生构成上,注重提升工农子弟在学生群体中的比重。在不同时期制定多个针对工农子弟兵的降分录取政策,甚至在20世纪70年代还实施了专门针对工农子弟兵的免试录取政策。因此,这个时期教育福利带有工具性目的,"国家"的概念在教育福利体制改革中占据着完全主导性的地位,教育福利的价值目标定位是"社会共同善优先"。①

(二) 改革开放初期教育的市场化阶段(1979—1999)

改革开放后,市场化与自由竞争的发展理念渗透到社会的各个领域,国民对教育的需求逐渐多样化。在对全日制的学历教育保持较高需求的同时,国民对于继续教育、特殊教育的向往也逐渐强烈。由于教育需求的快速增长,教育补贴的负荷不断加大,为国家财政带来沉重的负担。为了缓解财政压力,国家积极推行教育体制市场化改革。其中,以投资体制改革为主。1985年,中共中央宣布《关于教育体制改革的决定》,将发展基础型教育的责任下划至地方。同时提出,要改革大学招生制度和毕业生分配制度,实施国家计划招生、用人单位委托招生和招收少数自费生三种办法,为高等教育学费制度的市场化改革拉开序幕。此外,国家还通过向社会增收教育事业附加费来扶持义务教育的发展。1989年,国家教委联合多部门发布《普通高等学校收取学杂费和住宿费的规定》,强调从当年开始对入学新生收取学杂费和住宿费,由此我国免费高等教育制度开始向高等教育成本分担与补偿制度转变。1992年,国家部委高校的委托生和自费生比例高达30%,逐渐形成高等教育收费制度的双轨制。② 自1993年起,我国开始实施招生收费并轨的改革试点,至1997年全面完成并轨改革,并正式建立高等教育成本分担与补偿制度。

在这个时期,国家财政对于教育福利的完全主导型角色解体。教育福利的

---

① 杜珉璐:《当代教育福利的模式选择及价值追求》,《继续教育研究》2018年第3期,第21—24页。
② 李文利、魏新:《高等教育规模的扩大与合理的学费水平》,《教育发展研究》2000年第3期,第35—39页。

筹资渠道开始多样化，"市场化"成为这个时期的关键词。这在促进教育事业百花齐放、百舸争流的同时，也造成了"教育产业化"和过度市场化的消极影响，高校等教育机构面临成为市场牟利的工具的风险。教育市场中"乱收费""择校费"的现象使得家庭教育支出快速膨胀，家庭经济状况较差的学生很有可能由于经济问题不能进入高中和大学接受教育，教育公平性在一定程度上受损。

（三）新时期公益性教育福利的回归阶段（2000年至今）

在正视教育市场化带来的弊病后，我国在21世纪初开始进行教育福利的调整，具体包含两个方面的重点工作。

第一，推动城乡义务教育的一体化发展，提升教育公平。2005年，在国家扶贫重点县的农村义务教育阶段贫困生中实施"两免一补"（免除学生书本费、杂费，补助寄宿制学生生活费），进一步保障农村地区贫困家庭子女接受义务教育的权利。2006年，《义务教育法》修正，将传统的"人民办教育"发展模式转变为"义务教育政府办"。在强调省级政府在义务教育中的统筹责任的同时，对义务教育的经费来源进行保证。此后，免费的义务教育在全国范围内逐层铺开。为了弥补市场化发展对农村地区的影响，我国在新时期特别注重对农村地区的义务教育保障，希望通过农村地区儿童教育福利的增长来推进我国社会发展的公平性。2001年，《关于基础教育改革和发展的决定》要求通过"并点撤校"的方式对农村基础教育资源进行优化整合。2004年开始，政府划拨100亿元专项资金设定补助，以推动西部农村地区寄宿制工作的开展，避免农村儿童因交通问题影响受教育。为解决农村地区上学不便利的问题，政府还大力发展校车建设，在直接资助农村校区购买校车的同时，还针对校车安全等出台专门规定，以保障学生交通安全。此外，于2011年启动的"农村学生营养改善计划"，通过解决农村地区学生就餐问题和营养问题，来增强教育对贫困家庭儿童的吸引力，保证基础教育的全覆盖。2016年，国务院进一步出台《关于统筹推进县域内城乡义务教育一体化改革发展的若干意见》，推动辍学高发区（县）"一县一策"完成控辍保学工作方案，实施精准控辍。在保证农村地区儿童基础教育获得的同时，在社会流动加速的背景之下，政府不断尝试建立以居住证为主要依据的随迁子女义务教育阶段入学政策，优化简化随迁子女入学程序，保证随迁子女的教育获得。通过对全体国民基础教育权利的普遍保障和农村地区学生、随迁子女入学的倾斜政策，我国新时期的教育政策致力于实现"建立覆盖城乡的基本公共教育服务体系，逐步实现基本公共教育服务均等化"的目标。

第二，升级教育福利的内涵，延伸教育保障范围。除了在义务教育体制的发展上有所推动，新时期教育福利的发展更加注重教育本身的特性。通过将教育福利的政策目标融入个人健康发展的价值追求，推动实现教育对个人全面发展的正向影响。比如，在传统的教育福利供给之中，学前教育曾被忽视。但随着认知心理学和教育心理学发现，儿童在0—6岁的性格养成、社会学习等对其学业成就具有重要的影响，新时期的教育福利逐渐将保障范围延伸至学前教育。党的十八大以来，党中央对学前教育作出全面系统重要部署，2018年印发《关于学前教育深化改革规范发展的若干意见》，进一步明确了学前教育公益普惠的基本方向，提出了推进学前教育普及普惠安全优质发展的重大政策举措；财政投入力度持续加大，2020年全国财政性学前教育经费为2532亿元，比2011年增长5倍，中央财政支持学前教育发展专项资金10年累计投入超过1700亿元。2021年，教育部等九部门印发《"十四五"学前教育发展提升行动计划》，要求覆盖城乡、布局合理、公益普惠的学前教育公共服务体系进一步健全，普惠性学前教育保障机制进一步完善，幼儿园保教质量全面提高，幼儿园与小学科学衔接机制基本形成。新时期的教育福利还进一步将保障范围拓展到对家庭教育的支持上。在充分认识到家庭在儿童教育中扮演的重要角色以及面临的现实挑战的基础上，2021年10月我国颁布《家庭教育促进法》，将家庭教育这件"家事"上升到"国事"的高度，要求通过国家支持、社会协同来帮助家庭落实教育责任，提高家庭教育质量。

总体来说，新时期的教育福利通过坚持基础教育和师范教育的免费性，保证高等教育的低费性，保持社会教育的开放性和公益性，加大教育投入，逐步建立了惠及全民的教育福利制度，回归到了公平性、福利性、公益性的良性发展状态。

## 二、我国教育福利的主要内容

为推动教育质量的整体提升和社会困弱人群的教育获得，我国教育福利主要包括两方面的内容，贯穿从学前教育到高等教育、继续教育的各个阶段：一方面是针对全体国民共同享有的普遍性教育福利，主要是指国家免费为全体国民提供义务制教育及其配套福利；一方面是专门针对社会特殊群体进行供给的选择性福利，包括教育救助、国家奖助学金体系和特殊教育等。此外，国家运用财政支持提供的免（公）费师范生福利也是增强教育从业人员素质、保证教育队伍人才供给的有效手段，属于教育福利的一部分。据统计，2020年，全国教育经费总投入为 53 033.87 亿元,比上年增长 5.69%;其中,国家财政性教育经费为 42 908.15 亿元,比上年增长 7.15%,占 GDP 比例为 4.22%。①

### (一)初级教育阶段:免费的义务教育制度

1986 年《义务教育法》出台后,义务教育制度经过蓬勃发展、全面推进和制度完善等多个阶段,已经成为我国普及初等教育的核心手段,并实现了基本福利化的目标。作为一项教育福利政策,义务教育具有普遍性、福利性和公平性三大特征。根据第七次人口普查的数据显示,我国 14 岁以下的儿童数量占到全国人口的 17.95%,免费的义务教育对财政运行带来不小的挑战。截至 2024 年,我国九年制义务教育基本实现制度全覆盖。然而,在入学率取得极大进步的同时,也必须看到,我国义务教育仍然存在发展不均衡问题。偏远地区、农村地区的义务教育质量受到地方财政支持力度、社会教育资源分配等多重影响,仍然落后于城市和发达地区。例如,农村地区在人均教室面积、人均图书数量、配套设施完善等指标上,以及在促进学生德智体美劳全面发展的能力上,与城市相比都仍有不足。"改制校""跨地区择校"等社会政策或市场促成的资源分配问题仍对义务教育阶段的教育平等有影响。

### (二)高等教育阶段:高等学校奖学金制度

随着高校扩招和国民对于高等教育重视程度提升,全国普通高等院校数量及在校学生人数大幅增加。2020 年,全国共有普通高校 2738 所,本专科在校学生人数 3285.29 万人,研究生在校学生人数 313.96 万人。② 除了划拨科研经费鼓励高校发展,国家还对学生的住宿、用餐进行补贴以降低高校学生生活成本,同时设置各类奖学金对获得高等教育的学生进行补贴。奖学金是对学生在德、智、体、美、劳等各个方面或者某一领域表现出色的一种肯定和奖励,是教育福利的重要组成部分。奖学金的种类繁多,既可以由国家、学校、企业等组织提供,也可以由个人提供。由国家设立的奖学金包括两种:国家励志奖学金和国家奖学金。其中,国家励志奖学金是为激励普通本科高校、高等职业学校中家庭经济困难的学生勤奋学习、努力进取,以在德、智、体、美、劳等方面全面发展设立的;国

---

① 《2020 年全国教育经费执行情况统计快报》,2021 年 4 月 27 日,http://www.moe.gov.cn/jyb_xwfb/gzdt_gzdt/s5987/202104/t20210427_528812.html,2022 年 10 月 1 日访问。

② 《2020 年全国教育事业统计主要结果》,2021 年 3 月 1 日,http://www.moe.gov.cn/jyb_xwfb/gzdt_gzdt/s5987/202103/t20210301_516062.html,2022 年 10 月 1 日访问。

家奖学金则由中央政府出资设立，用于奖励高校全日制本专科学生中特别优秀的学生。

(三) 其他教育福利

除普惠性、基础性的教育福利外，国家还针对社会特定群体开展专门的补充性教育支持，包括公费师范生教育、残疾人特殊教育、农民工培训等，体现了国家对特殊人群教育权益的关注与保障等。

公费师范生教育是党中央为促进教育发展与教育公平，在教育部直属师范大学实施的师范生免费教育。免费师范生入学前与学校和生源所在地省级教育行政部门签订协议，毕业后须从事中小学教育10年以上，到城镇学校工作的免费师范生，应支援西部农村贫困地区教育两年以上。在校学习期间，免费师范生免缴学费、住宿费，并定期获补生活费，所需经费由中央财政统一安排。2018年，教育部等部门联合发布《教育部直属师范大学师范生公费教育实施办法》，将"师范生免费教育政策"调整为"师范生公费教育政策"，将履约任教服务期调整为6年。

残疾人特殊教育主要是面向视力、听力、言语、肢体、智力、精神、多重残疾以及其他有特殊需要的儿童青少年提供的多种教育服务，是教育事业的重要组成部分。2021年，全国共有各类特殊教育学校2288所，招收各种形式的特殊教育学生14.91万人，在校生91.98万人，专任教师6.94万人。[①]

农民工培训政策是将人力资本理论与中国特色劳动力市场发展相结合的政策创新。1993年，《关于建立社会主义市场经济体制时期劳动体制改革总体设想》首次提出，要将职业技能培训网络延伸至农村。1995年，《中央社会治安综合治理委员会关于加强流动人口管理工作的意见》明确提出，要"加强对外来务工人员的就业技能培训"。21世纪后，随着我国工业化、城市化进程加快，农民工教育培训政策蓬勃发展，开始受到党和国家的重视。自2003年国务院批转《2003—2010年全国农民工培训规划》后，"星火计划""阳光工程""雨露计划"等如雨后春笋，为市场经济活跃发展做出重要贡献。2010年以来，农民工教育培训工作始终贯穿促进农民工职业生涯规划与国家经济社会发展的主线，从"粗放"走向"精准"，从"单向供给"转为"以需供给"。国家已将农民工纳入终身职业技能培训体系，并通过"求学圆梦行动"等帮助农民工实现学历与技能

---

[①] 《2021年全国教育事业统计主要结果》，2022年3月1日，http://www.moe.gov.cn/jyb_xwfb/gzdt_gzdt/s5987/202203/t20220301_603262.html，2022年4月4日访问。

的双提升。

经过70多年的努力,我国的教育福利有了长足发展。义务教育制度大大降低了文盲率,提升了国民的整体知识水平。高等教育的蓬勃发展使得高水平、高知识、高素质人才的比例大幅上升,为经济发展提供了充足动力。学前教育、继续教育等特殊教育的补充发展为我国多元教育体系的构建添砖加瓦。但是,也必须看到,我国教育福利的整体供给仍显不足,满足人民群众日益增长、多元化教育需求的能力仍须加强;城乡、地区之间仍然存在教育差距,城市地区的教育投入、教育资源优于农村地区;教育经费的投放比例略显失衡,国家对于高等院校、重点院校的支持与高中阶段的教育福利供给略显张力。在市场化浪潮下,我国的教育体制如何在产业化和公益性之间保持平衡,教育福利如何更加有效地促进教育平等成为我国未来教育福利发展必须面对和解决的问题。

## 本章小结

教育对个人、国家和社会的发展具有重要意义。教育福利是国家和社会为提高国民整体知识素质,缩小教育不公平提供的各种免费或者低偿的服务。从国际经验来看,推动教育平等是各个福利国家实施教育福利的主要目的。加拿大的全民高福利、印度独立后对于妇女教育福利的重视、美国对于高校教育的重视和希腊在经济危机后提供的系列教育福利,都推动了教育公平的发展。我国教育福利的发展主要可以分成计划经济体制下的全阶段免费教育、改革开放初期的市场化和新时期符合科学教育观的教育福利供给三个阶段。我国建立了包含基础教育、高等教育和其他补充性教育的福利体系,在保障国民普遍性教育获得的基础上推动教育的公平发展。其中,基础教育福利以免费的九年制义务教育为主,高等教育以各种奖学金和补贴为主。除了对学生及其家庭进行直接补贴,国家对教育行业的整体引导、对资源的宏观调配以及为教育相关领域提供的服务都是教育福利的一部分。

## 重点名词

教育福利  教育平等

## 思考题

1. 我国的教育福利制度主要包括什么？
2. 结合自身实际情况谈谈你对教育福利重要性的看法。
3. 你认为我国未来的教育福利应该在哪些方面加强？

## 延展阅读

官婧、阳义南：《基于教育公平视角的我国教育福利问题探究》，《社会保障研究》2009年第4期，第78—80页。

彭华民、冯元：《中国残疾人特殊教育制度转型——福利政策体系化与福利提供优质化》，《南开学报（哲学社会科学版）》2015年第4期，第139—148页。

郑功成：《从福利教育走向混合型的多元教育体系——中国的教育福利与人力资本投资》，《清华大学教育研究》2004年第5期，第1—8页。

# 第十五章　我国的健康福利

【本章学习要点】
1. 科学理解健康福利的理论内涵。
2. 了解我国健康福利的历史沿革和主要内容。
3. 综合把握我国健康福利的成就与不足。

## 第一节　健康福利概述

新中国成立70余年来,医疗卫生体制改革的成就举世瞩目。实施健康中国战略、完善国民健康政策、为人民群众提供全方位的健康服务成为我国健康福利制度的重要战略目标。

### 一、健康福利的基本内涵

健康福利是国家为了改善国民健康水平而向全体国民提供的基本医疗、卫生保健、健康服务等方面的福利。在联合国可持续发展目标(Sustainable Development Goals, SDGs)体系指导下,全民健康覆盖成为世界各国共同积极承诺的卫生运动,鼓励政府通过动员各方面社会资源为全体居民提供高质量、可负担的医疗卫生服务。

### 二、健康福利的供给原则

健康福利是社会福利体系的重要组成部分,在相关福利制度设计与运行过程中须遵循以下三项原则。

首先,要坚持保障个体生命权和健康权。生命对于个人而言是最为宝贵的,个体的生命健康权受到刑法、民法和行政法等多重法律的共同保护。生命权是公民作为权利主体的前提条件,是每个人最高的人身权利。健康权包括身体健康和精神健康两个方面,可以保障个体在生命存续期间维持人体组织的完整性和生命活动的正常运行。因此,健康福利的最高原则应该是保障国民的生命权和健康权。

其次,要坚持福利水平与国力相适应。作为国家公共支出的重要项目,健康福利的供给水平要坚持与国家财政荷载相适应的原则。一方面,福利水平不能过高,避免影响财政的可持续发展。随着人口基数的不断增大与老龄化程度的持续加深,我国医疗服务面临巨大需求。由于现代疾病谱系的转变和医疗技术的变化,医疗成本不断上升,再加上医疗卫生服务体制在设计以及运行过程中出现资源浪费、冗余,健康福利开支超过国力的风险较高。因此,要在保障基本医疗的最低需要的基础上,逐步提高福利水平,避免福利负担。另一方面,随着我国经济发展水平的不断提升和产业结构的优化升级,为了确保发展成果为全体国民共享,我国健康福利水平要与时俱进,避免保障水平过低、保障功能不足。

最后,要强调普遍性与公平性并重。健康服务是在国家主导、社会参与下共同构建的用来预防疾病、治疗疾病和健康恢复的特殊商品。社会中的所有个体,在每一个生命阶段都面临不同类型与层次的疾病风险,进而产生一定水平的健康需求与健康支出。因此,健康福利具有较小的需求弹性,在进行制度设计时必须遵循普遍性原则,将服务覆盖至全体公民和所有生命阶段。与此同时,健康福利的供给必须注重公平性原则。公平是卫生系统绩效的关键领域,包括卫生服务可及性与经济保护可及性两个维度的平等待遇。在健康福利的供给中,必须保证全体公民都有获得相应医疗卫生服务的权利,同时避免其遭受经济风险。

### 三、发展健康福利的意义

健康福利作为一项向全体公民输出的公共产品,为实现"健康全覆盖"的政策目标提供重要推力,更为国民健康水平的提高和生活质量的提升提供助力。具体来说,我国健康福利体系建设的意义体现为以下两点。

其一,有助于保障国民生命权和健康权,提高国民健康水平和生活质量。保障国民生命权和健康权是国家义不容辞的重要职责。随着科学技术的进步和医疗资源的优化升级,国家在实践过程中不断提高医疗卫生的服务水平。与此同时,通过社会资源的多重配合,健康观念与保健知识也在一定程度上得到传播,为健康保障提供良好的社会氛围。国民通过享受医疗卫生福利。在疾病预防与治疗、疾病后恢复、疾病管理等多方面的健康需求得到较好保障,紧急医疗需求得到释放,健康素质更得到长期、积极的改善。作为国民生活质量的关键要素,健康素质的提升不仅有助于提高个体和家庭的生活质量,也增强了社会凝聚力。

其二,有利于缓解社会贫困。"贫病交加"容易造成恶性循环。一方面,疾病会在多种机制的作用下加剧个体和家庭的贫困风险。另一方面,生活贫困的个体更容易陷入疾病风险。通过提供可负担的医疗卫生服务,国家的健康福利能够在普遍提升国民健康水平、改善国民健康素质的同时,对社会贫困阶层发挥特别的保护作用,起到社会再分配的间接效应,缓解个体贫困。从宏观层面来看,医疗卫生服务能够整体性地提高社会产出,刺激社会经济发展活力。国家通过对疾病治疗提供资金补贴,即报销部分医药费,减少国民治病的开支,使更多的资金用于生产投资和生活消费。与此同时,国民健康素质提高之后,劳动产出会随之增加,国民创造社会财富的能力也会相应提高。实践也表明,健康福利在很大程度上能够缓解贫困程度,已经成为不可或缺的反贫困手段。

## 第二节 我国健康福利的发展历程与主要内容

国富民强是众望所归,拥有健康的体魄是强身强国的根本保证。在中国特色社会主义事业的建设过程中,党和政府始终把人民群众生命安全和身体健康放在第一位。2007年9月,卫生部公布了"健康护小康,小康看健康"的三步走战略。2015年3月,国务院总理李克强在十二届全国人大三次会议上首次提出"健康中国"概念,指出"健康是群众的基本需求,我们要不断提高医疗卫生水平,打造健康中国"。2016年10月,《"健康中国2030"规划纲要》从普及健康生活、优化健康服务等五大任务出发对未来15年的健康工作进行了部署,意味着"健康中国"战略的正式落地和实施。

为实现"健康中国"战略目标,我国的健康福利主要涉及公共卫生、医疗服务、药物供应和健康教育等四个方面。

### 一、公共卫生服务

公共卫生是健康福利的共性服务,与人民群众的生活和健康息息相关。实施公共卫生服务项目是深化医药卫生体制改革的重要工作,也是促进基本公共卫生服务逐步均等化的重要内容。

## (一) 我国公共卫生服务的发展历程

新中国成立之初,我国的公共卫生体系十分薄弱。政府参照苏联的模式提出"面向工农兵,预防为主,团结中西医、卫生工作与群众运动相结合"的方针,各地成立卫生局和医疗卫生机构,开展地方病与寄生虫、急慢性传染病防治等工作,建立了以食品卫生、劳动职业卫生、环境卫生、学校卫生和放射卫生等五大卫生为核心的公共卫生体系。

1978—2001年,我国公共卫生事业发展进入调整期。改革开放后,计划经济逐步向市场经济转变。1979年1月,卫生部部长钱信忠提出要"运用经济手段管理卫生事业"。在这一背景影响下,公共卫生机构由财政全额拨款事业单位演变成企业化管理模式,开始以创收为目标,公共卫生服务的福利性降低,形成"财政跟着疫情走,卫生跟着疾病走"的被动卫生服务模式。公共卫生机构的趋利性导致具有高度正外部性和公共物品特征的公共卫生服务呈现了供给相对短缺的情况。

2001—2009年,我国公共卫生事业进入快速发展期。2002年,中国疾病预防控制中心成立,四级疾病预防控制体系初步形成。在传统的五大卫生范畴之外,慢性病调查、社区管理、妇幼保健、营养健康、老龄健康等新职能被赋予到各级疾病预防控制机构。2003年"非典"疫情暴发后,公共卫生被提升到国家安全层面,资金投入与机构建设力度进一步加大,四级疾病预防控制体系得到完善。

2009年至今,我国公共卫生事业进入改革期。2009年,新医改拉开序幕,政府开始强调基本公共卫生服务的可及性建设,大力推行以城乡均等化、公益化为宗旨的覆盖城乡居民的国家基本公共卫生服务项目,疾病预防控制机构的营利性项目逐步被取消,服务性、公益性色彩日益浓厚。

## (二) 我国公共卫生的主要内容

作为典型的公共产品,公共卫生服务具有较强的正外部性,受益对象覆盖全体国民。具体而言,我国的公共卫生服务包括传染病控制、食品安全、烟草控制、药品和疫苗的可得性、环境卫生、健康教育与促进、食品保障与营养、卫生服务等。

2009年,我国全面启动9项国家基本公共卫生服务项目和6项重点公共卫生服务项目。其中,基本公共卫生服务是由疾病预防控制机构、城市社区卫生服务中心、乡镇卫生院等城乡基本医疗卫生机构向全体居民提供,是公益性的公共卫生干预措施,主要起疾病预防控制作用。按人群和疾病划分,9项国家基本公共卫生服务项目可以归为三大类:一是针对全体人群的公共卫生服务,如为辖区常住人口建立统一、规范的居民健康档案;二是针对重点人群的公共卫生服务,如为0—36个月婴幼儿建立儿童保健手册、为65岁及以上老年人提供健康指导服务;三是针对疾病预防控制的公共卫生服务,包括为适龄儿童接种乙肝、卡介苗、脊灰等国家免疫规划疫苗等。此外,我国还针对严重威胁妇女、儿童、老年人等脆弱人群和某些地区居民的传染病、地方病等重大疾病和主要健康危险因素设立和实施了6项重点公共卫生服务,具体包括:15岁以下人群补种乙肝疫苗项目;农村妇女乳腺癌、宫颈癌检查项目;增补叶酸预防神经管缺陷项目;"百万贫困白内障患者复明工程";消除燃煤型氟中毒危害项目;农村改水改厕项目等。2019年,在"健康中国2030"宏伟蓝图的规划下,我国的公共卫生服务计划进一步动员个人、政府和社会力量来共同普及健康知识,让国民不得病、少得病,延长健康寿命,促进健康水平提升。特别地,随着疾病谱系由传染病、急性病向非传染病、慢性病的转变,我国新时期的公共卫生服务将慢性病管理工作置于重要位置。

## 二、医疗服务

医疗服务是公民健康保障的个性服务,属于准公共品的范畴,具体包括为患者提供诊断、治疗、防疫、接生等服务,以及与之相关的提供药品、医疗用具、病房住宿和伙食等业务。

### (一)我国医疗服务的发展历程

新中国成立初期,我国的医疗卫生制度建立在社会主义计划经济之上。政府把医疗服务作为一项社会福利,制定了带有普惠性质的医疗卫生政策,但服务十分有限。1960年,我国政府学习其他社会主义国家的经济模式,制定了《关于人民公社卫生工作几个问题的意见》,提出了公社卫生组织的三级结构,即公社设卫生院(医院)、生产大队设卫生所(保健站)、生产队设卫生室。城市和农村卫生服务的组织以及资金的募集方式在根本上是不同的,城市医疗主要由政府支持的医院提供,由公共财政提供支持,而农村医疗则由基于合作医疗体制的卫生院(医院)、卫生所(保健站)、卫生室提供,在资金方面由集体筹款支持。

改革开放后,随着集体主义在中国的终结,市场化浪潮对医疗服务领域的政策变迁产生了深远影响。1981年,《医院经济管理暂行办法》明确提出"医院实行经济管理",提倡运用经济方法管理医院的业务活动和财务收支。在这一阶段,中国医疗成本急剧膨胀,医疗资源高度不平等,医疗安全率不断下降。医疗服务提供者和患者共同面临机制缺陷和动机缺陷问题。[1] 1980 年,居民个人负担的费用占医疗卫生总费用的比重不足 23%,而这一比例到 2000 年高达 60.6%。[2]

2003 年至今,我国的医疗服务在公益性导向中回归政府责任。2007 年 10 月,党的十七大确立了"人人享有基本医疗卫生服务"的目标,并明确提出要坚持公共医疗卫生的公益性,强化政府责任和投入,为群众提供安全、有效、方便、价廉的医疗卫生服务,为医疗服务事业的深化改革指明了方向。2009 年 3 月 17 日,中共中央、国务院出台《关于深化医药卫生体制改革的意见》,明确提出:(1)要坚持以人为本,把维护人民健康权益放在第一位;(2)重申医疗卫生事业的公益性,要"把基本医疗卫生制度作为公共产品向全民提供",并做出一系列体现公益性的规定;(3)明确"人人享有基本医疗卫生服务"的目标,要求建立健全覆盖城乡居民的基本医疗卫生制度,为群众提供安全、有效、方便、价廉的医疗卫生服务;(4)坚持公平与效率相统一,突出强调政府在基本公共卫生服务中的主导地位,逐步推进基本公共卫生服务均等化。2009—2011 年,各级政府投入资金 8500 亿元,其中中央政府投入 3318 亿元,主要用于完善新型农村医疗制度、初步建立国家基本医药制度、健全基层医疗卫生服务体系、强化公共卫生制度、推进医药改革试点等。[3]

(二)我国医疗服务的主要内容

基本医疗服务的目标是保障社会成员基本的生命健康权利,使社会成员在防病治病过程中得到基本的治疗,主要包括各种疾病治疗措施、诊疗检查费用,以及相应的药品耗材消耗等。具体而言,一是指医疗技术劳务项目,如体现医疗劳务的诊疗费、手术费、麻醉费、化验费等,体现护理人员劳务的护理费、注射费等;二是指采用医疗仪器、设备和医用材料进行的诊断、治疗项目,如与化验有关的化验仪器和医用材料等。

---

[1] 于良春、刘慧敏:《医院竞争能够降低医疗服务价格吗?——基于医疗市场主体的博弈分析》,《经济与管理研究》2022 年第 5 期,第 96 页。
[2] 王绍光:《中国公共卫生的危机与转机》,载胡鞍钢主编:《国情报告第六卷 2003 年(下)》,党建读物出版社、社会科学文献出版社 2012 年版,第 617 页。
[3] 《医药卫生体制改革近期重点实施方案(2009—2011 年)》,2009 年 4 月 7 日,http://www.gov.cn/zwgk/2009-04/07/content_1279256.htm,2022 年 5 月 21 日访问。

在医疗服务改革过程中,分级诊疗制度的建设是基础,有效解决了医疗资源的科学分配问题。党的十八大以来,为了进一步解决国民,特别是偏远农村地区居民的"看病难""看病贵"问题,使得有限的医疗资源有效运行,党和政府对医疗服务机构的整体发展作出新的布局,并取得了一定的成绩,重点表现为以下三个方面。第一,基层医院的诊疗能力不断提高,县域常见病、多发病和重大疾病的诊疗能力不断强化,全国84%的县级医院达到了二级医院的专业水平;第二,分级诊疗制度建设顺利,全国所有的三级公立医院均参与医联体建设,基本形成医联体网格化布局,双向转诊机制初步建成;第三,远程医疗服务全面展开,正逐步形成重点覆盖国家级贫困县和偏远农村地区的"国家—省—地市—县—乡"的五级远程医疗服务体系,定向帮扶机制初步形成。2019年,在深化医药卫生体制改革的政策框架下,国家进一步制定并出台《关于完善"互联网+"医疗服务价格和医保支付政策的指导意见》等文件,以规范我国医疗卫生体系的远程医疗、基层医疗以及分级诊疗制度的发展。2021年,国务院出台《深化医药卫生体制改革2021年重点工作任务》,以深入促进优质医疗资源均衡布局,完善分级诊疗体系,推进医疗联合体建设,推动省、市、县、乡、村等各级各类医疗机构落实功能定位。通过将疾病慢病分开、将医疗康复分开、将大病小病分开的工作方法,避免了患者就诊过程中医疗需求的过度集中,进一步缓解了优质医疗资源的浪费问题。

## 三、药物供应

药物供应以国家基本药物制度为基础,在全国范围内建立基本药物制度。这一制度有利于提高群众获得基本药物的可及性,保证群众基本用药需求,同时有利于规范药品生产、流通、使用行为,从而维护群众的基本医疗卫生权益,助力深化医改,体现了基本医疗卫生的公益性。

### (一)我国药物供应的发展历程

在初期,我国药品的供应保障购销方式相对单一,在计划统一指导下进行,价格的制定也由中央统一领导。新中国成立后,各级政府及时创建了国营药品经营机构,大力发展药品零售网点,并对私营医药商业进行社会主义改造,逐步形成了覆盖全国城乡由国家医药公司、省医药公司、县市级医药公司组成的三级药品供应网络。在计划统一指导下的三级药品供应网络可以充分利用有限的药物资源,满足具有地区的迫切需求。随着三级药品供应网络逐步建立和医药工业不断发展,我国的药品供应品种逐年增加,供应能力显著提高。至改革开放时期,我国药品流通行业以满足人民群众基本用药需求为己任,逐步建立起覆盖全国、深入城乡的药品供应网络,初步扭转了我国"缺医少药"的局面。

改革开放后,我国医药市场由计划经济向市场经济转轨。1984年,国家正式取消了药品采购供应的指令性计划,不再实行计划经济时代的统购统销、按级调拨,转而实行"多渠道、少环节"。一、二、三级采购供应站都可以直接从制药企业采购药品,医院的药品采购也从单一渠道转为多个渠道,制药企业则开始自行组织营销队伍直接向医药商业企业和医疗机构推销药品,市场经济时代的药品流通体制初现雏形。同时,我国开始引入"基本药物"概念。1997年,中共中央、国务院《关于卫生改革与发展的决定》提出要"建立国家基本药物制度",并明确了防治必需、安全有效、价格合理、使用方便、中西药并重等遴选原则。

党的十八大以来,全国药品流通行业的转型升级明显加快。信息化、集约化水平不断提升,新业态、新模式不断涌现,全行业呈现出规模稳定增长、结构不断优化的发展趋势,并逐步由劳动密集型行业向技术密集型行业发展。2014年,我国开始实施基本药物"零差率"销售,取消15%的药品加成,同时对部分医疗服务价格进行调整,有效破除了"以药养医"的痼疾。

(二)我国基本药物制度的确立

国家基本药物制度是对基本药物的遴选、生产、流通、使用、定价、报销、监测评价等环节实施有效管理的制度,与公共卫生、医疗服务、医疗保障体系相衔接,是我国药物供应的最主要制度。1977年,世界卫生组织首次提出了基本药物的理念,把基本药物定义为最重要的、基本的、不可缺少的、满足人民所必需的药品。全球已有160多个国家制定了本国的"基本药物目录",其中105个国家制定和颁布了国家基本药物政策。[①] 在我国,基本药物是指适应基本医疗卫生需求,剂型适宜,价格合理,能够保障供应,公众可公平获得的药品。2018年,我国政府再次更新《国家基本药物目录》,国家基本药物目录总品种由原来的520种增至685种。对于《国家基本药物目录》中的基本药物,政府采取多种方式保障有效供给,确保不断供,通过定点、储备等方式保障生产供应,通过财政专项经费或纳入医保基金予以高水平保障,提高患者对基本药物的可负担性。从2009年,我国的新一轮医疗改革以实施基本药物制度为抓手,开始推进基层医疗机构管理体制、人事制度、分配制度、药品采购供应制度和经费保障制度综合改革。

---

① 《有关部委负责人就建立国家基本药物制度答记者问》,2009年8月19日,https://www.gov.cn/jrzg/2009-08/19/content_1396559.htm,2024年6月15日访问。

这项改革由政府主办、政府"买单",让基层医疗机构真正成为为基层百姓进行医疗卫生服务的服务站,基层医疗机构的公益性逐步回归。基本药物制度的建立不仅促进了我国医改工作的推进,还对促进药品生产流通企业资源的进一步优化和整合产生了实际的意义。

国家基本药物制度的发展为群众带来了丰厚的利好和实惠,极大地提高了全体国民的健康质量。首先,国家基本药物覆盖面广,品种数量齐全,为不同疾病患者提供了多种用药选择。其次,基本药物制度使得各级医疗机构统一执行集中采购确定的品种、剂型、规格、厂家、价格,解决了上下级医疗机构用药不衔接问题,为患者在基层就近就医提供更多便利,更好满足分级诊疗需求,让患者少跑路。再次,国家基本药物制度通过实施国家基本药物全品种覆盖抽检,加强国家基本药物不良反应监管等措施,提供质量安全过关的药品,稳定了体量庞大的药品市场。又次,国家基本药物制度使得我国的药品供应更有保障,加强了"易短缺"药品风险监测预警,提高了患者的用药稳定性,保证用药效果。最后,基本药物制度通过促进改革联动,集中带量采购降低药价,合理用药降低药费,医保和财政提供支撑保障,可以让患者少花钱。

## 四、健康教育

健康教育是有计划、有组织、有系统的社会教育活动,可以帮助人们自觉地采纳有益于健康的行为和生活方式,消除或减轻影响健康的危险因素,预防疾病、促进健康,提高生活质量。

### (一)我国健康教育的发展历程

改革开放前,我国的健康教育以卫生宣传和爱国卫生运动为主。初期,全国开展了以"除四害、讲卫生"为宣传教育重点的"爱国卫生运动",动员全民参与除害灭病工作,消灭或基本消灭了天花、鼠疫、丝虫病等传染病,有效地控制了吸虫病、性病等,取得了举世瞩目的成就。1951年,中央人民政府政务院发布《关于改善各级学校学生健康状况的决定》,要求加强卫生教育,培养学生良好卫生习惯,奠定了这一阶段中小学生健康教育的以预防为主、培养良好卫生习惯为主要特点的卫生宣教模式。1964年,国务院批转《关于中小学学生健康状况和改进学校体育、卫生工作的报告》,要求师范院(校)课程内增添学校卫生知识的内容,这为卫生教育纳入课程体系做出了有益的尝试。

20世纪80年代开始,我国的健康教育进入专业化发展时期。1984年,中国健康教育协会成立,积极宣传普及卫生保健知识,开展健康教育与健康促进学术活动。同年,我国正式引用"健康教育"一词,健康教育作为一个独立的学科与领域在我国卫生界初露端倪。1978年,我国政府先后出台了《全日制十年制中小学教学计划试行草案》《全日制中学暂行工作条例(试行草案)》等政策文件,规定中小学须开设健康教育课程,进行卫生常识教育。

20世纪90年代开始,健康教育进入了系统化发展时期。健康教育的概念从原来单纯通过传播、教育来增进人们的卫生知识行为,扩延到以健康教育为核心,制定相应的公共卫生政策,创立支持性环境,社区行动与调整卫生服务方向等健康促进策略来协同促进健康。这一时期,学校健康教育快速发展。1990年,国家教委和卫生部联合颁布了《学校卫生工作条例》,首次以"健康教育"的名义规定,"学校应当把健康教育纳入教学计划,普通中小学必须开设健康教育课",健康教育在基础教育课程体系中的地位正式确立。1999年,教育部颁布《关于加强中小学心理健康教育的若干意见》,心理健康教育正式成为健康教育的重要内容。

21世纪开始,我国健康教育进入多元探索与全面深化时期。2005年,卫生部印发《全国健康教育与健康促进工作规划纲要(2005—2010年)》,明确提出健康教育应包含重大疾病和突发公共卫生事件的健康教育、农村健康教育、城市社区健康教育、重点人群健康教育、以场所为基础的健康教育、控制烟草危害与成瘾行为教育等多元化的教育内容。2019年,国务院印发《关于实施健康中国行动的意见》,内容涉及健康知识普及、全民健康、心理健康等方面。学校教育也逐步迈向高质量发展。2001年,教育部颁布《基础教育课程改革纲要(试行)》,健康教育不再作为一门课程单独设置,而是与其他学科交叉融合,并一直延续至今。2008年,教育部颁发了《中小学健康教育指导纲要》,将健康教育内容分为健康行为与生活方式、疾病预防、心理健康、生长发育与青春期保健、安全应急与避险五个部分。2019年,我国政府出台了《国务院关于实施健康中国行动的意见》《健康中国行动(2019—2030年)》等文件,明确了中小学健康教育的意义,强调要把学生体质健康状况纳入对学校的绩效考核,将体育纳入高中学业水平测试或高考综合评价体系等。

(二)我国健康教育的主要内容

健康教育的核心是教育人们树立健康意识,促使人们改变不健康的行为生活方式、养成良好的行为生活方式,以减少或消除影响健康的危险因素。健康教育能帮助人们了解并自觉选择有益于健康的行为生活方式。

我国现阶段的健康教育主要包括以下几个方面。

1. 健康知识普及行动

普及健康知识、提高全民健康素养水平,是提高全民健康水平最根本、最经济、最有效的措施之一。从个人和家庭的角度看,包括正确认识健康,养成健康文明的生活方式,关注健康信息,掌握必备的健康技能,科学就医、合理用药,营造健康家庭环境等内容。从社会和政府的角度看,包括建立并完善健康科普"两库一机制"(国家和省级健康科普专家库、国家级健康科普资源库、全媒体健康科普知识发布和传播机制),医务人员掌握与岗位相适应的健康科普知识并在诊疗过程中主动提供健康指导,建立鼓励医疗卫生机构和医务人员开展健康促进与教育的激励约束机制,鼓励、扶持中央广电总台和各省级电台、电视台在条件成熟的情况下开办优质健康科普节目,动员更多的社会力量参与健康知识普及工作,开发推广健康适宜技术和支持工具,开展健康促进县(区)建设等内容。

2. 控烟行动

烟草对健康的危害已经成为世界范围内最严重的公共卫生问题之一。控烟行动从个人和家庭的角度看,包括充分了解吸烟和二手烟暴露的严重危害,领导干部、医务人员和教师发挥引领作用,创建无烟家庭,在禁止吸烟场所劝阻他人吸烟等;从社会的角度看,包括提倡无烟文化,关注青少年吸烟问题,鼓励企业、单位出台室内全面无烟规定,充分发挥居(村)委会的作用,鼓励志愿服务组织、其他社会组织和个人通过各种形式参与控烟工作或者为控烟工作提供支持等;从政府的角度看,包括逐步提高全面无烟法规覆盖人口比例,在全国范围内实现室内公共场所、室内工作场所和公共交通工具全面禁烟,采取税收、价格调节等综合手段提高控烟成效,加大控烟宣传教育力度,建立和完善戒烟服务体系,加大烟草广告监督执法力度,建立完善的烟草制品成分管制和信息披露制度,加强各级专业机构控烟工作等。

3. 心理健康促进行动

心理健康是人在成长和发展过程中,认知合理、情绪稳定、行为适当、人际和谐、适应变化的一种完好状态,是健康的重要组成部分。从个人和家庭的角度看,包含提高心理健康意识,使用科学的方法缓解压力,重视睡眠健康,培养科学运动的习惯,关注家庭成员心理状况,关怀和理解精神疾病患者等;从社会的角度看,包含提供规范的诊疗服务,发挥精神卫生医疗机构作用,把心理健康教育融入员工(学生)思想政治工作,宣传心理健康知识等;从政府的角度看,包括建立心理咨询(辅导)室或社会工作室(站),加大应用型心理健康工作人员培养力度,重视并开展心理危机干预和心理援助工作等。

4. 健康环境促进行动

健康环境是人民群众健康的重要保障。从个人和家庭的角度看,包含提高环境与健康素养,自觉维护环境卫生,倡导绿色低碳的生活方式,关注室(车)内空气污染,做好户外健康防护等;从社会的角度看,包含制定社区健康公约和健康守则等行为规范,提升环保意识建立消费品有害物质限量披露及质量安全事故监测和报告制度,编制针对不同人群的环境与健康手册等;从政府的角度看,包含建立环境与健康的调查、监测和风险评估制度,深入开展大气、水、土壤污染防治,制定健康细胞工程建设规范和评价指标等。

5. 中小学健康促进行动

加强中小学健康促进,增强青少年体质,是促进中小学生健康成长和全面发展的需要。从个人的角度看,包含科学运动,注意用眼卫生,保持健康体重,了解传染病防控知识,保证充足的睡眠等;从家庭的角度看,包含给予孩子健康知识,注重教养方式方法,营造良好的家庭体育运动氛围,保障营养质量等;从学校的角度看,包含严格依据国家课程方案和课程标准组织安排教学活动,改善教学设施和条件,强化体育课和课外锻炼,加强医务室力量等;从政府的角度看,包含加强现有中小学卫生保健机构建设,积极引导支持社会力量开展各类儿童青少年体育活动,完善学生健康体检和体质健康监测制度等。

## 第三节 我国健康福利体系的成就和不足

健康是人类永恒的追求。人民健康是社会文明进步的基础,是民族昌盛和国家富强的重要标志。党的十八大以来,以习近平同志为核心的党中央从党和国家事业全局出发,作出实施健康中国建设的重大决策,把人民健康放在优先发展的战略地位,补短板、强弱项,全方位全周期保障人民健康,取得了斐然的成绩。

## 一、我国健康福利体系的成就

### （一）公共卫生服务

新中国成立以来,我国的公共卫生服务建设取得了显著成效。首先,基本公共卫生服务实现"提质扩容"。2017年,我国政府发布《国家基本公共卫生服务规范(第三版)》,要求服务项目、服务内容和服务范围进一步扩展。2019年,中央和地方财政事权和支出责任划分改革后,国家基本公共卫生服务项目和地方病防治、职业病防治等19项服务项目合并为基本公共卫生服务,相应经费按人均标准平移划转。同时,持续加大基本公共卫生项目评价力度,中央对地方项目评价范围进一步扩大到全国所有省份,实现年度评价覆盖全部省份。各地已普遍制定了评价制度,组建了评价队伍,探索开展第三方评价,实行评价结果与资金拨付挂钩,公共卫生服务的费用支付方式不断优化升级。其次,公共卫生法律体系不断完善。1989年《中华人民共和国传染病防治法》颁布实施,标志着公共卫生法制建设进入了一个新的时期。此后,我国陆续制定和颁布了《母婴保健法》《中华人民共和国食品安全法》《突发公共卫生事件应急条例》等法律规定,为国家公共卫生政策的有效实施和公共卫生事业的积极发展奠定坚实的法律基础。最后,坚持预防为主,传染病和地方病得到有效控制。我国印发关于艾滋病、结核病、地方病、慢性病等重大疾病防治规划,发布实施防控类标准百余项,建立国务院防治重大疾病工作部际联席会议制度,极大提高了疾病防控工作专业性。国家免疫规划疫苗接种率持续保持在90%以上[1],艾滋病病死率、结核病报告发病率显著下降,通过了世界卫生组织国家消除疟疾论证。所有血吸虫病流行县达到传播控制标准,重点地方病区县总体控制,消除率达到99.9%[2]。同时,我国建立了一支完整的卫生突发公共事件的应急队伍和体系,成功地处置了"非典"、H7N9、"新冠"等重大突发疫情。

### （二）医疗服务

随着医疗技术的稳步发展与卫生服务体系的持续性改革,我国的医疗服务

---

[1] 《中国疾控中心:我国免疫规划疫苗接种率持续保持在90%以上》,2019年2月25日,http://www.gov.cn/xinwen/2019-02/25/content_5368389.htm,2022年1月20日访问。

[2] 《十年间我国重大疾病防控成效显著》,2022年6月18日,http://www.gov.cn/xinwen/2022-06/18/content_5696392.htm,2022年8月10日访问。

水平和质量不断提升,居民健康状况不断改善。我国在医学关键技术领域不断实现新的突破,产生了一批国际领先成果,新技术、新设备和新方法得到了推广和应用。首先,在扩大医疗服务供给,改进医疗服务质量,加强医德医风建设方面取得了新的进展。健康扶贫工作稳步开展,妇女、儿童、老年人、残疾人、贫困人口等重点人群的健康得到有效保障,医疗服务的公平性和可及性不断提升,人民群众的获得感不断增强。据统计,我国人均寿命从1949年的35岁增长到2020年的77岁,孕产妇死亡率和婴儿死亡率大幅下降。生命指标的"一增一降"彰显了我国医疗服务对国民生命尊严的竭力保障。其次,我国医疗资源持续增长,医疗服务效率逐步提升。新中国成立70多年来,我国医疗服务人员数量增长超过20倍,医疗机构数量增长超过百倍。新中国成立初期,我国医疗人员仅61万余人,医疗机构不足1万所;2020年,我国医疗人员总数达1347.5万人,医疗机构数量超过102万所。[①] 与此同时,我国住院患者总死亡率逐步下降并稳定在较低水平,临床合理用药水平不断提升,平均住院天数显著降低。最后,医疗总费用发生结构性变化,个人支出比重下降。据统计,2010—2020年我国医疗总费用呈现连续上涨趋势,且增速都保持在10%以上。[②] 2020年,我国医疗服务筹资总量增长、结构优化,居民医疗费用的个人负担相对减轻。根据国家统计局的数据,2020年,全国医疗服务总费用达72 306.4亿元;其中,政府支出21 998.3亿元,占30.4%,社会支出30 252.8亿元,占41.8%,个人支出20 055.3亿元,占27.7%;人均费用5146.4元;相比2019年,2020年个人支出比例下降了0.7%。[③]

(三) 药物供应

我国的药品供应制度发展主要成就包括以下几个方面。第一,药品供应保障制度日益完善。我国实施药品生产、流通、使用全流程改革,推进药品价格改革,取消绝大部分药品的政府定价,鼓励良性市场竞争。深化药品医疗器械审评审批制度改革,鼓励新药和仿制药研发创新。监测预警能力得到提高,采取强化储备、统一采购、定点生产等方式保障供应,短缺药品供应得到保障。实行进口药品零关税,通过价格谈判,大幅降低抗癌药等药品价格。第二,药品流通集中

---

[①] 《2020年我国卫生健康事业发展统计公报》,2021年7月21日,http://www.gov.cn/guoqing/2021-07/22/content_5626526.htm,2022年10月1日访问。

[②] 同上。

[③] 同上。

度不断提高,现代医药物流体系不断完善。截至 2020 年年末,全国共有药品批发企业 1.31 万家;药品零售连锁企业 6298 家、下辖门店 31.29 万家,零售单体药店 24.10 万家,零售药店门店总数 55.39 万家。① 通过企业兼并重组,集中度有所提高。随着药品集中带量采购政策的实施、互联网医院配送模式兴起与医药电商业务的快速增长,以及疫情防控的医药物资供应保障服务的开展,药品流通企业在物流网络布局、冷链管理等方面加快物流技术和管理水平升级。第三,国家基本药物制度更加完善。我国基本药物制度在全国基层医疗卫生机构实现全覆盖,基本药物的可及性得到提升,药品安全和质量得到保障,基层医疗卫生机构合理用药水平也有一定提高。2018 年,我国更新了《国家基本药物目录》,基本药物数量由原来的 520 种增加到 685 种,能够覆盖临床主要疾病病种,更好地适应基本医疗卫生需求,服务各级各类医疗卫生机构。新时期的国家基本药物制度更加关注常见病、慢性病和负担重、危害大的疾病以及公共卫生等方面的基本用药需求,注重儿童等特殊人群用药,进一步明确了基本药物"突出基本、防治必需、保障供应、优先使用、保证质量、降低负担"的功能定位,围绕基本药物的遴选、生产、流通、使用、支付等环节存在的问题制定了有针对性的改革举措。

（四）健康教育

新中国成立以来,我国的健康教育事业取得长足发展,健康教育工作融入百姓生活,国民健康素养不断提升。各级政府在《中华人民共和国基本医疗卫生与健康促进法》的指导下,把人民健康放在优先发展的战略地位,推动将健康融入所有政策,把健康教育送进乡村、送进社区、送进学校、送进家庭,建设群众身边的健康环境。健康教育既助力疫情防控,又推动群众养成良好的健康习惯,提升健康素养。首先,全国居民健康素养水平稳步提升,2021 年中国居民健康素养水平达到 25.4%,比 2020 年提高 2.25 个百分点,呈现稳步提升态势。② 其次,学校健康教育制度不断完善,学生健康环境有效改善。建立了学生体质健康调研（监测）与公告制度,为了解和掌握我国青少年学生体质健康状况及发展变化趋势,及时为我国政府及其职能部门宏观决策、开展科学研究等方面的工作提供了科学依据。同时,建立了学生健康体检与健康档案管理制度,通过定期对学生进

---

① 《2020 年药品流通行业运行统计分析报告》,2020 年 7 月 30 日,http://www.mofcom.gov.cn/article/jiguanzx/202107/20210703182006.shtml,2022 年 10 月 1 日访问。

② 《稳步提升！2021 年我国居民健康素养水平达到 25.40%》,2022 年 6 月 8 日,http://health.people.com.cn/n1/2022/0608/c14739-32441312.html,2022 年 10 月 8 日访问。

行健康检查,使学校、家长了解学生的身体健康状况,并根据学生存在的健康问题及时制定或采取相应健康干预措施,确保学生能以较为完美的身心健康状态完成各项学习任务。学校教学与生活设施、条件得到明显改善,保障了学生学习、生活环境的卫生与健康。最后,心理健康教育工作得到高度重视,身心健康得到协同发展。党和政府高度重视加强学校心理健康教育,教育部成立了中小学心理健康教育咨询委员会和普通高等学校学生心理健康教育专家指导委员会,加大对全国学校心理健康教育工作的宏观指导。各省市积极开展了形式多样的学校心理健康教育活动,内容和形式丰富多彩。学术界注重进行学校心理健康教育的理论研究,在全国教育科学规划重点课题中,多项课题研究领域涉及中小学心理健康,编撰出版了一大批学校心理健康教育的读物。

## 二、我国健康福利的不足

在肯定我国健康福利体系建设伟大成就的同时,我们也要充分认识到其在社会发展新时期面临的严峻挑战,系统识别问题与不足。

首先,在公共卫生服务上,城乡统一的基本公共卫生服务体系仍未建立。我国基本公共卫生服务供给长期呈现城乡二元化的特征,农村公共卫生事业持续欠账。我国公共卫生的投入结构是典型的多元结构,即公共卫生的投入水平受制于地方政府的财力水平。在长期福利实践中,政府的公共卫生服务支出显示出城市偏好,用于农村公共卫生服务发展的比例较低,城乡之间基本公共卫生发展存在差距。尽管国家对农村出台了一系列优惠政策,也取得了良好的效果,但短期内城乡间发展仍不均衡。与此同时,专业的公共卫生人才队伍建设仍不足。公共卫生工作的开展环境越来越复杂,我国人才知识储备、人才存量与增量以及管理现状不能满足发展的需要。公共卫生机构人员收入水平较低,基层工作量大、压力大、人员流动率高。尽管国家出台了各项优惠政策,启动城市、社区、农村三级卫生服务管理网络,加强执业医师和卫生服务人员的技能培训,增强了公共卫生基层队伍的稳定性和专业性,但仍难以充分满足人民群众旺盛的多元健康需求。

其次,在医疗服务上,来自医疗资源供给不足和分布不均的挑战仍然严峻。我国是人口大国,伴随老龄化、城镇化等社会经济转型过程,老百姓的基本健康需求增长迅速,医疗服务需求与日俱增。但是,我国医疗资源总量相对较少,高质量医疗服务机构仍显不足。国家统计局公布的《中华人民共和国2021年国民经济和社会发展统计公报》显示,截至2021年末,全国共有医疗卫生机构

103.1万个,而其中公立医院1.2万个,仅占全国医疗卫生机构总数的1.2%,三级以上的头部医院数量更少。同时,我国各省市间、各省市内的医疗资源配置存在不合理、不平衡状态。东部地区、城镇地区的医疗资源配置高于西部、农村地区,地区、城乡之间存在较大发展差距。随着广大民众对于医疗健康的需求不断提升,优化要素配置和服务供给、补齐医疗服务发展短板已迫在眉睫。特别地,我国的康复医疗资源较少,医疗机构需要制定标准诊疗规范与标准操作规程、康复急性期和稳定期的衔接机制,统一康复功能评估量表、质量控制标准与风险管理规范。一级康复医疗机构在人员及其技术能力、服务量、康复治疗效率以及与二、三级康复机构间有效联系和转诊机制方面存在不足。值得注意的是,我国三级医疗服务体系的效能有待充分发挥。三级医疗机构各自的职责和关系有待清晰明确的界定。

再次,在药物供应上,仍存在个别"以药养医"现象,监管体系须进一步完善。自2009年国家正式提出"医药分开"政策以来,医疗机构已经按照零差价的模式管理药品,即药品销售价、政府招标价、医院采购价三价合一。同时,此模式使医院的议价能力降低,出现医院亏损面扩大和药费上升问题。与此同时,药物监管体系尚不完善,制度运行性风险较大。现阶段,在我国基本用药生产过程中,专业药物质量监管工作不足,造成基本药物生产过程中存在潜在风险。在市场环节,各省份对于基本药物的监督性抽验及评价性抽验结果的公开性不足。在基本药物的使用环节,不良反应的检测机制、召回及相应预警机制不足,影响了基本药物的质量安全。

最后,在健康教育上,专业人员数量和素质有待进一步增强,以保证健康服务水平。按照相关要求,健康教育课程教学应由体育教师在体育课中完成,但是现阶段仍存在落实困难。与此同时,现阶段健康教育在系统的教学内容、相应的评价标准方面存在不足,影响了教学效果。同时还须重视健康教育服务发展不平衡、地区间水平差异等问题。

## 本章小结

随着健康内涵的革新,传统的医疗卫生福利和医疗保障已经难以满足国民日益增长的健康需求。在健康中国的战略背景下,本章通过总结梳理我国健康福利相关领域的历史沿革和主要内容,对我国健康福利制度进行思考。首先,公共卫生、医疗服务、药物供应和健康教育是我国健康福利的主要组成部分。这四项内容构成了我国健康福利的供给体系,涉及卫生资源的有效利用和公平分配。其中,公共卫生服务能够为国民健康提供一个良好的社会环境,基本医疗服务是对劳动者或社会成员最基本的福利性照顾,药物供应以国家基本药物制度为基础来保证群众基本用药需求,健康教育帮助人们自觉地采纳有益于健康的行为和生活方式。历经 70 多年的发展,我国的健康福利制度取得了长足的发展与进步,取得了斐然的成绩。与此同时,我国的健康福利体系仍然存在城乡、区域之间水平差距,专业的人才队伍体系,资源配置,监管体系,评价工作等方面不足。在"健康中国 2030"发展战略背景下,要坚持以人民为中心的发展思想,坚持正确的卫生与健康工作方针,清楚地认识到当前存在的问题,深化体制机制改革,加快健康人力资源建设,加强健康法治建设,普及健康生活,优化健康服务,完善健康保障,建设健康环境,显著改善健康公平。

### ◆ 重点名词

健康福利　公共卫生　医疗服务　药物供应　健康教育

### ◆ 思考题

1. 健康福利有哪些功能?
2. 我国当前健康福利包括哪些部分?各部分是如何运行的?
3. 我国健康福利存在哪些不足?如何改革?

### ◆ 延展阅读

胡耀岭、徐洋洋:《健康人力资本投资的共同富裕效应》,《人口与经济》2023 年第 4 期,第 106—123 页。

刘继同:《健康中国制度建设与全球健康福利治理》,《人民论坛·学术前沿》2023 年第 13 期,第 86—98 页。

刘继同:《从"医疗政治学"到"健康政治学":国家健康权力治理体系现代化的制度化路径》,《湖南社会科学》2021 年第 3 期,第 81—90 页。

# 第十六章　住房福利

【本章学习要点】
1. 把握住房福利的基本内涵与实施原则。
2. 了解我国住房福利的发展历程与典型制度。
3. 熟悉国外典型的住房福利制度。

## 第一节　住房福利概述

党的十九大开启了国家发展的新征程,以人民为中心的发展取向为我国社会保障体系建设指明新方向,也为我国民生事业的健康发展蓄力。作为民生领域的重要议题,住房福利发展不仅对新常态下经济平稳运行具有重要作用,更对提升人民生活质量意义重大。目前,我国正在努力构建具有中国特色的住房福利制度。

### 一、住房福利的内涵

住房是一项涉及民生的重大区域性经济发展议题。住房福利就是国家通过国民收入再分配来保障国民,特别是城镇中低收入阶层的基本住房需求,为改善国民居住条件而采取的措施和政策。在市场经济条件下,住房不仅是一种投资品,更是国民安身立命、国家社会稳定的重要物质基础。因此,国家有责任保障国民,特别是低收入人群的住房需求。

### 二、住房福利的实施原则

首先,住房福利的保障要坚持福利水平与国家财力相适应的原则。住房福利旨在保障和改善国民的居住条件,使国民享受国家发展的成果。和其他福利一样,住房福利以国家财政为物质基础,是国家通过转移支付的方式实现国民财富的再分配,其水平要与国家的财力状况相适应。因此,为了保障住房福利制度的目标实现和经济社会的可持续性发展,住房福利的范围和水平都应该在国家财力载荷之内,住房福利支出占国家财政支出的比例应保持平稳状态。

其次,住房福利的实施要坚持多层次、多样化的产品供给原则。受制于收入水平差异,国民对住房的货币支付能力不尽相同。因此,住房福利水平应具有多层次特征,围绕福利对象收入水平进行调整。与此同时,住房福利水平的层次性决定了福利实现手段的多样性。不同的福利实现手段对国家财力、市场以及需求满足的影响是不同的,亦适用于不同的经济政策安排、不同的住房发展阶段和不同的国民需求。住房福利政策发展不能一蹴而就,需要根据特定的社会经济背景以及工具特性不断调整。

最后,住房福利要坚持公共性与市场性相结合的原则。住房福利是对市场化分配住房的一种补充,不能取代或者破坏市场机制。国家干预、调控住房市场的目的是弥补或者修正市场机制的缺陷,从而更好地发挥市场对住房资源配置的基础性作用。从具体过程来看,国家住房福利制度的运行和对住房资源的调配也需要与市场建立密切、和谐的合作关系。只有充分发挥市场在住房福利供给过程中的积极性,住房福利实现的效率才能得到有效提升。因此,住房福利和市场机制之间是统一的、互补的,应该和谐共处、相辅相成。

## 第二节 我国的住房福利制度

### 一、我国住房福利制度的发展历程

新中国成立以来,我国住房福利制度经历了一个在住房经济属性与社会福利属性双重角力下追求平衡发展的过程,具体分为计划经济时期、改革探索期和改革深入期三个阶段。

(一)计划经济时期(1949—1979)

这一时期所推行的社会保障制度具有相当的特殊性。在计划经济体制下,我国社会福利政策的推行主要受到两种逻辑的交互影响:社会主义制度的逻辑鼓励国家通过社会福利的供给来消解资本主义带来的社会"异化";社会主义的建设需要则要求社会在短时间内以较快速度实现资本的大规模积累。因此,这一时期,社会政策与经济政策的隔离并不明显。社会保障的建设嵌入基本的政治经济制度,体现出相当程度的公益性和福利性。

具体来说,我国在这个时期缺乏单独的住房政策。与新中国成立初期的其他政策相似,住房政策主要沿用苏联的路径,采用"国家投资,国家建设,国家分配,以租养房"的公有住房实物分配制度,在一定程度上配合社会主义国家经济建设的需要以及"单位制"发展特色。这一时期的住房福利主要在城镇范围内开展,由国家和单位统包建设。依托于工作身份,单位职工可以享受实物福利分房、象征性地缴纳租金等福利。

这一时期,在"单位制"的发展思路下,我国住房问题较为分散,住房问题多隐藏于各个单位之中。更重要的是,住房的价格严重偏离市场价值,住房市场发育停滞,住房制度的商业逻辑严重断裂,住房福利成为当时分配体制下的产物,具有浓厚的国家福利和单位福利色彩。据统计,这一时期的人均住房面积严重缩水,城镇人均住房面积由 1950 年的 4.5 平方米下降至 1978 年的 3.6 平方米。[①]

### (二) 改革探索期(1980—1992)

改革开放之后,在市场化浪潮的影响下,住房的商品化程度逐步提高。不仅住房建设开始进入高歌猛进的发展时期,住房福利改革也逐步提上日程。

1980 年,中共中央、国务院批转《全国基本建设工作会议汇报提纲》,提出"准许私人建房、私人买房,准许私人拥有自己的住房",标志着政府开始允许实行住房商品化政策。随后,各试点地区开始向城镇居民以土建成本价销售住房,即全价售房。从此我国住房福利改革拉开了大幕。

1988 年初,国务院召开第一次全国住房制度改革工作会议,并印发《关于在全国城镇分期分批推行住房制度改革的实施方案》,提出要把住房改革正式纳入中央和地方的改革计划,分期分批推行。住房制度改革方案分两步走:第一步是通过全面提高住房租金,以租养房,促进购房,以实现住房资金的良性循环;第二步是通过理顺分配关系,逐步提高职工的经济消费能力,以进一步实行住房的商品化、社会化和专业化。

1991 年 6 月,国务院颁布了《关于继续积极稳妥地进行城镇住房制度改革的通知》,要求通过进一步的住房改革来缓解城镇居民住房难的现状,改善居民的

---

① 王丰:《中国城镇的住房改善及分配:中国 2000 年人口普查的初步证据》,《中国评论》2003 年第 2 期,第 121—143 页。

居住条件,并逐步实现住房的商品化,发展房地产业。但是,由于当时经济发展水平不高,国民的消费能力不强,住房的商品化程度不高,住房福利改革过程中遇到一些挫折,如低价售房等。

由此可见,这一时期,住房福利改革处在起步期和探索期,重点在于推进住房的商品化建设。

(三) 改革深入期(1993年至今)

1992年,党的十四大明确指出,我国经济体制改革的目标是建立社会主义市场经济体制。这为后来住房福利改革奠定了政策基础。

1993年,党的十四届三中全会通过《中共中央关于建立社会主义市场经济体制若干问题的决定》,明确提出要加快推进住房制度改革。随后召开的第三次全国住房制度改革工作会议提出,要建立住房公积金制度。

1994年,我国第一次提出建立市场与社会福利并行的"双轨制住房保障体系"。国务院颁布《关于深化城镇住房制度改革的决定》强调,要为中低收入家庭解决住房保障问题,经济适用房的建造成为重要举措。同年,实行《城镇经济适用住房建设管理办法》,推动了我国住房保障制度的发展,这成为建立经济适用住房制度的基石,促进了该类住房的大规模建设。

1995年,国务院住房制度改革领导小组制订《国家安居工程实施方案》,开启了我国安居工程的大幕,标志着住房福利制度改革的深入。安居工程主要是为了解决国有大中型企业职工和大中城市居民的住房困难状况,对住房福利改革影响重大。

1998年7月,国务院颁布《关于进一步深化城镇住房制度改革加快住房建设的通知》,标志着我国住房由福利分配制转向货币化的住房分配制,在住房制度改革中具有里程碑意义。该通知还把国民收入划分为高、中低、最低三档,并针对不同的档次提出了住房改革的措施:高收入家庭购买、租赁商品房,中低收入家庭购买经济适用房,政府或单位为最低收入家庭提供廉租房。

2007年8月,国务院颁布《关于解决城市低收入家庭住房困难的若干意见》,要求根据廉租房制度实施以来的情况进一步完善该制度,提出扩大保障范围、增加房源、合理确定受益对象等措施。同年11月,建设部等七部门联合颁布了新的《经济适用房管理办法》,旨在保证经济适用房制度更加公平;建设部等部门印发了《关于改善农民工居住条件的指导意见》,对如何改善农民工居住条件作了详细的规定。

2007年,我国住房保障体系初具雏形,城镇中低收入阶层成为住房福利的核心关注人群。2009年,住建部、发展改革委员会、财政部联合发布《关于印发2009—2011年廉租住房保障规划的通知》,计划利用三年时间基本解决747万现有城市低收入住房困难家庭的住房问题。次年,《关于加强廉租住房管理有关问题的通知》出台,就廉租房建设与管理问题作出详细规定。

2013年,在经济体制全面深化改革的时代背景下,住建部联合多部门共同出台《关于公共租赁住房和廉租住房并轨运行的通知》,宣布从2014年起,各地公共租赁住房和廉租住房并轨运行,并轨后统称为公共租赁住房,实现统一规划建设、统一资金使用、统一申请受理、统一运营管理。2014年,国务院等机构发布相关文件,就公共租赁住房的管理、运行等细则进行详细规划。

2017年,在全国经济发展进入新常态之时,全面深化改革开始向纵深推进。为进一步满足人民群众日益增长的住房需求,住建部于2017年9月发布文件,鼓励上海、北京两地开展共有产权住房建设,加快完善住房保障和供应体系,以市场为主满足多层次需求,以政府为主提供基本保障。相关部门在政策指导下通过推进住房供给侧结构性改革,加快解决住房困难家庭的基本住房问题。同年,北京市出台《北京市共有产权住房管理暂行办法》,明确未来五年供应25万套共有产权住房的目标。2018年,政府购买公租房运营管理服务被正式提出。据统计,截至2018年底,全国共有3700多万困难群众住进公租房,累计近2200万困难群众领取公租房租赁补贴。①

2019年3月24日,《住房公积金管理条例》就单位缴纳住房公积金的具体办法作出修订,强调单位应当向住房公积金管理中心办理住房公积金缴存登记,并为本单位职工办理住房公积金账户设立手续。每个职工只能有一个住房公积金账户。该文件进一步规范了我国城镇职工住房公积金制度。

2021年7月,国务院办公厅发布《关于加快发展保障性租赁住房的意见》,明确保障性租赁住房主要解决符合条件的新市民、青年人等群体的住房困难问题,以建筑面积不超过70平方米的小户型为主,租金低于同地段同品质市场租赁住房租金。该意见首次明确了国家层面的住房保障体系的顶层设计,提出完善以公租房、保障性租赁住房和共有产权住房为主体的住房保障体系,并进一步针对

---

① 《努力实现让全体人民住有所居——我国住房保障成就综述》,2019年8月13日,http://www.xinhuanet.com/politics/2019-08/13/c_1124871587.htm,2024年6月22日访问。

保障性租赁住房提出制度安排和支持政策。

总体来说,我国自1993年开始的住房福利改革在广度与深度上同时推进,不仅提高了我国城镇低收入人群的住房水平,增强了人民群众的生活幸福感,也推动了我国住房福利制度的发展。

## 二、住房公积金:我国住房福利的典型制度

改革开放以来,我国通过对住房福利制度进行改革调适,基本形成了具有中国特色的住房保障制度,具体包括以低收入家庭为对象的廉租房制度、以中低收入家庭为对象的经济适用房制度和面向城镇职工的以个人强制储蓄、单位补贴为主要内容的公积金制度。其中,廉租房制度和经济适用房制度以中低收入家庭为保障对象,表现出更高程度的社会救助特色。因此,本书将这两种住房保障制度放入第五章第三节"专项社会救助"中予以介绍,本章着重介绍住房公积金制度。

### (一) 住房公积金制度的发展

住房公积金是指国家机关、国有企业、城镇集体企业、外商投资企业、城镇私营企业及其他城镇企业、事业单位、民办非企业单位、社会团体及其在职职工按《住房公积金管理条例》缴存的长期住房储蓄金,住房公积金归职工个人所有。住房公积金制度的建立受到新经济自由主义的重要影响,旨在通过对社会闲置资源的整合配置,调节社会成员的整体利益关系,进而提高公积金账户所有人的住房购买能力。

我国的住房公积金制度滥觞于由计划经济向市场经济转型的特殊时期,目的在于促进我国的住房制度由分配制度向市场化转型。从20世纪90年代开始,我国开始逐渐探索建立、完善住房公积金制度。借鉴新加坡的经验,上海市于1991年率先建立住房公积金制度,引发其他多地效仿。1994年,国务院发布《关于深化城镇住房制度改革的决定》,中央政府对各地推行的住房公积金政策予以肯定,并明确提出要全面推行住房公积金制度。财政部等部门联合颁布《建立住房公积金制度的暂行规定》,对我国住房公积金制度进行了全面的设计,勾画出宏观框架。随后,各有关部门陆续制定相应规定对住房公积金制度的具体操作办法和管理原则进行完善。1999年4月实施《住房公积金管理条例》,将公积金管理纳入规范化轨道;2002年对该条例进行了修订,并颁布了《关于进一步加强住房公积金管理的通知》;2005年财政部联合有关部门出台了《关于住房公积金

管理若干具体问题的指导意见》，进一步规范公积金在具体实施过程的各种管理行为，提高住房公积金使用的规范性和效益。2019年3月，有关部门就《住房公积金管理条例》进行进一步修订，强调一个参保人只能有一个公积金账户，进一步规范住房公积金制度管理，降低个体寻租空间。

（二）住房公积金制度的特征

我国住房公积金制度具有缴费的强制性、使用的专项性、功能的互助性、范围的区域性等特征。

第一，缴费的强制性。2005年，《关于住房公积金管理若干具体问题的指导意见》规定："国家机关、国有企业、城镇集体企业、外商投资企业、城镇私营企业及其他城镇企业、事业单位、民办非企业单位、社会团体及其在职职工，应当按《住房公积金管理条例》的规定缴存住房公积金。有条件的地方，城镇单位聘用进城务工人员，单位和职工可缴存住房公积金；城镇个体工商户、自由职业人员可申请缴存住房公积金，月缴存额的工资基数按照缴存人上一年度月平均纳税收入计算。"单位不办理住房公积金缴存登记或不为本单位职工办理住房公积金账户的，住房公积金管理中心有权责令限期办理。逾期不办理的，可以按照《住房公积金管理条例》的有关条款进行处罚，并可申请人民法院强制执行。但住房公积金缴费的强制性主要是针对在列单位及其在职职工，对城镇单位聘用进城务工人员、城镇个体工商户和自由职业人员并没有强制要求，在管理层面存在一定的可操作空间。

第二，使用的专项性。按照条例规定，公积金账户所有者只能在规定的情形下使用住房公积金，对资金的提取和使用具有严格限制，不能挪作他用。具体包括：(1)购买、建造、翻建、大修自住住房；(2)离休、退休；(3)完全丧失劳动能力，并与单位终止劳动关系；(4)出境定居；(5)偿还购房贷款本息；(6)房租超出家庭工资收入的规定比例。

第三，功能的互助性。按规定，国家机关、国有企业、城镇集体企业、外商投资企业、城镇私营企业及其他城镇企业、事业单位、民办非企业单位、社会团体及其在职职工都应按《住房公积金管理条例》缴存住房公积金，而无论其是否需要使用公积金来解决住房问题。购买住房支付能力较弱的职工可以使用自己缴纳的住房公积金，也可以通过抵押的形式进行公积金贷款。闲置资金通过住房公积金制度有效流动，也在一定意义上促成社会再分配过程的开展，具有社会互助的功能。

第四,范围的区域性。与社会保障"属地管理"原则相一致,我国住房公积金制度的运行表现出明显的区域性特征。首先,在缴纳标准的设定上,各地可以根据本区域内经济发展状况与财政荷载力,在限定范围内自主选择。国家只给出一般性的指导意见。《住房公积金管理条例》规定,单位和职工缴纳比例不应低于5%,具体执行标准由各地自主制定。2018年,《关于改进住房公积金缴存机制进一步降低企业成本的通知》进一步要求各地区延长阶段性适当降低住房公积金缴存比例的政策,并可结合当地实际进一步降低企业住房公积金缴存比例。缴存单位可在5%至当地规定的上限(12%)区间内,自主确定住房公积金缴存比例。其次,住房公积金的资金管理也多在区域内进行,不存在跨地区调剂配置。公积金的归集和使用均旨在实现本区域范围内的自平衡。

(三)住房公积金制度的运行

1996年8月,为规范和指导各地住房公积金制度改革,《关于加强住房公积金管理的意见》明确提出,住房公积金要按照"房委会决策、中心运作、银行专户、财政监督"的原则进行管理。

第一,房委会决策。按规定,直辖市、省会城市以及其他设区的市、地、州、盟(以下统称设区城市)要设立住房公积金管理委员会作为决策机构。住房公积金管理委员会以设区城市为单位成立,以住房公积金缴存人代表为主组成:人民政府负责人和建设、财政、人民银行等有关部门负责人以及有关专家占1/3,工会代表和职工代表占1/3,单位代表占1/3。在行政管理上,房委会委员由设区城市人民政府聘任,主任由具有社会公信力的人士担任。在工作方法上,住房公积金管理委员会通过建立严格、规范的会议制度,实行民主决策。在行政职能上,住房公积金管理委员会负责:依据有关法律、法规和政策,制定和调整住房公积金的具体管理办法,并监督实施;拟定住房公积金的具体缴存比例;确定住房公积金最高贷款额度;审批住房公积金归集、使用计划;审议住房公积金增值收益分配方案;审批住房公积金归集、使用计划执行情况的报告;审议住房公积金购买国债比例的确定,以及住房公积金年度公报的公布事宜。

第二,中心运作。按照精简、效能的原则,各直辖市、省会城市以及设区城市应当设立一个住房公积金管理中心负责住房公积金的管理运作,县(市)不设立住房公积金管理中心。住房公积金管理中心是直属城市人民政府的不以营利为目的的独立的事业单位,履行下列职责:编制、执行住房公积金的归集、使用计划;记载职工住房公积金的缴存、提取、使用等情况;核算住房公积金;审批住公积金的提取、使用;负责住房公积金的保值和归还;编制住房公积金归集、使用计划执行情况的报告;承办住房公积金管理委员会决定的其他事项。

第三,银行专户。住房公积金管理委员会应当按照中国人民银行的有关规定,在指定银行(以下简称"受委托银行")范围内办理住房公积金金融业务。住房公积金管理中心应当与受委托银行签订委托合同,受委托银行办理住房公积金贷款、结算等金融业务和住房公积金账户的设立、缴存、归还等手续。其中,受委托办理住房公积金账户设立、缴存、归还等手续的银行,一个城市不得超过两家。

第四,财政监督。设区城市的财政部门要对住房公积金管理和使用的全过程监督。住房公积金管理中心要严格执行财政部有关规定,按时向财政部门报送住房公积金财务收支预算和管理费用预算,并严格按财政部门批复的预算执行。住房公积金管理委员会在审批住房公积金归集、使用计划和计划执行情况的报告时,必须有财政部门参加。住房公积金管理中心年终编制住房公积金财务收支决算和管理费用决算,要报同级财政部门审批并抄报同级审计部门。

(四)住房公积金制度的现状与未来

经过20多年的政策实践,住房公积金制度在体系建设上不断进步。更重要地,住房公积金制度作为一项住房筹资制度,为我国住房事业的市场化转型提供了重要推力。但是,由于住房市场日趋成熟,房地产泡沫增生等环境变化,住房公积金制度在现实运行过程中也存在一些问题,引发学界对于现有制度的"存废之争"。[①]

住建部、财政部和中央银行联合发布的年度住房公积金报告显示,截至2020年末,住房公积金缴存总额为29.16万亿元,缴存余额为10.06万亿元,比上年末统计数据分别上升13.50%、8.80%。从总体数据来看,截至2023年末,我国全国住房公积金累计提取19.10万亿元,占累计缴存总额的65.51%[②],且结余资金仍在持续增长。巨额资金沉淀意味着现有住房公积金制度可能面临较为严重的资源错位问题。一方面,很多缴纳住房公积金的个体在实际过程中没有购房需求或者不需要使用住房公积金,导致资金沉淀。另一方面,许多有购房需求但没有

---

① 相关内容参见牛明、朱小玉:《住房公积金制度何去何从:存废之争、定位重思与改革方向》,《社会保障评论》2019年第2期,第137—152页。

② 《全国住房公积金2023年年度报告》,2024年5月22日,https://www.gov.cn/zhengce/zhengceku/202405/content_6954834.htm,2024年6月15日访问。

公积金的人无法享受此项福利,导致资源错配浪费。

该制度在运行过程中的问题得到越来越多关注,具体表现为以下几点。

第一,住房公积金制度的覆盖面仍处于有限状态,"扩面"工作见效缓慢,可能损害制度公平性。2004年起,住房公积金制度的覆盖面始终在41%—46%徘徊,缴费人数逐年上升,但增速降缓。以2020年为例,我国住房公积金实缴职工数15 327.7万人,比上年增长3%。以全国16—59岁劳动年龄人口为8.8亿人为基数进行计算,我国缴纳住房公积金的人口仅占全国总劳动年龄人口的17.42%,比例明显失衡。第二,公务员、事业单位等体制内工作人员占到住房公积金实缴人数的大多数,覆盖面明显偏倚,呈现出职业不平等特征。第三,各类工作单位的制度覆盖率呈现明显差异,其中机关事业单位参保率最高,近90%,私企和城镇小企业参保率最低,不足10%。第四,实际缴费率在个体间具有较大差异。《住房公积金管理条例》明确规定,个体和单位缴纳住房公积金的比例以职工上一年度平均月工资为参照单位,在5%—12%范围内浮动。但根据住建部数据显示,实际缴费率在5%以下的个体占比12%,缴费率突破12%上限的个体占比9%。第五,公积金缴存额存在地域差异。江浙沪地区缴存额占全国1/3,全国范围内"千亿军团"与"百亿左右"并存。据统计,2020年,全国住房公积金缴存额超过千亿的省份共有7个,江、浙、沪、粤四个省份的公积金缴存额分别为2280.95亿元、1814.86亿元、1687.39亿元、2904.39亿元,占全国公积金缴存额的33.15%;但宁夏、西藏、新疆生产建设兵团的住房公积金缴存额仅分别为115.79亿元、111.29亿元、47.99亿元。① 第六,住房公积金账户资金储量变动剧烈,平稳性不足。在账户整体存储资金稳步小幅上升的前提下,基金的支取状况受到房地产市场波动影响,变动更为频繁、剧烈,引发社会对于住房公积金制度的信任危机。

## 第三节 住房福利制度的国际经验

### 一、国外住房福利供给的典型模式

为了保障社会弱势人群的住房需求,世界各国政府都在一定程度上干预住房市场,引导培育带有福利性质的住房供应体系。根据政府对住房福利的干预

---

① 《全国住房公积金2020年年度报告》,2021年7月16日,https://www.cqn.com.cn/fangchan/att/2021-07/19/6cb0e52c-3e06-4492-9b46-d68200dc5d97.pdf,2022年10月1日访问。

程度以及市场角色,国外住房福利供给模式可大致分为三类:政府公房建设模式、住房建设补贴模式、租房租金补贴和购房税收优惠模式。①

#### (一)政府公房建设模式

政府公房建设模式大多出现于住房短缺时期。政府可以发挥土地、资本等资源优势,在生产环节干预住房市场,直接建造住房,从而在较短的时间内增加住房供应总量。英国的市建住房(Council Housing)、美国联邦政府的公共住房(Public Housing)、新加坡政府的组屋均为政府公房建设模式的典型代表。美国于1937年颁布了首个住房法案,开联邦政府资助公共住房的先河。该法案规定,联邦政府资助地方政府为社会弱势人群建造公共住房,符合要求的居住者只需要向地方管理部门支付较低水平的租金即可。在二战后的"高福利"基本国策的支持下,在英国,由地方政府投资建造市建住房提供给居民租住。到20世纪80年代,英国平均每年建造14.3万套公房,并将该项福利的申请对象从最初的低收入困难户发展为社会所有人群。新加坡组屋计划开始于1960年。截至2021年,通过住房公积金的金融支持作用,新加坡共修建组屋110万余套,超过300万新加坡公民居住在政府提供的组屋之中。② 由于采用巨额公共财政对房地产市场进行干预不仅会挫伤市场活力,也造成了较大的财政负担,因此政府公房建设模式逐渐被抛弃。

#### (二)住房建设补贴模式

政府可以通过提供优惠贷款、补偿贷款利息等优惠政策,支持营利性房地产企业和非营利性机构发展低租金、低成本的住房,同时对建成住房的出租或者销售做出限制。德国和美国是向营利性房地产企业提供住房建设补贴的代表性国家。德国通过1956年的《住宅建设法》推出"社会住房计划",要求在土地供应、税收、贷款等方面对社会性住房建设项目予以优惠吸引私人资本流入,并将社会住房的租金控制在低收入家庭的负担能力之内。美国则于1968年通过为房屋建设者提供低于市场利率的国家贷款,鼓励市场为社会弱势人群提供低于正常价格的合格住房。除此之外,法国、瑞典、荷兰等国则多依靠补贴非营利房地产发展机构来解决住房问题,通过低息、无息贷款以及免税待遇等手段引导非营利性地产业发展。

---

① 孙光德、董克用主编:《社会保障概论(第五版)》,中国人民大学出版社2016年版,第228—230页。
② 数据来源:新加坡国会:《我国组屋单位过去20年增近三成,目前居民人数逾300万人》,2022年11月10日,https://www.8world.com/singapore/parliament-hdb-unit-1969986,2024年7月22日访问。

### (三) 租房租金补贴和购房税收优惠模式

住房租金补贴(俗称"人头补贴")是一种由政府向低收入者提供房租补贴的住房保障模式,补贴的数额按一定住房标准的租房租金与家庭可支付租金的差额确定,家庭可支付租金一般按本地区平均房租支出占家庭收入的比重确定。租房租金补贴和购房税收优惠模式能够根据居民的收入状况不同程度地发放福利进而达到"居者有其屋"的目标,已经成为世界范围内的主流范式。美国的租金证明计划和租金优惠券计划鼓励地方政府在确认租约后,直接以租金证明或租金优惠券的形式向房主支付租金。在此项目中,福利获得者所需支付的房屋租金不超过其个人可支配收入的30%。自20世纪80年代起,法国和荷兰的住房福利已经逐渐从"砖头补贴"转向"人头补贴"。仅在80年代初期,消费者补贴占两国住房补贴的比重均已超过20%。

三种住房福利供给模式均具有一定的历史合理性,也对住房市场产生不同程度的影响。政府公房建设模式通过政府直接参与住房建设的形式对市场供给侧进行扩容,住房建设补贴模式通过对供给侧进行间接引导扩大社会性住房的生存空间,而租房租金补贴和购房税收优惠模式则通过对消费者行为进行引导来保证社会弱势人群住房福利的有效获得。

## 二、国外典型的住房福利政策

### (一) 美国的住房福利政策

美国主要通过税收优惠、降低住房租金或者发放住房租金补贴等途径来解决贫困家庭住房难问题。除租金证明计划和租金优惠券计划两项租金补贴计划外,联邦政府还通过住房金融政策的宏观调控对个体住房需求给予保障。1932年,美国制定《联邦家庭贷款银行法》,由财政部发行债券集资,然后再以低息贷款方式借给银行,使其发放住房贷款。这样,成员银行得到了低息的资金,在发放住房贷款时也就会跟着降低利息。1934年,美国又制定了《联邦住宅法》,其主要职能是为低收入者住房贷款提供按揭保险。

### (二) 英国的住房福利政策

英国政府把保障低收入家庭住房权利当成公民权利的重要组成部分,把满足低收入家庭住房需求作为政府的重要职责。

英国通过立法来保障国民的居住权利。19世纪80年代,由于战争的破坏,大量的社会成员居无定所。因此,英国制定《住房法》,把满足低收入家庭住房需求作为政府的重要职责,建造大量的市建住房来满足低收入家庭的住房需求。

英国在通过多种抵押贷款优惠来促进社会成员购买住房方面很有特色。抵押贷款偿还周期长,一般是15—25年,最长的还可以达30年,而且贷款档次众多、方式多样,能够满足不同收入层次的群体的需要。贷款占房价的比例非常高,一般可以达到80%,如果有保险公司担保的情况下甚至可以达到100%。

英国政府还大力扶持具有互助性质的建房社团。政府通过阻止银行等金融机构进入个人住房抵押领域,使得建房社团在住房金融市场中独占鳌头。但建房社团不是营利性组织,它的盈利又以某种方式返回给存款人和借款人,从而增强了社会成员购买住房的支付能力。

（三）日本的住房福利政策

虽然土地私有,但日本政府遵循"保低放高"的原则。所谓"保低放高"是指政府为中低收入的国民提供廉价住房或优惠住房贷款,保证其能买得起房或者租得起房,而高收入国民的住房问题则完全按照市场机制来解决。在日本,政府为中低收入的国民提供的住房叫"公营住宅",就相当于我国的"经济适用房"。日本中央政府以提供大量资金支持的方式来鼓励地方政府兴建住房和收购住房,然后再以较低价格出售或出租给中低收入的国民,以满足中低收入群体的住房需求。日本《公营住宅法》规定,中央政府要为地方政府新建住房补贴1/2的费用,为翻修住房补贴1/3费用。

1955年,日本政府出台了《住宅公团法》,规定中央政府要出资组建住宅公团。住宅公团是一个不以营利为目的的组织,负责在大城市及其周边地区进行城区改造和建设住房,并出售或出租给一般收入的国民。1960年日本又制定了《居民区改造法》,规定必须对地方政府的城区改造给予财政补贴。

日本政府也采取优惠的金融政策来鼓励国民购买或建设住房。例如,1950年制定的《住宅金融公库法》规定,由国家出资成立住宅金融公库,对购建住房的个人和单位实行低利率和长周期,即贷款利率相当于普通银行的1/3左右,还贷期限一般为35年,特殊困难人群还能在原期限基础上再延长10年。1955年,日本还颁布了《住宅融资保险法》,对金融机构发放住房贷款提供保险服务。另外,日本政府还通过减免所得税、赠与税和房屋登记许可税等政策措施,鼓励国民购房。

## 第四节 我国住房福利制度改革

### 一、住房福利制度取得的成就

经过几十年的探索、改革与完善,我国住房福利制度基本成形。特别是改革开放后的市场化住房福利制度,为中国特色社会主义政治、经济等多维发展提供重要推力。具体来说,当前住房福利制度的成就可概括为以下几点。

首先,我国已基本建立起包括廉租房制度、经济适用住房制度和住房公积金制度在内的住房保障制度体系,通过住房福利供给,人民群众的住房需求得到有效保障。

其次,住房福利制度在很大程度上改善了城乡居民,特别是城镇居民的居住条件,有效提高了国民生活质量。1978年我国城镇居民人均住宅建筑面积仅为6.7平方米,2019年城镇居民人均住房建筑面积已经高达39.8平方米,比1978年增长近5倍,"居者有其屋"目标基本实现。[1]

最后,住房福利制度深化市场改革切实推动了我国经济社会的发展。住房条件的改善和生活质量的提高有利于稳定社会秩序,为社会的和谐发展创造良好的社会氛围。与此同时,较高的社会获得感提升了国民素质和劳动积极性,进而创造出更多的社会财富。通过建造廉租房和经济适用房,住房福利制度有效带动了建筑相关产业的蓬勃发展;而住房公积金储备资金的市场化运营及增值是经济发展的潜在拉力,有效增强市场发展的活力。

### 二、住房福利制度存在的主要问题

住房福利制度为社会经济发展起到了积极作用,但由于多方面限制,现有住房福利制度仍然存在一些问题。

第一,住房福利资源供给不足,主要体现在"数量"供不应求和"质量"参差不齐两个方面。廉租房和经济适用房享受资格条件都比较苛刻,影响符合条件的社会公民有效获得该项福利。质量上参差不齐是说,按该制度所提供的住房在质量、价格、地理位置和房屋设计等方面不能完全符合实际需求,出现诸多福利住房空置现象。

---

[1] 参见中国政府网,https://www.gov.cn/zhengce/zhengceku/202405/content_6954834.htm,2024年6月15日访问。

第二,住房福利供给过程监管不足,缺乏操作规范。虽然在制度设计上已经形成基本框架,我国住房福利的实际操作过程中仍然存在灰色地带。在住房公积金的缴纳、使用、运营监管上,一些城镇私营企业、外商投资企业等应该建立公积金制度的单位仍未建立。面对大量沉淀的公积金余额,投资运营的渠道和收益不够明确,甚至还存在违规挪用的风险。在廉租房和经济适用住房的运营管理上,对住房建造质量的监管不足。与此同时,由于对城镇低收入者的评估标准与方法不尽相同,对享受廉租房和经济适用住房的资格条件的审核也存在寻租空间。

第三,随着社会流动速度的加快以及就业形式的多样化,我国现行的住房福利制度难以适应日趋多样化的职业分工需要。针对这个问题,国家制定了面向进城务工人员的住房福利政策,如《住房公积金管理条例》规定,有条件的地方,城镇单位聘用进城务工人员,单位和职工可申请缴存住房公积金;2007年建设部等部门专门针对农民工的居住问题颁布了《关于改善农民工居住条件的指导意见》。

第四,现有住房福利制度缺乏法律保障。我国在住房方面的法律尚不健全,住房制度的运行只是靠国务院及有关部门制定颁布的各种政策、规章来维系。这些政策和规章尚不能有效地防范和遏制各种违规、违法行为的发生,迫切需要立法为住房福利制度的实施提供必要的支撑。

## 三、住房福利制度的改革策略

针对我国住房福利制度存在的问题,需要从以下几个方面进行改革,加以完善。

第一,增强住房福利的供给能力。要提高住房福利的供给能力,必须增加福利资金的供给。首先,要发展壮大经济,在此基础上提高社会福利资金在社会总支出中所占的比重,争取更多的财政支持。其次,对住房公积金而言,要不断扩大住房公积金覆盖范围,扩大住房公积金的来源,增加公积金的总量,提高居民购房的支付能力;积极创造条件,让城镇单位及其聘用的进城务工人员缴存住房公积金;城镇个体工商户、自由职业人员可申请缴存住房公积金,月缴存额的工资基数按照缴存人上一年度月平均纳税收入计算;要不断提高住房公积金投资运营的收益能力。最后,要拓展廉租房和经济适用房建设资金来源渠道,形成以财政预算安排为主、多方筹资为辅的筹资机制。多渠道增加房源,即要在发挥国家主导作用的同时,培养、发展住房租赁市场,以优惠政策鼓励房地产开发商开发建设中小户型住房,并以低于市场价的价格让低收入家庭承租或购买,以满足更多低收入家庭的住房需求。

第二,加大监督力度,规范制度实施。首先,要加大对住房公积金缴纳、使用和投资运营的监管力度。缴纳方面应该做到该缴必缴,绝不遗漏;使用方面应该提高使用率,用好和用活公积金,以免过多资金沉淀,充分发挥公积金在提高缴存人尤其是中低收入群体的支付能力上的作用;投资运营方面应该在确保资金安全的情况下,明确投资的去向和领域,提高收益率。其次,要加强对廉租房和经济适用房建筑质量的监管,确保老百姓住上"放心房"。同时,要加强对住房价格的监管,让价格与中低收入家庭相适应,确保真正的"廉租"和"适用"。最后,要严格审核廉租房和经济适用房保障对象的资格条件,严把入口关。同时,要严格按照《廉租住房保障办法》和《经济适用房管理办法》中规定的申请程序操作,实行动态管理和退出机制,争取做到应保尽保。

第三,加快立法,为住房福利制度提供法律保障。根据国外住房福利制度实施的经验,一般都是通过立法来明确各方的权利和义务,保障国民的居住权,满足其住房需求。同时,在实施一项具体的政策前一般都会进行专门的立法,以确保政策的顺利实施。根据我国住房福利制度改革的实践和借鉴国外住房福利立法的经验,我国应着手制定住宅法,用以规范住房建设、供给、管理、监督等方面的工作,以促进我国住房福利制度的健康发展。

第四,加快统筹城乡住房发展。我国目前的住房福利制度是面向城镇居民的住房福利制度,农民尚未能享受到此项福利。国家同样有保障农民住房权益的责任和义务,应该从促进社会公平、缩小城乡差距、改善农村民生状况的角度出发,结合乡村振兴的伟大实践,加快统筹城乡住房发展。

第五,整合住房福利供给制度,理顺"三位一体"的住房供应体系。我国现行的廉租房、经济适用房和住房公积金政策使用的都是公共资源,但又是选择性的制度安排,而真正意义上的国家住房保障制度应该是公共房屋加上住房救助。要在现行的住房福利制度框架内进行制度整合和资源整合会面临较大的挑战和难度,其出路是理顺"三位一体"的住房供应体系。"三位一体"的住房供应体系是指政府主导的公共房屋、市场主导的商品房屋、用人单位主导的房屋福利三个层次,可以分别满足不同社会群体的居住需求。政府主导的公共房屋是整个住房供应体系的基石和满足居民基本居住条件的底线保障,遵循公平与公正的原则,并附带一定的限制条件和退出机制,主要满足低收入家庭的需要。市场主导的商品房屋是通过市场机制来配置的,包括通过市场购买或者租赁房屋,主要满足中高收入家庭的住房需求。用人单位主导的房屋福利是职工职业福利的组成部分,它是指单位或者雇主利用自有资源来改善职工的居住条件,可以作为公共房屋和商品房屋的必要补充。政府的责任主要是保障低收入家庭的住房需求,而需要改善居住条件的只能通过商品房屋和职业性的住房福利来实现。"三位一体"的住房供应体系的关键在于住房公共房屋的定位与满足程度,应当将廉租房、经济适用房和住房公积金制度进行整合,形成统一的公共房屋供应体系,同时确保最低住房保障标准。

### 四、共有产权住房:住房福利改革的新尝试

我国以廉租房、经济适用房和住房公积金制度为要素的住房福利体系在历史发展过程中起到巨大作用。但是,廉租房制度下使用权与所有权分割的运行模式在某种程度上制约中低收入阶层人士家庭财富的持续性积累,限制了社会中低收入阶层人群的向上流动。与此同时,经济适用房制度作为我国产权式保障住房的中坚力量,在2002年之前为中等收入居民住房需求的满足起到相当贡献。但2007年,政府将经济适用房的目标群体从"中低收入家庭"转变为"低收入家庭",将原本"只售不租"的保障性住房转变为"以出租为主"。在全面深化改革的历史浪潮下,我国部分地区在2006年先后试行"先租后售,租售并举"的"产权共有"模式,探索利用共有产权住房对传统经济适用房进行改革。

共有产权住房是指住房财产在法律意义上是由多个独立个体组成的共同体所拥有。对于住房带来的诸多法律责任与权利,共同体内的全体成员均可分享。传统经济适用房可以看作共有产权住房的早期尝试。按照《经济适用住房管理办法》的有关规定,虽然住户采用全额方式对住房所有权进行购买,但却不能获得房屋的完整产权,只是在居住过程中享有政府暂时让渡的占有权及使用权。在经济适用房的建造、交易过程中,政府以土地划拨、税收优惠等资本间接参与经济适用房的投资,具有模糊的产权关系。住户如果想对经济适用房进行转让处理,需要向政府补齐规定数额的价款。在住房福利改革过程中出现的共有产权住房是对传统经济适用房在溢价过程中产生收益的再分配。共有产权住房实行购房者与政府按份共同拥有产权,其产权份额和租金的具体确定均参照市场原则确定,在原有保障低收入阶层住房需求的基本目标之上,鼓励社会中等收入群体产权私有化。

2013年以来,共有产权住房成为政府深化住房保障制度改革的重点方向。2014年3月,李克强总理明确提出,要"针对不同城市情况分类调控,增加中小套

型商品房和共有产权住房供应"。相比较于传统的经济适用房,共有产权住房最大的好处在于产权比例明晰。明晰的产权比例有助于居住者对房屋保值、增值观念的形成,有利于强化所有住房的商品化特征。与此同时,共有产权住房意味着,保障性住房比传统的经济适用房体现出更高的商品性与保障性的统一。住房可以作为个体资产进行抵押、转账,与房屋市场的联系更为紧密,在进行转让时也更加有据可循。对于大多数中低收入阶层而言,共有产权住房为其获得房屋所有权提供了可行的道路,可以避免个体因支付能力不足而被排斥在房地产市场之外。对于政府而言,共有产权住房既避免了传统经济适用房的内在弊端,又提高了投资的回收率与回报水平,维护了住房保障的可持续运行。

共有产权住房制度也存在一定的局限性。[①] 首先,实践证明,虽然共有产权住房有助于个体获得感以及资产效应的提升,但个体对于住房私有化的热情并没有想象中那么高。过分强调住房私有化不符合当下社会流动加速的特性。共有产权住房旨在帮助中等收入群体获得私有化住房,理论上存在排斥社会低收入人群、扩大社会财富差距的可能性。其次,共有产权住房强化了个体住房价值与市场波动之间的联系。在享受房屋增值带来的社会红利的同时,所有者个体也必须承担房屋贬值带来的风险,这在一定程度上背离了住房福利的保障性初衷。最后,对共有产权住房的管理在难度较高,政府作为共有产权的所有者,既难承担管理共有产权的义务,也较难享受共有产权所有的权利。

鉴于共有产权住房发展的良好预期与现实困难,在我国住房福利改革过程中,可以尝试由政府授权成立非营利性住房保障专业化管理机构,由其独立运作决策,维护共有产权住房的良序发展。与此同时,可以由政府牵头,引导社会资源自觉进入住房保障领域,鼓励民间组织参与住房福利供给。

## 本章小结

住房福利是保障"住有所居"的有效途径,是国家通过国民收入再分配来保障国民基本住房需求和改善国民居住条件而采取的措施和政策。住房福利要与国家的财政支付能力相适应,采取多种方式来满足不同群体的住房需求。我国的住房福利制度主要包括廉租房制度、经济适用房制度和住房公积金制度,它们有各自的特点和运行机制。国外住房福利制度模式主要有三种:政府公房建设

---

① 朱亚鹏:《中国共有产权房政策的创新与争议》,《社会保障评论》2018年第3期,第112—122页。

模式、住房建设补贴模式、租房租金补贴和购房税收优惠模式。经过几十年的不断探索逐步完善,我国住房福利制度建设取得了一定的成就。住房福利制度体系基本建立,国民的居住条件得到了很大的改善,但仍然存在住房福利供不应求、运作不规范、覆盖不均、缺乏法律保障等问题。为了更好地保障国民的住房福利,需要根据形势变化对住房福利制度进行改革,例如提高住房福利的供给能力、加强监管、加快住房立法、统筹发展城乡住房福利制度、整合住房福利供给制度等。近年来,我国发展以共有产权住房为代表的改革措施增强了住房保障活力。共有产权住房产权明晰,有助于社会中等收入群体在满足个体住房需要时保有实现住房私有化的路径,有利于政府的后续负担。

## ◆ 重点名词

住房福利　住房公积金　共有产权住房

## ◆ 思考题

1. 我国住房福利制度包括哪些?
2. 住房公积金有什么特征?
3. 我国住房福利制度存在哪些问题?你对住房福利制度改革有什么建议?
4. 国外的住房福利制度有哪些模式?
5. 你对共有产权住房建设有什么建议?

## ◆ 延展阅读

顾澄龙、周应恒、严斌剑:《住房公积金制度、房价与住房福利》,《经济学(季刊)》2016年第1期,第109—124页。

李国庆、钟庭军:《中国住房制度的历史演进与社会效应》,《社会学研究》2022年第4期,第1—22页、第226页。

魏万青、高伟:《经济发展特征、住房不平等与生活机会》,《社会学研究》2020年第4期,第81—103页、第243页。

尹志超、郭润东:《住房公积金制度的主观福利效应》,《中国人口科学》2024年第1期,第67—82页。

# 第十七章　社区福利

**【本章学习要点】**
1. 掌握社区福利概念和我国社区福利内容。
2. 熟悉外国社区福利的内容。
3. 了解我国社区福利存在的问题及改革对策。

## 第一节　社区和社区福利概述

社区与社会、社区福利与社会福利在使用中很容易混淆。为了更清楚地认识和界定社区福利的内涵，有必要对这几个概念进行辨析。

### 一、社区概述

社区的内涵非常广泛，国内外学者对社区的理解和界定不完全相同。1955年，学者 G. A. 希来里（G. A. Hillery）统计发现一共有 90 多种不同的社区概念；到 1981 年，学者杨庆堃统计发现有 140 多种社区概念。尽管如此，学界对社区的理论渊源还是有共识的。"社区"概念最早出现在德国社会学家斐迪南·滕尼斯（Ferdinand Tönnies）于 1887 年出版的名著《社区与社会》（*Gemeinschaft und Gesellschaft*）中，其英文版书名为"Community and Society"。在德语中"gemeinschaft"是"社区"或者"共同体"（community）的意思，"gesellschaft"是"社会"（society）的意思。滕尼斯认为，从传统社会向现代工业社会转型的过程中，人类社会必然经历从社区到社会的历史发展过程。社区是具有共同习俗和价值观念的同质人口组成的关系密切、共同体意识浓厚的一种社会团体；社会则是由不同习俗和价值观念的异质人口组成，人们之间关系相对疏远，依靠契约来维持其正常运行。在我国,"社区"这个概念首次出现在20世纪30年代,当时费孝通等人在翻译美国社会学家罗伯特·帕克(Robert Park)的论文时把"community"翻译为"社区",从此社区一词在我国学术界慢慢流行。由于学界对社区的概念界定不一,所以我们使用我国政府文件中对社区内涵的界定。2000年,《民政部关于在全国推进城市社区建设的意见》提出:"社区是指聚居在一定地域范围内的人们所组成的社会生活共同体。"

社区由人口、地域范围、硬件设施、管理组织和机构、文化五个要素组成,各要素相互作用、相互融合,共同形塑一个社会生活共同体。

(1) 主体要素:人口。人口是构成社区的主体性因素,没有人口也就不存在社区了。人口是社区中的行为主体,因为人口既是社区物质财富和精神财富的创造者,同时也是社区各种服务的消费者和享受者,因此可以说没有人口,社区就没有存在的前提和基础,也没有存在的意义了。当然,社区中的人口是社会人,必定依靠一定的社会关系来维系,从而形成一个有着密切联系的群体。社区中的人口要素也包括多个方面,如人口的数量、人口的年龄结构、人口的素质、人口的职业等,这些方面在不同的社区会有所不同。人口要素是决定不同类型社区的重要因素之一,它也会影响到社区的发展质量。

(2) 空间基础:地域范围。地域是构成社区的空间要素,是社区存在和发展的空间基础,也就是说社区必然以一定的地域为空间载体。地域是有一定界限的,意味着社区具有一定的地域性和封闭性,因此可以根据地域从空间角度划分不同的社区。在现实中,不同的社区在发展过程中会有各自的特点。社区的地域性会影响社区的发展,因为不同的地域范围内的社区除了受自然地理环境影响以外,更重要的影响因素是人文因素。社区的地域范围是具体的,它是街道辖区下的一个基本单位。

(3) 物质基础:硬件设施。社区构成的有形要素之一是各种硬件设施,这是社区居民开展生产生活活动的媒介。例如,为各种特殊群体提供服务的各种设施,如无障碍通道、残疾人康复中心;为普通居民提供各种便民利民服务的设施,如住房、商店、文化、体育、娱乐设施和场所,以及社区党组织和自治组织实施管理活动的办公场所;等等。

(4) 运行中枢:管理组织和机构。要保证社区生产生活正常有序进行,必须有相关的组织和机构进行协调和管理。首先,"没有规矩,不成方圆",相关部门需要制定用来引导和规范社区居民行为的规章制度。其次,进行社区建设和提供各种社区福利服务都涉及多个部门和环节,有关部门需要进行有效的协调与管理。最后,相关组织需要对各种日常事务进行管理,如邻里之间的矛盾与纠纷的调解。可见,管理组织和机构也是社区的必要构成部分,是维系社区正常有序运行的组织保障。

(5)社区纽带:文化。人口、地域、硬件设施和管理机构都是社区的有形构成要素,而文化则是社区无形的构成要素。社区作为众多人口聚居在特定的地域范围内所组成的社会生活共同体,不是一盘散沙,而是依靠特定的文化维系的一种稳定的组织。文化具有凝聚力,能够使社区成员凝聚起来按照一定的规则体系去进行生产生活。社区成员不是简单机械地群居在社区这个空间范围里,而是对社区文化有着共同的理解,对社区有着共同的认同感和归属感。社区文化必须经过很长时间的积淀,但是它一旦形成就会相当稳定,而且会时刻都引导着社区居民的言行举止。社区文化是一个社区的灵魂和核心内涵,是区别于不同社区的最深层次的特征。

## 二、社区福利概述

社区福利由"社区"和"福利"两个词构成,"社区"和"福利"都具有非常广泛的内涵,学界对二者没有一致的界定,所下的定义多种多样。但与此相反的是,"社区福利"的概念在政府文件和理论研究中极少出现。江立华的定义有一定的代表性。他认为:"社区福利是指在政府相关部门的指导下,以社区为基础,发挥社区自主性,充分利用社区内外的一切资源,为解决社区居民生活问题及提高居民生活质量所采取措施的总和。"①

政府文件和理论研究中经常提及"社区服务"和"社区建设"这两个概念。1993年,民政部等部门联合颁布《关于加快发展社区服务业的意见》指出,"社区服务业是在政府倡导下,为满足社会成员多种需求,以街道、镇和居委会的社区组织为依托,具有社会福利性的居民服务业。社区服务业由社区福利服务业、便民利民服务业和职工社会保险管理服务业组成,是社会保障体系和社会化服务体系中的一个重要行业。社区服务业具有福利性、群众性、服务性、区域性四大特点","社区服务作为新时期探索社会福利社会办和职工福利向社会开放的一条新路子","有利于经济的发展,社会的安定,人民生活质量的提高"。2000年,民政部在《关于在全国推进城市社区建设的意见》中对社区建设作了界定:"社区建设是指在党和政府的领导下,依靠社区力量,利用社区资源,强化社区功能,解

---

① 江立华:《论我国城市社区福利的建设及运作机制》,《江汉论坛》2003年第10期,第108—111页。

决社区问题,促进社区政治、经济、文化、环境协调和健康发展,不断提高社区成员生活水平和生活质量的过程。"通过比较社区福利、社区服务和社区建设三者的内涵,我们能够发现三者之间的关系:社区服务是社区福利的直接载体,社区建设要以社区服务为重点,而社区福利是社区服务和社区建设的目标和归宿。

社区福利作为社会福利的一个组成部分,区别于其他社会福利,具有区域性和封闭性以及个性化的特点。

社区的一个显著属性就是地域性,所以社区福利必然具有区域性特点,并在区域性的基础上衍生出封闭性。区域性和封闭性主要体现在如下方面。首先是,社区福利对象是特定社区范围内的所有成员,具有封闭性、特指性和排他性。其次是社区福利资源的区域性和封闭性。虽然可以通过调动社区内外的一切福利资源来满足社区成员的福利需求,包括多元化的福利供给主体和多样化的福利资源渠道,但是社区福利主要还是以社区福利资源为基础,发挥社区自主性,社区福利供给会受到社区福利资源总量的制约。最后是,社区福利的供给方式具有区域性和封闭性。社区是一个众多成员组成的稳定和长久的社会生活共同体,在社区文化的熏陶下,社区成员会有许多共同点,例如比较一致的生活方式和需求,比较一致的文化认同,对事物的比较一致的审美和评价,所以会对社区福利服务提供的方式、途径等方面有着比较一致的偏好。

社区福利个性化是指社区福利能够更好地满足社区成员的福利需求,提高社区福利资源的效能。可以根据社区成员的年龄结构、职业、社区所处的区域以及其他服务供给的状况不同采取更加有针对性的措施供给社区福利。例如,有的社区就是一个单位的职工居住地,而且老年人比例比较高,这样就可以在老年人福利方面有所侧重;有的社区距离城市比较远,生产生活所需服务可得性比较差,这时要侧重于便民利民方面的社区福利;等等。个性化是社区福利的一个特点,也是一个优势。因此能够根据特定范围内特定群体的特殊福利需求供给福利服务,更加贴近社区居民生活,例如对特殊的个体可以进行"一对一"的帮扶,这有利于提高居民的生活质量,也有利于减少福利资源的损耗程度,节约福利资源。总之,基于个性化特点,社区福利服务能够与社区居民福利需求之间形成更加准确的匹配。

### 三、我国社区福利的内容

社区服务是社区福利的直接载体,社区福利是社区服务的目标和归宿。所以探讨社区福利的内容,须从社区服务入手。改革开放四十多年来,我国社区服务的内容不断丰富,范围不断扩大。1993年,《关于加快发展社区服务业的意见》指出,社区服务业由社区福利服务业、便民利民服务业和职工社会保险管理服务业组成。社区服务业的基本任务包括开展各种便民家庭服务、婚丧服务、初级卫生保健服务、文化健身娱乐服务、婴幼儿教育服务、残疾儿童教育训练和寄托服务、养老服务,以及避孕节育咨询、优生优育优教咨询、心理咨询等服务项目。2000年,民政部《关于在全国推进城市社区建设的意见》提出:"社区服务主要是开展面向老年人、儿童、残疾人、社会贫困户、优抚对象的社会救助和福利服务,面向社区居民的便民利民服务,面向社区单位的社会化服务,面向下岗职工的再就业服务和社会保障社会化服务。"2021年,《"十四五"城乡社区服务体系建设规划的通知》提出新时代新社区新生活服务质量提升行动涉及14个方面,具体包括:(1)社区固本强基行动;(2)社区养老服务行动;(3)社区未成年人关爱行动;(4)社区助残服务行动;(5)社区就业服务行动;(6)社区卫生服务行动;(7)社区教育行动;(8)社区文化服务行动;(9)社区体育服务行动;(10)社区科普服务行动;(11)平安社区建设行动;(12)法律服务社区行动;(13)社区应急服务行动;(14)社区共建共治共享行动。

总的来讲,社区福利旨在提高和改善包括老、弱、病、残等特殊群体在内的所有社区居民的生活质量,因此其内容主要分为两大类:一是专门面向老年人、残疾人等特殊群体的社会福利,二是面向社区普通居民的社会福利。

第一,专门面向老年人、残疾人等特殊群体的社会福利。这应该是社区福利的主要内容。对老年人、残疾人等困弱群体而言最需要的是社区照顾,首先要解决他们的日常生活困难。国家和各种社会组织要大力提供各种免费或者低费用的院舍服务,以社区内机构提供的院舍服务为主。社区内机构提供的院舍服务主要包括国家、集体或个人为收养社会上丧失劳动能力、无依无靠、无法定义务抚养人的孤老残幼和家庭无力照管的老年人、孤残儿童、精神病人而举办的社会福利院、养老院、儿童福利院、残疾人福利院、精神病人福利院、老年公寓、SOS儿童村以及各种类型的康复中心等服务。[①]

第二,面向社区普通居民的社会福利。这主要包括一些便民利民服务和提高生活质量的服务。社区的便民利民服务与居民生产生活联系紧密,影响重大,要坚持福利性原则,实行免费或者低费政策。最能体现福利性原则的社区便民

---

① 江立华:《论我国城市社区福利的建设及运作机制》,《江汉论坛》2003年第10期,第108—111页。

利民服务有两类：一是提供社区医疗卫生服务，以努力实现社区居民人人享有初级卫生保健的目标；二是发展社区文化、教育、体育服务，以不断增强居民体质和满足居民日益增长的精神文化需要，营造和谐社区。

为满足人民日益增长的美好生活需要，构建现代美好社会、创造幸福美好生活，社区福利体系建设与美好和谐社区建设成为公共政策关注的重要议题。为此，有学者构建了中国特色现代社区福利制度框架，认为社区福利体系主要由社区健康照顾、社区文化服务、社区体育娱乐服务、社区教育服务、社区福利服务、社区救助和城市居民最低生活保障线制度、社区环境卫生、社区就业服务、社区互助友爱、社区矫正服务、社区法律援助、社区治安与社区警务，以及社区公共服务等内容构成。社区福利事业应以社区居民个人的生命周期为范围，以社区居民的基本生活需要、身心健康需要和社区环境建设为主要内容，以全体社区居民和困弱群体为基本的服务对象，将公共政策、社会政策与经济政策有机整合起来，营造环境优美、居民安居乐业的和谐社区。下表展示了现代社区福利体系范围、内容与结构性特征。

表17-1 现代社区福利体系范围、内容与结构性特征

| 生命周期 | 孕产期 | 儿童期 | 少年期 | 青年期 | 中年期 | 老年期 | 临终期 |
| --- | --- | --- | --- | --- | --- | --- | --- |
| 社区福利服务的内容 | 环境保护 生殖健康 妇幼保健 | 食品营养 生活照顾 儿童社会化 | 家庭生活 生长发育 义务教育 | 大学教育 就业关系 婚姻家庭 | 家庭生活 就业生活 社区文体 | 退休养老 经济保障 发挥余热 | 长期照顾 临终关怀 生命终结 |

资料来源：刘继同、韦丽明：《中国特色现代社区福利制度框架与幸福和谐社区建设》，《浙江工商大学学报》2019年第2期，第102—109页。

## 第二节 外国的社区福利

社区的概念发源于西方，因此西方国家社区福利实践的历史也较我国更为悠久，外国社区福利的实践经验对我国社区福利的发展具有借鉴意义。

### 一、加拿大的社区福利

加拿大是实行高福利政策的福利国家，社会福利制度比较成熟和完善。在社区福利方面，主要包括为社区居民提供妇女儿童保护、合作建房、避难所、精神健康、就业指导、法律咨询、新移民服务、预约乘车、养老服务等各种福利服务。

但是政府并不直接向社区居民提供社区福利服务,而是通过非营利机构来进行。加拿大社区服务的管理与运作机构主要有官办的社区中心与民办的邻舍中心。①以温哥华市为例,一般情况下,社区中心是由政府出资建设、由公园局和社区委员会共同管理的。由于社区中心的年度运作经费大多由政府承担,市政府的公园局主要负责运作,因此一般认为,这类社区中心具有官方性质。而邻舍中心一般是由社区居民根据需要自发组织形成的,虽然也会以专项项目申请的形式从政府获得诸如场所、资金等资助,但毕竟是有限的,而且此类邻舍中心在运作上具有更大的自主性,不受政府部门的直接约束,因此一般认为,这类邻舍中心具有民间性质。

当然,社区中心和邻舍中心都不以营利为主要目的,邻舍中心的非营利性更加突出,从它们提供的各种服务就可以看出。邻舍中心提供的服务项目或服务设施主要有老人日照及特价午餐服务、学前教育及儿童托管服务、移民政策与社区融入服务、老人与儿童代际沟通活动、私密空间和公共空间聊天室等。社区中心提供的服务项目或服务设施主要有文化教育服务、休闲娱乐、艺术指导、适应计划、育儿服务、咨询服务、康乐服务、青年服务、专业培训(课程包括健美操、舞蹈、游泳、溜冰、球类、文化语言、儿童保健、老人照料、艺术工艺等)等。社区居民可以根据自己的意愿参加社区的各种文体娱乐活动和社区中心开设的多种培训课程。这些服务项目一般都坚持低偿的原则,收取较少的费用,对儿童、老年人等特殊人群提供更加优惠或者免费的服务。另外,政府还在社区提供各种低偿或者免费的便民利民服务。社区中心一样,邻舍中心中,智障人士服务、安老养老服务等专业性、福利性的社区服务一般由专业性的民间机构提供。

在老龄化程度不断提高的趋势下,加拿大政府应对养老问题比较成功的做法是,加大对民间养老机构的扶持力度和政府购买养老服务。以温哥华市为例,其养老服务的方式主要有居家养老、社区服务和机构养老。在居家养老方面,由专业的社会工作者提供养老服务,政府会为那些经过严格审查符合条件的老人提供一定的资助费用;在机构养老方面,政府几乎没有自己的养老机构,而是通过资助非营利性民间机构提供养老服务。非营利性养老机构主要有三种形式:一是日间护理中心(日照室),二是养老公寓,三是安老院(养老院)。这三种形式分别满足自理能力不同老年人的养老需求。日间护理中心专门为那些生活能够自理但需要精神慰藉的老年人设置;养老公寓为那些生活能够基本自理

---

① 张大维:《加拿大社区服务机构的管理与运作》,《社区》2010年第6期,第56—57页。

但需就餐医护等服务的老年人设置;安老院为那些生活自理难度较大的老年人设置。①

## 二、美国的社区福利

美国的社区福利开始于20世纪50年代,它是对美国现实问题的积极回应和其他福利国家影响下的产物。1951年,美国纽约市曼哈顿区建立了12个社区规划委员会,委员会由12—15个委员组成,他们需要协助区长对本地区的发展进行规划,这意味着美国开始进行社区建设了。20世纪60年代,在英国社区照顾政策的影响下,美国于1963年颁布了《社区心理健康中心法》,主张对精神病患者和智障者给予社区照顾。同时,美国联邦政府为了应对"反对种族歧视,争取公民权运动"和消灭贫困,于1964年开始实施《经济机会法》,明确提出社区要发展社区福利。从此以后,社区福利得到政府的重视,并在不断改革中取得进展。这里着重介绍美国的社区照顾和社区教育。

(一) 社区照顾

2010年,美国65岁以上的人口比重达13%,对老年人的照顾是一个艰巨的任务。美国当前社区照顾的效果得到国民的认可,美国约50%的年龄在55岁及以上的老年人更愿意居住生活在社区或其他社区机构。美国的社区照顾是一种非官方的社区自理模式,政府不直接干预,只提供协助,主要是发挥社区的主导性,发动社区居民积极参与。根据李志建对美国社区照顾的实地调查,美国的社区照顾服务体系主要由如下几种社区照顾模式构成。②

(1) 独立居住社区。顾名思义,独立居住社区就是接收年龄在55—64岁之间,生活还能自理的活跃长者(active adult)居住。这些老年人想保持自己独立的生活习惯,很少或基本不需要社区的帮助。社区也不能提供过度的帮助,否则会削弱老人的自理能力,但是要提供各种项目帮助老人做力所能及的工作,要创造条件让老年人能够在社区内与其他人交往,使其成为社区的一分子,让老年人过最大限度的独立自主的生活,并发挥其退休后的自身价值。美国日升老年人社区中心(Sunrise Senior Living)——福克斯·希尔社区(Fox Hill Community)就是这样一个典型的能让老年人独立生活的大型社区。

---

① 张大维:《加拿大的社区养老服务和智障服务》,《社区》2010年第7期,第55—57页。
② 李志建:《美国老年人"社区照顾"调研简报》,《中国物业管理》2010年第9期,第32—34页。

（2）活跃长者社区。活跃长者社区是专门为年龄在55岁左右，非常活跃、喜欢参加各种文体活动的老年人建立的。这类社区的面积较大，各种文化娱乐设施齐全，如俱乐部、湖泊、游泳池、图书馆、高尔夫球场、散步和自行车路径、网球场、饭馆、礼堂等设施及场所供社区居住者使用。另外，老年人还可以参与由社区提供的一系列教育课程、艺术、手工、演出等社区活动。老年人住宅是社区照顾的重要组成部分，因为住宅的设计与对老人照顾的效果是紧密联系的。位于弗吉利亚道明山谷的 Regency 社区就是以活跃长者为消费群体的典型社区，是由一些能够出售给老年人居住的独栋房子、联排公寓或别墅构成的街区。Regency 社区居住建筑既能够保证老年人自由独立地生活，又能够提供必要的协助，但是不能包办一切，否则会降低老年人的活动能力、加速老化过程。

（3）护理居住社区。护理居住社区也称为专业护理中心、康复之家、长期照料社区等。护理居住社区是专门为那些已经丧失生活自理能力，并且身体需要长期医疗康复护理的老年人设置的。社区为康复期病人以及慢性和长期患病的人们提供全天候护理照料的服务，例如常规的医药监督和康复治疗。不同的护理居住社区各有专长。护理居住社区必须满足美国联邦、各州政府的标准，例如在人员配置方面规定有专业的管理人员、注册护士、有执照的护士、心理医生、护工和其他人员。护理居住社区的资金来源有私人资金、医疗补助、长期照料保险。绝大多数护理居住社区都参加了医疗补助和医疗保险项目。

（4）协助居住社区。协助居住是介于独立居住和护理居住二者之间的一种老年人社区照顾方式，主要适合那些既不能完全生活自理又不是完全不能生活自理的老年人。他们只需必要的日常生活活动（Activities of Daily Living）协助，并不需要持续的、固定的医疗照顾，同时希望能继续独立居住。协助居住社区提供的服务包括就餐、洗衣、清理房间、医药管理、日常生活活动帮助，如洗澡、进食、穿衣、行走、上厕所等。协助居住模式中老人虽然也是独立居住，过的是"准独立"生活，但是他们只能租赁房屋，不能购买相关物业。因为协助居住模式中有许多帮助老年人身体康复治疗的专业设施，这些设施价格昂贵，并非每个老年人都消费得起。同时，设施的使用需要具有专业资格证书的工作人员的指引。该社区的资金来源包括个人资金、社会保险收入补充、长期照料保险。同时美国的一些州政府还会提供一定的医疗援助。

（5）持续照顾退休社区（Continuing Care Retirement Community，CCRC）。持续照顾退休社区与其他养老模式的区别在于，它是综合性的，设有不同的居住形态,如独立居住、协助居住和护理居住等,服务种类和服务设施齐全。老人只要每月支付一定的服务费用,社区就能为老年人提供从最初的退休享乐到最后临终关怀的"一站式"终生退休养老服务。既提供了持续性的生活照顾,包括住房、社交活动支持、健康照顾、住户环境安全,同时还满足了老年人生理和心理等各方面的需求。该社区模式开发周期短,容易形成连锁经营的格局,实现规模效应,在美国当地具有普遍性。

## (二) 社区教育

社区教育是社区发展的重要内容,是指基层社区组织或社区工作者以社区为依托,依靠社区力量,动员社区资源,对社区成员开展形式多样的教育,旨在提高社区成员的整体素质,进而改善社区成员生活质量的一种社会教育活动。在美国,社区学院(Community College)是社区教育的中坚力量。美国的社区学院起源于19世纪末的初级学院,20世纪40年代改名为社区学院。第二次世界大战后,社区学院飞速发展。尤其是60年代以后,美国逐步形成了一种社区组织的工作传统,强调国家、地方和社区各种服务机构的协调和联合,把社区福利服务作为一个主要目标。同时,随着工业化、城镇化程度的提高,也出现了一系列的社会问题,如贫穷、失业、吸毒、犯罪等,美国在实践中把社区教育作为解决这些社会问题的一种重要手段。所以,美国社区学院得到了迅速发展,规模和职能不断扩大。

具体而言,美国的社区学院是最高可授予副学士文凭的一般公立、私立两年制大学及技术职业学校,不包括地区职业学校、成人教育中心以及由国家贸易与技术学校协会认可的私人营利商业贸易学院。[①] 社区学院也称为人民的学院、机会学院、人人学院等。人们这么称呼社区学院,与它的开放性办学、低门槛招生政策有关。98%的社区学院都是免试入学,实行宽进政策,只要年龄满18岁的社会成员不分年龄、性别、民族皆可以入学学习。所以社区学院的学生层次是多样化的,也体现了社区学院的包容性,60%的学生年龄在21岁以上,30%的学生是少数民族,将近50%的学生有全职工作,15%的学生有兼职工作。[②] 社区学院身兼五种综合使命:转学教育、职业生涯教育、一般教育、补偿教育和社区教育。转学教育是社区学院的一个主要使命,因为许多学生在完成两年社区学院的教育

---

[①] 侯钧生、陈钟林编著:《发达国家与地区社区发展经验》,机械工业出版社2004年版,第46页。
[②] 徐琦:《美国社区学院研究》,中国社会出版社2008年版,第4页。

后要转入四年制的大学深造;职业生涯教育主要体现为社区学院中的技术教育和职业教育,主要目的是提高学生的职业技能,以使其更好地适应工作岗位的需要;一般教育是相对于职业生涯教育而言的,主要强调学生对各个方面的基础知识的掌握,起到搭建知识、能力框架的作用,可以为提升职业技能奠定基础;补偿教育是为那些在学习上对于学院层面的课程准备不足的人而专门设置的。社区教育包括很多方面的内容,如成人教育、继续教育、合同培训和社区服务等,这些教育的方式比较灵活,可以是一个小时的专题报告,也可以是整个学期的课程,所以就有相应的非学分和学分课程之分。基于这五种使命,社区学院的办学具有灵活性、针对性和社区性的特点。

为了照顾到各种学生的情况,学院在教育时间的选择上具有灵活性特点。学习方式可以是全日制的,也可以是非全日制的。37%的学生是全日制的,63%的是非全日制的。[①] 学院一年有三个入学时间段,学生根据自己的情况而定,只要在规定的时间内完成自己的学习计划就可以了。具体授课的方式也可以供学生选择,有面授方式和远程教学方式。

根据学生原有的知识基础和学院的使命,学院开设的课程都具有很强的针对性。例如,为了帮助那些基础薄弱的学生,学院专门设置了一些补习课程。为满足不同学生的需求,学院设置了多门类、多层次、综合性课程。例如,密歇根州的卡拉马祖社区,人口20多万,其社区学院在1997—1998年内开设的课程多达680多种,涉及会计、金融等45个学科门类。[②] 此外,社区学院还会提供一些针对性的配套服务,例如设有托儿所(以方便带小孩的学生安心就读)、残疾人专用设施和服务等。

社区学院围绕社区开展应该是社区学院最为突出的一个特点,也是它与其他高等教育组织最主要的区别。社区学院以社区为依托,社区与学院相互交融。学院的教学资源向社区居民开放,如体育场馆、图书室、娱乐场所等,社区也力所能及地为学院办学提供各种便利条件。同时,社区学院的职能之一就是为社区发展服务,满足社区居民的需要。社区学院除了为当地青年提供两年高等教育外,还为成年人提供各种教育。这既能满足失业人员、家庭主妇和退休老年人的学习需要,也能提供就业机会和提高社区成员文化修养,减少老年人的孤寂之感,提升生活质量。

---

① 徐琦:《美国社区学院研究》,第2页。
② 同上书,第10页。

### 三、日本的社区福利

日本社区福利服务按照服务方式分为家庭福利服务体系和社区设施服务体系两种。

#### (一) 家庭福利服务体系

在日本,家庭福利服务是专门为那些没有条件入住或者不愿入住福利机构接受福利服务的人提供的一种居家福利服务,包括居住空间服务、家政服务、医疗保健服务、社会参与和社会交往服务、经济生活保护服务。具体来说,居住空间服务是为单身老年人、残疾人等特殊群体提供居住福利,包括合适的居住空间及相关的配套服务,如紧急联络服务、附带残疾人设备住宅、维修和提供特殊设备等。家政服务是保障日常基本生活的相关服务,如饮食、环卫、护理、购物等服务。医疗保健服务是指专业人员上门为行动不便的人提供专业的医疗和护理服务,以及提供常规的巡回护理、定期检查、康复训练服务,对家属进行相关的培训。社会参与和社会交往服务是指创造条件,如举办文化娱乐活动、社会志愿活动等,让服务对象能够参与社区事务,以增强其归属感,同时又与其他人进行交往,满足其心理需求。经济生活保护服务就是社会福利经纪人根据相关政策的要求,安排专业社会工作人员提供相关服务,如协助居民办理最低生活保障金手续、日常生活用具租借、就业斡旋等。[①]

#### (二) 社区设施服务体系

社区设施福利服务是指借助社区内特定的福利设施来提供相关的协助服务,以满足各种不同群体的福利需求。按照设施服务对象的不同来划分,社区福利设施可以分为如下几种类型。第一,老人居住型的养老设施;第二,残疾人福利设施,如福利院、残疾人工厂、残疾人康复中心等;第三,医疗保健设施,如老年人医院、康复中心、社区保健所和老年人关怀医院等;第四,儿童福利设施,如保育所、儿童福利院、课外儿童馆、儿童食堂等;第五,文化教育设施,如图书馆、文化馆、老年大学、博物馆等;第六,信息、咨询服务设施,如医疗保健咨询站、福利服务利用咨询站、生活信息咨询站等。[②]

---

① 江立华等:《中国城市社区福利》,社会科学文献出版社 2008 年版,第 317—318 页。
② 同上书,第 320—321 页。

日本的社区老年服务是社区设施服务的综合体,社区老年服务包括居住、医疗保健、文化教育服务等是综合使用多种福利设施提供的综合性服务。社区老年服务的主要内容有三个方面。一是访问指导工作。对于卧床病人等,社区服务人员需要定期上门了解其病因、康复手段、对事物的理解能力、言语表达能力、精神状况、视力与听力障碍以及生活自理程度等情况,并做详细评估记录。同时,还要全面了解家属的照顾情况,并给予饮食、活动、康复锻炼等方面的指导。二是访问护理服务,包括对家中老年人提供生活护理、输液、注射、换药、送药品、病情观察等多项服务。三是机能训练。服务对象包括由疾病或负伤导致肢体功能低下、有孤独症倾向者等。在指定时间和地点,服务人员将他们组织起来进行体格检查、功能锻炼和各项娱乐活动等,以锻炼服务对象的身体机能,更重要的是促进服务对象的心理健康。社区老年服务形式可分为四种:一是以政府力量为主,服务人员由政府人员与民政人员组成;二是政府资助下的民间组织,如社会福利协会、社会福利商社等;三是志愿者,主要是家庭主妇、大学生或部分健康老年人;四是企业式养老服务,通过企业以保险方式获取资金,以低收费服务老年人。①

## 四、英国的社区福利

英国作为世界上第一个福利国家,也是率先倡导发展社区福利的国家之一。社区福利作为一种社会思潮兴起于20世纪20年代,标志性事件就是当时英国社会工作专业委员会向政府提交了一份关于被收容的精神病患者生存状态的报告。这份报告引起了社会和政府的高度关注,政府决定创造条件让大部分患者从收容机构返回社区和家庭。这是英国发展社区福利的初衷。60年代,英国开始提出社区照顾。1968年,西伯姆委员会(Seebohm committee)推出的《地方政府和相关个人服务委员会报告》(Report of the Committee on Local Government and Allied Personal Services,又称西伯姆报告)则是对社区照顾政策进行全面表述的经典性文献。90年代,英国政府发布《国民健康服务和社区照顾法》,明确了社区照顾改革的基本方向。②

社区照顾是英国社区福利的核心部分。1987年,英国政府颁布公众照顾白皮书,对社区照顾的定义是:"社区照顾是指为那些年长的、有精神疾病的、

---

① 仝利民:《日本社区老年服务》,《中国人口报》2007年11月7日,第3版。
② 沈洁:《从国际经验透视中国社区福利发展的课题》,《社会保障研究》2007年第1期,第56—57页。

智力残障的人提供服务和支持,使他们尽可能独立地生活在他们的家庭或家庭所在的社区。"①可见,英国的社区照顾包括"社区内照顾"(care in the community)和"由社区照顾"(care by the community)两种方式。社区内照顾就是指以社区为依托,由社区内的各种小型的、专业化的机构提供的照顾服务。这种照顾服务是根据老年人的需求提供的,更加接近老年人的日常生活。由社区照顾是指以社区为依托,由老年人的亲友、邻居和志愿者提供的照顾服务,这种照顾服务虽然是非正式的,但能够提供一些正式机构不能提供的照顾服务。

英国的社区照顾服务是通过如下几种方式来实现的。

(1) 社区活动中心。这是英国政府出资兴建、具有综合性功能的社区服务机构。中心的经费由政府提供。因此,给老年人、残疾人和儿童提供的基本都是免费服务。具体服务包括:给老年人提供娱乐和社交场所,对行动不便的还有车接送;为残疾人提供康复训练服务,如参加简单的手工劳动;为儿童提供玩具,配备专业教师,提供学习和娱乐的平台。

(2) 老年人公寓。该公寓服务的对象是具有生活自理能力且无人照顾的经济困难的老人。其收费低廉,具有社区福利性质,但必须经过政府审核合格者才能享受。公寓面积不大,主要功能是满足对老年人日常生活的照顾,公寓设置有洗衣房、活动室,还配备有与社区控制中心相连的"生命线"紧急呼救装置,可24小时与老人保持联系,以便老年人在发病时能得到及时救治。

(3) 家庭照顾。这是英国政府为了鼓励那些生活不能自理的老年人、长期卧床的病人和残疾人留在家庭由家人照顾而实行的一项政策。政府为在家居住、接受家属照顾的这些人提供津贴,具体标准与住院舍的一样。这项政策既保证了特殊群体能够得到照顾,也减轻了家庭的经济负担。

(4) 暂托处。顾名思义,暂托处就是为有需要的群体提供暂时性托管照顾服务的场所。家庭照顾中,家属往往会因某种情况无法照顾需要护理的家人,此时可以把需要护理的家人送到暂托处,并由其工作人员代为提供短期照顾服务。暂托处代为照顾的时间可以是几个小时,但最长为在一个月内不得超过两周,两周以内的短期照顾是免费的,但超过两周就要收费,需要支付政府对此的补贴的一半费用。

(5) 居家服务。居家服务是指由居家服务工作人员给在家居住的有部分生活自理能力的老年人提供的洗衣、送餐、购物、陪同看病等服务,这些服务是免费

---

① 转引自贾征:《社区服务与社会保障》,中国劳动社会保障出版社2001年版,第26页。

的或者是低偿的,如送餐服务仅按照成本价收费。居家服务工作人员中既有政府雇用的,也有社区志愿者。

(6)老人院。该机构专门收养那些没有生活自理能力又无人照顾而且不适合于上述五种服务形式的老人。英国的老人院多为分散在社区中的小型院舍。[①]

## 第三节 我国社区福利的改革

### 一、我国社区福利存在的主要问题

改革开放以来,我国社区福利的内容不断扩展,社区福利水平有所提升,但也存在一些问题。

第一,社区服务的福利性淡化。1993年,民政部等部门联合颁布《关于加快发展社区服务业的意见》,对社区服务进行了定位,并指出社区服务业具有福利性、群众性、服务性、区域性四大特点。2000年,《关于在全国推进城市社区建设的意见》中规定,社区服务要坚持社会化、产业化的发展方向。这样,在政策层面上社区服务处于一种"一身二用"的尴尬境地:社区服务被定性为福利性和公益性的社会服务事业,又被视作便民利民的第三产业。[②] 在这样的政策背景下,实际操作过程中一些地方频频出现"假福利性社区服务之名,行营利性社区服务第三产业之实"。直接的后果就是福利性的社区服务短缺,如专门为老年人、残疾人等困弱群体提供的社区福利服务不足。相反,为普通社区居民提供的营利性的社区服务供给充足。限于社区服务的福利性淡化,最需要社区福利的特殊群体的福利需求往往无法得到满足。

第二,社区福利供求不匹配。现实中,无论是规模大的还是规模小的社区都存在这样的现象:一方面,社区居民抱怨许多社区福利需求得不到满足;另一方面社区也抱怨有些社区福利过剩。这种现象其实就是社区福利供求不匹配。社区福利供求不匹配的情况有:首先,供给的社区福利根本不是居民所需的,因而居民福利需求得不到满足,同时供给的社区福利实际上没有发挥作用,造成福利资源浪费;其次,提供了居民所需的社区福利,但是由于各种情况居民并没有享用到,出现"供过于求";最后,供给的社区福利较少,居民的福利需求没有得到满

---

[①] 夏学銮主编:《社区照顾的理论、政策与实践》,北京大学出版社1996年版,第141—143页。
[②] 徐永祥:《论社区服务的本质属性与运行机制》,《华东理工大学学报(社会科学)》2002年第4期,第50—54页。

足,出现供不应求。

第三,社区居民参与度低。社区居民参与社区建设的意识淡薄。由于缺少居民参与,居民的意志没有充分表达,社区甚至政府不能完全清楚居民的真实想法,因此在具体决策过程中可能会出现政策失灵,造成资源浪费。从有关调查看,当问及"本社区居民在社区活动中的参与情况"时,认为居民"经常参与"的占9.6%,"偶尔参与"的占33.1%,"从不参与"的占23.7%,另有33.6%的居民回答"不知道"。① 另据统计,截至2020年底,全国共有社区专项服务机构和设施6.2万个,全国志愿服务信息系统中汇集的注册志愿者1.9亿人,但是相对于许多发达国家50%左右的参与率而言,还是相当低的。

第四,社区服务专业化、职业化程度低。社区服务的专业化是指社区服务有专业化的组织、专业化的工作队伍及专门的资金来源。从事社区服务的工作人员的数量和专业程度直接决定着提供服务的数量和质量。从现实情况看,社区服务中专业要求低一些的服务供给比较充足,从事的人员也比较多,如环卫、保洁等,这类服务基本上都是靠体力和经验就可以胜任的。但是像问题青少年的行为矫正、智力障碍儿童辅导、刑释人员的社区辅导等专业性非常强的服务提供得比较少,因为这方面的专业人才相对较少。截至2018年底,全国现有82所高职院校开设了社会工作专科专业,348所高校设立社会工作本科专业,150所高校和研究机构开展社会工作硕士专业教育,全国范围内共有17个社会工作方向的博士点,每年培养社会工作专业毕业生近4万名。②由于社会工作者是2004年劳动和社会保障部正式确定的国家新职业,并于同年7月1日作为第九批新职业正式获得国家职业标准,所以目前这个职业在我国的整体就业环境还不是很成熟,选择这个职业的人也有限。另外,社会工作师是2007年民政部经原劳动和社会保障部批准推出的全国专业技术人员职业资格,我国从2008开始设置社会工作师考试,希望通过培训与考试相结合的方式来提升传统社会工作者的知识与技能。尽管报考人数有所增加,但获得该项资格证书的人数规模仍然不大。《2020年民政职业统计公报》显示,2020年,全国共有10.2万人通过助理社会工作师考试,3.2万人通过社会工作师考试;截至2020年底,全国持证社会工作者

---

① 江立华等:《中国城市社区福利》,第117页。
② 蔡小华:《西方经验与本土实践:我国社会工作专业化进程中的主体行动逻辑》,《社会工作》2021年第6期,第45—54页。

共计 66.9 万人,其中助理社会工作师 50.7 万人,社会工作师 16.1 万人。① 因此,我国社区服务的专业化、职业化程度还比较低。

## 二、我国社会福利改革措施

第一,要突出和强化社区服务的福利性。其一,国家政策应该明确社区服务的福利性,以免出现冲突性的政策规定。其二,要坚决把政策中有关社区服务福利性的要求真正贯彻到实际社区福利工作中,要始终坚守住社区服务福利性和公益性的核心价值理念。真正实现社区服务的福利性的前提条件是,要把社区服务中的商业性服务和福利性服务区分开来。社区服务中这两种类型服务尚没有明确界限,甚至出现"假福利之名,行营利之实"的现象。这并不是说要否定发挥市场机制在社区服务资源配置方面的积极作用,而是说以免让市场化、营利性占主导地位而超过福利性。在保证社区服务福利性的基础上,依然要坚持社区服务供给的多元化和多样化,尽可能发挥市场机制的积极作用,提高社区服务供给效率。总之,要让社区福利回归福利性、公益性和非营利性。

第二,要提高社区福利的供给效率。提高社区福利供给效率的前提是要充分发挥社区和居民的自主性和积极性,就是社区要真正为居民福利负责任,不为市场利润所诱惑也不畏行政力量。居民要积极参与社区的各项事务,充分表达意见和诉求。在此基础上再采取相应的配套措施才可能有效果。其一,要建立以需求为导向的社区福利供给模式。只有以需求为导向,才能提供合适的社区福利,避免造成无效供给或低效供给。尤其是要根据各种特殊群体的需求提供福利服务,如要重点开展面向老年人、儿童、残疾人、贫困户、优抚对象的社会救助和福利服务,使他们成为最大的受益者。其二,要建立多元化的供给模式,包括以下内容:(1)有偿服务,即社区服务中面向全体社区成员的服务,如对美容理发、日用百货等采取商业化供给模式,通过市场机制来提供服务。(2)低偿服务,对外部性较低、处于"有效"需求和"无效"需求之间的所谓"边缘"私人需求,宜由各类非营利和非政府的社会组织来提供,即准商业化的供给模式。(3)代偿服务,对具有一定外部性的"无效"私人需求(无支付能力的非经济性需求),可以采取消费者与付费者分离条件下的准福利化供给模式,即由各类商业化的从业者或非商业的社会组织来提供服务,但由政府买单,即实行政府代购服务。

---

① 《2020 年民政事业发展统计公报》,2021 年 9 月 10 日,https://www.mca.gov.cn/images3/www2017/file/202109/16312 65147970.pdf,2024 年 7 月 14 日访问。

(4)无偿服务,对外部性最高的"公共"需求则采取公益化、福利化的供给模式,即由政府向全体社区居民无偿提供这部分服务。①

第三,要培养社区居民参与意识,提高其参与积极性。社区居民参与社区建设对社区福利发展有着非常重要的意义。居民参与社区建设是社区发展的原动力,社区发展的好坏在很大程度上与社区居民参与程度有关。从宏观的社区发展规划到微观的社区福利项目的实施、服务的提供和设施的维护等都离不开社区居民的积极参与。只有社区居民参与,社区才能成为真正的共同体。社区居民是否愿意参与社区建设,是居民参与意识问题,能否参与和参与的广度、宽度,是参与能力和水平的问题,但前者是前提。首先,要培养居民的参与意识。是否愿意、是否乐意参与涉及居民对自己社区的认同与评价,因此培养居民对社区的认同感和归属感是培养其参与意识的关键所在。认同感和归属感都是人们对事物的一种比较稳定的主观心理反应,属于意识层面,是源于客观实在的。所以,要培养居民对社区的认同感和归属感,首先必须让居民对自己所在的社区的情况有比较全面的了解,以便对社区做出评价。其次,要经常创设具体的情境吸引居民参与,让其慢慢感受到自己是社区的主人,增强其归属感。只有当居民有了强烈的归属感时,才会主动地参与社区事务。再次,社区管理要民主,给居民留出适当的参与空间,使其能够充分展示自我,体现主人翁地位。另外,要培育社区文化。社区文化是社区的灵魂,对社区居民起着引领作用,能够增强其对社区的认同感和归属感。最后,要在空间上营造相对封闭的社区空间。社区地理空间的紧密程度与居民的福利项目评价之间存在一定程度的相关性。当社区地理空间比较封闭时,会给居民制造一种空间的认同范围,进而也创造了心理认同范围和心理归属载体。地理上较为封闭的空间构造、社区成员的同质性程度和社区居民的生活面向都会较为显著地影响成员对社区福利的评价。②

第四,要促进社区服务的专业化、职业化发展。社区服务的专业化、职业化是社区发展的必然趋势。要实现社区服务的专业化和职业化,就必须有专业化和职业化的社会工作人才。因此,首先要解决的问题是培养社会工作专业人才。从党的十六届六中全会提出"建设宏大的社会工作人才队伍"开始,我国社会工作人才队伍建设全面启动。但社会工作人才仍严重短缺,供不应求。不仅在数量上不足,而且在质量上也不足——专业性不强。要从三个层面来提高社会工

---

① 暨南大学社区服务研究课题组:《按中央"十二五"规划建议构建社区服务多元化供给模式》,《特区经济》2011年第1期,第19—20页。

② 江立华等:《中国城市社区福利》,第124页。

作人才的专业性：一是社会工作价值与理念层面的专业化；二是社会工作理论与知识层面的专业化；三是社会工作实务与技能层面的专业化。社会工作人才队伍的专业化是其职业化的基本前提。"建设宏大的社会工作人才队伍"，是从职业化的角度来说的。要实现社会工作的职业化，必须做好以下几个方面的工作：一是建立社会工作者职业资格认定制度；二是设置社会工作者职业岗位；三是构建社会工作职业及其薪酬体系；四是建立社会工作者培训制度和管理机构。当然，加大对专业化、职业化的社会工作人才的培养只是提高社区服务专业化和职业化程度的必要非充分条件，因此还要配以专业的服务机构和专门的资金来源。

## 本章小结

社区和社区福利都是多义词。社区是指聚居在一定地域范围内的人们所组成的社会生活共同体。它的构成要素包括人口、地域范围、硬件设施、组织机构和文化。社区福利是指在政府相关部门的指导下，以社区为基础，发挥社区自主性，充分利用社区内外的一切资源，为解决社区居民生活问题及提高居民生活质量所采取措施的总和。我国社区福利主要包括两类：一是专门面向老年人、残疾人等特殊群体的社会福利，二是面向社区普通居民的社会福利。

外国的社区福利很有特色。加拿大的社区服务管理与运作机构是官方的社区中心和民间的邻舍中心相结合，社区养老中的非营利性养老机构有三种形式：日间护理中心、养老公寓和安老院。美国的社区照顾和社区教育办得很成功，会根据对象的不同设置不同类型的社区：独立居住社区、活跃长者社区、护理居住社区、协助居住社区和持续照顾退休社区。日本的社区福利服务分为家庭福利服务体系和社区设施服务体系两种。英国是社区照顾的发源地，有形式多样的社区照顾：社区活动中心、老年公寓、家庭照顾、暂托处、居家服务和老人院。

我国社区福利存在福利性淡化、供求不匹配、居民参与度低、专业化和职业化程度低等问题，要从如下几方面进行改革：突出强化社区服务的福利性、提高社区福利的供给效率、提高居民参与社区建设的积极性以及促进社区服务的专业化、职业化发展。

## 重点名词

社区　社区福利　社区照顾　社区学院

## ◆ 思考题

1. 社区福利有哪些特征?
2. 以一国为例,介绍外国社区福利包括哪些内容、对我国有什么启示。
3. 我国社区福利的内容有哪些?
4. 我国社区福利存在哪些问题?你认为应该如何改革?

## ◆ 延展阅读

刘继同:《中国社区福利体系研究》,中国社会科学出版社 2018 年版。

江立华等:《中国城市社区福利》,社会科学文献出版社 2008 年版。

张继元:《社区福利核心概念和发展路径的中日比较》,《社会保障评论》2018 年第 3 期,第 133—147 页。

# 第十八章　我国的职业福利

**【本章学习要点】**
1. 掌握职业福利的内涵及我国职业福利的内容。
2. 了解我国职业福利存在的问题与对策。

## 第一节　职业福利概述

顾名思义,职业福利是与劳动者身份有关的一种福利。职业福利作为社会福利体系中的一个部分,对社会成员福利提升发挥着重要作用。

### 一、职业福利的内涵

职业福利又称员工福利、机构福利、单位福利、职工福利,是指以职工所在单位为福利责任主体,基于职工与单位之间的劳动合同关系,以单位的经济能力为物质基础,依据国家或者单位相关的法律规章,为了改善职工及其家庭生活质量,由单位专门向内部职工所提供的各种福利的总称。职业福利不等于职业薪酬,"它本质上属于职工激励机制范畴,是职工薪酬制度的重要补充"[①]。职业福利既然是一种补充性的福利,是不以职工向单位提供工作时间和所做贡献的大小为提供依据的,既不同于工资也不同于奖金,而是覆盖单位全体职工的一种普及性福利形式。职业福利的实现形式多种多样,与单位的性质和特征有直接的联系,例如现金、实物、带薪假期或者其他福利服务。总之,无论单位的所有制性

---

① 郑功成:《社会保障学:理念、制度、实践与思辨》,商务印书馆2000年版,第24页。

质、规模和行业的状况,都会给职工提供一定的职业福利,职业福利已经成为一种制度化的事物。

## 二、职业福利的分类

职业福利的内容和形式都与单位特点有关系,种类繁多,依据不同的标准可以做出不同的分类。下面介绍六种划分。第一,依据国家是否立法强制实施,可以分为法定福利和非法定福利。法定福利是国家强制建立的职业福利,如社会保险、各类法定休假和住房公积金;非法定福利是单位根据自身状况自主决定提供的职业福利,这种福利更加灵活和多样,如企业年金、健康福利、文化娱乐福利、继续教育、企业服务性福利等。第二,按照职业福利的价值或者目标,可以分为风险保障型福利和物质激励型福利。第三,按照职工享受福利的时间,可以分为即期性福利和延期性福利。第四,按照福利给付形式,可以分为现金福利和非现金福利。第五,根据福利实施的范围,可以分为全员性福利、特种福利和特困补助。第六,根据职工是否有选择权,可以分为固定福利和弹性福利。[①]

## 三、职业福利的作用

单位为职工提供职业福利,既是履行社会责任的应尽义务,也是提升企业竞争力的重要途径。职业福利作为机关、企事业单位人力资源管理的一项重要工具,通过改善本单位职工生活质量来维护其社会形象、提升其生产效率。

首先,职业福利有利于改善职工生活质量,吸引和留住人才。职业福利是职工报酬的一种重要补充形式,它能够弥补工资薪酬的不足。无论是现金、实物等福利还是精神方面的福利,都能够在一定程度上改善职工及其家庭的生活质量。在激烈的人才竞争环境下,职业福利也成为用人单位吸引和留住人才的重要砝码。职工不仅关注薪酬的多少,也在意职业福利状况。尤其在薪酬达到一定程度、基本生存问题解决之后,职工更高层次的福利需求就随之产生,如发展性福利需求。职工会更加注重自身的发展、个人理想的实现,以及家庭的幸福状况。要满足职工这些更高层次的福利需求,除了薪酬以外主要靠职业福利,如在职培训、住房援助计划和家庭援助计划等。优越的职业福利能够让职工从物质到精神都得到很好的满足,增强其安全感和忠诚感,从而吸引更多优秀人才,降低职

---

① 参见孙光德、董克用主编:《社会保障概论(第五版)》,中国人民大学出版社2016年版,第313—314页。在此书中,使用的是"员工福利"的概念。

工流动率。

其次,职业福利有助于提高职工的劳动积极性,增强职工归属感。职业福利具有激励功能。通过给职工提供各种形式的职业福利,职工不仅在基本生存物质层面的需求得到满足,而且在情感层面的需求也得到满足,劳动积极性自然就会提高。享受到职业福利,就是单位对职工尊重的体现:把职工当作单位的主人,共同分享单位的发展成果。这样可以增强职工对单位的归属感。职业福利还体现单位对职工的关怀,职工感觉到单位的温暖,自然就会把单位当作自己的"家",因此职工就会以主人翁的态度去投入工作,关心单位的发展,最大限度地为单位发展奉献自己的精力。

最后,职业福利有助于树立单位的良好形象,提高企业的竞争力。职业福利是一种单位福利,是一个单位文化和价值观的外化。实施职业福利一定程度上能够使职工受到单位文化的熏陶,并对单位文化和价值观产生认同,增强职工的凝聚力和向心力,使单位人际关系和谐,生产生活井然有序。由于职业福利能够激发职工的劳动积极性,调整其身心以最佳的状态投入工作,所以能够提高劳动生产率。另外,职业福利能够增强归属感和忠诚感,减少职工流失,所以能够降低单位在招聘、培养职工方面的成本。职业福利是单位人际关系尤其是劳资关系的润滑剂,能够减少因单位职工关系紧张而产生的内耗成本。职业福利在一定比率内都是免税的[1],可以在一定程度上减少单位的成本,是单位树立良好形象和提高竞争力的有效途径。

## 四、职业福利的特征

不同于其他形式的社会福利,职业福利与福利享受者的职业身份和供职单位息息相关,因此具有其独特之处。

首先,职业福利具有特定性与差异性。从职业福利的概念可知,职业福利是由单位专门给自己的职工提供的各种福利。因此,职业福利的特定性就是指对象的特定性,即只有单位内部的职工才有资格享受相应的职业福利。单位是基于业缘关系或者劳动关系提供福利的,从这个意义上来说,职业福利具有封闭性特点。由于特定性或者封闭性的存在,必然存在差异性。差异性是指不同单位的职业福利的内容和供给形式不相同。职业福利具有很强的个性特征,即职业福利与单位的规模、行业、所有制、经济效益、所处区域等因素有关。

---

[1] 陈良瑾主编:《社会救助和社会福利》,中国劳动社会保障出版社2009年版,第291页。

其次,职业福利具有补充性。职业福利不等同职工的薪酬,而是正常薪酬的补充。薪酬与职工的工龄、职称、职务、贡献等因素有关,是以完成相关工作任务为前提的。而职业福利与这些因素没有关系,只要是单位的职工就有资格享受。但是职业福利具有单位内部再分配的功能,能够一定程度上缩小单位内部职工的收入差距。同时,职业福利以多种形式出现,如现金、实物、服务等,能够更好满足职工及其家庭生活的需求,更加有利于改善其生活质量。尤其是对收入较低的职工而言,职业福利的补充功能就更为明显。

再次,职业福利具有持续性。无论是国家法定的还是单位自主提供的职业福利,都具有持续性特征。也就是说,职业福利一旦确立下来,就会持续地发展下去。虽然职业福利的内容、水平和形式会随着经济社会的发展、单位状况的变化而变化,但是一般情况下职业福利不会被取消。职业福利无论是对职工个人还是对单位、国家都是有着积极作用的,只要存在单位这种组织,就必然会存在职业福利。

最后,职业福利具有普遍性为主、特殊性为辅的特征。绝大部分职业福利具有平等性和普遍性,即单位内所有的职工都能够享受,与职工的工作时间、性别、年龄、职称、职务、贡献等因素无关。只有少数职业福利是面向特殊职工的,与上述因素有关。例如,有的单位提供妇女医疗保健服务、老年人福利服务等。但是,职业福利作为一种集体性福利,必然以普遍性为主,在此基础上再根据有特殊需求的职工提供少数特殊的福利,而不能是相反。

### 五、我国职业福利的形成与发展

新中国成立以来,我国职业福利经历了从计划经济条件下单位大包大揽的职业福利格局,到市场经济体制下以社会保险、公积金等法定职业福利为主,以弹性职业福利为辅的职业福利体系的转变。①

**(一)计划经济条件下的职工福利**

新中国成立初期,即20世纪50年代初期到80年代中期,我国城镇社会福利呈现出单位化格局。这一时期,我国建立起社会保险制度和各类职工福利补贴制度,同时单位兴建起便利职工生活的各类福利设施。

---

① 仇雨临主编:《员工福利概论》,中国人民大学出版社2007年版,第69—76页;杨艳东:《60年来我国职业福利的回顾与反思》,《理论探索》2009年第5期,第89—92页。

1. 建立社会保险制度

社会保险是我国职业福利中的一种法定福利,也是最为稳定的一种职业福利。《劳动保险条例》规定,企业职工享有生育保险、养老保险、疾病保险、伤残保险、死亡和遗嘱保险等福利项目,而且保险费用全部由单位负责,职工本人不用承担缴费义务。其费用来源和标准是,企业每个月按照企业职工工资总额的3%提取社会保险费,其中:30%上缴中国总工会,作为社会保险基金;余下的70%存于企业工会,用来支付因工伤残的抚恤费、生活救济费、疾病和非因工伤残的救济费、退休费、退休生活费、丧葬补助等福利待遇。国家机关、事业单位职工的社会保险制度是1950—1955年以颁布单项法规建立起来的,其具体项目与企业职工社会保险一样,但是其费用来源不同。国家机关、事业单位职工的社会保险费和公费医疗费都源于国家财政拨款,其他保险费用由单位负责。

2. 兴建集体福利设施

1950年6月,《中华人民共和国工会法》颁布实施。该法规定,工会有改善工人、职员群众的物质生活和文化生活的各种设施的责任。1953年,《劳动保险条例实施细则修正草案》规定,实行劳动保险的企业应该根据工人职员的需要及企业经济情况,单独或联合其他企业设立营养食堂、托儿所、哺乳室等。1957年,国务院发出《关于职工生活方面若干问题的指示》,对职工住宅、上下班交通、职工生活必需品供应等方面作出了明确规定。职工集体福利设施分为生活服务设施和文化娱乐设施两类:前者主要包括职工食堂、职工住宅、托儿所和哺乳室、浴室、理发室和休息室等;后者主要包括俱乐部、图书馆、电影院和体育场等。职工可以免费或者减费使用福利设施。

3. 建立职工福利补贴制度

国家法定的职工福利补贴主要包括职工生活困难补助、探亲假补贴、上下班交通费补贴和冬季宿舍取暖补贴等,具体补贴标准和实施范围随着情况的变化会有所调整。第一,职工生活困难补助制度。1962年,劳动部等联合发布了《关于做好当前职工生活困难补助工作的通知》,对职工生活困难补助的补助标准和经费来源作出了明确规定。其资金来源由四个方面构成:工会会费、企业劳动保险基金、企业奖励基金和企业的福利基金,以及机关事业单位的福利费。第二,探亲假补贴制度。1958年,国务院颁布了《关于工人、职员回家探亲的假期和工资待遇的暂行规定》,规定城镇正式职工连续工龄满一年,与父母、配偶不在一地居住的,可以享受2周至3周带薪探亲假。第三,上下班交通费补贴制度。20世纪50年代各个城市实行上下班交通费补贴的标准和范围不尽相同,1978年国家统一了这项制度,规定在人口50万以上的城市和主要工矿区实施。第四,冬季宿舍取暖补贴制度。1955年,国务院颁布了《中央国家机关工作人员宿舍取暖补贴暂行办法》,规定每人每月按照工资的6%补贴烤火费。同年10月,又发出通知允许各地事业企业单位参照执行。1956年,国务院为了解决这项补贴发放扩大化问题,出台了《国家机关和事业单位、企业单位一九五六年职工冬季宿舍取暖补贴问题的通知》,规定实施的范围以淮河、秦岭为界,以北地区分甲、乙两类不同标准发放取暖补贴。

（二）向市场经济转型过程中的职业福利

改革开放以后,国有企业改革迫在眉睫,为顺应市场经济发展要求,帮助企业面对激烈的市场竞争压力,建立现代劳动人事管理制度、优化职业福利格局成为必然。20世纪80年代中期至今,我国职业福利可分为改革调整和发展创新两个阶段。

1. 改革调整阶段(1986—1998)

开展社会保险制度改革。1986年4月,我国在"七五"计划中明确提出要建立与新形势相适应的社会保障制度。紧接着启动的国有企业劳动人事制度改革以及非公企业劳动用工政策,真正拉开了职业福利改革的大幕。1986年7月12日,国务院发布《国营企业实行劳动合同制暂行规定》和《国营企业职工待业保险暂行规定》;11月10日,劳动人事部颁发《关于外商投资企业用人自主权和职工工资、保险福利费用的规定》,对社会保险制度进行改革。例如,合同制工人的退休养老实行社会统筹,并由企业和个人分担缴纳保险费的义务;传统的寄托于单位的福利制度不再是终身不变的,劳动合同的终止或者企业的破产都可能终止原有的福利待遇。至此,传统的单位"统包"的职工福利制度开始转向企业与个人责任分摊式的职业福利制度。①

建立补充保险制度。补充保险制度主要是指企业补充养老保险(企业年金)和企业补充医疗保险制度。由于我国社会保险制度设计的原则是广覆盖、低水平,所以保险待遇较低。为了提高职工的保险待遇,国家出台相关政策,鼓励企业建立补充保险制度。《劳动法》第七十五条规定,"国家鼓励用人单位根据本单位实际情况为劳动者建立补充保险"。1991年,国务院颁布了《关于企业职工养

---

① 杨艳东:《60年来我国职业福利的回顾与反思》,《理论探索》2009年第5期,第89—92页。

老保险制度改革的决定》,首次提出要建立企业补充养老保险的问题,并规定:国家提倡、鼓励企业要实行补充养老保险;企业要根据经济能力为职工提供此项福利。1995年,劳动部颁布了《关于建立企业补充养老保险制度的意见》,对该制度的实施条件、决策程序、资金来源、计发办法和经办机构等方面提出了指导意见,明确提出企业补充养老保险要采用"个人账户"方式管理,并将其定位为"缴费确定"模式,从而为建立企业补充养老保险制度奠定了基本框架。

1998年,《关于建立城镇职工基本医疗保险制度的决定》提出,超过(基本医疗保险)最高支付限额的医疗费用,可以通过商业医疗保险等途径解决。我国有多种形式的企业补充医疗保险模式,按照经营方式分类可以分为三大类:社会保险模式、社会保险与商业保险合作模式、互助保险模式。除此以外,还有企业自主举办的补充医疗保险。政府对这项福利制度是大力支持的,如规定企业补充医疗保险费的提取额在本企业上一年职工工资总额的4%以内的部分从成本中列支。国内不少企业都选择商业团体健康保险的方式作为补充医疗保险。国内保险公司开办的健康保险分为疾病型或定额给付型保险、费用型保险或报销型保险、补贴型保险等。①

建立住房公积金制度。20世纪90年代初,我国一些地区开始试点提高房租补贴和建立住房公积金的工作。国务院于1994年颁布《关于深化城镇住房制度改革的决定》,1995年又颁布《国家安居工程实施方案》,从此拉开了我国住房改革的大幕。

2. 发展创新阶段(1999年至今)

随着20世纪90年代中期国有企业改革的深化和经济结构调整的推进,90年代末,党中央提出的"两个确保"方针和"三条保障线"制度,进一步深化了社会保障体系建设。进入21世纪之后,职业福利进入相对稳定和全面推进发展的阶段。2000年,国务院《关于完善城镇社会保障体系的试点方案》将企业补充养老保险更名为企业年金;2004年5月,我国开始实施《企业年金试行办法》和《企业年金基金管理试行办法》,同年又发布一系列相关法规条例,全面推进企业年金的实施。2011年,《企业年金基金管理办法》发布,自当年5月1日起施行。同年12月,人力资源和社会保障部下发《关于企业年金集合计划试点有关问题的通知》,为规范企业年金集合计划提供了政策依据。为提升企业年金基金投资效率,稳定和提高企业年金投资收益,"一部三会"在2013年先后颁布《关于扩大企

---

① 仇雨临主编:《员工福利概论》,第287—289页。

业年金基金投资范围的通知》和《关于企业年金养老金产品有关问题的通知》。同年12月,财政部、国家税务总局、人力资源和社会保障部发布《关于企业年金、职业年金个人所得税有关问题的通知》,启动了我国企业年金EET征税模式,即在年金缴费和基金投资环节暂不征收个人所得税,到领取养老金时再征收个人所得税,以此提高企业和个人建立、参与企业年金的积极性。2017年,人力资源和社会保障部、财政部在《企业年金试行办法》的基础上联合印发《企业年金办法》(2018年2月1日起施行),推动了企业年金发展。

同时,为统筹城乡社会保障体系建设,建立更加公平、可持续的养老保险制度,国务院决定改革机关事业单位工作人员养老保险制度。《关于机关事业单位工作人员养老保险制度改革的决定》指出,机关事业单位实行社会统筹与个人账户相结合的基本养老保险制度,将其工作人员纳入与企业职工相同的制度体系,以从制度和机制上化解"双轨制"的矛盾。与此同时,机关事业单位应当为其工作人员建立职业年金:单位按本单位工资总额的8%缴费,个人按本人缴费工资的4%缴费。工作人员退休以后,可按月领取职业年金。另外,国务院办公厅印发《机关事业单位职业年金办法》,对职业年金的缴费、账户、转移、申领、管理及监管等方面作出规定,从2014年10月1日起实施。2016年,人力资源和社会保障部、财政部印发《职业年金基金管理暂时办法》,进一步规范了职业年金基金管理,以维护各方当事人的合法利益。

除此以外,2002年和2019年对《住房公积金管理条例》进行了修订,2008年开始实施《劳动合同法》,这些使职业福利有了法律保障。

## 第二节　我国职业福利的内容

在我国,职业福利可以分为国家法定的职业福利和非法定的职业福利。由于国家法定的职业福利主要是社会保险,这部分内容在本书前面章节中已经论及,此处不再赘述。本节着重介绍非法定的职业福利,即单位根据自身状况自主决定提供的职业福利。单位自主提供的职业福利种类繁多,限于篇幅,本书只介绍有代表性和普遍性的两种:补充养老保险(企业年金和职业年金)和补充医疗保险。补充养老保险和补充医疗保险充分体现了职业特色和单位的责任角色,是最能体现职业福利性质的两种福利形式,也是世界上最为典型和通行的职业福利项目,是职业福利最重要的组成部分。

## 一、补充养老保险(以企业年金为例)

补充养老保险是指单位依照国家有关法规,根据自身情况而建立的旨在使职工在退休之后的一定时期内能够按照年度(通常按月发放)获得一定数量养老金的退休收入保障制度。它是单位及其职工在依法参加国家基本养老保险的基础上,自愿建立的补充性养老金制度。我国补充养老保险制度包括企业年金和职业年金,分别是面向企业职工和机关事业单位工作人员的福利安排,二者共同构成了我国养老保险体系的第二支柱。下面以企业年金为例介绍我国补充养老保险的情况。

根据《企业年金办法》,企业年金"是指企业及其职工在依法参加基本养老保险的基础上,自主建立的补充养老保险制度"。《企业年金办法》还对建立企业年金的缴费标准、账户设置、权益归属、转移接续、待遇发放和基金管理模式等方面作了明确规定。

一是缴费标准。企业年金所需费用由企业和职工个人共同缴纳:企业缴费每年不超过本企业职工工资总额的8%;企业和职工个人缴费合计不超过本企业职工工资总额的12%;个人缴费由企业从职工个人工资中代扣代缴。

二是账户设置。企业年金基金由企业缴费、职工个人缴费、企业年金基金投资运营收益三部分组成。企业年金基金实行完全积累,为每个参加企业年金的职工建立个人账户,按照国家有关规定投资运营。企业年金基金投资运营收益并入企业年金基金。

企业年金设有个人账户和企业账户。职工个人缴费计入本人企业年金个人账户;企业缴费应当按照企业年金方案确定的比例和办法计入职工企业年金个人账户。企业年金暂时未分配至职工企业年金个人账户的企业缴费及其投资收益,以及职工企业年金个人账户中未归属于职工个人的企业缴费及其投资收益,计入企业年金企业账户。

三是权益归属。职工企业年金个人账户中个人缴费及其投资收益自始归属于职工个人;个人账户中企业缴费及其投资收益,企业与职工一方可以约定其自始归属于职工个人,也可以约定随着职工在本企业工作年限的增加逐步归属于职工个人,完全归属于职工个人的期限最长不超过8年。当发生如下情形时,职工企业年金个人账户中企业缴费及其投资收益完全归属于职工个人:第一,职工达到法定退休年龄、完全丧失劳动能力或者死亡的;第二,符合本办法规定的企业年金方案终止的情形;第三,非因职工过错企业解除劳动合同的,或者因企业违反法律规定职工解除劳动合同的;第四,劳动合同期满,由于企业原因不再续订劳动合同的;第五,企业年金方案约定的其他情形。

四是转移接续。职工变动工作单位时,新就业单位已经建立企业年金或者职业年金的,原企业年金个人账户权益应当随同转入新就业单位企业年金或者职业年金。职工新就业单位没有建立企业年金或者职业年金的,或者职工升学、参军、失业期间,原企业年金个人账户可以暂时由原管理机构继续管理,也可以由法人受托机构发起的集合计划设置的保留账户暂时管理;原受托人是企业年金理事会的,由企业与职工协商选择法人受托机构管理。

五是待遇发放。企业年金发放分如下几种情况。第一,职工在达到国家规定的退休年龄或者完全丧失劳动能力时,可以从本人企业年金个人账户中按月、分次或者一次性领取企业年金,也可以将本人企业年金个人账户资金全部或者部分购买商业养老保险产品,依据保险合同领取待遇并享受相应的继承权;第二,出国(境)定居人员的企业年金个人账户资金,可以根据本人要求一次性支付给本人;第三,职工或者退休人员死亡后,其企业年金个人账户余额可以继承。除此以外,不得从企业年金个人账户中提前提取资金。

六是基金管理。我国企业年金基金采用信托模式进行管理。企业和职工建立企业年金,应当确定企业年金受托人,由企业代表委托人与受托人签订受托管理合同。受托人可以是符合国家规定的法人受托机构,也可以是企业按照国家有关规定成立的企业年金理事会。企业成立企业年金理事会作为受托人的,企业年金理事会应当由企业和职工代表组成,也可以聘请企业以外的专业人员参加,其中职工代表应不少于1/3。受托人应当委托具有企业年金管理资格的账户管理人、投资管理人和托管人,负责企业年金基金的账户管理、投资运营和托管。企业年金基金应当与委托人、受托人、账户管理人、投资管理人、托管人,以及其他为企业年金基金管理提供服务的自然人、法人或者其他组织的自有资产或者其他资产分开管理,不得挪作其他用途。

另外,在税收优惠方面,财政部、国家税务总局《关于补充养老保险费、补充医疗保险费有关企业所得税政策问题的通知》规定,"自2008年1月1日起,企业根据国家有关政策规定,为在本企业任职或者受雇的全体员工支付的补充养老保险费、补充医疗保险费,分别在不超过职工工资总额5%标准内的部分,在计算应税所得额时准予扣除;超过的部分,不予扣除"。关于个人所得税的优惠政策则经历了从TEE模式向EET模式的转变。2009年,《关于企业年金个人所得税征收管理有关问题的通知》规定,"企业年金的个人缴费部分,不得在个人当月工资、薪金计算个人所得税时扣除"。2013 年,《关于企业年金、职业年金个人所得税有关问题的通知》发布,规定自 2014 年 1 月 1 日起施行企业年金、职业年金个人所得税递延纳税优惠政策。该通知规定,对单位和个人不超过规定标准的企业年金或职业年金缴费,准予在个人所得税前扣除;对个人从企业年金或职业年金基金取得的投资收益免征个人所得税;对个人实际领取的企业年金或职业年金按规定征收个人所得税。这种转变可以让很多企业年金或职业年金参与人降低个人所得税税负,提高参与计划的积极性,从而推动企业年金的发展。

## 二、补充医疗保险

补充医疗保险是单位为了减轻职工医疗的经济负担、提高职工医疗保障待遇,在参加国家基本医疗保险的基础上根据单位的情况而给职工提供的额外医疗福利,包括提供医疗服务和医疗补偿费用。补充医疗保险是国家基本医疗保险的重要补充形式,也是我国建立多层次医疗保障体系的重要组成部分。从我国当前的实践情况看,补充医疗保险主要包括如下类型。

第一种是政府经办的公务员补充医疗保险。公务员补充医疗保险是由政府经办的非营利性的单位福利。1998 年,《关于建立城镇职工基本医疗保险制度的决定》明确提出,国家公务员在参加基本医疗保险的基础上,享受医疗补助政策。2000 年,劳动和社会保障部联合财政部出台《关于实行国家公务员医疗补助的意见》,对医疗补助的原则、范围、经费来源、经费使用等方面作出了明确规定。国家公务员医疗补助的经费来源是按现行财政管理体制,由同级财政列入当年财政预算。国家公务员医疗补助主要对基本医疗保险中自付超过一定额度的医疗费用给予补助。

第二种是社会保险机构经办的补充医疗保险。以北京市为例。2001 年颁布、2005 年第二次修改的《北京市基本医疗保险规定》在"补充医疗保险"部分提出,要建立大额医疗费用互助制度。大额医疗费用互助资金按比例支付职工和退休人员在一个年度内累计超过一定数额的门诊、急诊医疗费用和超过基本医疗保险统筹基金最高支付限额(不含起付标准以下及个人负担部分)的医疗费用。大额医疗费用互助资金由用人单位和个人共同缴纳。用人单位按全部职工缴费工资基数之和的 1%缴纳,职工和退休人员个人按每月 3 元缴纳。根据大额医疗费用互助资金的实际情况和患者医疗费的额度,分不同的档次给予职工和退休人员支付医疗费用,但是在一个年度内累计支付最高数额为 10 万元。大额医疗费用互助资金由社会保险经办机构负责统一筹集、管理和使用。

第三种是商业保险公司经办的补充医疗保险。厦门市最早开始推行商业保险公司经办的补充医疗保险。1997年10月13日,厦门市人民政府颁布了《厦门市职工补充医疗保险暂行办法》,开始建立厦门市职工补充医疗保险制度。《厦门市职工补充医疗保险暂行办法》规定,补充医疗保险是指厦门市职工医疗保险管理中心作为投保人,为参加厦门市职工医疗保险的职工集体向商业保险公司投保的医疗保险,参保职工作为被保险人,其发生的超社会统筹医疗基金支付最高限额以上的医疗费用由商业保险公司负责赔付。补充医疗保险的保险费每人每年24元,由市职工医疗保险管理中心于每年7月1日一次性从参保职工个人医疗账户中提取18元,从社会统筹医疗基金中提取6元。市职工医疗保险管理中心根据当月参保职工人数,按每人每月2元的标准向商业保险公司缴交本月补充医疗保险费。参保职工发生超社会统筹医疗基金支付最高限额40 000元以上的医疗费用,由商业保险公司赔付90%,个人自付10%。每人每年度由商业保险公司赔付的补充医疗保险医疗费用最高限额为15万元。

第四种是工会经营的职工医疗互助补充保险。由中华总工会主办的中国职工保险互助会是经国家劳动部同意,国家民政注册的具有法人资格的全国性社团互助合作制保险组织。它与其他商业保险公司不同,它不是一个金融机构,不以营利为目的,而是职工自愿参加,以自筹资金为主,以单位资助为辅,职工内部互助互济性的保险组织。其主要任务是在国家法定社会保险基础之上,开展与职工生、老、病、伤、残或意外灾害、伤害等有关的互助保险业务。所有企事业、机关单位的工会会员均可加入保险互助会,参加保险互助计划。

## 第三节 我国职业福利的改革——以企业年金为例

我国职业福利处于起步阶段,无论是职业福利政策、内容还是理论都不够成熟与完善。我国职业福利建设的重点是推进企业年金建设,在国内已经形成一定的规模和影响。因此,本节以企业年金为例,分析我国职业福利改革的进展情况。

### 一、企业年金发展的主要成就

从1991年国务院提出鼓励企业为职工建立补充性养老保险到2000年把企业补充养老保险改名为"企业年金",从2004年国家相关部门颁布企业年金的"两个办法"到2006年实行企业年金市场化管理运营,从2013年施行企业年金个人所得税递延纳税优惠政策到 2017 年颁布《企业年金办法》，企业年金发展取得了一定的成就。

其一，经过几十年的发展，企业年金从无到有，覆盖范围和发展规模迅速扩大。从发展规模看，中国企业年金 2000 年为 191 亿元，到 2005 年底达到 680 亿元，增长了 256%；2006 年底，企业年金基金积累达 910 亿元。从覆盖范围看，我国建立企业年金的企业数，2000 年约 1.6 万个，参加职工数 560 万人，2005 年底，企业数约为 2.4 万个，覆盖职工约 924 万人；2006 年底，覆盖职工约 964 万人。[①] 2007 年起，人力资源和社会保障部社会保险基金监管局每年向社会公布企业年金发展情况，数据显示我国企业年金的基金规模和覆盖范围均得到了进一步的扩大（见图 18-1）。截至 2021 年，建立企业年金的企业数为 117 529 个，覆盖职工 2875.24 万人，基金积累达到 26 406.39 亿元。

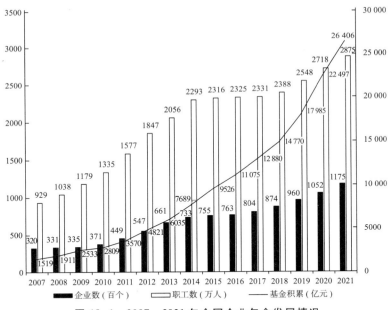

图 18-1 2007—2021 年全国企业年金发展情况

资料来源：《全国企业年金基金业务数据摘要（2021 年度）》，2022 年 3 月 11 日，http://www.mohrss.gov.cn/shbxjjjds/SHBXJDSzhengcewenjian/202203/W020220311694382790812.pdf，2022 年 5 月 23 日访问。

---

① 杨帆、郑秉文、杨老金主编：《中国企业年金发展报告》，中国劳动社会保障出版社 2008 年版，第 84—85 页。

其二，企业年金制度已经构建完成。1991年，国务院发布《关于企业职工养老保险制度改革的决定》，第一次提出建立企业补充养老保险的问题；1995年，《关于深化企业职工养老保险制度改革的通知》鼓励建立企业补充养老保险，同年劳动部发布《关于建立企业补充养老保险制度的意见》，提出建立规范的企业补充养老保险的若干政策意见，包括实施条件、决策程序、资金来源、计发办法和经办机构等，并明确提出我国企业补充养老保险定位为缴费确定型模式；2000年，国务院发布《关于完善城镇社会保障体系的试点方案》，把企业补充养老保险改名为"企业年金"，规定企业年金实行完全积累，采用个人账户方式管理，并明确了费用由企业和职工共同承担，企业缴费在工资总额4%以内的部分可以从成本列支；2004年，《企业年金试行办法》和《企业年金基金管理试行办法》对受托人、账户管理人、投资管理人和托管人的职责以及基金投资管理应该遵循的原则等方面作出了明确规定，同时还对企业年金财产投资范围、收益分配、信息披露和监督检查等方面作出了相应的规定，同年还制定了一系列配套政策，如《关于企业年金基金证券投资有关问题的通知》《企业年金基金投资管理运作流程》《企业年金基金管理机构资格认定专家评审规则》等；2011年，人力资源和社会保障部、中国银行业监督管理委员会、中国证券监督管理委员会、中国保险监督管理委员会等部门审议通过《企业年金基金管理办法》，自2011年5月1日起施行，同时废止2004年颁布的《企业年金基金管理试行办法》；2017年，人力资源和社会保障部和财政部审议通过《企业年金办法》，自2018年2月1日起施行，同时废止2004年发布的《企业年金试行办法》，标志着我国企业年金发展逐步进入规范化和制度化的轨道；2020年12月28日，人力资源和社会保障部发布《关于调整年金基金投资范围的通知》，要求遵循谨慎、分散风险的原则，对年金基金投资范围作出调整，以进一步保障年金基金财产的安全性、收益性、流动性。

## 二、企业年金存在的主要问题

尽管取得了一定成就，我国企业年金发展状况仍然不够理想，体现在以下三个方面。

第一，企业年金发展水平较低。我国企业年金尚处于起步阶段，虽然初期发展迅速，但发展水平较低，在发展规模、覆盖范围和替代率三个方面，与发达国家相比还存在差距。从发展规模看，2006年底，企业年金积累基金910亿元，占GDP的比重仅为0.4%，2021年底，企业年金积累基金26 406亿元，占GDP的比重提高到了2.3%,但仍然远远低于发达国家的比重。①

从覆盖范围看,到2006年底,企业年金覆盖职工数达964万人,占基本养老保险参保人数的7.66%,相对于当时9亿多劳动人口、7.6亿从业人员、4亿城镇非农从业者来说,参与企业年金的劳动者比重较低。世界上167个实行养老保险制度的国家中,有1/3以上国家的企业年金制度覆盖约1/3的劳动人口。②2013年税收优惠政策出台,"企业年金的春天"也尚未到来。从图18-1中可以看到,2014年到2018年企业年金覆盖的企业数量和职工人数基本没有增长,基金结余的增长基本为存量缴费的增长。2019年至2021年,尽管企业年金开始出现增长趋势,但增速仍较缓慢,企业账户数和职工账户数的增长率分别在10%和7%左右。到2020年底,参加企业年金职工人数仅占全国参加基本养老保险人数和参加城镇职工基本养老保险人数的2.72%和5.96%。可见,我国企业年金发展内在动力不足。

从替代率看,我国企业年金替代率约为5%,而经济合作与发展组织国家的替代率一般为20%—30%,有些国家还要高于这个比率,如英国为50%,澳大利亚为40%,荷兰为37%,爱尔兰为35%。③

第二,企业年金水平不均衡。企业年金是根据企业自身经济支付能力建设的。不同地区、不同行业、同一地区同一行业内的不同企业的经济状况是不相同的,因此它们的企业年金水平差距非常大,发展不均衡。往往是发达地区的企业和垄断行业的企业年金水平较高,而欠发达地区的和弱势行业的企业年金水平较低。《全国企业年金基金业务数据摘要(2021年度)》数据显示,我国东南部沿海地区企业年金覆盖率较高,中西部地区则明显偏低。比如,上海建立企业年金企业账户10 757个,惠及职工148.98万人,基金积累1122.9亿元;河南建立企业年金企业账户1897个,惠及职工67.52万人,基金积累345.1亿元。从行业类别上看,建立企业年金的企业多集中于烟草、铁路、电力、航空等垄断性行业及大型金融机构,多数为国有企业,中小型民营企业则鲜少建立企业年金。④

第三,企业年金投资收益率不高且波动较大。2021年是我国企业年金基金市

---

① 杨帆、郑秉文、杨老金主编:《中国企业年金发展报告》,第84页。
② 同上书,第85页。
③ 同上书,第85—86页。
④ 《全国企业年金基金业务数据摘要(2021年度)》,2022年3月11日,http://www.mohrss.gov.cn/sh-bxjjjds/SHBXJDSzhengcewenjian/202203/W020220311694382790812.pdf,2022年5月23日访问。

场化投资运营 15 周年。2007—2020 年,企业年金基金的年化收益率为 7.3%。[1] 从国际比较的角度来看,2009—2018 年,与经济合作与发展组织国家相比,国内企业年金各种口径的投资收益率均差距明显,与非经济合作与发展组织国家及地区相比,我们也并未显现出明显优势[2],尤其在长期投资收益率上(见表 18-1)。

表 18-1 部分国家和地区养老金名义和实际收益率比较(2009—2018 年)

|  |  | 名义收益率(%) | | 实际收益率(%) | |
| --- | --- | --- | --- | --- | --- |
|  |  | 5 年平均 | 10 年平均 | 5 年平均 | 10 年平均 |
| OECD 国家 | 澳大利亚 | 8.7 | 6.6 | 6.7 | 4.4 |
|  | 加拿大 | 6.5 | 7.5 | 4.7 | 5.7 |
|  | 智利 | 6.5 | 7.4 | 3.1 | 4.7 |
|  | 丹麦 | 4.9 | 5.9 | 4.2 | 4.6 |
|  | 德国 | 3.5 | 3.9 | 2.5 | 2.7 |
|  | 冰岛 | 6.4 | 7.2 | 4.2 | 3.7 |
|  | 韩国 | 3.6 | 4.1 | 2.3 | 2.2 |
|  | 荷兰 | 6.1 | 7.7 | 4.9 | 6.0 |
|  | 挪威 | 4.9 | 6.2 | 2.3 | 4.0 |
|  | 瑞士 | 3.1 | 4.2 | 3.1 | 4.2 |
|  | 美国 | 2.3 | 4.8 | 0.8 | 3.0 |
| 非 OECD 国家和地区 | 中国 | 6.0 | 4.95 | 4.18 | 2.68 |
|  | 南非 | 8.1 | 9.2 | 2.6 | 3.6 |
|  | 泰国 | 3.0 | 3.6 | 2.6 | 1.8 |
|  | 乌拉圭 | 12.2 | 17.1 | 3.8 | 8.6 |

资料来源:段国圣、段圣辉:《年金投资管理:评价、问题与建议》,《保险研究》2020 年第 4 期,第 3—15 页。

《全国企业年金基金业务数据摘要(2021 年度)》数据显示,2020 年企业年金收益率达到 10.31%,而 2008 年和 2011 年出现负增长,基金收益率为 -1.83% 和 -0.78%(见图 18-2)。较低且不稳定的投资回报率会进一步挫伤企业和职工参加企业年金积极性,对企业年金覆盖面的扩大造成阻碍。

---

[1] 周家顺等:《年金发展,十五年向新而行》,《中国社会保障》2021 年第 12 期,第 78—81 页。
[2] 段国圣、段圣辉:《年金投资管理:评价、问题与建议》,《保险研究》2020 年第 4 期,第 3—15 页。

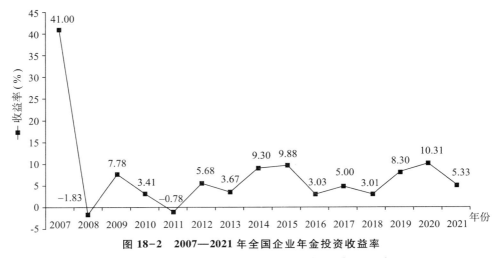

图18-2 2007—2021年全国企业年金投资收益率

资料来源:《全国企业年金基金业务数据摘要(2021年度)》,2022年3月11日,http://www.mohrss.gov.cn/shbxjjjds/SHBXJDSzhengcewenjian/202203/W020220311694382790,2022年5月23日访问。

## 三、企业年金的改革措施

鉴于企业年金在我国养老保障体系建设中的重大意义以及我国社会经济发展情况,我国企业年金市场发展面临许多问题但仍将迎来全新上升期,既要花大力气解决市场发展的顶层设计等战略问题,也要对市场运营过程中出现的具体问题抓实、抓细、抓小。

首先,制度设计要更加注重系统性和整体性。新的发展环境呼唤着新的发展理念和发展逻辑。在进一步推动我国企业年金制度发展改革的过程中,首要解决的问题就是以系统论的方法重新进行制度的顶层设计,构建起一套立足于长期发展、整体发展的发展体系,围绕国内养老保障制度改革的方向,主动布局、合理布局,以稳健、可预期的制度基础,将制度的外部优势转化为市场的内生动能,系统提高国内企业年金市场发展的内生活力。

其次,制度推广要加强企业年金制度的普惠性和衔接性。为了有效发挥企业年金的规模效应,各国在企业年金制度推广过程中,要在参与的广度和深度两个方面持续发力。在着力拓宽企业年金市场的广度方面,除了注重发挥税收激励效应外,很多国家将普惠的理念,作为引导推动企业雇主和雇员参与企业年金计划的重要原则。比如,有的国家以雇主为切入点,强制雇主为职工建立企业年金计划；有的国家以雇员为切入点，运用助推理论提出的自动加入机制，在工资发放时自动扣除缴费。我国也可以参照其他国家和地区的做法，着力挖掘企业年金市场的深度，尝试通过延伸养老产品链，一方面以前端养老产品作为风险缓释机制，另一方面以后端养老产品作为保障升级机制。

再次，税收优惠政策要更加注重实用性和可操作性。企业年金计划本身是一种个人自主参与的金融产品，要解决、疏通我国当前企业年金计划税收优惠政策执行过程中的难点、堵点，首先就要从政府视角转向消费者视角，采用客户中心原则来完善和调整税收优惠政策。具体来说，一是要提高税收优惠的幅度，如直观可比的低税率或者税前直接扣除等政策可以直接调动职工的参与积极性。二是要完善税收优惠的环节，进一步优化当前已经实施的 EET 模式，即在企业年金计划的领取阶段进行征税，在缴费和投资阶段给予免税。三是要优化税收优惠的抵扣流程，简明且易操作的税收抵扣操作，将有效减少企业职工和企业的时间损耗，大幅降低相关手续办理的交易成本，提高客户体验。

最后，投资机制要更加注重长期性和稳定性。在宏观经济复杂多变的背景下，企业年金基金投资更要注重发挥长期投资的特点，在跨期的投资中做到分散风险、转换风险。企业年金市场的资金管理方对行业面临的新形势、新风险、新趋势要做到心中有数、应变有度、措施得力。一是要有效应对低利率风险。在利率下行阶段，如何在投资结构配置中锁定收益、保证收益是企业年金市场资金投资面临严峻挑战。二是要防范资本市场风险。从投资结构来看，我国企业年金市场对权益类项目的投资占比较高，在资本市场整体风险大幅提高下，企业年金市场投资风险也在被动提升。三是要避免参与人数增长放缓的风险。要建立长期有效机制，注重职工参与的长期性和有效性，稳定参与企业年金计划的人数和企业，确保企业年金制度得以长期可持续发展。[①]

## 本章小结

职业福利又称员工福利、机构福利、单位福利、职工福利，是为改善职工及其家庭生活质量，由单位专门向内部职工所提供的各种福利的总称。职业福利本质上属于职工激励机制范畴，是职工薪酬制度的重要补充，对企业、员工和国家

---

① 相关内容参见王佳林：《我国企业年金市场发展探析：现状、挑战及建议》，《南方金融》2020 年第 5 期，第 90—100 页。

都有着重要意义。

我国职业福利主要包括补充养老保险(企业职业年金)和补充医疗保险。外国职业福利起步较早,制度较为成熟,职业福利种类齐全。我国职业福利的发展取得了一定成就,如企业年金发展速度较快,规模不断扩大,基本制度框架已经建立起来,但是与发达国家相比还有差距,发展水平还不能适应国内经济社会发展的需要。为了进一步促进我国企业年金的发展,要进行改革,如增强制度设计注重系统性和整体性、制度推广加强普惠性和衔接性、税收优惠政策实用性和可操作性、投资机制注重长期性和稳定性等。

## ◆ 重点名词

职业福利　企业年金

## ◆ 思考题

1. 职业福利有哪些作用?
2. 职业福利具有哪些特点?
3. 我国的职业福利包括哪些?
4. 我国的企业年金在发展存在哪些问题?你认为应该如何改革?

## ◆ 延展阅读

仇雨临主编:《员工福利管理(第二版)》,复旦大学出版社2019年版。
刘钧主编:《员工福利与退休计划》,中国劳动社会保障出版社2015年版。
翟永会:《中国企业年金运行管理研究》,中国社会科学出版社2022年版。

# 参考文献

## 一、专著类

1. 〔英〕安东尼·吉登斯:《第三条道路:社会民主主义的复兴》,郑戈译,北京:北京大学出版社 2000 年版。
2. 北京志愿服务发展研究会:《中国志愿服务大辞典》,北京:中国大百科全书出版社 2014 年版。
3. 〔美〕贝奇·布查特·阿德勒:《美国慈善法指南》,NPO 信息咨询中心译,北京:中国社会科学出版社 2002 年版。
4. 〔瑞典〕博·罗思坦:《正义的制度——全民福利国家的道德和政治逻辑》,靳继东、丁浩译,北京:中国人民大学出版社 2017 年版。
5. 陈红霞:《社会福利思想》,北京:社会科学文献出版社 2002 年版。
6. 陈良瑾主编:《社会救助与社会福利》,北京:中国劳动社会保障出版社 2009 年版。
7. 陈银娥主编:《社会福利》,北京:中国人民大学出版社 2009 年版。
8. 仇雨临主编:《员工福利概论》,北京:中国人民大学出版社 2007 年版。
9. 邓大松:《社会保险比较论》,北京:中国金融出版社 1992 年版。
10. 丁建定:《西方国家社会保障制度史》,北京:高等教育出版社 2010 年版。
11. 多吉才让:《中国最低生活保障制度研究与实践》,北京:人民出版社 2001 年版。
12. 范斌:《福利社会学》,北京:社会科学文献出版社 2006 年版。
13. 高冬梅:《新中国成立初期中国共产党社会救助思想与实践研究(1949—1956)》,北京:人民出版社 2009 年版。
14. 顾长声:《传教士与近代中国》,上海:上海人民出版社 1991 年版。
15. 关信平:《中国城市贫困问题研究》,长沙:湖南人民出版社 1999 年版。
16. 〔美〕哈维·S.罗森:《财政学》,赵志耘译,北京:中国人民大学出版社 2003 年版。
17. 黄晨熹:《社会福利》,上海:上海人民出版社 2009 年版。
18. 江立华等:《中国城市社区福利》,北京:社会科学文献出版社 2008 年版。
19. 江亮演:《社会救助的理论与实务》,台北:桂冠图书股份有限公司 1990 年版。

20. 蒋悟真:《我国社会救助立法理念研究》,北京:北京大学出版社2015年版。
21. 景天魁等:《福利社会学》,北京:北京师范大学出版社2010年版。
22. 〔丹麦〕考斯塔·艾斯平-安德森:《福利资本主义的三个世界》,郑秉文译,北京:法律出版社2003年版。
23. 韩克庆:《转型期中国社会福利研究》,北京:中国人民大学出版社2011年版。
24. 库少雄、〔美〕霍巴特·A.伯奇:《社会福利政策分析与选择》,武汉:华中科技大学出版社2006年版。
25. 〔美〕莱斯特·M.萨拉蒙:《公共服务中的伙伴:现代福利国家中政府与非营利组织的关系》,田凯译,北京:商务印书馆2008年版。
26. 乐章编著:《社会救助学》,北京:北京大学出版社2008年版。
27. 乐章、陈璇编著:《福利管理》,深圳:海天出版社2003年版。
28. 李文祥、吴德帅主编:《社会福利原理》,北京:科学出版社2016年版。
29. 〔英〕理查德·蒂特马斯:《蒂特马斯社会政策十讲》,江绍康译,吉林:吉林出版集团2011年版。
30. 廖益光主编:《社会救助概论》,北京:北京大学出版社2009年版。
31. 林万亿:《福利国家:历史比较的分析》,台北:巨流图书公司1994年版。
32. 刘继同:《中国社区福利体系研究》,北京:中国社会科学出版社2018年版。
33. 〔德〕路德维希·艾哈德:《大众福利》,祝世康、穆家骥译,北京:商务印书馆2017年版。
34. 〔美〕罗伯特·佩顿、迈克尔·穆迪著:《慈善的意义与使命》,郭烁译,北京:中国劳动社会保障出版社2013年版。
35. 〔美〕曼瑟尔·奥尔森:《集体行动的逻辑》,陈郁等译,上海:上海三联书店、上海人民出版社1995年版。
36. 孟庆跃、姚岚主编:《中国城市医疗救助理论和实践》,北京:中国劳动社会保障出版社2007年版。
37. 〔美〕米尔顿·弗里德曼:《资本主义与自由》,张瑞玉译,北京:商务印书馆1986年版。
38. 尼尔·吉尔伯特、保罗·特雷尔:《社会福利政策引论》,沈黎译,华东理工大学出版社2013年版。
39. 彭华民等:《西方社会福利理论前沿:论国家、社会、体制与政策》,北京:中国社会科出版社2009年版。
40. 彭华民:《社会福利与需要满足》,北京:社会科学文献出版社2008年版。
41. 〔韩〕朴炳铉:《社会福利与文化——用文化解析社会福利的发展》,高春兰、金炳彻译,北京:商务印书馆2012年版。
42. 钱宁主编:《现代社会福利思想》,北京:高等教育出版社2013年版。
43. 《社会保障概论》编写组编:《社会保障概论》,北京:高等教育出版社2019年版。
44. 时正新主编:《中国社会救助体系研究》,北京:中国社会科学出版社2002年版。
45. 史探径主编:《社会保障法研究》,北京:法律出版社2000年版。

46. 世界银行:《1990年世界发展报告》,北京:中国财政经济出版社1990年版。
47. 世界银行:《中国:推动公平的经济增长》,北京:清华大学出版社2004年版。
48. 孙炳耀、常宗虎:《中国社会福利概论》,北京:中国社会出版社2002年版。
49. 孙光德、董克用主编:《社会保障概论(第五版)》,北京:中国人民大学出版社2016年版。
50. 唐钧:《中国城市居民贫困线研究》,上海:上海社会科学院出版社1998年版。
51. 〔英〕托马斯·罗伯特·马尔萨斯:《人口原理》,朱泱等译,北京:商务印书馆2009年版。
52. 王生铁主编:《中国政府消除贫困行为》,武汉:湖北科学技术出版社1996年版。
53. 王思斌主编:《社会工作导论》,北京:北京大学出版社1998年版。
54. 王德毅:《宋史研究论集》,台北:国立编译馆1986年版。
55. 王子今等:《中国社会福利史》,北京:中国社会出版社2002年版。
56. 〔美〕威廉姆·H.怀特科、罗纳德·C.费德里科:《当今世界的社会福利》,解俊杰译,北京:法律出版社2003年版。
57. 〔英〕威廉姆·贝弗里奇:《贝弗里奇报告:社会保险和相关服务》,华迎放等译,中国劳动社会保障出版社2004年版。
58. 〔德〕乌尔里希·贝克:《风险社会》,张文杰、何博闻译,南京:译林出版社2022年版。
59. 吴鹏森、戴卫东主编:《社会救助新编》,上海:复旦大学出版社2015年版。
60. 夏学銮主编:《社区照顾的理论、政策与实践》,北京:北京大学出版社1996年版。
61. 徐道稳、邹文开:《社会工作与社会救助》,社会科学文献出版社2009年版。
62. 〔英〕亚当·斯密:《道德情操论》,蒋自强等译,北京:商务印书馆1997年版。
63. 杨帆、郑秉文、杨老金主编:《中国企业年金发展报告》,北京:中国劳动社会保障出版社2008年版。
64. 姚建平:《中美社会救助制度比较》,北京:中国社会出版社2007年版。
65. 〔日〕一番濑康子:《社会福利基础理论》,沈洁、赵军译,武汉:华中师范大学出版社1998年版。
66. 于秀丽:《排斥与包容——转型期的城市贫困救助政策》,北京:商务印书馆2009年版。
67. 张浩淼:《发展型社会救助研究:国际经验与中国道路》,北京:商务印书馆2017年版。
68. 郑功成:《社会保障学:理念、制度、实践与思辨》,北京:商务印书馆2020年版。
69. 郑功成、张奇林、许飞琼:《中华慈善事业》,广州:广东经济出版社1999年版。
70. 郑功成:《中国社会保障改革与发展战略——理念、目标与行动方案》,北京:人民出版社2008年版。
71. 郑功成:《中国社会保障30年》,北京:人民出版社2008年版。
72. 中国社会工作协会组编:《中国社会工作发展报告(1988—2008)》,北京:社会科学文献出版社2009年版。
73. 钟仁耀主编:《社会救助与社会福利》,上海:上海财经大学出版社2005年版。
74. 周彬彬:《向贫困挑战:国外缓解贫困的理论与实践》,北京:人民出版社1991年版。
75. 周弘主编:《国外社会福利制度》,北京:中国社会出版社2004年版。

76. 周良才主编:《中国社会福利》,北京:北京大学出版社2008年版。
77. Powell, Walter W., and Richard Steinberg, eds., *The Nonprofit Sector: A Research Handbook*, New Haven, CT: Yale University Press, 2006.

## 二、论文类

1. 陈霖:《我国残疾人劳动者实现平等就业的法律困境与优化路径——以日本促进残疾人就业的相关经验为启示》,《现代经济探讨》2018年第7期,第116—125页。
2. 陈淑云:《共有产权住房:我国住房保障制度的创新》,《华中师范大学学报》(人文社会科学版)2012年第1期,第48—58页。
3. 丁建定:《〈贝弗里奇报告〉及其评价》,《社会保障研究(北京)》2007年第1期,第180—188页。
4. 段国圣、段圣辉:《年金投资管理:评价、问题与建议》,《保险研究》2020年第4期,第3—15页。
5. 樊平:《中国城镇的低收入群体——对城镇在业贫困者的社会学思考》,《中国社会科学》1996年第4期,第64—77页。
6. 方珂等:《从"自保式执行"到有效治理——地方自主性实践的制度路径转换》,《社会学研究》2023年第2期,第158—181页。
7. 房莉杰:《平等与繁荣能否共存——从福利国家变迁看社会政策的工具性作用》,《社会学研究》2019年第5期,第94—115页。
8. 龚维斌:《突破五保供养困境的新探索——广西五保村建设及其对政府管理的启示》,《国家行政学院学报》2005年第5期,第23—26页。
9. 贡森、李秉勤:《新时代中国社会政策的特点与走向》,《社会学研究》2019年第4期,第39—49页。
10. 关信平:《当前我国社会政策的目标及总体福利水平分析》,《中国社会科学》2017年第6期,第91—101页。
11. 关信平、郑飞北、肖萌:《社会救助筹资及经费管理模式的国际比较》,《社会保障研究》,2009年第1期,第98—110页。
12. 侯明喜、曾崇碧:《福利刚性:多维解析、发展态势及弱化措施》,《经济体制改革》2014年第6期,第15—18页。
13. 胡宏伟、王红波:《美国托底性医疗保障:体系阐释、制度评估与经验启示》,《经济社会体制比较》2021年第5期,第74—84页。
14. 黄晨熹:《社会救助的概念、类型和体制:不同视角的比较》,《华东师范大学学报(哲学社会科学版)》2005年第3期,第88—97页。
15. 江立华:《论我国城市社区福利的建设及运作机制》,《江汉论坛》2003年第10期,第108—111页。
16. 韩克庆:《就业救助的国际经验与制度思考》,《中共中央党校学报》2016年第5期。

17. 况伟大:《中国保障性租赁房政策含义及其影响》,《人民论坛》2021年第26期,第78—82页。
18. 李春成:《价值观念与社会福利政策选择——以美国公共救助政策改革为例》,《复旦学报(社会科学版)》2004年第6期,第113—121页。
19. 李棉管、岳经纶:《相对贫困与治理的长效机制:从理论到政策》,《社会学研究》2020年第6期,第67—90页。
20. 林卡、高红:《中国经济适用房制度发展动力和制度背景分析》,《中国软科学》2007年第1期,第23—32页。
21. 林闽钢:《相对贫困的理论与政策聚焦——兼论建立我国相对贫困的治理体系》,《社会保障评论》2020年第1期,第85—92页。
22. 林闽钢:《新时期我国社会救助立法的主要问题研究》,《中国行政管理》2018年第6期,第44—48页。
23. 刘继同:《"蒂特马斯典范"与费边社会主义福利理论综介》,《人文杂志》2004年第1期,第52—59页。
24. 刘继同:《中国老年福利政策法规框架的社会建构、体系性缺陷与制度质量》,《东南大学学报(哲学社会科学版)》2017年第1期,第92—102页。
25. 刘涛:《德国社会救助制度改革对我国低保制度的启示》,《社会保障研究》2011年第2期,第158—170页。
26. 刘喜堂:《建国60年来我国社会救助发展历程与制度变迁》,《华中师范大学学报(人文社会科学版)》2010年第4期,第19—26页。
27. 吕学静:《日本社会救助制度的最新改革及对中国的启示》,《苏州大学学报(哲学社会科学版)》2016年第3期,第45—50页。
28. 马凤芝:《社会工作参与社会救助的模式建构》,《国家行政学院学报》2017年第4期,第104—109页。
29. 牛明、朱小玉:《住房公积金制度何去何从:存废之争、定位重思与改革方向》,《社会保障评论》2019年第2期,第137—152页。
30. 欧阳景根:《作为一种法律权利的社会福利权及其限度——公民身份理论视野下的社会公平正义之省察》,《浙江学刊》2007年第4期,第118—124页。
31. 钱宁:《从人道主义到公民权利——现代社会福利政治道德观念的历史演变》,《社会学研究》2004年第1期,第46—52页。
32. 尚晓援:《"社会福利"与"社会保障"再认识》,《中国社会科学》2001年第3期,第113—121页。
33. 沈洁:《从国际经验透视中国社区福利发展的课题》,《社会保障研究》2007年第1期,第53—75页。
34. 孙守纪、齐传钧:《美国补充收入保障计划及其启示》,《美国研究》2010年第4期,第109—124页。

35. 唐钧:《最后的安全网——中国城市居民最低生活保障制度的框架》,《中国社会科学》1998年第1期,第117—128页。
36. 唐丽霞、张一珂、陈枫:《贫困问题的国际测量方法及对中国的启示》,《国外社会科学》2020年第6期,第66—79页。
37. 田北海:《社会福利概念辨析——兼论社会福利与社会保障的关系》,《学术界》2008年第2期,第278—282页。
38. 田凯:《关于社会福利的定义及其与社会保障关系的再探讨》,《上海社会科学院学术季刊》2001年第1期,第157—165页。
39. 汪三贵、孙俊娜:《全面建成小康社会后中国的相对贫困标准、测量与瞄准——基于2018年中国住户调查数据的分析》,《中国农村经济》2021年第3期,第2—23页。
40. 汪三贵、曾小溪:《后2020贫困问题初探》,《河海大学学报(哲学社会科学版)》2018第2期,第7—13页。
41. 王三秀、高翔:《从生存维持到生活质量:社会救助功能创新的实践审思》,《中州学刊》2016年第9期,第78—83页。
42. 王思斌:《社会政策时代与政府社会政策能力建设》,《中国社会科学》2004年第6期,第8—11页。
43. 王思斌:《我国社会政策的实践特征与社会政策体系建设》,《学海》2019年第3期,第12—18页。
44. 王卫平:《明清时期江南地区的民间慈善事业》,《社会学研究》1998年第1期,第86—99页。
45. 王远:《吉登斯社会福利思想的理论基础》,《人文杂志》2016年第8期,第108—113页。
46. 谢宝富:《新加坡组屋政策的成功之道与题外之意——兼谈对中国保障房政策的启示》,《中国行政管理》2015年第5期,第132—136页。
47. 徐飞、张然:《香港公屋制度对国内廉租住房建设的启示》,《当代经理人》2006年第5期,第222页。
48. 徐国冲:《"组屋"的政治学密码——来自新加坡住房政策的启示》,《中国行政管理》2017年第3期,第145—150页。
49. 杨灿明:《中国战胜农村贫困的百年实践探索与理论创新》,《管理世界》2021年第11期,第1—14页。
50. 杨红燕:《中央与地方政府间社会救助支出责任划分——理论基础、国际经验与改革思路》,《中国软科学》2011年第1期,第25—33页。
51. 杨菊华:《流动人口(再)市民化:理论、现实与反思》,《吉林大学社会科学学报》2019年第2期,第100—110页。
52. 杨敏、郑杭生:《西方社会福利制度的演变与启示》,《华中师范大学学报(人文社会科学版)》2013年第6期,第25—35页。
53. 姚建平:《我国社会救助标准体系建设研究——以最低生活保障制度为中心的分析》,《社会科学辑刊》2021年第2期,第81—87页。
54. 岳经纶、方珂:《从"社会身份本位"到"人类需要本位":中国社会政策的范式演进》,《学术月刊》2019年第2期,第68—77页。
55. 张浩淼:《中国社会救助70年(1949—2019):政策范式变迁与新趋势》,《社会保障评论》2019年第3期,第65—77页。
56. 张奇林、巩春秋:《中国慈善事业可持续发展的现实需求与战略选择》,《山东社会科学》2016年第7期,第54—59页。
57. 张奇林、张兴文:《风险与社会保障:一个解释性框架》,《社会保障研究》2011年第3期,第71—77页。
58. 张赛玉、张琦:《突破与超越:中国脱贫攻坚的逻辑思路及发展前瞻》,《经济社会体制比较》2021年第5期,第1—8页。
59. 张问敏、李实:《中国城镇贫困问题的经验研究》,《经济研究》1992年第10期,第54—62页。
60. 张秀兰、徐月宾、王韦华:《中国农村贫困状况与最低生活保障制度的建立》,《上海行政学院学报》2007年第3期,第58—72页。
61. 赵斌:《发达国家医疗救助制度模式及理论述评》,《国外社会科学》2010年第6期,第85—91页。
62. 周秋光:《民国时期社会慈善事业研究刍议》,《湖南师范大学社会科学学报》1994年第3期,第103—105页、第109页。
63. 朱铭来、胡祁:《中国医疗救助的对象认定与资金需求测算》,《社会保障评论》2019年第3期,第132—146页。
64. 朱亚鹏:《中国共有产权房政策的创新与争议》,《社会保障评论》2018年第3期,第112—122页。
65. Beblavý, M., Anna-Elisabeth Thum, and Marcela Veselkova, "Education Policy and Welfare Regimes in OECD Countries: Social Stratification and Equal Opportunity in Education," *CEPS Papers*, No. 357, 2011, pp. 58-62.
66. Irene, Ng, "Social Welfare in Singapore: Rediscovering Poverty, Reshaping Policy," *Asia Pacific Journal of Social Work and Development*, Vol. 23, No. 7, 2013, pp. 35-47.
67. Jahnukainen, M. "Different Strategies, Different Outcomes? The History and Trends of the Inclusive and Special Education in Alberta (Canada) and in Finland," *Scandinavian Journal of Educational Research*, Vol. 55, No. 5, 2011, pp. 489-502.
68. Ladd, Helen F., and Fred C. Doolittle, "Which Level of Government Should Assist the Poor?," *National Tax Journal*, Vol. 35, No.3, 1982, pp: 323-336.
69. Zambeta, E., "Technologies of Governance and Education Welfare: Monitoring Education Transitions in Greece," *Comparative Education*, Vol. 55, No.3, 2019, pp. 367-385.

# 后 记

本书是在"十二五"普通高等教育本科国家级规划教材《社会救助与社会福利》的基础上修订而成的。

全书由张奇林主持编写,刘二鹏、周艺梦担任副主编。具体分工如下：

第一章、第三章由黄晓瑞撰写；第二章由李鹏、薛惠元撰写；第四章、第七章由张奇林撰写；第五章、第六章由李鹏、赵青撰写；第八章、第九章、第十七章、第十八章由周艺梦撰写；第十章、第十一章、第十二章、第十三章由刘二鹏撰写；第十四章、第十五章、第十六章由付名琪撰写。

本书的出版得到了武汉大学教材建设项目的资助。本书是教育部人文社会科学重点研究基地重大项目"共同富裕目标下第三次分配的理论建构与实现路径研究"(项目号:22JJD630016)的阶段性成果。

感谢北京大学出版社编辑韩月明老师的严谨工作和辛勤付出。

编者
2024年岁末于珞珈山